文库

丛书主编 郑 毅

钦定满洲源流考校注

雷广平 校注

吉林文史出版社

《长白文库》总序

　　中华优秀传统文化是中华民族的"根"和"魂"，习近平总书记高度重视中华优秀传统文化，并将其作为治国理政的重要思想文化资源。"不忘本来才能开辟未来，善于继承才能更好创新。""优秀传统文化是一个国家、一个民族传承和发展的根本，如果丢掉了，就割断了精神命脉。"中华优秀传统文化具有多样性和地域性等特征，东北地域文化是多元一体的中华文化中的重要组成部分。吉林省地处东北地区中部，是中华民族世代生存融合的重要地区，素有"白山松水"之美誉，肃慎、扶余、东胡、高句丽、契丹、女真、汉族、满族、蒙古族等诸多族群自古繁衍生息于此，创造出多种极具地域特征的绚烂多姿的地方文化。为了"弘扬地方文化，开发乡邦文献"，自20世纪80年代起，原吉林师范学院李澍田先生积极响应陈云同志倡导古籍整理的号召，应东北地区方志编修之急，服务于东北地方史研究的热潮，遍访国内百余家图书馆寻书求籍，审慎筛选具有代表性的著述文典300余种，编撰校订出版以《长白丛书》以下简称《丛书》）为名的大型东北地方文献丛书，迄今已近40载。历经李澍田先生、刁书仁和郑毅两位教授三任丛书主编，数十位古籍所前辈和同人青灯黄卷、兀兀穷年，诸多省内外专家学者的鼎力支持，《丛书》迄今已共计整理出版了110部5000余万字。《丛书》以"长白"为名，"在清代中叶以来，吉林省疆域迭有变迁，而长白山钟灵毓秀，蔚然耸立，为吉林名山，从历史上看，不咸山于《山海经·大荒北经》中也有明确记录，把长白山当作吉林的象征，这是合情合理的。"（《长白丛书》初版陈连庆先生序）

　　1983年吉林师范学院古籍研究所（室）成立，作为吉林省古籍整理与研究协作组常设机构和丛书的编务机构，李澍田先生出任所长。全国高校古籍整理工作委员会、吉林省教委和省财政厅都给予了该项目一定的支持。李澍田先生是《丛书》的创始人，他的学术生涯就是《丛书》的创业史。《丛书》能够在国内外学界有如此大的影响力，与李澍田先生的敬业精神和艰辛努力是分不开的。《丛书》创办之始,李澍田先生"邀集吉、长各地的中青年同志,乃至吉林的一些老同志,群策群力,分工合作"(初版陈序),寻访底本,夙兴夜寐逐字校勘,联络印刷单位、寻找合作方,因经常有生僻古字,先生不得不亲自到车间与排版工人拼字铸模;吉林文史出版社于永玉先生作为《丛书》的第一任责编,殚精竭虑地付出了很多努力,为《丛书》的完成出版做出了突出贡献;原古籍所衣兴国等诸位前辈同人在辅助李澍田先生编印《丛书》的过程中,一道解决了遇到的诸多问题、排除了诸多困难,是《丛书》草创时期的重要参与者。《丛书》自20世纪80年代出版发行以来,经历了铅字排版印刷、激光照排印刷、数字化出版等多个时期,《丛书》本身也称得上是改革开放以来中国印刷史的见证。由于《丛书》不同卷册在出版发行的不同历史时期,投入的人力、财力受当时的条件所限,每一种图书的质量都不同程度留有遗憾,且印数多则千册、少则数百册,历经数十年的流布与交换,有些图书可谓一册难求。

1994年,李澍田先生年逾花甲,功成身退,由刁书仁教授继任《丛书》主编。刁书仁教授"萧规曹随",延续了《丛书》的出版生命,在经费拮据、古籍整理热潮消退、社会关注度降低的情况下,多方呼吁,破解困局,使得《丛书》得以继续出版,文化品牌得以保存,其功不可没。1999年原吉林师范学院、吉林医学院、吉林林学院和吉林电气化高等专科学校合并组建为北华大学,首任校长于庚蒲教授力主保留古籍所作为北华大学处级建制科研单位,使得《丛书》的学术研究成果得以延续保存。依托北华大学古籍所发展形成的专门史学科被学校确定为四个重点建设学科之一,在东北边疆史地研究、东北民族史研究方面形成了北华大学的特色与优势。

2002年,刁书仁教授调至扬州大学工作,笔者当时正担任北华大学图书馆馆长,在北华大学的委托和古籍所同人的希冀下,本人兼任古籍所所长《丛书》主编。在北华大学的鼎力支持下,为了适应新时期形势的发展,出于拓展古籍研究所研究领域、繁荣学术文化、有利于学术交流以及人才培养工作的实际需要,原古籍研究所改建为东亚历史与文献研究中心,在保持原古籍整理与研究的学术专长的同时,中心将学术研究的视野和交流渠道拓展至东亚地域范围。同时,为努力保持《丛书》的出版规模,我们以出文献精品、重学术研究成果为工作方针,确保《丛书》学术研究成果的传承与延续。

在全方位、深层次挖掘和研究的基础上,整套《丛书》整理与研究成果斐然。《丛书》分为文献整理与东亚文化研究两大系列,内容包括史料、方志、档案、人物、诗词、满学、农学、边疆、民俗、金石、地理、专题论集12个子系列。《丛书》问世后得到学术界和出版界的好评，《丛书》初集中的《吉林通志》于1987年荣获全国古籍出版奖，三集中的《东三省政略》于1992年获国家新闻出版总署全国古籍整理图书奖，是当年全国地方文献中唯一获奖的图书。同年，在吉林省第二届社会科学成果评奖中，全套丛书获优秀成果二等奖，并被国家新闻出版总署列为"八五"计划重点图书。1995年《中国东北通史》获吉林省第三届社会科学优秀成果二等奖。2005年，《同文汇考中朝史料》获北方十五省(市、区)哲学社会科学优秀图书奖。

《丛书》的出版在社会各界引起很大反响，与当时广东出现的以岭南文献为主的《岭南丛书》并称国内两大地方文献丛书，有"北有长白，南有岭南"之誉。吉林大学金景芳教授认为"编辑《长白丛书》的贡献很大，从《辽海丛书》到《长白丛书》都证明东北并非没有文化"。著名明史学者、东北师范大学李洵教授认为："《长白丛书》把现在已经很难得的东西整理出来，说明东北文化有很高的水准，所以丛书的意义不只在于出了几本书，更在于开发了东北的文化，这是很有意义的，现在不能再说东北没有文化了。"美国学者杜赞奇认为"以往有关东北方面的材料，利用日文资料很多。而现在中文的《长白丛书》则很有利于提高中国东北史的研究"(《长白丛书》出版十周年纪念会上的发言)。中国社会科学院边疆史地研究中心主任厉声研究员认为："《长白丛书》已经成为一个品牌，与西北研究同列全国之首。"(1999年12月在《长白丛书》工作规划会议上的发言)目前，《长白丛书》已被收藏于日本、俄罗斯、美国、德国、英国、加拿大、澳大利亚、韩国及东南亚各国多所学府和研究机构，并深受海内外史学研究者的关注。

为了更好地传承和弘扬优秀地域文化，再现《丛书》在"面向吉林，服务桑梓"方面的传统与特色，2010年前后，我与时任吉林文史出版社社长的徐潜先生就曾多次动议启动出版《长白丛书精品集》，并做了相应的前期准备工作，后因出版资助经费落实有困难而一再拖延。2020年，以十年前的动议与前期工作为基础，在吉林省省级文化发展专项资金的资助下，北华大学东亚历史与文献研究中心与吉林文史出版社共同议定以《长白丛书》为文献基础，从《丛书》已出版的图书中优选数十种具有代表性的文献图书和研究著述合编为《长白文库》加以出版。

《长白文库》是在新的历史发展时期对《长白丛书》的一种文化传承和创

新,《长白丛书》仍将以推出地方文化精华和学术研究精品为目标,延续东北地域文化的文脉。

《长白文库》以《长白丛书》刊印40年来广受社会各界关注的地方文化图书为入选标准,第一期选择约30部反映吉林地域传统文化精华的图书,充分展现白山松水孕育的地域传统文化之风貌,为当代传统文化传承提供丰厚的文化滋养,是一件功在当代、利在千秋的文化盛举。

盛世兴文,文以载道。保存和延续优秀传统文化的文脉,是人文社会科学研究者的社会责任和学术使命,《长白丛书》在创立之时,就得到省内外多所高校诸多学界前辈的关注和提携,"开发乡邦文献,弘扬地方文化"成为20世纪80年代一批志同道合的老一辈学者的共同奋斗目标,没有他们当初的默默耕耘和艰辛努力,就没有今天《长白丛书》这样一个存续40年的地方文化品牌的荣耀。"独行快,众行远",这次在组建《长白文库》编委会的过程中,受邀的各位学者都表达了对这项工作的肯定和支持,慨然应允出任编委会委员,并对《长白文库》的编辑工作提出了诸多真知灼见,这是学界同道对《丛书》多年情感的流露,也是对即将问世的《长白文库》的期许。

感谢原吉林师范学院、现北华大学40年来对《丛书》的投入与支持,感谢吉林文史出版社历届领导的精诚合作,感谢学界同人对《丛书》的关心与帮助!

郑　毅

谨序于北华大学东亚历史与文献研究中心

2020年7月1日

目　录

钦定满洲源流考校注

钦定满洲源流考校注

《钦定满洲源流考》述略①

迄今成书达二百三十余年的《钦定满洲源流考》，可谓一部十分丰富的关于满族源流及满族发展史的权威著述，是对涉及满族兴起过程中诸多疑问的详尽解答，是教人们了解满族悠久历史、淳朴风俗、传统文化，了解一代王朝统治经验不可或缺的重要史籍。

一、关于《钦定满洲源流考》的成书过程

满族的兴起大约始自公元16世纪初，以明代女真，即海西和建州女真为主体，形成若干的部落群体，随着逐步强大而渐次与明廷脱离关系，直至努尔哈赤起兵，征服并统一女真诸部建国称汗，一个新兴的满族政治、经济共同体才初步形成。

天命三年（公元1618年），努尔哈赤以"七大恨"为由与明朝宣战，遂率这支新兴的满族进驻辽沈。后又历经皇太极、顺治两代帝王的不懈征战，清军终于奔流入关，入主京师，进而统一中原，实现了清王朝对中国的统治。

似这样一个原本弱小的民族，仅在短短不到三十年的时间里，如一股狂飙般完成了如此浩繁的兴亡迭变过程，不得不令人惊叹，令人感服，同时也令人深思，甚至令人疑惑：满族人是如何一跃而成为天下之主的？满洲这个民族的来龙去脉到底若何？这些都不免引起人们探究考索的极大兴致。

为了追溯本族的源流，也为了证明满洲人与中国各民族同样有平等的执政权力，即"夷人也可做帝王"，批驳长期以来人们所持有的民族偏见及其对满族先世的贬斥和诋毁，从皇太极执政初始，就试图将理清满洲源流作为编撰史籍的一件重要内容。如皇太极天聪七年开始，命大学士希福、刚林等主持，用满、汉两种文字为其父努尔哈赤纂修的"实录"，后称之为《太祖太后实录》者②，就最先提出了关于"满族源流"的命题。其中有长白山天池天女朱果受孕的神话传说，有满洲原始部落纷争与统一的经过，也有努尔哈赤历代祖先及其本人智勇善战的传奇经历。这可以视作对早期"满洲源流"考证的雏形，但正如清史专家孙文良先生所言，该书所"追溯的历史源流，线索不大清，整个内

容语焉不详，民族特色虽然浓厚了，却又过于褊狭，留待解决的问题颇多"。甚至此间连对本族的历史称谓都难以统一。天聪九年十月十三日，皇太极发诏谕，下令废止"诸申"之称。其谕曰："我国之名原有满洲、哈达、乌拉、叶赫、辉发等，每有无知之人称之为诸申。诸申之谓者，乃席北超墨尔根族人也，与我何干？嗣后，凡人皆须称我国原满洲之名，倘仍有以诸申为称者，必罪之。"③

从天聪朝至乾隆朝，百余年间，是为清帝国由创始到鼎盛之期。随着社会的稳定和经济的发展，统治阶级对政治、思想、文化有了更高的追求。于是，编撰一部独立成编的考证满族源流的专著，便提到了日程上。乾隆四十二年（1777年）八月十九日，内阁奉上谕，开始了对编撰《满洲源流考》的筹备。乾隆帝之上谕，备述了编撰此书的动机与目的，还对编撰此书提出了具体要求。同时选定当朝在文治武功中颇有影响力的武英殿大学士阿桂、文华殿大学士于敏中、文华殿大学士兼侍郎和珅、太子少保兼东阁大学士董诰等为总裁官，命其"悉心检核，分条编辑，以次呈览，候朕亲加厘定，用昭传信而辟群惑，并将此通谕知之。"④随后，这些由皇帝钦点的总裁官们便即刻开展工作，他们首先拟定了七条"凡例"，呈请御览，并由乾隆帝赐书名。同年九月初九日，总裁官们奉旨，见到了皇帝御批，赐书名为《满洲源流考》。因该书首先由乾隆帝提议编撰并命名，全书内容都经其详加审定，所以称之为《钦定满洲源流考》。

至于《钦定满洲源流考》成书的具体年代，史上没有更详细的记载，甚至像《清史稿》之类的史书也没涉及。只是此间以纪昀为总纂官、史上最为浩繁的《四库全书》的编纂工作已经启动。我们已知的信息就是到了乾隆五十四年，《钦定满洲源流考》将被收入《四库全书》之际，有《四库全书》总校官陆费墀为其撰写的一篇"提要"⑤。由此可证实此之前这部书的编纂工作业已告竣。早在此前的乾隆三十六年（1771年），有安徽学政朱筠上奏朝廷，建议征集古书加以整理，妥善收藏。次年，乾隆帝纳其言，下旨各地方官员，广泛收集前代遗书及本朝人著作，开设四库全书馆，乾隆三十八年（1773年）开始进入编纂工作。在广泛收集前代古籍的同时，朝廷还组成若干写作班底，对已失落或此前缺失的典籍进行整理和编纂。至于此间启动的《钦定满洲源流考》一书，或许就是为了能收入这部旷古未有之典而作。

二、关于《钦定满洲源流考》的史料价值

《钦定满洲源流考》全书共二十卷，内容分四大类：一至七卷为"部族类"，

也可视为全书的重要部分，主要介绍的是满洲概况，肃慎、夫馀、挹娄、三韩、勿吉、百济、新罗、靺鞨、渤海、完颜、建州等原始女真部族自古以来的兴衰演变分合关系。意在证明：清之部族，实为女真；起于辽世，历经金、元、明之女真，即转音为今之满洲。八至十三卷为"疆域类"，主要介绍的是满族及其先世祖祖辈辈赖以生存的范围及活动区域四至。按照地理方位，由首府都城到府、州、县，甚至路镇、村寨，凡"遗踪犹在，沿革可稽"者，皆"条举史传所载，附以考证"，以达到"验古征今，庶几了如指掌"之目的。十四至十五卷为"山川类"，详细介绍了东北地区的主要山脉，以及不同时期的称谓。其中的启运、天柱、隆业、长白等"首列之，以著发祥之自"。十六至二十卷为"国俗类"，涵盖的内容是满族及其先世的生活习俗和语言、文化等共有特征。从体例上也可分成三大类：第一类为作者加在部分条文前的说明和按语，加在每一卷前后的前言和后语，少则百余字，多达五千多字，表达着作者的观点和倾向。第二类为引文（也可称作正文），全书达一千四百余条。这些引文从历代史籍中选取相关的词条，如"二十四史"、《金史》《辽史》等，用以说明满洲源流的演变过程。第三类为分散在全书一千八百余处正文之间的小字部分（这里权作注文），少则一两字，多者近千字，这些以注解形式出现的文字，为读者深入理解正文起着辅助或相互印证的作用。

无可厚非，《钦定满洲源流考》是关于满族历史源流方面最具权威性和代表性的一部史籍。

首先，就"满洲"一词，此前系部族名亦或地域名？界定含混不清。而此书在卷首，关于部族门类所加的按语中就明确"满洲本部族名"。并就"满洲"一词的来历做出如下解析："满洲本作满珠，二字皆平读。我朝光启东土，每岁西藏献丹书，皆称曼珠师利大皇帝。翻译名义曰曼珠，华言妙吉祥也……今汉字作满洲，盖因洲字义近地名，假借用之，遂相沿耳，实则部族，而非地名，固章章可考也。"这是自一百四十多年前皇太极发"上谕"，废诸申之谓，立满洲之名后，对满洲一词来历及含义的再次澄清。满洲就是一个民族的称谓，如今的满族是由满洲演变而来。

《钦定满洲源流考》顾名思义，所阐述的核心就是对满族这个民族源流的考证。作为一个已经成为中华各民族统治者的少数民族来说，以一部权威性的典籍来说明本民族发祥演变的历史，修正那些无端无据的猜测，摒弃那些荒诞无稽之谈，以"订诸史之伪，传千古之信"，应该是一件十分重要的大事。所以，经乾隆帝钦点的纂修者们，深谙皇帝内心的隐忧和自己肩负责任之重，紧紧围绕主题，拼其全力，在不到一个月的时间内就完成了此书编纂的所有前期筹备事宜，并列出"凡例"共七条，拟从古肃慎至明建州诸卫起止"考据异同，订析讹误，博稽史传，参证群书"，以使满洲一族之"源流分合，指掌了然"。并在《四库全书》付梓之前，完成全书的纂修工程，使其得以及时收入了这部史无前例的大典之中，以传后世。

所以《钦定满洲源流考》一书用大量的书证和考辨，坚持维护并完善了"满洲"这一民族称谓的统一，为后人深入了解这一民族的演变史提供了可资参考的依据。

其二，《钦定满洲源流考》还是比较科学地研究考证民族史的典范之作。斯大林在他的《马克思主义和民族问题》一文中，曾就什么是民族，下过这样的定义："民族是人们在历史上形成的一个有共同语言、共同地域、共同经济生活以及表现于共同文化上的共同心理素质的稳定的共同体。"这就是我们后来用以确定和区分一个民族的四大要素，即：语言、地域、经济生活和文化。《钦定满洲源流考》的纂修年代为1777年，当时马克思尚未诞生，距斯大林撰写这篇文章的1912年，几乎要早近一个半世纪，然而这部有关民族问题的专著，则正是按照上述这四大要素，将所要论述的主体，即满族的历史源流分为了"四门"："部族门"，所论证的是满族与其先世肃慎、挹娄、勿吉、靺鞨、女真的逐步演变过程及分合关系；"疆域门"，所介绍的则是满族及其先世所活动的区域范围；"山川门"，讲的是与满族及其先世们活动相关的名山大川；"国俗门"，则是论证满族及其先世的生活习俗和语言、经济、文化等共同特征。四门之间的区分不一定很明朗、很科学，但总体上它囊括了斯大林所说的确定一个民族的诸要素。通阅全书，人们对这样一个在漫长的历史演变过程中，在固定的疆域范围内，在特有的社会环境、经济条件和文化氛围里，生息繁衍，从小到大，由弱渐强，进而征服各部，决胜强敌，一跃而为天下之主的满族，会有一个通观的认识。

诚然，用现代的眼光来审视这部史籍，可能还算不上什么科学，但就对满洲史的研究来说，它却为人们科学地研究这个民族的历史奠定了基础，理清了脉络，可谓"达到了在当时历史条件下可能达到的最高水平"。

其三，主张民族平等。中国历史上不乏"唯大汉民族统治天下"之说，明朝开国皇帝朱元璋就打着"驱逐胡虏，恢复中华"的口号，用以反对并推翻以蒙古族为主的元朝统治。到后来，又出现了近代资产阶级革命家重新打着这样的旗号，要"驱逐鞑虏，恢复中华"。历史上，人们一直把建立并维护汉人统治的政权，看做是天经地义的，而《钦定满洲源流考》站在少数民族统治者的立场，反对"唯汉人方可为天下之主"的传统观念，要求将满族作为中华民族大家庭的成员，并承认满族人同样有权力统治中国。

乾隆皇帝在发起编纂该书的"上谕"中就严厉地批驳了史上对满族及其先世的贬斥和诋毁。如对满族风俗习惯的妄说，批评范晔在《后汉书》中所言：辰韩人生儿，欲令头匾，押之以石，是"甚悖于理"。并辩之曰：出生儿之头，怎堪石头重压？其实是满人生儿数日后，令其仰寝，日久，则脑骨自然扁平，不足为异。又如对排斥夷人做帝王之论，他举出孟子的话以证其说。《孟子·离娄》有言："舜，东夷之人；文王，西夷之人。"用以证明中国古代最受天下人尊重的两个帝王，同样是夷人。再如对什么人做帝王统治天下，不在于他是什么民族，而在于他的强盛。他例举清帝的先祖，在金朝统治时期也曾是完颜氏的"服属"，而到了清代，完颜氏的后裔又都成了爱新觉罗氏的"臣仆"。自汉代以来至唐宋，千余年来，虽都属汉人统治，但不能排除曾经统治过别人的人，如今却被别人所统治的现实。所以，能者方可为天下之主，不能统治别人，就将被别人所统治。这才是一条亘古以来颠扑不破的真理。在此之前，他的父亲雍正帝，面对曾经对满人统治的诋毁，曾斥责道："顺天者昌，逆天者亡。唯有德者乃能顺天，天之所与，又岂因何地之人而有所区别乎？""夫我朝既仰承天命，为中外生民之主，则所以蒙抚绥爱育者，何得以华夷而有殊视？""盖从来华夷之说，乃在晋宋六朝偏安之时，彼此地丑德齐，莫能相尚，是以北人诋南为岛夷，南人指北人为索虏，在当日之人，不务修德行仁，而徒事口舌相讥，已为至卑至陋之见。今逆贼等于天下一统，华夷一家之时，而妄判中外，谬生忿戾，岂非逆天悖理，无父无君，蜂蚁不若之异类乎？"⑥可见有清以来，历代皇帝与那些持传统思想观念的人，尤其与明末那些视华夷之分如人兽之别，夷人称帝就是被禽兽统治，是莫大之辱的人们的矛盾斗争，一直没有间断过。乾隆帝力主纂修这部史籍的动议，也正是对乃父及先祖上述观点的肯定，是维护和巩固其政权的需要，用以昭示其"得天下之堂堂正正，孰有如我本朝者乎？"⑦

诚然，《钦定满洲源流考》所反映出的上述这些观念，仍是从维护满族封建统治的目的出发，不失褊狭，甚或强词夺理。但它明确阐述了民族平等的进步观念，这是对史上顽固歧视少数民族，政治上排斥和打击少数民族现象的严厉斥责，是民族观念认识史上的一大进步。

其四，《钦定满洲源流考》汇各类史料和东北少数民族资料为一炉，成为研究及相互印证其他相关史料的源泉。据清史专家孙文良先生统计，全书引文所选用的词条所标明的出处，涉及八十三种图书文献，其中的"二十四史"各部几乎全都被引到，其次便是《金史》，引用了三百六十余条，再次是《辽史》，约二百一十条。还有如《资治通鉴》《文献通考》《通典》《通志》等等，这些史籍排印次数多，社会上流传面广，读者们还比较容易看到原著。但还有相当一部分地方志书或纪闻、杂记、墓铭、碑刻等类书籍，如《三朝北盟汇编》《册府元龟》《辽东志略》《松漠纪闻》《鸭江行部志》等史料，如今要找到原书已是件非常不容易的事。例如《松漠纪闻》一书，为宋使洪皓所著。南宋建炎三年（公元1129年），洪皓奉命出使金国，被扣长达十五年，此书是他在金国所见所闻的笔记。辗转归宋后，为避"政嫌"曾自毁其稿，以致此书险些失传。后来他在罢官谴谪期间，仅凭回忆又追记成书，然而又因当时禁著私史，已成之书稿只能秘不外传，直到若干年后其长子洪适将书稿校订成正、续两卷。再后来，次子洪遵又增补所遗十一事，合成三卷，方得传于后世。《满洲源流考》对该书内容多有引录，这是一部十分难得的关于金国及女真族所处地貌环境，风土民情的传记，是研究东北民族的重要资料。另外，《钦定满洲源流考》所引用的部分史料词条，如今原书早已佚失无考，只是由于该书引用了其中部分，方有幸使得这部分内容保存了下来。据说已故史学家金毓黼先生考证《大元一统志》的佚文，列出可考之书十一种，其中就包括《钦定满洲源流考》。的确，经查金先生所整理的《大元一统志辑本》，从《钦定满洲源流考》中辑出了原所引《大元一统志》资料共五十余条。另据孙文良先生考证，《钦定满洲源流考》所引资料，均为"按满族历史源流的专类专项内容摘录的，既具有专门性，又具有典型性，个人直接查找原书未必都能达到这种程度"。《钦定满洲源流考》在引用原书词条时，也不是原原本本地照抄照搬，很多处做了必要的但并非改变原意的整理加工。就此，孙文良先生例举了卷三"部族、百济"引《北史·百济传》中的词条，有"王姓余氏，其都曰居拔城，亦曰固麻城"之句，而原书却是"王姓余氏"四字在其后，中间还有不大相关的一段文字。引文不但做了删节，还颠倒了文字顺序，经过这样的梳理加工，"使《钦定满洲源流考》上的资料基本上有原来的意思，但也具有很大的独立性"。

由此可见，《钦定满洲源流考》还似一部资料库，它可以同其他相关史书相互认证，是研究其他历史资料的源泉。

此外，《钦定满洲源流考》在"部族门"的结尾处还附有《金史》姓氏考，它将金代女真近百个姓氏与清代满族的姓氏相对照，为我们深入研究二者间的沿袭关系提供了重要资料。在"疆域门"之末附有明代卫所城站考，将明、清两朝四百多城站卫所名称相对照，并标有设立的年代纪事等，具有丰富的史料价值。

三、关于《钦定满洲源流考》存在的争议和谬误

用我们现代人的眼光来审视，《钦定满洲源流考》也同历史上大多数史籍一样，由于受当时的社会政治背景、纂修者思想意识和知识层面及阶级的局限，不可避免地会存在诸多的不足。尤其是由执掌政权的满族统治者来撰写本民族的历史，梳理挖掘本民族历史演变的源流，其民族偏见甚或谬误在所难免。

首先，在收入《四库全书》之即，就关于此书如何分类的问题上，满族统治者们就犯了一个自相矛盾的错误。按照乾隆帝初始的意愿，《钦定满洲源流考》就是对满族这个民族亘古以来由诞生、演变、发展、壮大的追本溯源。为此开宗明义阐明"满洲本部族名"，绝非地名。《钦定满洲源流考》就是对满洲这个民族源流的考证，而绝非是对所谓"满洲"这块地域的考证。撰成之书，也完全体现了满族统治者的这一宗旨。然而，不可思议的是，同时期由乾隆帝主张编纂的《四库全书》却公然将它编入了"史部·地理类"，这样就首先在为确定此书性质的问题上定错了调，即将其归属为地理志一类的书籍。《四库全书》的总校官陆费墀特为它做了一篇提要，尽管在文中高度评价了该书的史料价值，但通篇所表达的意思，却未能跳出这部书是一部地理志书的范畴。如该"提要"认为，此前历代的"考地理者，多莫得其源流"。唯独此书能"订诸史之伪，而传千古之信，非诸家地志影响附会者所能拟也"。综合陆费墀的观点，此书充其量则不过是历代地理志书中的佼佼者。⑧

正是由于《四库全书》这样错误的定位，《钦定满洲源流考》便从此被列入地理志的范畴，因而被人们所忽略，乾隆帝"上谕"的本意及对此书寄予的厚望也未能达到理想的效果。直至后来编纂的《清史稿》，同样参照《四库全书》将其列入了"史部·地理类"，排在都会郡县之首。《四库全书》的错误定位，也使后世如何看待这部书的主旨产生诸多歧义。

其次，就《钦定满洲源流考》本身内容存在的纰缪，归纳起来有如下方面：

其一，神话民族起源的传说，用君权神授来达到维护其封建统治之目的。每个民族都有本身起源的传说，满族也不例外。早在天聪年间，皇太极主持编纂的《太祖太后实录》及后来的《满洲实录》，开篇都有一段"朱果发祥"的神话传说：有三天女由天而降，在天池沐浴，其中的三女儿名佛库伦者，偶吞神鹊口含朱果，即感而成孕，因体重而难以升天，遂留人间生布库哩雍顺，嘱曰："天生汝，实令汝以定国乱……"继而平定"三姓之乱"，始为部落之主，后世又有"神鹊救主"之传说，每临险境必逢凶化吉。《钦定满洲源流考》同样将该神话作为本族溯源之始，而且在书中屡屡提及。如首先是乾隆帝在"上谕"中说："至若我国家诞膺天眷，朱果发祥，亦如商之元鸟降生，周之高禖履武，纪以为受命之符。要之，仍系大金部族，且天女所浴之布库勒瑚哩池，即在长白山，原不外白山黑水之境也。"接着编纂者们所拟"凡例"又这样说道："本朝受命龙兴，实为朱果发祥之地，钟神毓庆，灵迹昭然。"在卷一"部族门"开篇，用了五百多字作为按语，复述了《太祖实录》等书中关于朱果发祥神话的整个故事。接着又收录了乾隆帝的"御制全韵诗"，这样写道："天造皇清，发祥大东。山曰长白，江曰混同。峻极襟带，福萃灵钟。山顶有潭，闼门名扬。三天女者，降而浴躬。神鹊含果，吞以娠中……"

《钦定满洲源流考》如此不厌其烦地复述这段原本就是前人杜撰出来的神话，目的很明了，其意无非在说：满洲之国自古有之，爱新觉罗氏得天下乃天经地义。这一点我们或可权且不视其为谬误，因为封建君主为巩固其封建统治，用封建迷信或神话来粉饰自己，迷惑臣民，也是习以为常之事。

其二，有意回避本族曾受明廷统治的历史。如在卷十二"疆域五"明卫所城站考的按语中这样说道："明初疆围，东尽于开原、铁岭、辽、沈、海、盖，其东北之境全属我朝及国初乌拉、哈达、叶赫、辉发诸国，并长白山之纳殷，东海之窝集等部，明人未曾涉其境。"该说法显然严重违背事实。明代初年，实际已经实现了对吉林、黑龙江甚至更远地区的有效统治，明廷在这些地区建立了著名的奴儿干都司并下辖数百个卫所城站，辖区内大都为女真人，他们对明称臣，并向明廷纳贡。其中由明廷设立的建州三卫，就是后来形成努尔哈赤政权核心的卫所。至于上面提到的乌拉、哈达、叶赫、辉发诸国，时为海西女真扈伦四部，直到明万历四十七年（公元1619年）努尔哈赤最后征服叶赫部，之前一直与明廷保持着联系，其部主的设立往往都要征得朝廷的首肯。各部间或举刀兵，明廷则屡次派兵护卫或调停，说"明人未曾涉其境"，怎能令人信服。此外，努尔哈赤于万历十八年被明廷晋封为都督佥事，万历二十三年受封龙虎将军，此间多次亲往北京朝拜，并以此为荣，不时炫耀。然而，如今却不顾事实，刻意回避，其目的无非是要否认以爱新觉罗氏为统治者的满族人，自明之后的那段曾受明廷统治的历史。

其三，按照纂修者的意愿对所引史料原文做了多处改动。明显的是对史上有关对东北民族不够尊重的称谓做了修饰，如对《三国志·魏书》中的"弁辰狗邪国"，引文改作"弁辰句邪国"。对《文献通考》上的"北方三十六蕃"，引文则改作"北方三十六国"；"狗卢国""狗素国""狗奚国"等，均改作"勾卢国""勾素国""勾奚国"；"东北诸夷"改作"东北诸国"。还有《明实录》称扎敦卫指挥扬珠布哈为"野人头目"，而引文将其改作"部人头目"；《隋书》靺鞨条中的"炀帝初与高丽战，频败其众，渠帅度地稽帅其部来降。"引文却将"来降"改作"来归"。《南齐书》中所称的"魏虏""虏军"，在引文中皆改称"魏人"或"魏军"。似以上种种，不一一例举。

按理，引文是一定要保持其原书面貌的，《钦定满洲源流考》在不得已引用其文时，做了这样的改动，是纂修者们认为，史上这些称谓流露的是对本民族的歧视。然而，这样一来，却损害了这些历史文献当然也包括《钦定满洲源流考》本身的价值。

最后要说的是，《钦定满洲源流考》除了上述主观故意造成的错误外，还有因纂修者所持学识、修养、综合分析判断能力等水平上的差异所导致的误引、误判、误改、误读，在誊抄、排印、校对中出现的错漏也不鲜见。这些都不同程度地有损于该书应有的史料作用。

四、关于《钦定满洲源流考》的流传及刊行现状

或许是由于一开始对此书定位上的失误，即将"民族志"视作了"地理志"，相对于其他史籍而言，《钦定满洲源流考》没能像之初所想象的那样引起后世的足够重视。因而刊印数量有限，流传层面也欠广泛。

原始的版本是乾隆四十二年的"殿版本"，即"武英殿刊本"。1932年，奉天大同学院依据该本铅字排印，仿古线装。如今市面已很难见到，辽宁省图书馆有珍藏。

乾隆五十四年的《四库全书》本，该书源自于"殿版本"，只是在书的正文之前增加了由《四库全书》总校官陆费墀所撰写的"提要"。直到清光绪末年（公

元1904年）由中西书局依据该本印行，石印线装，一函四册。

自1966年10月始，台湾文海出版社陆续出版由著名史学家沈云龙先生主编的《近代中国史料丛刊》，共一百辑，其中的第十四辑，收录了《四库全书》本的《钦定满洲源流考》（影印）。由于这套史料丛刊文字浩繁，流行受到局限，一般研究者难以窥其全貌。

还有一些通行本，所据底本不详，制作粗糙，错漏之处甚多，很难起到史料应有的作用。

那么，归结起来，至今所见的《钦定满洲源流考》一书，主要出自"殿版本"及随后的《四库全书》本，两者间无大差别，个别文字小有出入，只是《四库全书》本缺少乾隆帝所作《盛京赋》，而"殿版本"缺少陆费墀的"提要"，后续印行的对此都做了互补。

1988年10月，辽宁民族出版社出版了由著名清史学家孙文良教授点校的《钦定满洲源流考》，该书选自辽宁省图书馆藏善本"殿版本"为底本，进行校勘核对，标点分段，注释疑难字句，并以横排简化字排印，对于普及馆藏善本古籍，对于现代清史爱好者和研究者来说，不失为一部十分有价值的史料。遗憾的是此书印量有限（仅627册），又无再版，至今读者们想据有之，亦成奢望。

注释：

①本文所参阅及引用部分资料，来自《满洲源流考辨析》，孙文良撰；《满洲源流考综述》，吴松林撰，故所涉词条不再另加注释。

②关于清初"实录"的成书及演变过程，可参见与本书同期出版的《满洲实录》校注本，笔者所撰之《前言》。

③《清太宗文皇帝实录》伪满本，卷25、第29页。

④见本书卷首所附之《乾隆皇帝上谕》。

⑤详见本书卷首所附陆费墀"提要"全篇。

⑥以上均摘自《大义觉迷录》所辑雍正上谕。

⑦见本书卷首所附之《乾隆皇帝上谕》。

⑧详见本书卷首所附陆费墀"提要"全篇。

雷广平

2015年5月于北戴河

点校凡例

一、本书以《四库全书》本为底本，参照"殿版本"（即武英殿刻本）及其他坊间印本（如光绪中西书局石印本）。

二、底本，即《四库全书》本一向所缺之《盛京赋》，已由其他版本中补之。

三、按文意及今人的阅读习惯，重新析成段落并添加标点。

四、行间夹注、夹批皆原书所有，今改为变体小字，仍置于原位，以便于与正文相区别。

五、点校中遇有个别字义、词句及对所引原史料做了明显改动之处，认为有必要做出注释者，均置于该卷之末，供读者参阅。

六、遇有各本中出现不一致的异文、异字、漏字等，以底本为主，酌其优者取之；相一致者则保留原状，不擅加揣测改动。

七、为方便阅读，将原繁体字转换为简体，古今字在转换中其词义或有差异，虽详加厘定，仍难免有误。

《四库全书·满洲源流考》内容提要

《钦定满洲源流考》,二十卷,乾隆四十三年奉敕撰。

洪惟我国家朱果发祥,肇基东土。白山、黑水,实古肃慎氏之旧封。典籍遗文,班班可考,徒以年祀绵长,道途修阻,传闻不免失真。又,文字互殊,声音屡译,记载亦不能无误。故历代考地理者,多莫得其源流。是编仰禀圣裁,参考史籍,证以地形之方位,验以旧俗之流传,博征详校,列为四门。一曰部族,自肃慎氏以后,在汉为三韩,在魏、晋为挹娄,在元魏为勿吉,在隋、唐为靺鞨、新罗、渤海、百济诸国,在金为完颜部,并一一考订异同,存真辨妄。而索伦、费雅喀诸部毗连相附者,亦并载焉。二曰疆域,凡渤海之上京龙泉府,靺鞨之黑水府、燕州、勃利州,辽之上京黄龙府,金之上京会宁府,元之肇州,并考验道里,辨正方位,而一切古迹附见焉。三曰山川,凡境内名胜,分条胪载,如白山之或称太白山,徒太山,黑水或称完水,或称室建河,以及松花江即粟末水,宁古塔即忽汗水,今古异名者,皆详为辨证。其古有而今不可考者,则别为存疑,附于末。四曰国俗,如《左传》所载楛矢贯隼,可以见骑射之原;《松漠纪闻》所载软脂蜜膏,可以见饮食之概。而《后汉书》所载,辰韩生儿以石压头之类妄诞无稽者,则订正其谬。至于渤海以来之文字,金源以来之官制,亦皆并列。其体例,每门以国朝为纲,而详述列朝,以溯本始。其援据以御制为据,而博采诸书以广参稽。允足订诸史之伪而传千古之信,非诸家地志影响附会者所能拟也。

乾隆五十四年正月恭校上
总校官　陆费墀

乾隆皇帝上谕

乾隆四十二年八月十九日，内阁奉上谕：顷阅《金史·世纪》云，金始祖居完颜部，其地有白山黑水。白山，即长白山；黑水，即黑龙江。本朝肇兴东土，山川钟毓，与大金正同。史又称金之先出靺鞨部，古肃慎地，我朝肇兴时，旧称满珠，所属曰"珠申"，后改称满珠。而汉字相沿，讹为满洲，其实即古肃慎，为珠申之转音，更足征疆域之相同矣。又《后汉书·三韩传》谓辰韩人儿生，欲令头匾，押之以石。夫儿初堕地，岂堪以石押头，其说甚悖于理。国朝旧俗，儿生数日，置卧具，令儿仰寝其中，久而脑骨自平，头形似匾，斯乃习而自然，无足为异。辰韩或亦类是，范蔚宗不得其故，曲为之解甚矣，其妄也。若夫三韩命名，第列辰韩、马韩、弁韩，而不详其义。意当时三国，必有三汗，各统其一，史家不知汗为君长之称，遂以音同误译，而庸鄙者甚至讹韩为族姓，尤不足当一噱，向曾有《三韩订谬》之作，惜未令人尽读之而共喻耳。若唐时所称鸡林，应即今吉林之讹，而新罗、百济诸国，亦皆其附近之地。顾昔人无能考证者，致明季狂诞之徒，寻摘字句，肆为诋毁，此如桀犬之吠，无庸深较，而舛误之甚者，则不可以不辨。若夫东夷之说，因地得名，如孟子称舜"东夷之人"，文王"西夷之人"。此无可讳，亦不必讳。至于尊崇本朝者，谓虽与大金俱在东方，而非其同部，则所见殊小，我朝得姓曰"爱新觉罗氏"，国语谓金曰"爱新"，可为金源同派之证。盖我朝在大金时，未尝非完颜氏之服属，犹之完颜氏在今日，皆为我朝之臣仆。普天率土，统于一尊，理固如斯也。譬之汉、唐、宋、明之相代，岂皆非其胜国之臣仆乎！又有云我祖宗时，曾受明龙虎将军封号①，亦无足异。我朝初起时，明国尚未削弱，因欲与我修好，借此以结两国之欢②，我朝固不妨为乐天保世之计。迨我国声威日振，明之纲纪日隳③，且彼妄信谗言，潜谋戕害。于是，我太祖赫然震怒，以"七大恨"告天，兴师报复。自萨尔浒、松山、杏山诸战，大败明兵。明人欲与我求和，斥而不许，彼尚安能轻侮我朝乎！且汉高乃秦之亭长，唐祖乃隋之列公，宋为周之近臣，明为元之百姓，或攘或侵，不复顾惜名义。若我朝乃明与国，当闯贼扰乱，明社既移之后，吴三桂迎迓王师入关，为之报仇杀贼，然后我世祖章皇帝定鼎燕京，统一寰宇，是得天下之堂堂正正，孰有如我本朝者乎？至若我国家诞膺天眷，朱果发祥④，亦如商之元鸟降生，周之高禖履武，纪以为受命之符。要之仍系大金部族，且天女所浴之布勒瑚哩池，即在长白山，原不外白山、黑水之境也。又《金世纪》称唐时靺鞨，有渤海王，传十余世，有文字礼乐，是金之先即有字矣。而本朝国书则自太祖时命额尔德尼、巴克什等遵制通行。或金初之字，其后因式微散佚，遂尔失传。至我朝复为创造，未可知也。他如建州之沿革，满洲之始基，与夫古今地名同异，并当详加稽考，勒为一书，垂示天下万世。着派大学士阿桂、于敏中，侍郎和珅、董诰悉心检核，分条编辑，以次呈览，候朕亲加厘定，用昭传信而辟群惑，并将此通谕知之。

　　钦此！

注释：

　　①龙虎将军为明朝武官，正二品。万历二十三年（1595）封努尔哈赤为龙虎将军，此封号实为明朝对误杀其父、祖的抚慰。

　　②"两国之欢"之说不确切，努尔哈赤当时尚未建立国家，不过是女真一个部落而已。

　　③骠，专指对书籍的损毁。

　　④《满洲实录》开卷"满洲源流"之传说：长白山有三仙女下凡沐浴，忽有一神鹊衔朱果偶入其三妹佛库伦之腹，遂感而成孕。佛库伦因腹重而不能升天，放留人间生下爱新觉罗·布库哩雍顺，即清之始祖也。

大学士阿桂等奏折

臣阿桂、臣于敏中、臣和珅、臣董诰谨奏：

本年八月十九日，钦奉上谕，命臣等将"建州沿革，满州①始基，与古今地名同异，详加稽考，勒成一书，钦此"。所有编纂事宜，酌拟凡例七条，缮写清单，恭呈预览，伏候钦定嘉名，用光典册。至此项书籍，拟在方略馆就近办理。所需编纂及译汉人员，拟派内阁侍读麟喜、中书呈麟、笔帖式七德为满纂修官。理藩院笔帖式临保、候补笔帖式明伦、工部库使巴尼泰为译汉官，照满誊录之例行走。翰林院编修宋铣、平恕、候补部员曹锡宝为汉纂修官。并派郎中巴尼珲、侍读孙永清为提调官，专司督催稽核。至缮写收发之誊录供事等，应即在方略馆通融抽拨。惟查该馆现在赶办平定两金川方略，并《大清一统志》《西域图志》《热河志》及元、辽史、《明纪纲目》《明史本纪》等书，各有卯限。原设之誊录供事，仅供各书之用，难以再为分拨。臣等公同酌拟，应再咨取汉誊录四名，供事六名，令其专心承办，庶有责成。俟将来书成之日，照例给予议叙，以示鼓励。其所添之誊录供事等，应支桌饭银两，并需用笔墨桌凳等项，仍由该馆照例随时于户、工等衙门撙节支领，毋庸专款置办，合并声明是否，伏祈皇上训示遵行。

谨奏。

乾隆四十二年九月初八日奏。

初九日奉旨："知道了，书名著定为《满洲源流考》。钦此。"

注释：

①满州，应为满洲。

凡 例

我国家建邦启土，肇迹东方，创业始基，地灵效瑞，其古今沿革，自应详胪本末，用以昭传信而正群讹。谨拟首立部族一门，凡在古为肃慎，在汉为三韩，在魏、晋为挹娄，在元魏为勿吉，在隋、唐为靺鞨、新罗、渤海、百济诸国，在金初为完颜部，及明代所设建州诸卫，并为考据异同，订析讹误，博稽史传，参证群书，分目提纲，各加按语，俾源流分合，指掌了然。

按唐史所载，渤海置五京十三府①，其上京龙泉府，即肃慎故地。而黑水靺鞨入朝亦尝置燕州、勃利州及黑水府诸名目，其后若辽置东京黄龙府，金置上京会宁府，分设郡邑，俱详载二史地理志中。至元时犹有肇州之称，棋布星罗，遗迹尚颇可考。谨拟次立疆域一门，凡史册所载诸城镇村寨之属，各按原书方位，证以现在地理形势，件系条分，详加辨证，务使图经所纪条贯咸该。至辽、金宫室建置，一切古迹应行考据者，均即载入疆域一门，用征故实。

按白山、黑水其名，始见于《北史》而显著于金源。至本朝受命龙兴，实为朱果发祥之地，钟神毓庆，灵迹昭然，而诸史或称太白山，或称徒太山，或称完水，或称室建河，称谓多殊，名实易舛，允宜详悉核订。至若松花江，即《唐书》之粟末水，宁古塔即《唐书》之忽汗水，亦为胜地名川，向来记载纷淆，均资考核。谨拟次立山川一门，以现在《大清一统志》《盛京通志》所载，据今证古，析异定伪，其或古有今不可考者，则别为存疑，附之于末。

史称东方仁谨，道义所存，朴厚之源，上追隆古。我朝肇基东土，旧德敦庞，超轶前代，即如祀神之礼，无异于豳人之执豕酌匏，三代遗风由兹可睹，而参稽史乘，其仪文习尚亦往往同符。如《左传》称肃慎之矢，可以见俗本善射之原。《后汉书》称三韩以石压头，可以见俗用卧具之讹。《松漠纪闻》称金燕饮为软脂蜜糕，可以见俗尚饼饵之始。其他足资引证者尚多，谨拟次立国俗一门，博引典籍，分条胪考，以著淳风所本，源远流长，洵与周公之陈《七月》，金世宗之歌土风，取义维均，足以训行奕祀。

金时官制如渤极烈之为贝勒，谋克之为穆昆，猛安之为明安，虽沿误相仍，而溯源可考。又自新罗、渤海已肇兴文字，金之初年用契丹字，太祖②、熙宗作女真大小字，其制渐备，维时设女真进士科，经书皆有译解，今遗制已湮，而碑刻间存。至我太祖高皇帝创制国书，义蕴精微，允为制作之极，则谨拟约举大凡，附列国俗一门之后，用以垂信方来。

国家扶舆积庆，俶造丕基，长白肇兴，实为邠岐旧壤，今敬谨考核，一以近发祥初地者为定。至若王师顺动以后，经营辽、沈，卜宅定都，凡盛京地方建置规模及山川地理已具详《开国方略》《盛京通志》诸书中，是编请毋庸兼载，以协体制。

恭读御制文集《盛京赋》《三韩考》诸篇，及巡幸盛京、吉林诸诗什，苞^③括典故，剖析舛讹，洵足折衷群言，垂示千古，谨拟于书中各条内，恭录载入，永昭定论。

注释：

①《新唐书·渤海传》载："地有五京、十五府、六十二州。"此处称十三府，似有误。

②此太祖指金太祖完颜旻，本名阿骨打。

③苞，同"包"。

凡例

办理《钦定满洲源流考》诸臣职名

总裁

原任武英殿大学士总理刑部事务一等诚谋英勇公	臣	阿 桂
原任文华殿大学士总理户部事务兼翰林院掌院学士	臣	于敏中
原任文华殿大学士总理吏部户部刑部事务一等忠襄伯	臣	和 珅
经筵讲官太子太保东阁大学士总理礼部事务	臣	王 杰
经筵讲官太子少保东阁大学士	臣	董 诰

总纂校官

翰林院编修升任詹事府詹事	臣	平 恕
翰林院修撰升任詹事府少詹事三品卿衔	臣	戴衢亨

纂修官

内阁侍读升任江西广信府知府	臣	麟 喜
原任内阁中书升任户部主事	臣	呈 麟
理藩院笔帖式升任理藩院员外郎	臣	七 德
大理寺寺丞升任户部员外郎	臣	马廷模
理藩院笔帖式升任理藩院主事	臣	巴瑲阿
内阁中书	臣	图勒炳阿
太仆寺主事	臣	成 裕
原任翰林院编修	臣	宋 铣
原任江西道监察御史	臣	曹锡宝
翰林院检讨升任左春坊左庶子	臣	汪滋畹
陕西道监察御史	臣	沈 琨
户部主事	臣	费锡章

提调官

银库郎中升任户部右侍郎正黄旗满洲副都统署广西巡抚	臣	台 布
原任户部郎中	臣	巴尼珲
兵部郎中	臣	德 纶
掌福建道监察御史	臣	托 津

原任内阁侍读升任广西巡抚	臣	孙永清
通政司参议三品卿衔	臣	吴熊光
掌户科给事中	臣	冯　培
礼科给事中	臣	汪日章

收掌官

原任户部主事升任副都统职衔	臣	舒　濂
原任兵部主事升任江苏按察使	臣	穆克登
理藩院员外郎	臣	湛　露
内阁侍读	臣	素　纳
兵部员外郎福建候补道	臣	史梦琦
原任内阁中书升任浙江温处道	臣	陆　瑷
刑部郎中	臣	裴行简
掌江西道监察御史	臣	盛惇崇

钦定满洲源流考卷一

部族一

谨按：我国家诞膺景命，肇启大东，毓瑞凝祥，同符雅颂，皇皇乎元鸟之生商，高禖之启稷矣①。恭考实录，自始祖定三姓之乱，建国鄂多理城，即以满洲建号，继继绳绳，钟灵笃庆。洪惟肇祖原皇帝创业于赫图阿拉之地②。爰及景祖覲光扬烈，乃举五岭以东，苏克素护河以西诸部，而抚绥之。迨我太祖高皇帝，天锡智勇，懋建大勋，既克图伦，遂收栋鄂。太宗文皇帝鸿图式廓，遐迩景从，东北诸部尽为臣仆。稽诸古昔，若肃慎、夫餘、三韩、靺鞨、伯济、新罗、渤海、女真诸国，沿革可征。《淮南子》云，东方多君子之国③，信矣。臣等谨立部族一门，先胪举史册所载各条，参以今之考证，或订其音转之讹，或稽其分合之迹，断自肃慎为始，而仍弁国号于简端，以著统尊溯源之义云。

满洲

按：满洲本部族名。恭考发祥世纪，长白山之东有布库哩山，其下有池曰布勒瑚哩。相传三天女浴于池，有神鹊衔朱果置季女衣，季女含口中，忽已入腹，遂有身。寻产一男，生而能言，体貌奇异。及长，天女告以吞朱果之故，因锡之姓曰爱新觉罗，名之曰：布库哩雍顺。与之小舠，且曰："天生汝以定乱国，其往治之。"天女遂凌空去，于是乘舠顺流至河步，折柳枝及野蒿为坐具，端坐以待。时，长白山东南鄂谟辉之地，有三姓争为雄长，日构兵相仇杀。适一人取水河步归，语众曰："汝等勿争，吾取水河步，见一男子，察其貌非常人也，天不虚生此人。"众皆趋问，答曰："我天女所生，以定汝等之乱者。"且告以姓名。众曰："此天生圣人也，不可使之徒行。"遂交手为昇，迎至家。三姓者议推为主，遂妻以女，奉为贝勒。居长白山东鄂多理城，建号满洲，是为国家开基之始。以国书考之，满洲本作满珠，二字皆平读。我朝光启东土，每岁西藏献丹书，皆称曼珠师利大皇帝。翻译名义曰曼珠，华言妙，吉祥也。又作曼殊室利大教王。经云释迦牟尼师毗卢遮那如来，而大圣曼殊室利为毗卢遮那本师，殊、珠音同，室、师一音也。当时鸿号肇称，实本诸此。今汉字作满洲，盖因洲字义近地名，假借用之，遂相沿耳。实则部族，而非地名，固章章可考也。

御制全韵诗

天造皇清，发祥大东。山曰长白，江曰混同。峻极襟带，福萃灵钟。山顶有潭，闼门名扬。[长白山高二百余里，绵亘千余里，雄观峻极，扶舆灵气所钟。山之上有潭，曰闼门，周八十里，源深流广，鸭绿、混同、爱滹三江出焉。]三天女者，降而浴躬。神鹊含果，吞以娠中。锡之姓名，母遂凌空。[山之东有布库哩山，其下有池，曰布勒瑚哩。相传有三天女：曰恩古伦、次正古伦、次佛库伦，浴于池。有神鹊含朱果置季女衣，季女含口中，忽已入腹，遂有身。寻产一男，生而能言，体貌奇异。及长，母告以吞朱果之故。因锡之姓为爱新觉罗，名之曰布库哩雍顺。与小舠乘之，母遂凌空去。]④有取水人，见讶异征。交手舁归，推为主国。三姓定乱，鄂多城崇。号建满洲，开基肇宗。[天男乘舠顺流下至河步，登岸折柳及蒿为坐具，端坐其上。其地有三姓争为雄长。日构兵仇杀，有取水河步者，见而异之，归语人曰："汝等勿争，吾取水河步，见一男子，察其貌非常人也，天必不虚生此人。"众往视，皆以为异，因诘其由来？答曰："我天女所生天男，生我以定汝等之乱者。"且告其姓名，众曰："此天生圣人也，不可使之徒行。"乃交手为舁，迎至家。三姓者议推为国主，以女百里妻之，奉为贝勒，其乱乃定。遂居长白山东鄂多理城，国号满洲，是为开基之始。按：满洲，清字本作满珠。我国家肇基于东，故西藏每岁献丹书，皆称曼珠师利大皇帝。至今汉字作满洲者，盖因洲字义近地名，假借用之，遂相沿从俗云。]元鸟商室，帝武周家。圣必有启，异揆同风。

右长白山发祥。

肃慎 [一作息慎，又作稷慎。]

虞

《竹书纪年》帝舜有虞氏二十五年，息慎氏来朝，贡弓矢。

《史记·虞帝纪》南抚交趾、北发，西戎、析枝、渠搜、氐、羌，北山戎、发、息慎。

周

《汲冢周书·王会解》西面者，正北方稷慎大麈。

《孔子家语》武王克商，肃慎氏贡楛矢。

《尚书序》成王既伐东夷，息慎来贺。

《尚书传》王俾荣伯作贿肃慎之命。

《史记·孔子世家》有隼集于陈庭，楛矢贯之⑤。石砮矢长尺有咫。陈湣公使使问仲尼，仲尼曰："隼来远矣，此肃慎之矢也。"

《后汉书》康王之时，肃慎复至。

汉

《后汉书》古肃慎国，在夫餘东北千余里，东滨大海。

《淮南子》海外三十六国，有肃慎氏。

三国

《三国志·魏书》明帝青龙四年，肃慎贡楛矢。

晋

《晋书》肃慎国，东北有山出石。其利入铁，将取之，必先祈神。周武王时，献其楛矢、石砮。逮于周公辅成王，复遣使入贺。尔后千余年，虽秦汉之盛，莫之致也。及文帝作相，魏景元末，来贡楛矢。魏帝诏归于相府，赐其王僬鸡、锦罽、绵帛。至武帝元康初，复来贡献。元帝中兴，又诣江左贡其石砮。成帝时，通使于石季龙⑥。

南北朝

《册府元龟》宋孝武帝大明三年，肃慎国献楛矢。

谨按：肃慎之名，著于周初。考《竹书纪年》，有虞舜二十五年，息慎献弓矢之文。《史记·虞帝纪》亦称北发、息慎。郑元注曰："息慎或谓之肃慎。"《周书·王会解》又作稷慎，息、稷与肃，音转之讹，其为一国无疑，由来固已远矣。秦、汉之盛，史无传焉。《后汉书·挹娄传》则云即古肃慎，似其名至汉而止。然魏、晋时，间通使聘，史臣皆以肃慎书之，则不得云东汉无肃慎也。要之，负山襟海，地大物博，又风气朴淳，故历虞、夏、商、周，迄魏、晋，传世二千余年不绝。范蔚宗谓冠弁衣锦，器用俎豆⑦，诚非虚语。特自汉以后，始有岐称耳。宋刘忠恕称金之姓为朱里真。夫北音读肃为须，须、朱同韵，里、真二字合呼之音近慎，盖即肃慎之转音，而不知者遂以为姓。

国初旧称所属曰珠申，亦即肃慎转音，汉人不知原委，遂岐而二之，犹之或为稷慎，或为息慎，其实一也。至于自汉、魏以后所称部名，则分条详系于后云。

夫餘 [一作扶餘。]

御制夫餘国传订讹：

近阅《四库全书》内，元郝经《续后汉书》所作夫餘国列传，其官有马加、牛加之名，讶其诞诡不经，疑有舛误。因命馆臣覆勘其说，实本之《后汉书》及《三国·魏志·夫餘传》之文。于是，叹范蔚宗、陈寿之徒不识方言，好奇逞妄，疑误后人。而更惜郝经之失于裁择也。其传曰："国以六畜名官，有马加、牛加、猪加、狗加。诸加别主四出，道有敌，诸加自战，下户担粮饮食之。"信如其言，则所谓诸加者，何所取义乎？史称夫餘善养牲，则畜牧必蕃盛，当各有官以主之。犹今蒙古谓典羊之官曰和尼齐。和尼者，羊也；典马者曰摩哩齐。摩哩者，马也；典驼者曰特默齐。特默者，驼也。皆因所牧之物以名其职，特百官中之一二。志夫餘者，必当时有知夫餘语之人，译其司马、司牛者为马家、牛家，遂讹为马加、牛加。正如《周礼》之有羊人、犬人，汉之有狗监耳。若必以六畜名官，寓相贬，则郯子所对少皞氏鸟名官⑧，为鸟师而鸟名，又何以称乎？蔚宗辈既讹家为加，又求其说而不得，乃强为之辞，诚不值一噱！总由晋、宋间人与外域道理辽阻，于一切音译素所不通，遂若越人视秦人之肥瘠，率凭耳食为傅会，甚至借恶词丑字曲肆，其诋毁之私可鄙孰甚。且蔚宗以附彭城王义康谋反伏诛，陈寿索米为人作佳传，其人皆不足取，其言又何足据乎？第《后汉书》《三国志》久经刊行，旧文难以更易，因命于《续后汉书》中改加为家，并为订其踳谬如右。

谨按：马加、牛加之说，始于范蔚宗、陈寿，历代史志袭谬承讹，至郝经《续后汉书》独沿用之。盖当时音译未通，曲为傅会，更千百年未有能知其妄者。恭读《御制夫餘国传订讹》，指加为家字之误，近例之蒙古典羊、典马之官，远征诸《周礼》羊人、犬人之掌，设官分职，至理所存，古今一揆也。蔚宗辈之贻误后人，盖非浅显矣。臣等敬录，冠简端，以示万世折衷之准。其自后汉以下诸书，凡有关夫餘事实者，仍以次条列云。

汉

《后汉书》夫餘国在元菟北千里，地方二千里。最为平敞。以员栅为城，有宫室、仓库。以六畜名官，有马加、牛加、狗加。其邑落皆主属诸加。

《册府元龟》夫餘国本濊地也。汉武帝元朔元年以其地为沧海郡，数年乃罢。至元封三年，灭朝鲜，分置乐浪、临屯、元菟、真番四郡。至昭帝始元五年，罢临屯、真番，以并乐浪、元菟。元菟复徙居句丽。自单单大岭 [《后汉书》作单大岭，《魏志》《通考》与此同。] 以东，悉属乐浪。后以境土广远，复分岭东七县，置乐浪东部都尉。

《后汉书》建武二十五年，夫餘王遣使奉贡，光武厚答报之，于是，使命岁通。永宁元年，遣嗣子尉仇台诣阙。顺帝永和元年，其王来朝，帝作黄门鼓吹、角抵戏以遣之[9]。桓帝延熹四年，遣使朝贺贡献，灵帝熹平中，复奉章贡。

《册府元龟》汉安帝延光元年，夫餘王遣使贡献。又，献帝延康元年，遣使贡献。

《通考》汉安帝永初五年，夫餘王始将步骑七八千人入乐浪。桓帝永康元年，王夫台将二万人侵元菟。

《三国志》夫餘在长城之北，去元菟千里。国有君王，皆以六畜名官，有马加、牛加、猪加、狗加、大使、大使者、使者。邑落有豪民，民下户皆为奴仆。诸加别主四出，道大者主数千家，小者数百家。有敌，诸加自战，下户俱担粮饮食之。汉末，公孙度雄长海东，夫餘王尉仇台更属辽东。时，句丽、鲜卑强，度以夫餘介其间，妻以宗女。[按：郝经《续后汉书》与此同，不复载。]

三国

《三国志》夫餘王尉仇台死，简位居立，无适子，有孽子麻余。麻余死，其子依虑年六岁，立以为王。

《魏略》夫餘，其国殷富。自先世以来，未尝破坏。

《魏略》昔北方有槀离之国，[按：槀离，《后汉书》作索离，注云：索音度洛反。《通典》作橐离。《梁书》作囊离，非高句丽之高丽也。惟《隋书》直作高丽，合为一国，误。]其王者侍婢有身，王欲杀之，婢云："有气如鸡子来下，我故有身。"后生子，名曰东明。东明善射，王恐夺其国也，欲杀之。东明走，南至施掩水[《后汉书》作掩㴲水。注云：今高丽中有盖斯水，疑此水是也。《梁书》作掩滞水。]以弓击水，鱼鳖浮为桥，东明得渡，因都王夫餘之地。

晋

《晋书》夫餘在元菟北千余里，其王印文称"濊王之印"。国中有古濊城。武帝时频来朝贡，至太康六年，为慕容廆所袭破，其王依虑死，子弟走保沃沮[10]。有司奏护东夷校尉鲜于婴不救夫餘，失于机略。诏免婴，以何龛代之。明年，夫餘后王依罗遣诣龛，求率见人还复旧国。龛上列，遣督邮[11]贾沈以兵送之。廆又要之于路，沈与战，大败之，罗得复国。

南北朝

《梁书》高句骊其先出自东明。东明本囊离王之子。王欲杀之，东明走至夫餘而王焉。

《隋书》夫餘王尝得河伯女，闭于室内，为日光随而照之，感而遂孕，生一大卵，有一男子破壳而出，名曰朱蒙。夫餘之臣咸请杀之，其母以告朱蒙。朱蒙东南走，遇一大水，朱蒙曰："我是河伯外孙，日之子也。今有难，而追兵且及，如何得渡？"于是，鱼鳖积而成桥，朱蒙遂渡。朱蒙建国号高句丽。

《隋书》百济之先，出自高丽。其王有侍婢生东明，及长，王忌之，东明惧，逃至淹水，夫餘人共奉之。东明之后，有仇台者，笃于仁信，始立其国于带方故地。汉辽东太守公孙度以女妻之，渐以昌盛，为强国。初，以百家济海，因号百济。

《北史》"朱蒙"者，其俗言善射也。[按：今满洲语称善射者谓之卓琳莽阿。卓与朱音近，琳则齿舌之余韵也。莽阿二字，急呼之则音近蒙，是传写虽讹，音解独有可考也。]夫餘王狩于田，以朱蒙善射，给一矢，歼兽甚多。夫餘之臣谋杀之，朱蒙乃与焉违等二人走，至纥升骨城[《后周书》作纥斗骨城。]居焉，号曰高句丽。

《魏书》豆莫娄国在勿吉国北千里，去洛六千里，旧北夫餘也。在失[失，《通考》作室。]韦之东，或言本濊地也。

《通典》百济，即后汉末夫餘王尉仇台之后。延兴二年，其王余庆上表云："臣与高丽，先出夫餘。"

唐

《唐书》高丽者，出自夫餘之别种也。百济国，本亦夫餘之别种。

《通典》高丽得夫餘地，置夫餘城，后属于渤海。

《通考》渤海以夫餘故地为夫餘府。

《辽史·地理志》唐时契丹达呼尔[旧作大贺，今从《八旗姓氏通谱》改。]氏蚕食夫餘、靺鞨之区，地方二千余里。

按：高丽出自夫餘，夫餘出自索离。索读如橐，故或书为橐。橐形似槀，故又转为槀。橐与槀音同，故《魏略》及《辽志》复作槀，与高丽实二国也。夫餘在高丽北，槀离又在夫餘北，故东明南走而至夫餘，朱蒙亦南走而至高丽。然其事仿佛相同，或传闻之有一误也。《隋书》谓夫餘王尉仇台始立国于带方，自后遂称百济。后魏时，百济所上书亦云，先与高丽，源出夫餘。自晋以后，百济王之姓名有夫餘腆、夫餘丰、夫餘隆，盖真以夫餘为姓矣。《后汉书》称夫餘在元菟北千里，南接高丽，东接挹娄，本濊地。故《魏略》云夫餘王印文曰"濊王之印"，谓本濊地，而夫餘居之。其旧国为豆莫娄，在勿吉北千里，是夫餘始在极北，后乃兼有南陲。唐初，地入于高丽，高丽既灭，属于渤海，为夫餘府。其后见于史志者，若辽之通州安远军，龙州黄龙府，金之隆州利涉军，元之开元路，皆其故地。槀离国见于《辽史》为韩州、凤州，俱在今开原西北境外，与挹娄实唇齿之邦也。

注释：

①高禖，传说中主婚配之神，或人类根祖之偶像。稷，即周朝始祖后稷，以此喻清之始祖乃神鹊衔朱果入仙女之腹降生之典故。

②赫图阿拉(喇)，满语为"横冈"之意。位于今辽宁省新宾满族自治县老城村，老城遗址尚在。被清代统治者尊为肇祖的猛哥帖木儿最早率部居于此。

③《淮南子·地形训》，原文应为"东方有君子之国。"编者改"有"为"多"，实为本朝肇起增色。

④此段内容来自《满洲实录》开篇。

⑤楛矢，用楛木做杆的箭。贯之，指穿透人体。

⑥石季龙，后赵皇帝。公元334年，废石弘自立为帝，仿汉制，迁都邺城。

⑦俎豆，古代祭祀时用以盛食物的礼器，引申为崇奉之意。

⑧郯子，春秋人，传为孝子，有"鹿乳奉亲"之典。少皞氏，传说中最早的鸟师。

⑨角抵戏，汉代流行的一种乐舞杂技之统称。《汉书·武帝纪》："元封三年春，作角抵戏，三百里内皆观。"颜师古注："角者，角技也；抵者，相抵触也。"

⑩沃沮，公元5世纪前朝鲜半岛北部的部落。沃沮又分南北，北沃沮大致位于图们江流域，春秋战国至秦汉时，牡丹江流域也生活着右夫餘族的沃沮人。

⑪疑似督护之误。

钦定满洲源流考卷二

部族二

挹娄［一作挹楼。］

汉

《后汉书》挹娄，古肃慎之国也。在夫餘东北，其邑落各有大人。处于山林之间，自汉兴以后臣属夫餘。

《册府元龟》挹娄，地多山险，人形似夫餘，善乘船，北沃沮畏之。每夏藏于岩穴，至冬船道不通，乃下居邑落。

三国

《三国志》挹娄，在夫餘东北千余里，人多勇力，土气寒，剧于夫餘，古之肃慎氏国也。自汉以来臣属夫餘，夫餘责其租赋重，以黄初中叛之。夫餘数伐之，其人众虽少，所在山险，邻国人畏其弓矢，卒不能服也。

《通考》挹娄，即古肃慎之国也。其国在不咸山北。魏常道乡公景元末，来贡楛矢、石砮、弓甲、貂皮之属。

晋

《晋书》肃慎，一名挹娄，在不咸山北。其国东北有山出石，其利入铁，将取，必先祈神。武帝元康①初，来贡。元帝中兴，又诣江左贡其石砮。至武帝时通贡于石季龙，四年方达。

唐

《新唐书》渤海，本粟末靺鞨，姓大氏。高丽灭，率众保挹娄之东牟山，地直营州东二千里。

《辽史·地理志》大氏始保挹娄之东牟山，有乞乞仲象者②，渡辽水自固，武后封为震国公，后自称震王。

《五代史》武后时，乞乞仲象子祚荣立，因并有乞四比羽之众四十万人，据挹娄。

辽

《辽史·地理志》沈州，昭德军；双州，保安军；定理府，皆故挹娄国地。[按：沈州，昭德军，今承德县。双州保安军，今铁岭县。定理府，在今兴京境内。]

金

《大金国志》北接室韦，西界渤海铁离，东濒海，《三国志》所谓挹娄地也。

按：挹娄之名，始于后汉。考之史传，即古肃慎氏。《晋书》所谓肃慎，一名挹娄是也。至南北朝始，别有勿吉、靺鞨之称。而旧名之见于简册者，犹有可考。如辽之沈州、双州、定理府，金之挹娄县，皆仅指一隅，非其全部。《元史》称沈阳路为挹娄故地，似矣。而于开元路则云古肃慎地，隋唐曰靺鞨，又似岐而二之者。盖魏、晋以前部族未分，魏、晋以后厘而为七。族愈繁而地愈广，容有非旧部之名所能该者矣。至《金史·地理志》谓沈州本辽定理府，为挹娄故壤。考《辽志》则沈州之外别有定理府，亦属挹娄之地。辽之定理，实唐时渤海所建，至金已废。又，《金志》称沈州挹娄县，本辽旧兴州常安县。考《辽志》东丹城，北至挹娄县范河二百七十里，则辽时已有挹娄县盖郡，邑虽移而幅员有定，今见于《盛京通志》者，若承德，若铁岭，若吉林，若宁古塔，自奉天府治，极于东北，胥挹娄地也。又，《明一统志》载：洪武二十九年设左右千户于懿路城，永乐八年复设中千户于懿路城，其废址今在铁岭县城南六十里。又有站名懿路，亦作伊鲁，当即辽、金挹娄县之遗。今满洲语谓岩穴之穴为叶噜，与伊鲁音相近，可知当时命名之义。而音转传讹，历代遂有互异，究之遗址可寻，正犹陶之为陶邱，𨚂之为𨚂亭焉尔。

三韩

御制三韩订谬

尝读《后汉书·三韩传》称，辰韩人儿生，欲令头扁，皆押之以石。讶其说之悖于理，而肆为诡诞，以惑世也。夫以石押头，壮夫且不能堪，而以施之初堕地之小儿，实非人情所宜有。间考三韩建国本末，诸史率多抵牾。以方位准之，盖在今奉天东北吉林一带，壤接朝鲜，与我国朝始基之地相近。国朝旧俗，儿生数日即置卧具，令儿仰寝其中，久而脑骨自平，头形似扁。斯乃习而自然，无足为异。辰韩或亦类是耳。范蔚宗①不得其故，从而曲为之解，甚矣其妄也。且如汉人生儿，常令侧卧，久而左右角平，头形似狭。蒙古人生儿，以韦带束之木板，植立于地，长则股形微箕。此亦皆习而自然，无足为异。藉如蔚宗所言，岂汉人、蒙古亦皆以石押之，令其头狭而股箕乎？

若夫三韩命名，史第列马韩、辰韩、弁韩亦曰弁辰，而不详所以称韩之义。陈寿《魏志》直云韩地、韩王。鱼豢《魏略》且以为朝鲜王准，冒姓韩氏，其为附会尤甚。盖国语及蒙古语，皆谓君长为汗，韩与汗音相混。史载三韩，各数十国，意当时必有三汗分统之。史家既不知汗之为君，而庸鄙者至伪韩为族姓，何异扣盘扪籥②，以喻日哉！且中外语言不通，不能强为诠解者，势也。今夫天昭昭在上，人皆仰之。然汉语谓之天，国语谓之阿卜喀，蒙古语谓之腾格哩，西番语谓之那木喀，回语谓之阿思满。以彼语此，各不相晓，而人之所以敬，与天之所以感，则无弗同。若必一一以汉字牵附臆度之，能乎不能？夫韩与汗，音似义殊，谬而失之诬犹可也。至于以石押头之谬，实悖于理，斯不可也。然则余之《三韩订谬》之作，乌容已乎哉！

谨按：三韩虽与汉时诸郡毗连，然音译多讹，往往以汉字转相附会，于是异说分岐。至范蔚宗有生儿以石押头之论，诞妄不经，莫斯为甚矣！恭读《御制三韩订谬》，以国语、蒙古语证韩之当为汗。而即汉人、蒙古习俗之不同。并推及国俗，生儿仰寝卧具，见理之至常，而无足怪。审音知义，旷若发蒙，据事揆情，了如指掌，诚非历代纪载家所能窥测也。谨录，冠诸书之前，以昭准则。

汉

《汉书·朝鲜传》真番、辰国欲上书见天子，朝鲜雍阏弗为通。[师古曰："辰谓辰韩之国也。"]

《通典》三韩，后汉时通焉。一曰马韩，二曰辰韩，三曰弁韩。[晋、梁二书作弁辰。]马韩在西，有五十四国，其北与乐浪，南与倭接。辰韩在东，十有二国，其北与濊貊接。弁辰在辰韩之南，亦十有二国，其南亦与倭接。凡七十八国，百济是其一国焉。大者万余户，小者数千家，各在山海间。地合方四千余里，东西以海为限，皆古之辰国也。马韩最大，共立其种为辰王，都目支[《魏志》作月支，《通考》作自支。]国，尽王三韩之地。其诸国王先皆是马韩种人。

《后汉书》马韩，邑落杂居，无城郭。辰韩，耆老自言秦之亡人，避苦役适韩国，马韩割东界地与之，或名之为秦韩。有城栅屋室，诸小别邑各有渠帅，贸易以铁为货，儿生欲其头扁，皆押之以石。弁辰与韩辰杂居，城郭衣服皆同，其人形皆长大，美发，而刑罚严峻。初，朝鲜王准为卫满所破，乃将其余众走入海，攻马韩，破之，遂立为韩王。准后灭绝，马韩人复自立为辰王。

《魏略》朝鲜王准为卫满所破，走入海。其子及亲留在国者因冒姓韩氏。准王海中，不与朝鲜相往来。

《魏略》初，右渠[朝鲜王卫满之孙。]未破时，朝鲜相历谿卿以谏右渠不用，东之辰国，时民随出居者二千户，亦与朝鲜真番不相往来。至王莽时，廉斯锱为辰韩右渠帅，欲来降。出其邑落，见一人其语非韩人，问之，曰："我等汉人，名户来，我等辈千五百人伐材木，为韩所得，积三年矣。"辰锱因将户来出诣乐浪郡，郡令锱乘大船入辰韩取户来，伴辈尚得千人，其五百人已死。辰韩曰："我当出赎直耳。"乃出辰韩万五千人，弁韩布万五千匹，锱收取直还郡。

《册府元龟》汉建武二十年，韩国廉斯人苏马谋等诣乐浪贡献。帝封苏马谋为廉斯邑君，使属乐浪郡，四时朝谒。

《后汉书·本纪》建武二十年，韩国人率众诣乐浪内附。[注：辰韩、卞韩、马韩，谓之三韩国也。]

《通考》灵帝末，韩、濊并盛，郡县不能制，百姓苦乱，多流亡入韩者。献帝建安中，公孙康分屯有、有盐县[屯有、有盐两县并汉辽东所属。]，以南荒地为带方郡，遣公孙模、张敞等收集遗民，兴兵伐韩、濊，旧民稍出。是后，韩遂属带方郡。

三国

《魏志》韩在带方之南，东西以海为限，南与倭接，[其他]方可四千里。有三种：一曰马韩，二曰辰韩，三曰弁韩。辰韩者，古之辰国也。马韩在西，其民土著，各有长帅，大者名臣智，散在山海间，无城郭，凡五十余国，总十万余户。辰王治月支国，魏景初中，明帝密遣带方太守刘昕、乐浪太守鲜于嗣越海定二郡，诸韩国臣智加赐邑君印绶，其次与邑长。部从事吴林以乐浪本统韩国，分割辰韩八国以与乐浪，吏译转有异同，臣智激韩忿，攻带方郡崎离营。时，太守弓遵、乐浪太守刘茂兴兵伐之，遵战死，二郡遂灭韩。辰韩在马韩东，自言避秦役来适韩国，今有名之为秦韩者，始有六国，分为十二国。弁辰亦十二国，又有诸小别邑，各有渠帅，总四五万户。其十二国属辰王，辰王常用马韩人作之，世世相继，土地肥美。弁辰与韩杂居，亦有城郭，衣服居处与辰韩同，其渎卢国与倭接界，十二国亦有王。

晋

《晋书》马韩，居山海之间，凡有小国五十六所。武帝太康元年、二年，其主频遣使贡方物。七年、八年、十年，又频至。太熙元年，诣东夷校尉何龛上献。咸宁三年复来，明年又请内附。辰韩常用马韩人作主，虽世世相承而不得自立，明其流移之人，故为马韩所制也。太康元年，其王遣使贡方物。二年复来朝贡，七年又来。

《通考》三韩，自咸宁三年来贡，明年又请内附，其王来朝，自后无闻。盖为百济、新罗所吞并。

南北朝

《梁书》辰韩，始有六国，稍分为十二，新罗其一也。马韩有五十四国，百济其一也。

唐

《旧唐书》百济国，为马韩故地。

宋

《宋史》定安国，本马韩之种，为契丹所破。其帅纠合余众保于西鄙，建国改元，自称定安。开宝三年，其王烈万华因女真遣使入贡。

辽

《辽史·地理志》高州，三韩县。辰韩为扶馀，弁韩为新罗，马韩为高丽。开泰中，圣宗伐高丽，取三国之遗人置县。

按：三韩统名辰国，自汉初已见，后为新罗、百济所并，其七十八国之名备载于《魏志》。国名多系以"卑离"二字，如监奚卑离、内卑离、辟卑离、如来卑离。以满洲语考之，当为"贝勒"之转音，正犹"汗"之讹为"韩"。而三汗之统诸贝勒，于体制洽相符合也。至马韩亦作慕韩，辰韩亦作秦韩，弁韩亦作弁辰，又作卞韩。《尚书传》扶馀、玕并称，正义谓"玕"，即"韩"也。当时只以谐音，并非汉语。范蔚宗始称为韩国、韩人。《魏志》遂有韩地、韩王之目。甚者至讹为韩氏。又如弁韩，在三韩中记载独少，考《史记》真番，注谓番音普寒切。辽东有潘汗县，或即弁韩之转音亦未可定。或有以三韩为高丽者，盖因《宋史·高丽传》有崇宁后铸《三韩通宝》之文。又《辽史·外纪》，辽时常以三韩国公为高丽封号，遂谓三韩之地尽入高丽，不知高丽之境亦属三韩所统。当时假借用之，未经深考耳。至辽之三韩县，乃取高丽俘户所置，并非其故壤也。

勿吉

南北朝

《魏书》勿吉，在高丽北，旧肃慎国也。邑落各自有长，不相总一。其人劲悍，常轻豆莫娄诸国。延兴中，遣使乙力支朝献。太和初，又贡马五百匹。自云其国先破高句丽十落，密共百济谋从水道并力取高句丽，来请其可否？诏三国宜共和顺，勿相侵扰。九年，复遣使侯尼支朝献。十二年，遣使贡楛矢方物。十七年，遣使婆非等五百余人朝献。景明四年，遣使俟力归。[《北史》作侯力归]。兴和二年，遣使石久云[《北史》作石文云]等贡方物，至于武定不绝。

《北史》勿吉，一曰靺鞨。其部类凡七种，其一号粟末部，与高丽接，胜兵数千，多骁武。其二伯咄部，在粟末北，胜兵七千。其三安车骨部，在伯咄东北。其四拂涅部，在伯咄东。其五号室部，在拂涅东。其六黑水部，在安车西北。其七白山部，在粟末东南，胜兵并不过三千。而黑水部尤劲，自拂涅以东，矢皆石镞，即古肃慎氏也。

《册府元龟》魏孝文延兴五年，勿吉国遣使朝献。又，太和二年、十年并遣使朝贡。十二年，勿吉国贡楛矢、石砮。十七年遣使朝献。又，宣武景明四年、正始四年，勿吉国贡楛矢。又，永平元年、二年、三年，并遣使朝贡。四年、延昌元年贡楛矢。延昌二年三月、七月、九月并朝贡。四年、孝明熙平二年贡楛矢。神龟元年、二年朝贡。东魏孝静帝天平三年，兴和二年、三年，武定二年、四年、五年，北齐武平三年，并遣使朝贡。

隋

《太平寰宇记》隋初，靺鞨国有使来献。谓即勿吉也。

《通考》隋开皇初，勿吉遣使贡献，文帝厚劳之。其国与隋悬隔，惟粟末、白山为近。

唐

《旧唐书》靺鞨，盖肃慎之地，后魏谓之勿吉。

《太平寰宇记》贞观初，伯咄、安车骨入号室部。高丽破后并归渤海，惟黑水部全盛，分为十六部落。

《通考》拂涅，亦称大拂涅。开元、天宝间，八来献鲸晴、貂鼠、白兔。

《新唐书》渤海，本粟末部，姓大氏。

五代

《五代史》[5]黑水靺鞨，本号勿吉。当后魏时见中国，盖古肃慎氏之地也。其众为分数十部，而黑水最处其北，尤劲。其部族、世次，史皆失其纪。

辽

《辽史·营卫志》国外十部，有长白山部。

金

《金史·世纪》景祖稍役属诸部，自白山之属，以至五国之长，皆听命。

《金史·世纪》勿吉，古肃慎地也。元魏时勿吉有七部，太祖败辽兵于境，使梁福、乌达喇[旧作斡答喇]招谕渤海人曰："女真、渤海本同一家。"皆勿吉之七部也。

《北盟录》女真所居之地，东濒海，南接高丽，西接渤海铁离，北近室韦。三国⑥所谓挹娄，元魏所谓勿吉是也。

按：勿吉，始见于北魏，亦谓之靺鞨。故《魏书》为《勿吉传》，《隋书》为《靺鞨传》。而《北史》传云，勿吉，一名靺鞨，其事则实为一国。盖南北音殊，译对互异，并不得谓一国而二名也。第自唐武德以前，则勿吉与靺鞨互称，武德以后，则黑水一部独强，分为十六部，始专称靺鞨。而粟末部自万岁通天以后改称震国，又称渤海，无复目为勿吉者矣。今靺鞨、渤海各具专条，取史传之称勿吉者，系属于此。至伯咄，《五代史》《太平寰宇记》作汨咄，拂涅《寰宇记》作拂湼。〔按：满洲语谓朋友曰固楚，与汨咄音同，谓群处之群曰佛宁，与拂捏音同。两句相连，即朋友之意。当时二部命名，应取诸此。而音字传讹，遂不画一耳。又按：佛宁清文作□，下一字尼音，二字合切。汉字无恰合者，借用宁字译之。〕考《辽史·地理志》为紫蒙县，为兴平军，为始平军地。粟末部，以粟末水得名，即今之松阿哩江。白山，今长白山，满洲语谓之果勒敏珊延阿琳。黑水，今黑龙江，满洲语谓之萨哈连乌喇。词异义同，尤信而可征也。至诸史咸称七部中黑水尤劲，扶舆之气钟厚于兹，益以征我国家出震方行，霆驱电扫，八旗劲旅有勇知方，所由来者远矣！⑦

注释：

①疑为太康之误。

②乞乞仲象，唐代东北少数民族粟末靺鞨（满族先祖）之首领。生年不详，卒年约为公元698年。世居粟末水，今松花江流域。隋末附于高句丽。

③范蔚宗，范晔，字蔚宗。生于公元398年，晋安帝隆安二年，做过刘裕子彭城王刘义康之参军，后升任尚书吏部郎，《后汉书》之著者。

④扣盘扪籥，成语，喻认识片面，未得要领。宋·苏轼《日喻》："生而眇者不识日，问之有目者。或告之曰：日之状似铜盘，扣而得其声。他日闻钟，以为日也。"

⑤此条所标之《五代史》，应为《新五代史》。

⑥此处之"三国"，系指《三国志》。

⑦其意为清朝之先祖由黑水靺鞨地兴起，继而一统天下。

钦定满洲源流考校注

钦定满洲源流考卷三

部族三

百济 ［一作伯济。］

汉

《后汉书》三韩，凡七十八国，伯济是其一国焉。

三国

《三国志》马韩，有伯济国。

晋

《册府元龟》晋简文帝咸安二年正月，百济遣使贡方物。六月，遣使拜百济王余句［按：百济为夫餘王尉仇台之后，故以夫餘为姓。诸史往往删去"夫"字，误。］为镇东将军，领乐浪太守。孝武帝太元十一年，以百济世子余晖为镇东将军、百济王。义熙十二年，以百济王映为使持节、都督百济诸军事、镇东将军、百济王。

《通典》晋义熙中，以百济王夫餘腆为使持节，督百济诸军事。

《通考》百济，即后汉末夫餘王仇台之后，马韩五十四国，百济是其一也。初，以百家济，因号百济。后渐强大，兼诸小国。晋时，句丽既略有辽东，百济亦略有辽西、晋平。［唐柳城、北平之间。］自晋以后吞并诸国，据有马韩故地。南接新罗，北拒高丽千余里，西限大海，处小海之南。自晋代受藩爵，自置百济郡。

《太平寰宇记》百济，西限大海，过海至越州，处小海之南，南到海即倭国。晋代受藩爵，自置百济郡。其人土著，地多下湿，率皆山居。

南北朝

《宋书·高丽传》高祖践阼[1]，诏曰："使持节、督百济诸军事、镇东将军、百济王映，执义海外，远修贡职。惟新告始，宜荷国休，可镇东大将军。持节、都督、王、公如故。"

《宋书》百济国，本与高丽俱在辽东之东千余里，其后高丽略有辽东，百济略有辽西。百济所治，谓之晋平郡晋平县。义熙十二年，以百济王余映为使持节、都督百济诸军事、镇东将军、百济王。高祖践阼，进号大将军。少帝景平二年，映遣长史张威诣阙贡献。元嘉二年，太祖诏之曰："皇帝问使持节、都督百济诸军事、镇东将军、百济王，累叶忠顺，越海效诚，慕义既彰，厥怀亦款，浮桴骊水，献琛执贽，故嗣位方任，以藩东服，勉勖所莅，无坠前踪。今遣兼谒者问丘恩子、兼副谒者丁敬子等，宣旨慰劳称朕意。"其后每岁遣使奉表献方物。七年，百济王余毗复修职贡，以映爵号授之。二十七年，毗上书献方物，私假台使冯野夫西河太守，表求《易林》《占式》②、腰弩，太祖并与之。毗死，子庆代立。世祖大明元年，遣使求除授，诏许之。二年，庆遣使上表曰："臣国累叶，偏受殊恩，文武良辅，世蒙朝爵。行冠军将军、右贤王余纪等十一人，忠勤宜在显进，伏愿垂愍，并听赐除。"仍以行冠军将军、右贤王余纪为冠军将军。以行征虏将军、左贤王余昆，行征虏将军余晕并为征虏将军。以行辅国将军余都、余义并为辅国将军。以行龙骧将军沐衿、余爵并为龙骧将军。以行宁朔将军余流、麋贵并为宁朔将军。以行建武将军于西、余娄并为建武将军。太宗泰始七年，又遣使贡献。

《齐书》武帝永明八年，百济王牟大上表曰："宁朔将军臣姐瑾等四人，振竭忠效，攘除国难，志勇果毅，等威名将，论功料勤，宜在甄显。今依例辄假行职，伏愿恩愍，听除所假。宁朔将军、面中王姐瑾，历赞时务，武功并立，今假行冠军将军、都将军、都汉王。建威将军、八中侯余古，弱冠辅佐，忠效夙著，今假行宁朔将军、阿错王。建威将军余历，忠款有素，文武列显，今假行龙骧将军、迈卢王。广武将军余固，忠效时务，光宣国政，今假行建威将军、弗斯侯。"又，表曰："臣所遣行建威将军、广阳太守兼长史臣高达，行建威将军、朝鲜太守兼司马。臣杨茂，行宣威将军兼参军。臣会迈等三人，志行清亮，忠款夙著，往太始中，比使宋朝。今任臣使，冒涉波险，宜在进爵，谨依例各假行职。伏愿除正达边效，夙著勤劳公务，今假行龙骧将军、带方太守。茂志行清一，公务不废，今假行建威将军、广陵太守。[迈旧作万，今据前文改。]执志周密，屡致勤效，今假行广武将军、清河太守。"诏可，并赐军号，除大为使持节、都督百济诸军事、镇东大将军。使谒者仆射孙副策牟大袭其祖父。[《梁书》作父。]牟都爵为百济王。是岁，魏人又发骑数十万攻百济，入其界。牟大遣将沙法名、赞首流、解礼昆、木干那，率众袭击魏军，大破之。建武二年，遣使上表曰："去庚午年，[按：庚午为齐武帝永明八年。]狁允弗悛，举兵深逼，臣遣沙法名等领军逆讨，宵袭霆击，乘奔追斩，僵尸丹野。今邦宇宁谧，实名等之略。今假沙法名行征虏将军、迈罗王。赞首流为行安国将军、辟中王。解礼昆为行威武将军、弗中侯。木干那前有军功，又拔台舫，为行广威将军、面中侯。伏愿天恩特愍听除。"又，表曰："臣所遣行龙骧将军、乐浪太守兼长史臣慕遗，行建武将军、城阳太守兼司马臣王茂，兼参军、行振武将军、朝鲜太守臣张塞，行扬武将军臣陈明，在官忘私，蹈难弗顾，今任臣使，冒涉波险，各假行爵，伏愿特赐除正。"诏可，并赐军号。[按：此所载百济人、地名，有与满洲语相近者，若牟大，当为穆丹，韵也；弗斯当为富森，滋生也；牟都当为穆敦，切磋之磋也；弗中，当为法珠，树权也。又如沙氏、解氏、木氏，皆百济大族。其名如首流，当为舒噜，珊瑚也；干那，当为噶纳，往取也。时代虽遥，尚亦有可通者耳。]

《梁书》马韩，有五十四国，百济其一。后渐强大，兼诸小国。其国本在辽东之东。晋世据有辽西、晋平二郡，自置百济郡。晋太元中，王须；义熙中，王余映；宋元嘉中，王余毗并遣献生口。余毗死，子庆立。庆死，子牟都立。都死，子牟太[《齐书》作大。]立。齐永明中，除太都督百济诸军事、镇东大将军、百济王。天监元年，进太号征东将军。寻为高句丽所破，衰弱者累年，迁居南韩。[按：弁韩在辰韩之南，故史称为南韩。]地。普通二年，王余隆始复遣使奉表，称："累破句丽，今始得通好。"而百济更为强国。其年，诏加宁东大将军。五年，隆死，复以其子明为绥东将军、百济王。号所治城曰固麻。中大通六年、大同七年，累遣使献方物，并请《涅槃》等经义、《毛诗》博士，并工匠、画师等，敕并给之。太清三年，犹遣使贡献。

《南史》马韩五十四国，百济其一也。后渐强大，兼诸小国。其国本与句丽俱在辽东之东千余里。晋世据有辽西、晋平二郡地，自置百济郡。晋义熙十二年，以余映为王。宋元嘉七年，百济王余毗复修贡职，以映爵号授之。毗死，子庆代立。庆死，立子牟都。牟都死，立子牟大。齐永明中，除大都督百济诸军事、镇东大将军、百济王。梁天监中，为高丽所破，衰弱累年，迁居南韩地。普通二年，王余隆始复遣使奉表，称累破高丽，今始与通好。五年隆死，复以其子明为持节、督百济诸军事、绥东将军、百济王。其人形长。太清三年，遣使贡献。及至，见城阙荒毁，并号恸涕泣，侯景怒，囚执之。景平乃得还国。

《册府元龟》宋高祖永初元年，余映进号镇东大将军。文帝元嘉七年、十七年、二十年、二十七年，并遣使献方物。孝武大明元年、七年，并遣使朝贡。顺帝昇明二年，王牟都遣使贡献，诏授使持节、都督百济军事、镇东大将军。齐武帝永明八年，遣谒者仆射孙副策命牟太为百济王，曰："於戏！惟尔世袭忠勤，诚著遐表，海路肃澄，要贡无替，式循彝典，用纂显命，敬膺休业，可不慎欤！"梁普通二年，诏加余隆宁东大将军。诏曰："守藩海外，远修贡职，乃诚款到，朕有嘉焉。宜率旧章，服兹荣命。"三年，遣使贡方物。五年，以余隆子明为绥东将军、百济王。陈文帝天嘉三年，以百济王余明为抚东大将军、临海王。光大元年，宣帝太建九年，后主至德二年、四年，并遣使入朝。

《魏书》百济国，其先出自夫馀。其民土著，地多下湿，率皆山居。延兴二年，其王余庆始遣使上表，曰："臣建国东极，豺狼隔路，虽世承灵化，莫由奉藩，瞻望云阙，驰情罔极。凉风微应，伏惟陛下协和天休，不胜系仰之情，谨遣私署冠军将军、驸马都尉弗斯侯，长史余礼，龙骧将军、带方太守、司马张茂等投舫波阻，搜径元津，托命自然之运，遣进万一之诚。冀神祇垂感，皇灵洪覆，克达天庭，宣畅臣志，虽旦闻夕没，永无余恨。"又云："臣与高句丽源出夫馀，先世之时笃崇旧款，其祖钊轻废邻好，亲率士众陵践臣境。臣祖须整旅电迈，应机驰击，矢石暂交，枭斩钊首。自尔以来，莫敢南顾。自冯氏数终，余烬奔窜，丑类渐盛，遂见凌逼，构怨连祸三十余载，财殚力竭，转自屡蹙。若天慈曲矜，远及无外，速遣一将来救臣国。"又云："今琏有罪，国自鱼肉，大臣强族，杀戮无已，是灭亡之期，假手之秋也。且冯族士马，有鸟畜之恋，乐浪诸郡，怀首丘之心。天威一举，有征无战，臣虽不敏，志效毕力，当率所统，承风响应。且高丽不义，逆诈非一，外慕隗嚣藩卑之辞，内怀凶祸豕突之行。或南通刘氏，或北约蠕蠕，共相唇齿，谋陵王略。今若不取，将贻后悔。去庚辰年后，臣西界小石山北国海中见尸十余，并得衣器鞍勒，视之非高丽之物，后闻乃是王人来降臣国，长蛇隔路，以沉于海，虽未委当，深怀愤恚。陛下合气天地，势倾山海，岂令小竖跨塞天逵。今上所得鞍一，以为实验。"显祖以其僻远，冒险朝献，礼遇优厚，遣使者邵安与其使俱还。诏曰："卿处五服之外，不远山海，归诚魏阙，欣嘉至意，用戢于怀。卿与高丽不睦，屡致陵犯，苟能顺义，守之以仁，亦何忧于寇仇也。前所遣使，浮海以抚荒外之国，积年不返，达否未能审悉。卿所送鞍，比校旧乘，非中国之物，不可以疑似之事，以生必然之过。经略权要，已具别旨。"又诏曰："知高丽阻强，侵轶卿土，修先君之旧怨，弃息民之大德，兵交累代，难结荒边。使兼申胥之诚，国有楚越之急，乃应展义扶微，乘机电举。但以高丽称藩先朝，供职日久，于彼虽有自昔之衅，于国未有犯令之愆，卿使命始通，便求致伐。讨寻事会，理亦未周。故往年遣礼等至平壤，欲验其由状，然高丽奏请频烦，辞理俱诣，行人不能抑其请，司法无以成其责，故听其所启，诏礼等还。若今复违旨，则过咎益露，后虽自陈，无所逃罪，然后兴师讨之，于义为得。所献锦布、海物虽不悉达，明卿至心。今赐杂物如别。"又，诏琏护送安等，

钦定满洲源流考校注

安等至高句丽，琏称昔与余庆有仇，不令东过，安等于是皆还。乃下诏切责之。五年，使安等从东莱浮海，赐余庆玺书，褒其诚节。安等至海滨，遇风飘荡，竟不达而还。

《魏书·高丽传》高丽王钊，烈帝时与慕容氏相攻。建国四年，慕容元真伐之，钊单骑奔窜，后为百济所杀。[按：烈帝为道武帝之伯祖，《隋书》以昭列帝三字相连，为高丽王之名，殊误。]涉罗国为百济所并。

《魏书·勿吉传》勿吉，先破高句丽十落，密共百济谋，从水道并力取高句丽。

《太平寰宇记》百济国，后魏孝文帝遣众征破之。后其王牟大为高句丽所破，迁居南韩旧地。

《后周书》百济者，马韩之属国，夫餘之别种。有仇台者，始国于带方。其地界东极新罗，北接高句丽，西南俱限大海。王姓夫餘氏，自晋、宋、齐、梁据江左，后魏宅中原，并遣使称藩，兼受封拜。齐氏擅东夏，其王隆亦通使焉。隆子昌，建德六年，遣使献方物。宣政元年，又遣使来献。

《北史》百济，夫餘王东明之后，有仇台者，笃于仁信，始立国于带方故地。汉辽东太守公孙度以女妻之，遂为强国。初以百家济，因号百济。王姓余氏，[按：《后周书》作夫餘氏，当以《后周书》为是。]其都曰居拔城，亦曰固麻城。其外更有五方，方有十郡，其人兼有新罗、高丽、倭等，亦有中国人。有僧尼，多寺塔，而无道士。有鼓角、箜篌、笙竽、篪笛之乐。行宋《元嘉历》，以建寅月为岁首。国中大姓有八族，[原脱八字，今据《隋书》增。]沙氏、燕氏、劦[《通考》作劥，注云音狭。]氏、解氏、真[《隋书》《新唐书》俱作贞。]氏、国氏、木氏苗[《新唐书》作苗，《通考》作苩，注云音"白"。]氏。齐武平元年，齐后主以余昌为使持节、侍中、车骑大将军、带方郡公、百济王如故。二年，又以余昌为持节、都督东青州诸军事、东青州刺史。周建德六年，齐灭。余昌始遣使通周。宣政元年，又遣使来献。

隋

《隋书》百济，夫餘王东明之后。开皇初，其王余昌遣使贡方物，拜昌为上开府、带方郡公、百济王。平陈之岁，有一战船漂至海东躭牟罗国，其船得还，经于百济，昌资送之甚厚，并遣使奉表贺平陈。高祖善之，下诏曰："百济往复至难，若逢风浪便致伤损。百济王心迹淳至，朕已委知。相去虽远，事同言面，何必数遣使来。自今以后，不须年别入贡。朕亦不遣使往，王宜知之。"开皇十八年，[《北史》作八年。]昌使其长史王辩那来献方物，属兴辽东之役，遣使请为军导。帝下诏曰："往岁为高丽不供职贡，无人臣礼，故命将讨之。高元君臣畏服归罪，朕已赦之，不可致伐。"厚其使而遣之。高丽颇知其事，以兵侵掠其境。昌死，子余宣立。余宣死，子余璋立。大业三年，璋遣使者燕文进朝贡。其年，又遣使王孝邻入献，请讨高丽。炀帝许之，令觇③高丽动静。然璋内与高丽通和。七年，帝亲征高丽，璋使其臣国智牟来请军期。帝大悦，厚加赏锡，遣尚书起部郎席律诣百济，与相知。明年，六军度辽，璋亦严兵于境，声言助军。寻与新罗有隙，每相战争。十年，复遣使朝贡。后天下乱，使命遂绝。其南海行三月，有躭牟罗国，南北千余里，东西数百里，附庸于百济。

唐

《旧唐书》百济，地在京师东六千二百里。东北至新罗，西渡海至越州，南渡海至倭国，北渡海至高丽。其王所居有东西两城，又外置六带方，管十郡。其用法：叛逆者死，籍没其家；杀人者，以奴婢三赎罪；官人受财及盗，三倍追赃，仍终身禁锢。武德四年，其王夫余璋，遣使献果下马。七年，又遣大臣奉表朝贡。高祖遣使册为带方郡王、百济王。自是岁遣朝贡，高祖抚劳甚厚。因讼高丽闭其道路，不许来通中国，诏遣朱子奢往和之。又与新罗世为仇敌，数相侵伐。贞观元年，赐玺书曰："王世为君长，抚有东藩。海隅遐旷，风涛险阻，忠款之至，职贡相寻，尚想徽猷，甚以嘉慰。新罗王金真平，王之邻国，每闻遣师，征讨不息，阻兵安忍，殊乖所望。朕已对王侄福信及高丽、新罗使人，具敕通和，咸许辑睦。王必须忘彼前怨，识朕本怀，共笃邻情，即停兵革。"璋因遣使陈谢，实相仇如故。十一年，遣使献铁甲、雕斧。赐彩帛三千段并锦袍等。十五年璋卒，其子义慈告哀。太宗素服哭之，赠光禄大夫，赙物二百段，遣使册义慈为柱国、带方郡王、百济王。十六年，义慈兴兵伐新罗，取四十余城。又发兵以守之，与高丽通好，谋取党项[《新唐书》作棠项，误。]城，以绝新罗入朝之路。新罗遣使告急请救，太宗遣司农丞相里元奖赍书告谕。及太宗亲征高丽，百济乘虚袭破新罗十城。[《新唐书》作七城。]二十二年，又破其十余城。数年之中，朝贡遂绝。高宗永徽二年始，又遣使朝贡。使还，降玺书于义慈曰："海东三国，开基自久，地实犬牙。近代已来，遂构嫌隙，战争交起。朕代天理物，载深矜悯。去岁新罗使金法敏奏书，'乞诏百济，令归所侵之城，若不奉诏，即自兴兵打取。但得故地，即请交和。'朕以其言既顺，不可不许。王所兼新罗之城，并宜还其本国。王若不从，朕已依法敏所请，任其决战。亦令约束高丽，不许救恤。高丽若不从命，即令契丹诸蕃渡辽泽入抄掠。王可深思朕言，自求多福。"六年，新罗王金春秋又表称百济与高丽、

钦定满洲源流考校注

靺鞨侵其北界，已没三十余城。显庆五年，命左卫大将军苏定方统兵讨之，大破其国，掳义慈及太子隆、小王孝演等五十八人送京师。命右卫郎将王文度为熊津都督、总兵，以镇之。义慈事亲以孝行闻，友于兄弟，时人号"海东曾闵"。及至京，数日而卒。赠金紫光禄大夫、卫尉卿。文度济海而卒。百济僧道琛、旧将福信。[按：《新唐书》福信，为夫餘璋之从子。]率众据周留城。遣使往倭国，迎故王子夫餘丰立为王。其西部、北部并翻城应之。时，郎将刘仁愿留镇于百济府城，道琛等引兵围之。带方州刺史刘仁轨代文度统众，便道发新罗兵以救仁愿，转斗而前，所向皆下。道琛于熊津江口立两栅以拒官军，仁轨与新罗兵四面夹击之，退走入栅，阻水桥狭，堕水及战死万余人。道琛等乃释仁愿之围，退保任存城。[按：《新唐书》作任孝城。]新罗兵以粮尽引还。时，隆朔元年三月也。于是，道琛自称领军将军，福信自称霜岑将军，使告仁轨曰："闻唐与新罗约誓，百济无问老少一切杀之，然后以国付新罗。与其受死，岂若战亡，所以聚结自守耳。"仁轨作书具陈祸福，遣使谕之。道琛置仁轨之使于外馆，传语谓曰："使人官职小，我一国大将，不合自参。"不答书遣之。寻而福信杀道琛，并其众，夫餘丰但主祭而已。二年七月，仁愿、仁轨率留镇之兵大破福信余众于熊津之东。福信等以真岘城临江高险，又当冲要，加兵守之。仁轨引新罗兵乘夜薄城，四面攀堞而上，比明而入据其城，遂通新罗运粮之路。仁愿奏请益兵，诏发淄、青、莱海之兵七千人，遣左[《新唐书》作右。]威卫将军孙仁师，统众浮海赴熊津以益之。时，福信既专其兵权，与夫餘丰渐相猜贰，称疾卧于窟室，将俟夫餘丰问疾，谋袭杀之。夫餘丰觉，而率其亲信掩杀福信。又遣使往高丽及倭国请兵，以拒官军。孙仁师中路迎击，破之。遂与仁愿之众相合，兵士大振。于是，仁师、仁愿及新罗王金法敏帅陆军进，刘仁轨及别帅杜爽、夫餘隆率水军及粮船自熊津江往白江以会陆军，同趋周留城。仁轨遇夫餘丰之众于白江之口，四战皆捷，焚其舟四百艘，丰脱身而走。王子夫餘忠胜、忠志等率士女及倭众并降，百济诸城皆复归，仁师等振旅还。诏刘仁轨代仁愿率兵镇守，乃授夫餘隆熊津都督，遣还本国共新罗和亲，以招辑余众。麟德二年八月，隆到熊津城，与新罗王金法敏刑白马而盟。先祀神祇及川谷之神，而后歃血，藏其盟书于新罗之庙。仁愿、仁轨等既还。隆惧新罗，寻归京师。仪凤二年，拜光禄大夫、太常员外卿兼熊津都督、带方郡王，令归本蕃安辑余众。时，百济本地荒毁，渐为新罗所据，隆竟不敢还旧国而卒。其孙敬，则天朝袭封带方郡王，授卫尉卿。其地自此为新罗及渤海靺鞨所分，百济遂绝。

[按：周留既破，夫餘丰脱身而走。《通考》亦言丰走不知所在，至后唐清泰三年，百济国复遣使来。

盖其支裔共保海滨，仍称百济。虽故地已失，而世祀未尝绝也。]

《新唐书》显庆五年，诏苏定方为神丘道行军大总管，率左卫将军刘伯英、右武卫将军冯士贵、左骁卫将军庞孝泰发新罗兵伐百济，自城山济海。百济守熊津口，定方击败之，乘潮以进，趋真都城，复破之，拔其城。义慈挟太子隆走北鄙，定方围之。次子泰自立为王，率众固守，义慈孙文思曰："王、太子固在，叔乃自王，若唐兵解去，如我父子何？"与左右缒而出，民皆从之，泰不能止。定方令士超堞立帜，泰开门降，定方执义慈、隆等送京师，平其国。析置熊津、马韩、东明、金涟、[按：《地理志》作"远"，《太平寰宇记》作"莲"。]德安五都督府。[按：《地理志》云，又置带方州，麟德后俱废。]擢渠长治之，命刘仁愿守百济城。义慈寻卒，授隆司稼卿。

《唐会要》百济，本夫馀之别种，当马韩之故地。其后有仇台者，为高丽所破，以百家济，因号百济。东北至新罗。

《册府元龟》唐武德七年，封百济王夫馀璋为带方郡王。七年九月，遣使献光明甲。贞观十一年，璋遣太子隆来朝，并献铁甲、雕斧。十三年，献金甲、雕斧。十五年，诏曰："故柱国、带方郡王、百济王夫馀璋，栈山航海，远禀正朔，献琛奉尽，克固始终，宜加常数，式表哀荣，可赠光禄大夫。令其嫡子义慈嗣位，使祠部郎中郑文表备礼册命。"十九年正月，百济太子夫馀康信贡方物。百济自武德四年至永徽三年，朝贡不绝。献庆五年，苏定方既济熊津口，乘山而阵，与之大战，扬帆盖海，相续而至。敌兵大溃，官军连舳入江，水陆并进直趋真都，去城二十余里。复倾国来拒，大战，破之。追奔入郭，义慈及太子隆走北境。其大将祢植将义慈来降，及诸城主亦俱送款。龙朔三年，百济西部人黑齿常之来降。常之长七尺余，骁勇有谋略。[按：《唐书·列传》常之为百济达帅，苏定方平百济时，常之纠合逋亡，依任存山自固，定方攻之不克，常之遂抚二百余城，高宗遣使招谕，乃诣刘仁轨降，授左领军将军。]

《通考》百济王夫馀映子余毗，余毗子庆，庆子牟都，牟都子牟大，每王立必遣使诣江南请命，俱授以镇东大将军、都督百济诸军事。亦遣使称藩，奉贡于魏。寻为高丽所破，衰弱累年。梁时，王余隆累破高丽。隆卒，子明嗣，北齐时亦通使焉。齐亡，遣使通周。隋时，其王余昌立。余昌卒，子余璋立。隋乱，贡使遂绝。唐武德四年，璋始通使。自是数朝贡，且讼高丽梗道。贞观初，诏使平其怨。璋卒，子义慈立。义慈事亲孝，与兄弟友，时号"海东曾子"。明年，与高丽连和，取新罗四十余城。闻帝讨高丽，又取新罗七城。久之，又夺十余城，因不朝贡。永徽六年，复与高丽取新罗三十余城。显庆五年，苏定方平其国，璋从子福信等立故王子夫馀丰。龙朔二年，刘仁愿等复破之，丰走不知所在。帝以夫馀隆为熊津都督，俾归国，平新罗故憾，招还遗人。麟德二年，与新罗王会熊津城，刑白马以盟。辞曰："往百济先王，侵削新罗，破邑屠城，天子怜百姓无辜，命行人修好，先王负险怙遐，皇赫斯怒，是伐是夷。立前太子隆为熊津都督，守其祭祀，附伏新罗，长为与国，结好除怨，永为藩服。右威卫将军鲁城县公仁愿，亲临厥盟，有贰其德，明神监之。"乃作金书铁券藏新罗庙中。仁愿等还，隆畏众携散，亦归京师。仪凤时，进带方郡王，遣归藩。是时，新罗强，隆不敢入旧国，寄治高丽卒。武后又以其孙敬袭王，而其地已为新罗、渤海靺鞨所分，百济遂绝。

《太平寰宇记》百济，旧有五部，分统三十七郡，二百城，七十六万户。显庆五年，以其地分置熊津、马韩、东明、金连、德安五都督府。至麟德三年，其旧地没于新罗。城傍余众，后渐寡弱，散投突厥及靺鞨。其王夫馀崇，[新、旧《唐书》俱作隆。]竟不敢归旧国，土地尽入于新罗、靺鞨。

五代

《五代史》后唐清泰三年正月，百济国遣使贡方物。[《册府元龟》同。]

宋

《通考》高丽，以百济为金州金马郡，号南京。[按：此乃百济东南边境，其全部始属新罗，后归渤海及契丹，非高丽所能有也。]

元

《元史》世祖至元四年正月，百济遣其臣梁浩来朝，赐以锦绣有差。

谨按：百济自后汉时已见史传，历晋迄唐，使命岁通。王本夫馀王仇台之后，以夫馀为氏。旧国属马韩，晋代以后尽得马韩故地，兼有辽西、晋平二郡，自置百济郡。《宋书》言所治谓之晋平郡晋平县，都城号居拔城。则百济郡即晋平，而居拔城即晋平城也。马端临谓晋平在唐柳城、北平之间，实今锦州、宁远、广宁之境。《一统志》谓居拔城在今朝鲜境内者，殆梁天监时迁居南韩之城欤？普通以后，累破高丽，斩其王钊，更为强国，号所治城曰固麻。《北史》谓居拔城，即固麻城。以满洲语考之，固麻为格们之转音，《唐书》云：王居有东西两城。则居拔即满洲语之卓巴，两城皆王都，故均以格扪称之。其曰建居拔者，建字乃汉文，《通考》连三字为城名，误也。《通考》又云：南接新罗。《唐会要》云：东北至新罗。考百济之境，西北自今广宁、锦、义，南跨海、盖，东南极朝鲜之黄海、忠清、全罗诸道。东西狭而南北长，故自柳城、北平计之。则新罗在其东南，而自庆尚、熊津计之，则新罗在其东北。又，魏时与勿吉谋，并力取高丽，则东北亦邻勿吉矣。唐初，复取新罗六七十城，其界益广。苏定方浮海济师，故自熊津北趋其国。熊津即汉江，在朝鲜国城南十里，则今朝鲜国城亦百济之南界也。其后夫馀隆畏新罗，不敢归国，故地为新罗、渤海靺鞨所分。夫馀丰脱身而走，不知所往。而后唐时，有百济遣使入贡之文。至元初犹通朝使，是其支庶保守海隅，仍用旧号，国祚犹存。《唐书》云百济遂绝者，非也。又《北史》云：国有五方，方管十郡。《旧唐书》云：六方各管十郡，则为郡且五六十。而定方所得仅三十七郡，未得者尚五分之二。此必余众所保，第为渤海、契丹所隔，故不复相闻耳。若其声明文物之盛，与新罗埒。史言俗重骑射，兼爱坟史④，信矣。其国内众建侯王，以酬勋懿。自宋、齐时已然，则又地广民稠之验也。

注释：

①阼，古代指大堂前东面的台阶。古人迎客时，往往是客人走西面的台阶，主人走东面的台阶。后来泛指帝位，《史记·孝文本纪》："辛亥，皇帝即阼……"

②占式，《宋书》原称作《式占》，系用于占卜之书。

③觇，窥视、察看。《国语·晋语六》："郤至聘于周，公使觇之，见孙周。"《旧唐书·职官志》："觇候奸谲。"

④坟史，即书史。取《三坟》《五典》之义，称书为"坟"，故曰"坟史"。

钦定满洲源流考卷四

部族四

新罗 ［一作斯卢，一作新卢。鸡林附。］

三国

《三国志·魏书》辰韩十二国，有斯卢国。

《通典》新罗国，魏时新卢国，其先本辰韩。辰韩始有六国，稍分为十二，新罗其一也。魏将毌丘俭讨高丽，破之。高丽王奔沃沮，其后复归故国，留者遂为新罗焉。

《通考》新罗国，在百济东南五百余里。［亦在高丽东南，兼有汉时乐浪郡之地。］初曰新卢，或曰新罗，东滨大海。魏毌丘俭破高丽，奔沃沮，其后复归故国，留者遂为新罗。故其人杂，有华夏、高丽、百济之属。兼有沃沮、不耐、韩、濊之地。其王本百济人，自海入新罗，遂王其国。

晋

《前秦录》新罗在百济东。苻坚建元十六年，苻洛反，遣使征兵于百济、新罗等国，并不从。

《秦书》苻坚建元十八年，新罗国王楼寒［按：蒙古语谓龙曰娄寒，字当即汗音之讹。］遣使朝献。

《通志》新罗国在百济东南五百余里，东滨大海。其王本百济人，自海入新罗，遂王其地。其国初附属于百济，后因百济伐高丽，人不堪戎役，相率归之，遂致强盛，因袭伽罗、任那诸国灭之。其西北界出高丽之间，先是其国小，不能自通。苻坚时，其王楼寒遣使卫头朝贡。坚曰："卿言海东之事与古不同，何也？"对曰："亦犹中国，时代变革，名号改易，今焉得同。"

南北朝

《宋书》元嘉二年，倭国遣使自称使持节、都督倭、百济、新罗、任那、秦韩、慕韩六国诸军事。［按：《宋书》无《新罗传》其名，但见于《倭国传》中，《南齐书》同。］

《通志》新罗，魏时新卢国也。宋时曰新罗，或曰斯罗。

《梁书》新罗者，其先本辰韩也。辰韩亦曰秦韩，相去万里，传言秦人避役来适马韩，马韩割其东界居之。辰韩始有六国，稍分为十二，新罗其一也。其国在百济东南，东滨大海，南北与句丽、百济接。魏时曰新卢，宋时曰新罗，或曰斯罗［《南史》同］。国小，不能自通使聘。普通二年，王名募秦，［按：《南史》《通志》《太平御览》皆作姓慕，名秦。《通考》引《梁史》亦同。且云未详易姓之由。新罗金姓相承已久，不应于梁时忽称姓慕。考中国人本称秦人，此慕秦二字当为书语，非姓名也。］始使使随百济奉方物。

《陈书·本纪》废帝光大二年六月，新罗国遣使献方物。宣帝太建二年六月、三年五月、十年七月，并遣使献方物。

《南史》新罗在百济东南五十余里，其地东滨大海，南北与句丽、百济接。

《册府元龟》北齐河清四年，诏以新罗国王金真兴为使持节、领东夷校尉、乐浪郡公、新罗王，自河清三年至武平四年，并遣使朝贡。

《北史》百济居汉时乐浪地。或称魏将毌丘俭讨高丽，破之。奔沃沮，其后复归故国，有留者遂为新罗，亦曰斯卢。其王本百济人，自海入新罗。初，附庸于百济。百济征高丽，不堪戎役，民相率归之，遂强盛。传世三十至真平。

隋

《隋书》新罗或称斯卢。其国传祚至金真平。开皇十四年，遣使贡方物。高祖拜真平为上开府、乐浪郡公、新罗王。大业以来，岁遣朝贡。地多山险，虽与百济构隙，百济亦不能图之。

《隋东蕃风土记》新罗金姓，相承三十余叶，至今亦姓金。

《通考》隋文帝时，其王姓金，名真平。袭加罗、任那诸国，灭之。［并三韩之地。］其西北界犬牙出，高丽、百济之间地多山险。王姓金，贵人姓朴，民无氏有名。初，百济伐高丽，来请救，悉兵往破之。自是相攻不置，后获百济王，杀之。结怨滋深。

唐

《旧唐书》新罗，弁韩之苗裔也。在汉时乐浪之地，有城邑村落，王所居曰金城，周七八里，卫兵三千人，设狮子队。武德四年，王金真平遣使朝贡。高祖亲劳问之，遣通直散骑侍郎庾文素往使焉，赐以玺书及画、屏风、锦彩三百段，自此朝贡不绝。国人多金、朴两姓，异姓不为婚。高祖既闻海东三国旧多怨隙，递相攻伐，乃问其使为怨所由？对曰："先是百济往伐高丽，诣新罗请救，新罗发兵大破百济国，因此为怨，每相攻伐。新罗得百济王杀之，怨由此始。"七年，遣使册拜金真平为柱国，封乐浪郡王、新罗王。贞观五年卒，无子，立其女

钦定满洲源流考校注

善德为王。宗室大臣乙祭[按：蒙古语谓全部之部曰伊济，与乙祭音近。]总知国政，诏赠真平左光禄大夫。九年，遣使册命善德为王。十七年，遣使上言："高丽、百济累相攻袭，亡失数十城，乞偏师救助。"太宗遣相里元奖赍玺书赐高丽，不听。太宗将亲伐高丽，诏新罗纂集士马应接大军。新罗遣大臣领兵五万人入高丽南界，攻水口城，降之。二十一年，善德卒，赠光禄大夫，余官封并如故，立其妹真德为王。二十二年，真德遣其弟国相伊赞子金春秋[按：《唐会要》以春秋为真德子，误。]及其子文正[按：《新书》作文王。]来朝。诏授春秋为特进，文正为左武卫将军。春秋请诣国学，观释奠及讲论，太宗因赐以所制《温汤》及《晋祠碑》并新撰《晋书》。将归国，令三品以上宴饯之。永徽元年，真德大破百济之众，遣其弟法敏以闻。[按：下文云春秋卒，以其子法敏嗣。此处"弟"字当误。《新书》云遣春秋子法敏是也。]帝嘉之，拜法敏为太府卿。五年，真德卒，诏以春秋嗣立为王，加授开府仪同三司、乐浪郡王。六年，百济与高丽、靺鞨率兵侵其北界，攻陷三十余城，春秋上表求救。显庆五年，命苏定方为熊津道大总管，统水陆十万。仍令春秋为嵎夷道行军总管，与定方讨平百济。自是新罗渐有高丽、百济之地，其界益大。龙朔元年，春秋卒，诏其子太府卿法敏嗣位，为开府仪同三司、上柱国、乐浪郡王、新罗王。三年，诏以其国为鸡林州都督府，[按：鸡林与今吉林音译地里俱符。是时，新罗既兼有百济、高丽之地，北与靺鞨邻，故设都督府于此，俾王领之，以重其镇耳。]授法敏为鸡林州都督。法敏以开耀元年卒，其子政明嗣位。垂拱二年，遣使来朝。天授三年，[按：《册府元龟》作长寿二年。]政明卒，立其子理洪为王，仍令袭父辅国大将军，行豹韬卫大将军、鸡林州都督。理洪以长安二年卒，辍朝二日，立其弟兴光为王，仍袭兄将军、都督之号。[按：辽、宋以后，每以鸡林称高丽。金、元时，亦以鸡林郡公为高丽封号。盖新罗诸王既世袭都督，鸡林遂为新罗之通称。迨渤海盛而新罗偏安南境，又为高丽所并，故高丽亦袭是称，虽地非其旧，而名仍沿之耳。]兴光本名与太宗同，先天中则天改焉。[按：《唐会要》兴光本名崇基，是与明皇同，非太宗也。又，先天为明皇初即位改元之号，其非则天所改益明，盖《旧唐书》记载之讹耳。]开元二十一年，渤海靺鞨越海入登州，时兴光族人金思光先入朝，留京师。至是拜为太仆员外卿，令归国，发兵以伐靺鞨，仍加授兴光宁海军使。二十五年，兴光卒，赠太子太保，仍遣左赞善大夫邢璹往吊祭，并册立其子承庆。上谓璹曰："新罗号为君子之国，卿到彼宜阐扬经典，使知儒教之盛。"又闻其人多善奕棋，因令善棋人率府兵曹杨、季鹰为璹之副。天宝二年，承庆卒，诏遣赞善大夫魏曜往吊祭之，册立其弟宪英为王。大历二年，宪英卒，国人立其弟乾运为王，遣其大臣金隐居奉表入朝，请加册命。三年，遣使册立，仍册乾运母为太妃。建中四年，乾运卒，无子，国人立其上相金良相为王。贞元元年，授良相检校大尉、都督鸡林州刺史、宁海军使、新罗王。其年卒，立上相金敬信为王。敬信即从兄弟也。[按："敬信即从兄弟"句，词意未为明晰，据《通考》盖即良相之从兄弟耳。]十四年，敬信卒，其子先亡，国人立敬信嫡孙俊邕。十六年，遣司封郎中韦丹持节册命。至郓州，闻俊邕卒，丹还。永贞元年，遣兵部郎中元季方册俊邕子重兴[按：《册府元龟》作重熙。]为王。[按：《册府元龟》云：并册其母和氏为太妃，妻朴氏为妃。]元和三年，新罗使人金力奇上言："前贞元十六年，奉诏册臣故主金俊邕为王，母申氏为太妃，妻叔氏为王妃，册使韦丹至中路，知俊邕薨，其册却回在中书省。今臣还国，请授臣以归。"敕鸿胪寺于中书省领受，至寺宣授与力奇，令奉归国。七年，重兴卒，立其相金彦升为王。授彦升开府仪同三司、检校太尉、持节大都督鸡林州诸军事、宁海军使、上柱国、新罗王。妻贞氏册为妃。命职方员外郎崔廷持节吊祭册立，以其质子金士信副之。太和五年，彦升卒，以嗣子金士徽为开府仪同三司、检校太尉、使持节大都督鸡林州诸军事、充宁海军使、新罗王，母朴氏为太妃，妻朴氏[按：《册府元龟》作贞氏。]为妃。命太子左谕德源寂持节吊祭册立。

《新唐书》新罗国，东距长人，东南日本，西百济，南濒海，北高丽，而王居金城。长人者，人长三丈，或搏人以食。其国连山数十里，有峡，固以铁阖，号关门，新罗常屯弩士数千守之。贞观二年①，献女乐二。太宗曰："比林邑献鹦鹉，尚思乡，丐还，况于人乎？"付使者归之②。王金真平无子，立女善德为王，国人号圣祖皇姑。二十一年，其妹真德袭王。明年，遣子文王及弟伊赞子春秋来朝，拜文王左武卫将军，春秋特进。因请改章服，从中国制，内出珍服赐之。龙朔三年，诏以其国为鸡林州大都督府，授其王法敏都督。咸亨五年，纳高丽叛众，略百济地守之。诏削法敏官爵，以其弟右骁卫大将军、临海郡公。仁问为新罗王，自京师归国。诏刘仁轨为鸡林道大总管，发兵穷讨，法敏遣使入朝谢，仁问乃还，辞王，诏复法敏官爵。然多取百济地，遂抵高丽南境矣。[按：《唐会要》言，尽有百济之地及高丽南境。盖高丽北境已属渤海，故新罗既有百济之地，又兼有高丽南境。非得百济而始抵高丽之南也。《新书》误会及字之意，与高丽传不合。谨详订于后。]开元中，王金兴光数入朝，帝赐兴光瑞文锦、五色罗、紫绣纹袍、金银精器，兴光亦上异狗、马、黄金美髢诸物。初，渤海靺鞨入登州，兴光击走之，进兴光宁海军大使，使攻靺鞨。二十五年，册其子承庆为王，承庆妻朴氏为妃。卒，弟宪英嗣王。帝在蜀，遣使溯江至成都朝正月。大历初，其子乾运立，甫卹，会其宰相争权相攻，国大乱，三岁乃定。建中元年卒^③，无子，国人共立宰相金良相。贞元元年，遣户部郎中盖埙持节册命之。永贞三年，使臣金力奇为其宰相金彦升、金仲恭，王弟苏金添明丐门戟，诏皆可，凡再朝贡。七年，彦升立，长庆、宝历间，再遣使者来朝，留宿卫。开成五年，鸿胪寺籍质于及学生岁满者一百五人，皆还之。有张保皋、郑年者皆善战，工用枪，年复能没海，履其地五十里不噎，角其勇健，保皋不能也。年以兄呼保皋，保皋以齿，年以艺，常不相下。自其国皆来为武宁军小将，后保皋归新罗，谒其王曰："遍中国以新罗人为奴婢，愿得镇清海，使贼不得掠人西去。"清海，海路之要也。王与保皋万人守之，自太和后，海上无鬻新罗人者。保皋既贵于其国，年饥寒客涟水，一日谓戍主冯元规曰："我欲东归，乞食于保皋。"元规曰："若与保皋所负何如？奈何取死其手？"年曰："饥寒死，不如兵死快。"遂去谒保皋，饮之极欢。饮未卒，闻大臣杀其王，国乱无主。保皋分兵五千人与年，持年泣曰："非子不能平祸难。"年至其国，诛反者立王以报。王遂召保皋为相，以年代守清海。会昌后，朝贡不复至。

《唐会要》新罗者，本弁韩之地，其先出高丽，魏破高丽，其众保沃沮，后归故国。其留者号新罗，国多金、朴两姓，异姓不为婚。永徽元年，王金真德大破百济，遣使金法敏来朝。五年，真德卒，高宗为举哀于永光门。使太常丞张文收吊祭之。赠开府仪同三司，仍赐绫彩三百段，诏以其子春秋嗣位。显庆元年三月，又破百济兵，使来告捷。龙朔元年，春秋卒，子法敏嗣位。三年四月，诏新罗置鸡林大都督，仍授法敏鸡林州大都督。麟德二年八月，法敏与熊津都督夫餘隆，盟于百济之熊津城。于是，带方州刺史刘仁轨领新罗、百济、儋罗、倭人四国使，浮海西还，以赴泰山之下。上元元年[按：《新唐书》作咸亨五年，与此异。]二月，新罗王金法敏既已纳高丽叛亡之众，又封百济故地，遣兵守之。帝怒削法敏官爵，遣宰臣刘仁轨讨之，仍以法敏弟金仁问为新罗王。时仁问在京师，诏令归国，以代其兄。仁问至中路，闻新罗降，乃还。二年二月，鸡林道行军大总管刘仁轨，大破新罗之众于七重城而还。新罗于是遣使入朝，并献方物，前后相属，复法敏官爵。既尽，有百济之地及高丽南境，东西约九百里，南北约一千八百里。[按：《旧唐书》云东西千里，南北二千里。《新唐书》云横千里，纵三千里。今既并百济、高丽，无反狭于前之理，盖专指新辟之地耳。]开耀元年，法敏卒，遣使册立其子政明为王。长寿二年，[《旧唐书》作天授三年。]政明卒，册其子理洪为王。三年，遣使来朝，其年理洪卒，[《旧唐书》作长安二年卒。]册其弟崇基为王，仍袭兄辅国大将军、左豹韬卫大将军、鸡林州都督。神龙三年，授骠骑大将军。先天元年，改名兴光。开元十年，频遣使献方物。十一年，兴光遣献果下马二匹及金银等，仍上表陈谢。至十二年，遣其臣金武勋来贺正，及武勋回，降书赐之。又使其弟金嗣宗来朝并贡方物。至二十一年，命太仆卿员外置金思兰使于新罗，思兰本新罗行人，恭而有礼，因留宿卫，及是委以出疆之任，且便之也。是年，兴光奏国内有芝草生，画图以献。二十二年，遣大臣金竭丹来贺正，又遣侄志廉献方物，授志廉鸿胪少卿员外置，赐绢百匹，留宿卫。二十三年十一月，遣从弟金忠相来朝，卒于路，赠卫尉卿。二十五年，兴光卒，承庆嗣位，至二十八年，册其妻朴氏为新罗王妃。天宝三年卒，命弟宪英嗣位。是岁四月，遣使献方物。十月，遣使来贺正，授左清道率府员外长史，赐绿袍银带，还番。自后频来朝贡。七载，遣使献金银及六十总布、鱼牙䌷、朝霞䌷、牛黄、头发、人参。宝应二年，宪英遣使朝贡，授其使检校礼部尚书，放还。大历二年，宪英卒，子乾运立。三年，命仓部郎中归崇敬持节册命。七年，使金标石来贺正，授卫尉员外少卿。八年，遣使来朝，并献金、银、牛黄、鱼牙䌷等方物。建中四年，乾运卒，无子，国人立其上相金良相为王。贞元元年，令户部郎中盖埙往册。其年，良相卒，立上相敬信为王④。十四年，敬信卒，其子先卒，国人立敬信嫡孙俊邕为王。元和元年，放宿卫王子金献忠归本国，仍加试秘书监。三年，遣使金力奇来朝。四年，遣使金陆珍等来朝贡。五年，王子金宪章朝贡。七年，重兴卒，其相金彦升遣金昌南等告哀。其年七月，授彦升开府仪同三司、检校太尉、新罗国王。彦升妻贞氏册为妃，仍赐大宰相金崇斌等三人戟。十一年十一月，其入朝王子金士信等遇风，飘至楚州盐城界，淮南节度李鄘以闻。十五年遣使来朝贡。长庆二年，使金柱弼来朝。宝历元年，王子金昕来朝，兼充宿卫。太和四年，[《旧唐书》作五年。]彦升卒。五年四月，诏以金景徽为国王，母朴氏太妃，妻朴氏为妃。开成元年，王子义琮来谢恩，宿卫。会昌元年七月，敕归国。新罗官前入新罗宣尉副使，充兖州都督府司马，赐绯鱼袋，金云卿可淄州长史。

《唐六典》河南道，控新罗之贡献。

《册府元龟》唐武德九年，新罗遣使讼高丽王建武，闭其道路，不得入朝。又相与有隙，屡相侵掠。诏员外散骑侍郎朱子奢和解之。建武奉表谢罪，请与新罗对使会盟。贞观十七年九月，新罗遣使言："高丽、百济侵陵臣国，累遭攻袭数十城，两国连兵，期于必取，将以今兹九月大举，谨遣陪臣归命大国，愿乞偏师以存救援。"帝谓使人曰："我频使人和尔三国，高丽、百济旋踵翻悔，意在吞灭。我少发边兵，总契丹、靺鞨直入辽东，尔国自解，可缓一年之围，此后知无继兵，还肆侵侮，然四国俱扰，于国未安，此为一策；我又能给尔数千株袍、丹帜，二国兵至，建而陈之，彼以为我兵必皆奔走，此为二策；百济负海之险，不修兵械，我以数十百船载卒泛海，直袭其地，此为三策；尔国以妇人为主，为邻国轻侮，我遣一宗枝以为国主，待尔国安，任尔自守，此为四策。尔宜思之，将从何事？”使者但唯而无对。帝于是遣相里元奖赍玺书赐高丽，曰：“新罗委命国家，朝贡不阙，尔与百济宜即戢兵，若更攻之，明年当出师击尔国矣。”盖苏文谓元奖曰：“高丽、新罗怨隙已久，往者隋室相侵，新罗乘衅夺高丽五百之地，自非反地还城，此兵恐未能已。”元奖曰：“既往之事，安可追论！”苏文竟不从。十八年，元奖还。元奖初至平壤，盖苏文又破新罗两城，诏以高丽侵逼新罗，令营州都督张俭等率幽、营二都督府兵马问罪。属辽东水泛，俭等兵不能济。二十二年，新罗国伊赞于 [于字新旧《唐书》俱作子。] 金春秋及其子文王来朝。帝遣光禄卿柳亨持节郊劳之。是年，百济复破其一十三城。永徽元年六月，新罗王金真德大破百济之众，遣使以闻。六年二月，遣营州都督程元振、左卫中郎将苏定方，发兵一万讨高丽，以侵掠新罗故也。时，新罗王金春秋言，高丽、百济、靺鞨相连，侵其北境，夺三十三城，乞兵救援，故遣元振经略之。显庆元年，百济伐新罗，新罗拒战，破之。是年十月，遣王子文王来朝。咸亨四年，燕山道总管李谨行 [按：谨行，靺鞨人。] 破高丽叛党于瓠卢河之西。高丽平壤余众遁入新罗。五年二月，遣刘仁轨为鸡林道行军大总管，以伐新罗。又以靺鞨兵浮海而南，略新罗之南境。仁轨还，诏以李谨行为安东镇抚大使，屯兵于新罗之买肖城，以经略之。前后三战皆捷。于是，新罗遣使入朝并献方物。开元二年二月，王子金守忠来朝，留宿卫，赐宅及帛以宠之。十一年四月，遣使献果下马一匹，表曰：“乡居海曲，地处遐陬⑤，原无泉客之珍，本乏宾人之贡，辄 [敢] 将方产之物，尘渎天宫，驽骞之才，滓秽龙厩，窃方燕豕，敢类楚鸡，深觉腼颜，弥增汗战。”是年，贺正使金武勋还国，赐兴光锦袍、金带及彩素三千匹。十九年二月，使臣金志良来贺正，授大仆员外少卿，赐帛六十匹，还番。降书与新罗王曰：“所进牛黄及金银等物，省表具知，卿二明庆祚，三韩善邻，时称仁义之乡，代著勋贤之业，文章礼乐，闻君子之风，纳款输诚，效勤王之节，固藩维之镇卫，谅中外之表仪。朕每晨兴仁念，宵衣待贤，想见其人，以光启沃，俟卿觐止，允副所怀。今使至，知婴疾苦，不遂祇命，言念遐阔，用增忧劳，时侯暄和，想痊复也。今赐彩绫五百匹、帛二千五百匹，宜即领取。[详此诏，则开元时曾命新罗王入朝，而王因疾不至也。] 二十一年十二月，王侄志廉来朝，谢恩也。初，帝赐兴光白鹦鹉雄雌各一，及紫罗绣袍、金银钿器、物瑞文锦、五色罗彩三百余段。兴光表曰："地隔蓬壶，天慈洽远，乡暧华夏，睿泽覃幽。伏睹琼文，跪披玉匣，含九霄之雨露，带五采之鹓鸾，辩惠灵禽，素苍两妙，或称长安之乐，或传圣主之恩，罗锦彩章，金银宝钿，见之者烂目，闻之者惊心。微效若尘，重恩如岳，循涯揣分，何以上酬？"诏飨志廉于内殿。二十二年，新罗王金兴光从弟，左领军卫员外将军忠信上表曰："臣所奉进止，令臣执节本国，发兵马攻靺鞨，有事续奏者奉圣旨。时为替人，金孝方身亡，便留臣宿卫，今从侄志廉到讫，臣即合还。每思前所奉旨，无忘夙夜，陛下先有制，加本国王宁海军大使，锡之旌节，伏望因臣还国，以副使假臣，岂惟斯怒益振，固亦武夫作气。"帝许焉。二十四年六月，新罗王表曰："伏奉恩敕，浿江以南令新罗安置，锡臣境土，广臣邑居，遂使垦辟有期，农桑得所。奉丝纶之旨，荷荣宠之深，粉骨糜身，无由上答。"〔按：此则开元时以浿江以南地与新罗，考新、旧书俱未载。〕天宝二年，制曰："故开府仪同三司、使持节都督鸡林州诸军事兼持节宁海军使、新罗王金承庆，弟宪英奕叶怀仁，率心当礼，大贤风教，条理尤明，中夏轨仪，衣冠素袭。驰海珍而遣使，准云吕而通朝，代为纯臣，累效忠节。顷者，兄承土宇，没而无嗣，弟膺继及，抑惟常经，是用宾怀，优以册命，可袭兄新罗国王、开府仪同三司、使持节大都督、鸡林州诸军事兼充持节宁海军使。宪宗元和三年，敕新罗王叔金彦升，弟仲恭等三人，宜令本国准旧例，赐戟。七年，敕新罗国大宰相金崇斌等三人，令本国准例，赐戟。十五年，新罗质子金士信奏，本国尝差质子宿卫，每有天使临番，即充副使，转通圣旨，下告国人，今在城质子臣，当次行。敬宗初即位，鸡林人前右监门卫率府兵曹参军金云卿进状，请充入本国宣慰副使，从之。敬宗宝历元年，国王金彦升奏，先在太学生崔利贞、金叔贞、朴季业四人请放还番。其新赴朝贡金允夫、金立之、朴亮之等十二人请留在宿卫，仍请配国子监习业，鸿胪寺给资粮，从之。二年十二月，新罗质子金允夫请准旧例，中使入番便充副使，同到本国译诏书。不许，随告使充副使。文宗开成元年，新罗王金景徽遣其子义琮来谢恩，兼宿卫，二年还番。是年十二月，新罗质子试，光禄卿金允夫进状，称入朝充质。二十六年，三蒙改授试官，再当本国宣慰及册立等副使，准往例，皆蒙特授正官，遂授武成王庙令。三年，新罗王金祐徽遣淄青节度使奴婢，帝矜以远人，令却归本国。新罗自武德四年至会昌元年，朝贡不绝。

《张九龄集·与新罗王金兴光敕》知卿欲于浿江置戍，既与渤海冲要，又与禄山相望，仍有远图，宜遵长策，且渤海久已通诛，卿每嫉恶，深用嘉之。

五代

《五代史》新罗自唐高祖时封金真[按:《新唐书》俱作金真平,当系此误。]为乐浪郡王,其后世常为君长。同光元年,国王金朴英遣使者来朝贡。长兴四年,权知国事金溥遣使来,朴英、溥,世次立卒⑥,史皆失其纪,自晋以后不复至。

《册府元龟》后唐同光二年十一月,国王金朴英遣仓部侍郎金乐、录事参军金幼卿朝贡。二年正月,国王及本国泉州[按:《新唐书》有全州,无泉州,即当一州而传写异也。]节度使王逢规遣使朝贡。六月,遣使朝散大夫、仓部侍郎赐紫金岳来朝,授朝议大夫、试卫尉少卿。天成二年四月,新罗国康州遣使林彦来朝贡,对于中兴殿。长兴三年四月,权知本国金遣使执事侍郎金朏贡方物。

《五代会要》天成二年二月,新罗遣使张芬等来朝。三月,以新罗国权知康州事王逢规为怀化大将军,新罗国前登州都督府长史张希岩、新罗登州[旧讹金州,据《册府元龟》改。]知后官本国金州司马李彦谟并检校右散骑常侍。又以张芬为检校工部尚书,副使兵部郎中朴述洪兼御史中丞,判官仓部员外郎李忠式兼御史。清泰二年,以入朝使朏为检校工部尚书,副使司宾大卿李儒为将作少监。

宋

《诸蕃志》新罗国与泉之海门对峙,俗忌阴阳家子午之说,故兴贩必先至四明而后再发。[按:宋时新罗为契丹所隔,故由海道以至四明,与阴阳家之说殊无干涉,志盖为此说以文之耳。]或曰泉之水势渐低,故必经由四明。有大族金氏、朴氏其治法峻,故少犯,道不拾遗。建隆二年,遣使来贡。兴国二年,又贡。中国使至必涓吉而后具礼⑦。

《高丽图经》高丽既并新罗,东北稍广,其西北与契丹接。昔以辽为界,后为所侵逼,退保鸭绿以为险。按:此与下《通考》所云,皆北宋末高丽之界也。是时,新罗北境属金,其南境属高丽,故高丽之东北稍广,而退保鸭绿始于此时云。

《通考》高丽以新罗为东州乐浪府,号东京。建炎二年,募使绝域者,浙东副总管杨应忱请身使三韩,结鸡林以达燕云,假刑部尚书往使高丽,高丽不奉诏乃还。

《奉使行程录》自咸州九十里至同州,皆北行。东望大山,金人云此新罗山。山内深远无路可行,深处与高丽接界,山下至所行路可三十里,自同州百七十里至黄龙府东行。[按:辽之咸州,金为咸平府。同州,金为铜山县。俱在今铁岭、开原之间,东至咸远堡,即吉林界。南至奉天,即唐时高丽界。开原即汉时夫馀国界,百济之旧国也。《通考》谓新罗西北界出高丽、百济之间者,应即指此。其后皆并于渤海,是时则属女真也。]

辽

《辽史》太祖九年，新罗遣使贡方物。天赞四年，复来贡。天显元年，以王郁等从征新罗有功，优加赏赉。太宗天显三年，迁东丹民以实东平，其民或亡入新罗、女真。圣宗开泰元年，归州言居民本新罗所迁，未习文字，请设学以教之。

《辽史·兵卫志》属国可纪者五十九，其二十一曰新罗。

《辽史·地理志》唐元和中，渤海王大仁秀南定新罗，开置郡县。海州岩渊县东界新罗，故平壤城在县西南。又，中京大定府设朝天馆，以待新罗使。

《契丹国志》太祖并吞诸部，渤海王大諲撰深惮之，与新罗结援。新罗言语、名物有似中国。国王诵自契丹承天太后时入贡。其后王诵为部下所杀，立其弟询。契丹以王诵进贡兴兵北讨，十年方罢兵，新罗依旧朝贡。[按：新罗王之名，《辽史》不载。《圣宗本纪》高丽西京留守康肇弑其王诵，立诵从兄询，诏东征，后高丽复朝贡。是诵与询，皆高丽王名，此事亦系高丽，非新罗也。圣宗用兵新罗，《本纪》亦未载，惟《地理志》有"圣宗伐新罗还"一语耳。]契丹四至，东南至新罗国，以鸭绿江东八里黄土岭为界。

元

《元史·高丽传》高丽地东至新罗，南至百济，皆跨大海。后辟地益广，并古新罗、百济、高句丽三国为一。[按：高丽所并，实止二国东南之地，其西北诸境并未属高丽也。]

谨按：新罗自魏时始见，谓之斯卢，亦曰新卢，实一国也。唐初，兼百济、高丽二国之地。龙朔元年，始以其国为鸡林州都督府，以新罗王金法敏兼大都督，其后嗣王皆兼鸡林都督之号。考新罗故地，本与百济、高丽为邻。《通考》云在百济东南，其西北界出高丽、百济之间。《唐书》《唐会要》言在百济东北。以《新唐书·高丽传》考之，高丽东跨海距新罗，南跨海距百济，西北渡辽水接营州，北接靺鞨。则自今奉天、辽阳南至凤凰城，渡鸭绿江至今朝鲜之咸镜、平安等道者，高丽也。自今开元、广宁、锦、义、宁远，南至盖平、复州、宁海，又东南跨海极朝鲜之全罗、黄海、忠清等道者，百济也。而新罗之境，东南兼有今朝鲜庆尚、江原二道，西北直至今吉林乌拉，又西近开元、铁岭，出高丽、百济之间，故百济之东北、东南皆相邻近高丽，介处其中，《通考》所云亦在高丽东南。《奉使行程录》[8]所云，自咸州至同州，[今开原、铁岭界。]东望大山，即新罗界。《辽志》所云，海州[即今海城，始属百济，后为高丽所分，复入渤海。]东界，新罗是也。唐显庆、乾封以后，百济、高丽之地多入新罗，东西增九百里，南北增千余里，幅员益广。而唐人篇什往往以海外称者，盖西北为渤海、契丹所隔，必浮海往来，始达其南境故耳。洎^⑨开元、元和之际，渤海愈盛，鸭绿江以北皆为渤海所有。《辽志》所谓渤海王大仁秀南定新罗，开置郡邑，是也。后唐清泰末，高丽复起，王建袭据新罗边邑，建都松岳。《元史》所谓在鸭绿江东千余里，非平壤之旧者，是也。于是，新罗所有，仅海城以东及朝鲜数道，非复唐时之境。而自五代至辽，传国依然不绝也。至鸡林，即今吉林。鸡与吉音既相符核，诸地里亦合。盖在龙朔时，既兼二国，与靺鞨、渤海壤地相错，设重镇于此，而王自领之，自后相沿，世袭其号。虽吉林故地旋归渤海，而都督之号仍系新罗，鸡林遂为新罗之通称。辽、宋以后为高丽所并，因举而属之高丽。若王云之撰《鸡林志》，王熙、王煦之封鸡林郡公，亦皆沿其旧名耳。诸史又云新罗始保沃沮，考《后汉书》《魏志》《通考》俱有东沃沮、南沃沮、北沃沮之文，无大君长，邑落各自有帅，而其地或在挹娄、夫馀之南，或在挹娄之北，或属元菟，或属乐浪，或属句骊，东滨海而南接濊，所载皆朝鲜、句骊及汉乐浪诸郡事。则沃沮者，应即今之窝集。盛京边外东南北诸处，在在有之。新罗所保，据《毌丘俭传》在肃慎界南千余里，则当在吉林乌拉之南，近长白山，殆纳沁、库呼讷、纳鲁诸窝集之地欤！王本百济人，金姓，隋初已三十余世，唐武德至会昌又十八世，五代以后史弗能详。至其山林盘亘，法令修明，道不拾遗，人娴书射，史称君子之国，不虚也。若休忍、耽罗诸国并为新罗所并，其遗迹皆在今朝鲜南界云。

钦定满洲源流考卷四

注释：

①《新唐书》原文为"贞观五年"。

②出自《资治通鉴》193卷，原文：丁巳，林邑献五色鹦鹉，丁卯，新罗献美女二人，魏徵以为不宜受。上喜曰："林邑鹦鹉犹能自言苦寒，思归其国，况二女远别亲戚乎？"并鹦鹉各付使者归之。

③另有异说为"建中四年"。

④敬信，即金敬信。

⑤遐陬，指偏僻、边远之一隅，《宋书·谢灵运传》："内匡环表，外清遐陬。"

⑥立卒，《新五代史》为"卒立"。

⑦涓吉，选择吉祥的日子。晋左思《魏都赋》："量寸旬，涓吉日，陟中坛，即

帝位。"

⑧全称为《宣和乙巳奉使金国行程录》。宣和五年（1123年）金太宗吴乞买即位，又二年(1125年)宋派尚书司封员外郎许亢宗为国使到金祝贺，归国后上此《行程录》，备述此行所见所闻所感，呈皇帝御览。

⑨音"计"，意为往锅里加水。古语将其置于句首时，其意为"至"。苏洵《六国论》："洎牧以谗诛，邯郸为郡，惜其用武而不终也。"

钦定满洲源流考校注

钦定满洲源流考卷五

部族五

靺鞨

南北朝

《北史》靺鞨即古肃慎氏也。所居多依山水，渠帅曰大莫弗瞒咄。[按：满洲语谓长曰达，称老翁曰萨克达玛法，是"大莫弗"三字，当系达玛法也。"瞒咄"二字与满珠音相近。]

《括地志》靺鞨古肃慎也。在东北万里已下，东及北各抵大海。

《册府元龟》靺鞨在高丽之北，其地在营州东二千里，南与新罗相接，地方二千里，编户十余万，兵数万人。北齐武成帝河清二年、三年，俱遣使朝贡。后主天统元年至四年，武平元年、四年、六年，并遣使朝贡。

《后周书》高丽北邻靺鞨。

隋

《隋书》靺鞨国在高丽之北，邑落各有君长，不相总一。凡有七部，西北与契丹接，每相攻掠。后因其使来，高祖谓之曰："我怜念契丹与尔无异，宜各守土境，岂不安乐？何为辄相攻击。"使者谢，高祖因厚劳之。炀帝初，与高丽战，频败其众，渠帅度地稽率其部来归①。拜右光禄大夫，居之柳城。及辽东之役，度地稽率其徒以从，每有战功。十三年，从帝幸江都，寻令归柳城，在途遇李密之乱，至高阳，复没于王须拔。未几，归罗艺。

《册府元龟》开皇元年，靺鞨遣使贡方物。三年、十一年、十三年，大业十一年，并来贡。突地稽者，靺鞨之长也。大业中，与兄瞒咄率其部内属营州，瞒咄卒，代总其众，拜辽西太守，封夫餘侯，亲来江都，属宇文化及之乱，仍归柳城。唐武德二年，通使焉。

唐

《旧唐书》靺鞨，盖肃慎之地。后魏谓之勿吉，在京师东北六千余里，其国凡为数十部，各有长帅。而黑水靺鞨[按：黑水即黑龙江。详见前勿吉条。]最处北方，尤称劲健。父子相承，世为君长。武德初，突地稽遣使朝贡，以其部落置燕州，仍以突地稽为总管。刘黑闼之叛也，突地稽率所部赴定州，遣使诣太宗请授节度，以战功封蓍国公。[《册府元龟》作著国公。]又徙其部落于幽州之昌平城，会高开道引突厥来攻幽州，突地稽率兵邀击，大破之。贞观初，拜右卫将军，赐姓李氏。寻卒，子谨行，伟貌，武力绝人。麟德中，历迁营州都督。其部落家僮数千人，以财力雄边，累拜右领军大将军，为积石道经略大使。吐蕃论钦陵等率众十万人入寇湟中，谨行兵士采樵，素不设备，忽闻贼至，遂建旗伐鼓开门以待之。吐蕃疑有伏兵，竟不敢进。上元三年，又破吐蕃数万众于青海，降玺书勉劳之。累授右卫大将军，封燕国公。永淳元年卒，赠幽州都督。自后或其长自来，或遣使朝贡，每岁不绝。其白山部素附于高丽，因收平壤之后部种[②]多入中国。汨咄、安居骨、号室等部，亦因高丽破后并为渤海编户。惟黑水部全盛，分为十六部。开元十三年，安东都护薛泰请于黑水靺鞨内置黑水军。续更以最大部落为黑水府，[按：《渤海传》作开元十四年，与此小异。]仍以其首领为都督诸部刺史隶属焉。中国置长史，就其部落监领之。十六年，其都督赐姓李氏，名献诚，授云麾将军兼黑水经略使，仍以幽州都督为其押使，自此朝贡不绝。

《旧唐书·百济传》永徽六年，新罗王金春秋表百济与靺鞨攻其北界，没三十余城。

《旧唐书·高丽传》贞观十九年，太宗次安市城。高丽北部耨萨、高延寿等率高丽、靺鞨之众十五万来援安市。乾封九年[③]，分高丽故地置都督府九，又置安东都府以统之。自是高丽旧户分投靺鞨。

《旧唐书·铁勒传》铁勒国，东至靺鞨，西至叶护。太宗征高丽，铁勒遣使请发兵助军，高丽莫离支潜令靺鞨唉以厚利，不敢动。

《新唐书·地理志》靺鞨州三，府三。慎州、[武德初以涑沫、乌素固部落置侨治良乡。]夷宾州、[乾符中，以愁思岭部落置侨治良乡。]黎州、[载初元年，析慎州置侨治良乡。按原文作载初二年，考《本纪》载初无二年，今改。]黑水州都督府、渤海都督府、安静都督府。右初，皆隶营州都督府。李尽忠陷营州，乃迁慎州于淄、青之境，夷宾州于徐州之境，黎州于宋州之境。神龙初，乃使北还。二年，皆隶幽州都督府。

《通典》古时肃慎，后魏以后曰勿吉，唐则曰靺鞨焉。[按：鞨字作鞈，与诸史异。]

《册府元龟》唐武德五年，靺鞨帅阿固郎来朝。七年、九年，贞观三年，并来朝贡。五年，黑水部独来。自此，每岁朝贡。开元元年，靺鞨王子来朝，请就市交易，入寺礼拜，许之。二年，拂涅、靺鞨首领失异蒙、越喜，靺鞨首领乌施可蒙，铁利、靺鞨首领阌许离等来朝。迄开元、天宝之世，一岁或二、三至。十年，拂涅部靺如价，铁利部买取利来朝，并授折冲。越喜部茂利蒙、铁利部可娄计、黑水部倪属利稽来朝，并授中郎将。十一年，越喜部勃施计、勿涅部朱施蒙、铁利部倪处梨来朝，并授郎将。十二年，铁利部渓池蒙来朝，授将军。越喜部努布利、沸涅部鱼可蒙并授郎将。黑水首领屋作个授折冲，越喜部复遣使破支蒙来贺正旦。十三年，黑水部遣其将五郎子来贺正，授将军。铁利大首领封阿利、越喜部苾利施、拂涅部薛利蒙来朝。黑水大首领乌素可蒙授折冲，诺个蒙授果毅，职纥授郎将。十五年，铁利部米象来朝，授郎将，失伊蒙授果毅。十八年，黑水部遣使阿布科思[又作阿布思利。]献方物，倪属、利稽等十人来朝，授中郎将。拂涅部兀异献马四十匹，授左武卫折冲，留宿卫。二十四年，越喜部首领聿弃计授折冲。二十五年，拂涅首领兀异授中郎将。二十八年，越喜部遣其臣野古利，铁利部遣其臣绵度户献方物。二十九年，越喜部遣乌舍利，黑水部遣阿布利稽，拂涅部遣那弃并来朝。大历二年至十二年，建中八年，并遣使朝贡。建中十九年，虞娄、越喜并来。元和十年，黑水部长十一人来。[按：《册府元龟》所载靺鞨人名，以满洲语考之，如谓好曰赛音，谓能曰莽阿，与失异蒙音近。工于甲者曰乌克绅莽阿，与乌施可蒙音近。善骑射者曰摩琳莽阿，与茂林蒙音近。谓努曰努伯哩，与努布利音近。羽毛丰满曰丰阿拉，与封阿利音近。聪明能事曰苏呼莽阿，与薛利蒙音近。甚能曰诺凯莽阿，与诺个蒙音近。称弓弮曰密色，与米象音近。谓柔软曰乌延，与兀异音近。传译之讹，尚有可订也。]

《册府元龟》唐高宗仪凤中，授高藏为朝鲜郡王，授夫馀隆为带方郡王，并遣归辽东，以辑高丽、百济余众。高藏既至，谋叛唐，与靺鞨相结，召还，流邛州。其地没与新罗，余众散投突厥及靺鞨。夫馀隆亦不敢归，旧国土地尽没于靺鞨。高氏、夫馀氏君长遂绝。上元二年，刘仁轨破新罗之众于七重城，又以靺鞨兵浮海而南，略新罗之南境，斩获甚众。开元八年九月，遣左骁卫郎将摄郎中张越使于靺鞨，以将讨奚及契丹也。开元十二年，新罗王弟金忠信上表，请攻靺鞨，帝许之。

《太平寰宇记》靺鞨在高丽北，古肃慎地，隋初有使来献，谓即勿吉也。唐武德三年，部长突地稽遣使朝贡，以其部置燕州，拜为总管。其后，黑水部全盛，分为十六部落。黑水西北有思慕靺鞨，正北微东十日程有郡利靺鞨，东北十日程有窟说靺鞨，亦谓之屈设，东南十日程有莫曳皆靺鞨。今黑水靺鞨界，南至渤海国德里府，北至小海，东至大海，西至室韦，南北二千里，东西千里。初，太宗谓侍臣曰："靺鞨远来，盖突厥降朕所致也。"其拂涅等部，唐初至天宝末亦尝朝贡，或随渤海国而来，惟郡利、莫曳皆二部未至。

《通考》唐武德五年，靺鞨渠长阿固郎始来。太宗贞观二年，以其地为燕州。

帝伐高丽，其北部与高丽合，率众援安市城，每战靺鞨常居前。开元十年，其师倪属利稽来朝，拜勃利州刺史。于是，置黑水府，以部长为都督、刺史。讫帝世，朝献者十五。大历世凡七。贞元一来，元和中再。初，黑水西北又有思慕部，益北又十日得郡利部，东北行十日得窟说部，稍东南行十日得莫曳皆部。又有拂涅、虞娄、越喜、铁利等部。其地南距渤海，北东际于海，西抵室韦，南北袤二千里，东西千里。其后渤海盛，皆役属之。

五代

《五代史》黑水靺鞨，本号勿吉。当后魏时见中国，其国东至海，南界高丽，西接突厥，北邻室韦，盖肃慎氏之地也。同光二年，黑水首领兀儿遣使者来，其后常来朝贡。自登州泛海，出青州。其部族世次史皆失其纪。［按：索伦语谓山曰乌呼，与兀儿音同。黑水部族至广，而兀儿所部史失其纪。以音译考之，当与今索伦近也。］

《五代会要》黑水靺鞨，盖肃慎之地，在京师东北六千余里，东至于海，西接突厥，南界高丽，北邻室韦。其国凡有十部，各有统帅，而黑水最处北方，尤称劲健。天成四年八月，遣使骨至［按：骨至当为郭济之讹，满洲语曲指也。］来贡方物，以骨至为归德司戈，遣还。长兴元年二月，其首领兀儿复遣使朝贡。二年五月，青州奏黑水兀儿部至登州卖马。

《册府元龟》后唐同光二年九月，黑水国遣使朝贡。三年，黑水胡独鹿［按：满洲语令急速日呼都拉，与胡独鹿音近。］等遣使朝贡。三年，青州奏市到黑水马三十匹。

辽

《辽史》太祖天显元年，靺鞨来贡。太宗会同元年，靺鞨来贡。

《辽史·兵卫志》属国军有靺鞨部，朝贡无常。有事则遣使征兵，或下诏令专征助军，多寡各从其便。

《辽史·地理志》，唐载初元年［原本作载初二年，盖沿《唐志》之误，谨改。］析慎州，［原本慎讹镇，今据《唐·地理志》改。］置黎州，处靺鞨部落，后为奚人所据，辽为榆州。

金

《金史·世纪》靺鞨本号勿吉，隋称靺鞨，而七部并同。唐初，有黑水靺鞨、粟末靺鞨，其五部无闻。粟末靺鞨后称渤海，黑水靺鞨居肃慎地，东濒海，南接高丽，尝以兵十五万助高丽拒唐太宗。开元中，置黑水府，赐都督姓李氏，名献诚，领黑水经略使。其后渤海盛强，黑水役属之，朝贡遂绝。五代时，契丹尽取渤海地，而黑水附于契丹。其在南者籍契丹，其在北者不在契丹籍，地有长白山、黑龙江，所谓白山、黑水是也。

元

《元史·地理志》开元路，古肃慎之地，隋、唐曰黑水靺鞨，其后渤海盛，役属之。渤海为契丹所攻，黑水复有其地。

谨按：靺鞨，后魏谓之勿吉。其名始见于南北朝，《北史》合为一传。至隋唐则专为《靺鞨传》。武德以后遂无复勿吉之称。其七部，即勿吉之七部也。迨后分部愈广，至有数十，最强者为粟末、黑水。粟末部大氏既兴，改称渤海。靺鞨自后魏以来，邑落各有君长，不相统一。其与隋、唐诸国使命相通者，特其一部、一邑。即唐时都督、刺史之授，亦不过假借虚名以通互市往来之便，实未有能统而一之者。后或分属契丹，犹然散处，而黑水一部实在今萨哈连乌拉之境，唐时即已独盛，又自分为十六部，至五代时改称女真，兼靺鞨诸部而有之。而完颜氏世君其地，未尝一日属契丹也。其部族之可考者，若思慕、郡利、窟说、莫曳皆、虞娄、越喜、铁利等皆是。［按：今黑龙江将军所属有锡呼穆第河，有库裕尔河，与思慕、窟说音相近，当皆以水得名。《八旗姓谱》中有裕噜氏，当即虞娄之转音。上溯挹娄，亦相近也。又，满洲语谓全部之部曰约希，谓队伍曰默音，谓理曰坚，与越喜、莫曳皆音亦近。］中间渤海盛时，亦有侵并，若越喜故地之为怀远、安远二府，领达、越等十三州。铁利故地之为铁利府，领广、汾府六州。而《辽地志》载，新兴县本越喜国地，《辽本纪》铁骊国屡通贡使，至天祚不绝，是越喜入辽，而铁利复自立国，迄于金世犹存，利与骊音同，《续通考》乃云不知其所始，非也。虞娄当即挹娄之转音，思慕等部亦当在今黑龙江左右。至《唐书》言白山部分散入中国，而《辽志》有长白山女真三十部，称号虽殊，山川可考，金源盛而诸部始归于一焉尔。

注释：

①《隋书》原为"来降"，此书改作"来归"，明显是认为史书上的说法有辱本民族气节或不够尊重，故而做了修饰。

②《旧唐书》为"部众"，此处曰"部种"，误。

③唐高宗乾封只有三年，何来九年？依《资治通鉴》所载，分置高丽故地，应在唐高宗总章元年（公元668年），此处明显有误。

钦定满洲源流考卷六

部族六

渤海

唐

《旧唐书》渤海靺鞨大祚荣者，始居营州。万岁通天年，契丹李尽忠叛，祚荣与靺鞨乞四比羽各东奔，保阻以自固。尽忠既死，则天命右玉铃卫大将军李楷固率兵讨其余党，先破乞四比羽，又度天门岭以迫祚荣。祚荣合高丽、靺鞨之众以拒楷固，王师大败，楷固脱身还。属契丹及奚尽降突厥，道路阻绝，则天不能讨，祚荣遂率其众东保桂娄[《新唐书》作挹娄。]之故地，据东牟山，筑城以居之。祚荣骁勇，善用兵，靺鞨之众及高丽余烬稍稍归之。圣历中，自立为振[《通考》作震。]国王，遣使通于突厥。其地在营州东二千里，南与新罗相接，东北至黑水靺鞨，地方二千里，编户十余万，胜兵数万人。中宗即位，遣侍御史张行岌往招之。祚荣遣子入侍，将加册立，会契丹与突厥连岁入边，使命不达。先天二年，遣郎将崔䜣往册，拜祚荣为左骁卫员外大将军、渤海郡王，仍以其所统为忽汗州，加授忽汗州都督。开元七年，祚荣卒，册立其嫡子桂娄郡王大武艺。十四年，黑水靺鞨遣使来朝，诏以其地为黑水州，置长史。武艺谓其属曰："黑水途经我境，今始与唐家相通。旧请突厥吐屯，皆即知同去。今不计会，即请汉官，必是与唐家通谋，腹背攻我也。"遣母弟大门艺及其舅任雅，[《新唐书》《通考》皆作任雅相。]发兵以击黑水。门艺曾充质子至京师，开元初还国。至是谓武艺曰："黑水请唐家官吏，即欲击之，是背唐也。昔高丽全盛时，强兵三十余万，唐兵一临，扫地俱尽。今日渤海之众，数倍少于高丽，事必不可。"武艺不从，门艺兵至境，又上书固谏，武艺怒，遣从兄大壹夏代统兵，征门艺，欲杀之。门艺遂弃其众，间道来奔，诏授左骁卫将军。武艺上表极言门艺罪状，请杀之。上密遣门艺往安西，报武艺云："门艺远来归投，义不可杀，今流向岭南。"乃留其使马文轨、葱勿雅，别遣使报之。俄有泄其事者，武艺又上书云："大国示人以信，岂有欺诳之理！今闻门艺不向岭南，请依前杀却。"帝遣门艺暂向岭南以报之。

二十年，武艺遣其将张文休率海贼攻登州，诏门艺往幽州征兵以讨之。仍令太仆员外卿金思兰发新罗兵以攻其南境。属寒冻，雪深丈余，兵士死者过半，无功而还。武艺怀怨不已，密遣使至东都，假刺客刺门艺于天津桥南，门艺格之，不死。诏捕获其贼，尽杀之。二十五年，武艺卒，子钦茂嗣立。

《新唐书》渤海本粟末靺鞨，姓大氏。高丽灭，率众保挹娄之东牟山，地直营州东二千里，南北新罗以泥河为境。东穷海，西契丹，筑城郭以居。万岁通天中，有舍利乞乞仲象者与乞四比羽东度辽水保太白山之东北。武后封乞四比羽为许国公，乞乞仲象为震国公，不受命，李楷固击杀比羽。是时，仲象已死，其子祚荣败楷固兵，乃自号震国王，地方五千里，尽得夫馀、沃沮、弁韩、朝鲜、海北诸国。先天中，拜为左骁卫大将军、渤海郡王，自是始去靺鞨号，专称渤海。祚荣卒，其国谥为高王。子武艺立，斥大土宇，东北诸国畏臣之，改年曰仁安。卒，谥武王。子钦茂立，改年大兴。天宝末，钦茂徙上京，直旧国三百里忽汗河之东。卒，谥文王。子宏临早卒，族弟元义立，一岁，国人杀之，推宏临子华玙为王，复还上京，改年中兴。卒，谥成王。钦茂少子嵩邻[《旧唐书》作璘。]立，改年正历。谥康王，子元瑜立，改年永德，谥定王。弟言义立，改年朱雀，谥僖王。弟明忠立，改年太始，立一岁，卒，谥简王。从父仁秀立，改年建兴，其四世祖野勃，[按：野勃当为伊伯之转音，满洲语令进也。]祚荣弟也。仁秀颇能讨伐海北诸部，开大境宇，有功。卒，谥宣王。子新德早卒，孙彝震立，改年咸和。卒，弟晃立。晃卒，元锡立。初，其王数遣诸生诣京师太学，习识古今制度，至是遂为海东盛国，地有五京、十五府、六十二州。以肃慎故地为上京，曰龙泉府，领龙、湖、渤三州。其南为中京，曰显德府，领卢、显、铁、汤、荣、兴六州。濊故地为东京，曰龙原府，亦曰栅城府，领庆、盐、穆、贺四州。沃沮，故地为南京，曰南海府，领沃、晴、椒三州。高丽，故地为西京，曰鸭绿府，领神、桓、丰、正四州；曰长领府，[按：《辽史》作长岭，古字相通。考今吉林乌拉城西南五百里，有山名长岭子，满洲语谓之郭勒敏珠敦。南接纳鲁窝集，北接库勒讷窝集，自长白山南一岭环绕至此，遂绵亘不绝，为众水分流之地。渤海府名当取诸此。]领瑕、河二州。夫馀故地为夫馀府，常屯劲兵捍契丹，领扶、仙二州。鄚颉府，领鄚、高二州。挹娄故地为定理府，领定、潘[《辽志》作沈，当系此误。]二州。安边府，领安、琼二州。率宾，故地为率宾府，领华、益、建三州。拂涅，故地为东平府，领伊、蒙、陀、[《通考》作沱。]黑、比五州。铁利，故地为铁利府，领广、汾、蒲、海、义、归六州。越喜，故领为怀远府，领达、越、怀、纪、富、美、福、邪、芝九州。安远府，领宁、郿、慕、常四州。又，郢、铜、涑三州为独奏州。涑州以其近涑沫江，盖所谓粟末水也。幽州节度府与相聘问，自营平距京师盖八千里而远。后朝贡至否？史家失传。[考《册府元龟》渤海朝贡在唐时至会昌间止，今详于后。]

《册府元龟》唐玄宗先天二年二月，封靺鞨大祚荣为渤海郡王。祚荣，圣历中，自立为振国王，在营州东二千里，兵数万人。至是遣郎将崔䜣往册，命祚荣左骁卫员外大将军、渤海郡王，仍以其所统为忽汗州都督，自是每岁遣使朝贡。开元七年，祚荣卒，遣使吊祭，立其嫡子桂娄郡王大武艺，袭为左骁卫大将军、渤海郡王、忽汗州都督。八年六月，册武艺嫡男大都利行为桂娄郡王。二十年，武艺卒，其子大钦茂嗣立。二十一年，渤海靺鞨越海来侵登莱，杀刺史韦俊，诏新罗王金兴光发兵伐之。贞元十一年二月，令内常侍殷志瞻往渤海册大嵩璘为郡王。嵩璘，钦茂之子也。十四年三月，加大嵩璘银青光禄大夫、简校司空，册为渤海国王，依前忽汗州都督。嵩璘父钦茂，以开元间袭郡王、都督、左金吾大将军。天宝中，累加特进太子詹事、宾客。宝应元年，进封国王。大历中，又累拜司空、太尉。及嵩璘嗣位时，但授其郡王、将军。嵩璘遣使叙理，更加册命焉。贞元二十一年，复加金紫光禄大夫、简校司徒。元和元年，加简校太尉。四年，嵩璘卒，册男元瑜为银青光禄大夫、简校秘书监、充忽汗州都督、渤海国王。八年，元瑜卒，以其长弟权知国务，言义袭。十三年，以知渤海国务大仁秀为国王。十五年，加仁秀金紫光禄大夫、简校司空。太和五年，以权知国务大彝震袭为国王。

《册府元龟》唐开元九年，渤海大首领来朝。十年，遣其大臣味勃计来朝，授大将军。十二年，遣其臣贺祚庆来贺正旦。十三年，遣首领乌借支蒙来贺正，首领谒德来朝，授果毅。王弟大昌勃价来朝，授左威卫将军，留宿卫。十四年，渤海王子大都利行[原文作"渤海王大都利"，考之史传，渤海王实未尝来朝，惟开元八年封王子大都利行为桂娄郡王。盖渤海之支郡，下文亦称宿卫王子大都利行卒，此处系脱二字，谨增。]来朝，授左武卫大将军，留宿卫。王子义信来朝。十五年，大昌勃价还国，封襄平县开国男，王弟大宝方来朝。十六年，宿卫王子大都利行卒，赠特进，令有司护归国。首领烟夫须来朝，授折冲。十七年，献鹰及鲻鱼。王弟大胡雅来朝，授游击将军，留宿卫。王弟大琳来朝，授中郎将，留宿卫。十八年，王弟大郎雅来朝贺正，大首领遣使知蒙献马三十匹，乌那达初[按：乌氏为渤海大姓，那达，初以满洲语考之，当为纳丹珠之转音也。]来献海豹皮五、貂皮五、玛瑙杯一、马三十匹。十九年，国王遣大姓取珍等百二十人来朝。二十三年，王弟蕃来朝。[《册府元龟》襃异门作二十四年，并载授蕃太子舍人。]二十五年，首领木智蒙、公伯计等来献鹰鹘。

二十六年，献豹鼠皮千张、乾文鱼百口。二十七年，王弟大勗进来朝，宴于内殿，授左武卫大将军，留宿卫。十月，使其臣受福子［一作优福子。］来谢。二十九年，遣失阿利来朝。天宝二年，王弟蕃来朝，留宿卫。自天宝迄大历，一岁皆二、三至。建中元年、三年并来朝。贞元七年，以贺正使太常靖为卫尉卿，王子大贞干来宿卫。十年，以来朝王子大清允为右卫将军。十四年，以王侄大能信为中郎将。元和元年、二年、四年并遣使。二年，进奉端午使杨光信逃归，榆关吏执以至。五年，遣其臣高才南及其子大延真来朝。七年，御麟德殿宴使臣，赐官告三十五通，衣各一袭。八年，遣辛文德等九十七人。九年，遣高礼进等三十七人，大孝真等五十九人来朝。十年，赐使者茆贞寿、大吕庆等告，遣王子大庭俊等一百一人来朝。十一年，授使人高宿满等官。十二年、十三年、十五年，长庆二年、四年，宝历元年、二年，太和元年、三年、五年并遣使朝贡。六年，遣王子大明俊来朝。七年，遣同中书右平章事高赏英谢册命。开成元年，遣王子大明俊来朝，淄青节度使奏渤海将到熟铜，请不禁断。四年，遣王子大延广来朝。会昌六年，遣使来朝。

五代

《五代史》渤海本号靺鞨。唐高宗灭高丽，徙其人散处中国，置安东都护于平壤以统之。武后时，契丹攻北边，高丽别种大乞乞仲象与靺鞨长乞四比羽走辽东，分至高丽故地。武后遣将击杀乞四比羽，而乞乞仲象亦病卒，仲象子祚荣立。因并有比羽之众，其众四十万人据挹娄，臣于唐。中宗时，以为忽汗州都督，封渤海郡王，其后世遂号渤海。其贵族姓大氏，开平元年，国王大諲撰遣使者来讫，显德常来朝贡，国土物产与高丽同。諲撰世次立。卒，史失其纪。

《五代史·契丹附录》契丹欲攻中国，患渤海等在其后，欲击渤海，惧中国乘其虚，乃遣使聘唐以通好。明宋遣供奉官姚坤至西楼，契丹主方东攻渤海，坤追至慎州见之，契丹主曰："昨闻中国乱，欲以甲马五万往助我儿，而渤海未除，志愿不遂。"因攻渤海，取夫馀一城，以为东丹国。［《通考》与此同。］

《旧五代史》出榆关，行砂碛中七八日至锦州，又五六日过海北州，又行十余日渡辽水至渤海国铁州，又行七八日至南海府。天成元年十一月，青州霍彦威奏，得登州状申，契丹先发诸部攻逼渤海，自契丹主卒，虽已抽退，尚留兵马在夫馀城，今渤海王弟部领兵士攻围夫馀城契丹①。

《通鉴》同光二年，契丹击渤海之辽东，无功而还。天成元年，复击渤海。七月，拔夫馀城。

《宋史》渤海并有夫餘、肃慎等十余国，历唐、梁、后唐，朝贡不绝。后唐天成初，为契丹攻夫餘城下之，改夫餘为东丹府，命其子托云［旧作突欲。］留兵镇之。契丹主卒，渤海王复攻夫餘，不能克。历长兴、清泰，遣使朝贡。周显德初，其豪崔、乌斯等三十人来归，其后隔绝，不复通。［《宋会要》与此同。按：乌斯当为乌苏之讹，蒙古语，水也。］

《册府元龟》梁开平元年五月，渤海王子大昭顺贡海东物产。三年三月，渤海王大諲譔遣其相大诚谔朝贡，进人口及貂皮、熊皮等。乾化元年，遣使来贺。二年五月，遣王子大光赞进方物。后唐同光二年正月，遣王子大禹谟，五月，遣其侄元让并来朝贡。三年，使臣裴璆贡人参、松子、昆布、黄明细布、貂鼠被一、褥六、髮、靴革、奴子二，拜右赞善大夫。天成元年四月，遣使大陈林等百十六人进儿口、女口三及人参、昆布、白附子、虎皮等。七月，使人大昭佐等六人朝贡。十一月，青州奏契丹先发诸部攻渤海，自契丹主卒，虽已抽退，尚留兵夫餘城，今渤海王弟部领兵士攻围夫餘。四年，渤海遣使高正词贡方物。长兴元年正月，青州奏差人押渤海王宪一行归本国，被黑水剽劫，今得黑水兀儿状及将印纸一张，进呈。二年，使人文成角来朝贡。三年正月，遣使来朝。应顺二年十一月，遣使列周义入贡。［按：后唐愍帝应顺改元，止三月，即为潞王清泰元年。考《五代史》载，清泰二年渤海遣使者来，是应顺，当系清泰之误。］

《通考》后唐同光二年，渤海王遣侄学堂亲卫大元让［原本避宋濮王允让讳，改让为谦，今据《册府元龟》改。］来朝授［原本脱三字，今据册府元龟改。］试国子监丞。三年及天成元年，俱遣使入贡。先是契丹太祖兵力雄盛，东北诸国多臣属之。以渤海土地相接，常有吞并之意。是岁，率诸部攻渤海夫餘城，下之。改夫餘城为东丹府，命其子托云镇之。未几，按巴坚［旧作阿保机，今改。］死，命其弟率兵攻夫餘城，不克而还。四年及长兴二年、三年、四年，清泰二年、三年，俱遣使贡方物。周显德元年，渤海国乌思罗等三十人归化，其后隔绝不通。

宋

《宋史》太平兴国四年，太宗平晋阳，移兵幽州。渤海首领大鸾河率小校李勋等十六人、部族三百骑来归，以鸾河为渤海都指挥使。六年，赐乌舍城浮渝府渤海琰府王，诏令助攻契丹。九年春，宴大明殿，召鸾河慰抚久之[2]。谓殿前都校刘延翰曰："俟高秋戒候，当与骏马数十匹，令出郊游猎，以遂其性。"因以缗钱十万并酒赐之。［按：渤海无浮渝府，当即夫餘府，音近而讹。］

《宋会要》太平兴国六年，赐渤海乌舍城清渝府［《宋史》作浮渝府。］渤海琰府王。诏曰："闻尔国爰从前代本是大藩，近年以来颇为契丹所制，宜尽率部族来应王师，朔漠之外悉以相与。渤海大国，近来服役于契丹，至是将发师大举，故先告谕，俾为应也。"淳化二年，以渤海不通朝贡，令女真发兵攻之，凡斩一级给绢五匹。徽宗政和八年五月，臣僚言登州与渤海相望，熙宁中，巡检每季下北海驼基岛驻扎，以驼基石为界。自北朝通好，不曾根理，深虑渤海相近作过，则驼基塞孤立。乞以末岛、呜呼岛为界，并钦岛添置卓望兵，令戍守往来巡逻，诏令指画，闻奏不得希功生事。

《通考》定安国，宋开宝三年遣使入朝。太平兴国中，诏其国张掎角之势，同伐契丹。六年冬，遣使上表，云定安国王乌元明言："臣本高丽旧壤，渤海遗黎，保据方隅，涉历星纪。顷岁，契丹入侵境土，攻破城寨，俘掠人民，臣祖考守节不降，与众避地，仅存生聚，以迄于今。而又夫餘府昨背契丹并归本国，灾祸将至，无大于斯。所宜率兵助讨，必欲报敌。"其末题云："元兴六年十月日。"上答以诏书，令其协力同伐契丹。端拱二年，其王子献马及雕羽、鸣镝。淳化二年，王子大元上表，后不复至。[按：乌氏为渤海著姓，详表中所叙，当系渤海旧臣，保守方隅，不肯降辽者。高丽旧壤在渤海，为鸭绿府，夫餘复归事《辽史》未载。]

《宋·薛暎记》[3]渡潢水，石桥旁有饶州。唐于契丹尝置饶乐，今渤海人居之。

辽

《辽史·本纪》太祖神册二年，渤海遣使来贡。四年，修辽阳故城，以渤海户实之。天赞三年，渤海杀辽州刺史张秀实而掠其民。四年十二月，亲征大谚撰。丁巳，次商岭，夜围夫餘府。天显元年正月，庚申，拔之。丙寅，命特哩衮、[旧作惕隐，今改。]阿敦、[旧作安端，今改。]前北府宰相萧阿固齐[旧作阿古只，今改。]等将万骑为先锋，遇谚撰老相兵，破之。是夜，大元帅耀库济，[旧作尧骨，今改。]南府宰相苏北院额尔奇木，[旧作夷离堇，今改。]萨纳齐，[旧作斜涅赤，今改。]南院额尔奇木迪里[旧作迭里，今改。]围忽汗城。辛未，谚撰率僚属三百余人出降，上优礼而释之。甲戌，诏谕渤海郡县。丙子，遣近侍康末怛等十三人入城索兵器，为逻卒所害。谚撰复叛，攻其城，破之。驾幸城中，谚撰请罪马前。诏以兵卫谚撰及族属出，帝还军中。二月，安边、鄚颉、南海、定理等府，泊诸道节度、刺史来朝，慰劳遣之。甲午，复幸忽汗城，改城名天福，改渤海国为东丹。册皇太子贝为人皇王，以主之。以皇弟塔喇[旧作迭剌，今改。]为左大相，渤海老相为右大相，渤海司徒大素贤为左次相，耶律伊济[旧作羽之，今改。]为右次相，赦其国内。三月，遣额尔奇木、康默记等攻长岭[《唐书》《通考》俱作领。]府。己巳，安边、鄚颉、定理三府叛，遣阿敦讨平之。乙酉，以大谞撰举族行。五月，南海、定理二府复叛，大元帅耀库济讨之。七月，铁州刺史卫钧反，耀库济攻拔之。八月，康默记等攻下长岭府，耀库济讨平诸州。太宗天显三年，迁东丹［即夫馀城。］民以实东平，其人或亡入新罗、女真。五年，以渤海户赐皇弟拉呼。［旧作李胡，今改。］圣宗统和四年，涿州之役，渤海小校贯海等叛，入于宋。十四年，渤海雅必［旧作燕颇，今改。］等侵铁骊，遣奚王和硕努等讨之，不克，削和硕努官。二十一年四月，渤海部遣使来贡。圣宗开泰八年，置东京渤海承奉官都知押班，迁宁州渤海户于辽、土二河之间。太平八年，以渤海宰相罗汉权东京统军使。九年八月，东京实里［旧作舍利，今改。］军详衮［旧作详稳，今改。］大延琳，囚留守驸马萧孝克及南阳公主，杀户部使韩绍勋等即位，号其国为"兴辽"，年为"天庆"。延琳先与副留守王道平谋，道平夜逾城与延琳所遣，召黄龙府黄翩者俱至行在，告变。上即征兵进讨。时萧丕勒迪［旧作匹敌，今改。］治近延琳，先率兵据其要害，绝其西渡之计。渤海太保夏行美先戍保州，延琳密驰书，使图统帅耶律布尔古，［旧作蒲古，今改。］行美反以实告，布尔古遂杀渤海兵八百人而断其东路。延琳知黄龙、保州皆不附，遂分兵西取沈州，节度副使张杰声言欲降，故不急攻，及知其诈而已有备，攻之不克而还。时，南、北女真皆从延琳，及诸道兵皆至，延林婴城固守，命燕王萧孝穆等攻之。十年八月，延琳将杨祥世夜开南门纳辽军，擒延琳，渤海平。诏渤海旧族有勋劳材力者叙用，余分居来、隰、迁、闰等州。天祚帝天庆五年二月，饶州、渤海、古裕［旧作古欲，今改。］等自称大王，以萧色佛［呼旧作谢佛留，今改］等讨之，为古裕所败，以南面副部署萧图斯哈［旧作陶苏斡，今改。］为都统，赴之。五月，及古裕战，败绩。丙辰，获古裕等。六年正月朔，东京裨将渤海高永昌称隆基元年。闰月，贵德州守将耶律伊都［旧作余睹，今改。］以广州渤海附永昌。二月，张嘉努诱饶州渤海，攻陷高州。三月，饶州平。五月，金军破东京，擒高永昌。七月，春州渤海叛，寻降。

《续通考》辽太祖尝亲征渤海大谞撰，拔夫馀府，诛其守将，遂围忽汗，攻破其城。诏以兵卫谞撰及族属以出，改渤海为东丹，忽汗城为天福，册皇子贝为人皇王，以居之。卫送大谞撰于皇都西城，名谞撰曰乌尔古，［旧作乌鲁古，今改。］妻曰阿勒扎［旧作阿里只，今改。］改夫馀府为黄龙府，世为辽重镇。

《辽史·营卫志》太祖宏义宫，以心腹之卫置，益以渤海户。永兴宫，以太祖平渤海俘户等置。敦睦宫，以渤海建、沈、岩三州户置。

《辽史·兵卫志》天显元年，灭渤海国，地方五千里，兵数十万，五京、十五府、六十二州，尽有其众，契丹益大。辽国兵制，诏诸道征兵，惟南、北、奚王，东京渤海兵马，虽奉诏未敢发兵，必以闻。上遣大将持金鱼符合，然后行。辽东为渤海故国④，太祖以其地建南京辽阳府，统县六，辖军、府、州、城二十六，有丁四万一千四百。

《辽史·地理志》太祖，东并渤海，得城邑之居百有三。东京道辽阳府，本朝鲜之地，后为渤海大氏所有，并吞海北地方五千里，兵数十万。

金

《金史》粟末靺鞨始附高丽，姓大氏。李勣破高丽，粟末靺鞨保东牟山，后为渤海，称王，传十余世。有五京、十五府、六十二州。太祖二年，执宁江州渤海大嘉努，次扎锡[旧作札只，今改。]水，遇渤海军攻我左翼七穆昆，[旧作谋克，今改。]众少却，敌兵直犯中军。太祖射耶律色锡[旧作谢十，今改。]死，敌大奔。十月，召渤海梁福、乌达喇[旧作斡答剌，今改。]使伪亡去，招谕其乡人曰："女真、渤海本同一家，我兴师伐罪，不滥及无辜也。"收国二年，诏："渤海诸部官民已降，或为军所俘获逃遁而还者，勿以为罪。其酋长仍官之，且使从宜居处。"太宗天会四年，命贝勒[旧作李董，今改。]大臬以所领渤海军八明安[旧作猛安，今改。]为万户。

《松漠纪闻》渤海国，去燕京及女真所都皆千五百里。以石垒城脚，东并海。其王以大为姓，右姓曰高、张、杨、窦、乌、李，不过数种。部曲、奴婢无姓，皆从其主。男子多智谋，骁勇出他国右，至有"三人渤海当一虎"之语。契丹太祖灭其王大諲撰，徙其名帐千余户于燕，给以田畴，蠲其赋入，往来贸易关市皆不征，有战则用为前驱。天祚之乱，聚族立姓大者于旧国为王。金人讨之，军未至，其贵族高氏弃家来降，言其虚实，城遂陷。契丹所迁民益蕃至五千余户，胜兵可三万，金人虑其难制，频年转戍山东，每徙不过数百家，至辛酉岁，尽驱以行。其居渤海故地者仍契丹旧，为东京置留守，有苏、扶等州。苏与中国青州、登州相直。契丹东丹王封于此，自苏乘筏浮海，归后唐。

《辽东行部志》沈州，在唐时尝为高丽侵据，唐季不能勤远，为大氏所有，传国十余世。当五代时，契丹与渤海血战数十年，竟灭其国。于是，辽东之地尽入于辽。

谨按：渤海处黑水靺鞨之南，实靺鞨之粟末部也。南并百济，北兼黑水，幅员五千里，在东方最为大国。大氏自唐则天时建国，迄于后唐，历二百余年。官府制度灿然大备，其世次传受及使命往来，史皆详述。惟是《辽纪》称：天显元年，太祖破忽汗城，获王大諲撰，遂并其地，改渤海为东丹国。而诸书皆云：

取夫餘一城，以封托云。太祖既崩，渤海王复攻夫餘，不能克，似谭撰尚在，而宋太宗时有赐渤海琰府王之诏，徽宗时，登州有置戍巡防渤海之奏，似其国至北宋末犹存。考之薛史及《册府元龟》，谭撰既俘，统兵攻夫餘城者为王之弟，即《辽纪》所载渤海诸州为辽攻得者，惟忽汗城及西南二京，南京止南海一府，西京未得者尚有东平、安远等六府，其东北之境，并未属辽。即长岭、南海、郏颉、定理诸府，亦屡平屡叛。圣宗十四年，纪云：渤海侵铁骊，遣奚王讨之，不能克。二十一年，纪云：渤海来贡，是忽汗破后壤地与辽，相接者虽已入辽，而国人收合余部，别自立王。故《五代史》《宋史》《宋会要》《通鉴》《通考》皆谓止取夫餘一城也。《册府元龟》又有后唐遣人送渤海王宪归国之文，宪必王之子弟留中国者。长兴、清泰间，使命往来则仍世君其国可知。第为辽所隔，石晋又臣辽，遂不复至耳。至五京、十五府、六十二州之名，详见《新唐书》，而州止六十。考《辽志》东京道，有崇、集、麓三州皆渤海所置，而《唐书》不载。又盖州亦渤海置，而《唐书》止载益州。盖，本高丽之盖牟城，在今盖平境。益州为率宾故地，实系二州，则渤海州名固不止六十有二矣。《辽史》又云：唐元和时，渤海王大仁秀南定新罗，北略诸部，开置郡邑。其见于志者，若龙河、会农、吉理、杉卢、沸流、铁利、安定、铜山、安宁诸郡。若银州之改为富州，盖州之改为辰州，皆《唐书》所未及也。王都忽汗城，因河得名，以地理及音译考之，当即今呼尔哈河。河源出吉林乌拉界，会毕尔腾湖东流，经故会宁城北，又九十余里，绕宁古塔城南，北流七百里入混同江。《唐书》云：渤海上京在忽汗河之东，为肃慎故地。《新唐志》云：自安东都府经盖牟城，又经渤海长岭府，千五百里至渤海王城。城临忽汗海，其西南三十里有古肃慎城。又曰：自神州陆行四百里至显州，又正北如东四百里至渤海王城。《明一统志》亦言：金灭辽设都于渤海上京，是忽汗城，实与古肃慎城，金会宁城相近，俱在今宁古塔境，其北即黑水境。《辽史》以辽阳当之，失之远矣。其余府州多在今吉林乌拉、宁古塔及朝鲜界。辽既未能全并渤海，以所俘获散置他处，多取渤海州邑之名以名之，亦犹黔、潭、严、广、苏、润、松、江诸州之在辽耳。又若大延琳之志恢宗国，乌元明之守节不降，割据频兴，迄于天祚之世，金太祖以"本属一家"遣人招谕。《松漠纪闻》谓智谋骁勇出他国右，至有"三人渤海当一虎"之语，不信然哉！

注释:

①此句似不通。《旧五代史》原文在契丹之后有"次"字，其意为夫餘城内有契丹在，因而攻打的本是契丹。

②宋太宗太平兴国九年十一月改元雍熙，宴鸾河为此年三月之事，故此仍称"太平兴国九年"。

③薛映，北宋华阳人，字景阳，宋太宗太平兴国中进士，宋仁宗时官拜礼部尚书，天圣二年卒，谥文公。见《宋史·薛映传》。

④"辽东，本为渤海故国"之说与原书之意不符。《辽史·兵卫志》原文作"东京，本渤海，以其地建南京辽阳府"。

钦定满洲源流考卷七

部族七

完颜

五代

《金史·世纪》金之先，出靺鞨氏，古肃慎地也。五代时附属于契丹，在南者籍契丹，曰熟女真。在北者不在契丹籍，号生女真。[按：满洲语称国初所属曰佛满珠，谓旧满洲也。新附编入旗分者曰伊彻满珠，谓新满洲也。此所云"生"、"熟"，盖即新、旧之意。]生女真地有混同江、长白山，所谓白山、黑水也。金之始祖讳哈富，[旧作函普。]初，从高丽来，[按：《通考》及《大金国志》皆云本自新罗来，姓完颜氏。考新罗与高丽，旧地相错。辽、金史中往往二国互称，不为分别。以史传按之，新罗王金姓，相传数十世，则金之自新罗来无疑。建国之名亦应取此。《金史·地理志》乃云：以国有金水源为名。史家附会之词，未足凭耳。]居完颜部布尔噶[满洲语丛柳也，旧作仆，今改。]水之涯，生二男，长曰乌噜，[旧作乌鲁。]次曰斡鲁，遂为完颜部人。至献祖，徙居海古勒[蒙古语行军殿后也，旧作海古，今改。]水，耕垦树艺，始筑室，有栋宇之制。自此遂定居于阿勒楚喀水之侧矣。[按：《金史》云：国言金曰安出虎，以安出虎水源于此，故名金源。考满洲语，称金曰爱新，与安出虎音不相涉。《大金国志》亦只言国产金，及有金水源，其以安出虎为金，盖作史者强加附会，犹黑水掬之微黑，鸭绿江色若鸭头之论耳。金自始祖四迁至此，后为上京故地，实与阿勒楚喀拉林河源相近。详见下疆域门。]六世至景祖，稍役属诸部，修弓矢、备器械，前后愿附者众。鄂敏[旧作斡泯。]水富察[旧作蒲察。]部，特克新特布[旧作泰神忒保。]水完颜部，图们[旧作统门。按：图们江在今宁古塔城南六百里，源出长白山。]水完特赫[旧作温迪痕。]部，舍音[旧作神隐。]水完颜部，[按：此二完颜部，盖族姓之散居者。]皆相继来附。

《大金国志》金国本名珠里真，[谨按：本朝旧称满珠，所属曰珠申，与珠里真音相近，但有缓急之异，实皆肃慎之转音也。]后讹为女真，或曰虑真。肃慎氏之后，渤海之别族也。唐贞观中，靺鞨来中国，始闻女真之名。[按：《通考》云：五代时始称女真。据此则唐时已有是称矣。]世居混同江之东长白山下，南邻高丽，北接室韦，西界渤海，东濒海。《三国志》所谓挹娄，元魏所谓勿吉，唐所谓黑水靺鞨者，今其地也。

其属分六部,有黑水、契丹,目为混同江,[按:混同即松阿哩江,虽下流与黑龙江会,实系二水,此合为一,亦误。]居江之南者谓之熟女真,以其属契丹也。江之北为生女真,亦有受宣命号太师者。契丹自宾州混同江北八十里建寨,以守之。契丹恐女真为患,诱豪右数千家,处之辽阳之南,使不得与本国往来,谓之哈斯罕。[满洲语藩篱也。《志》云不得与本国往来,实有防闲之意。旧作合苏款,又作曷苏馆。今改正。]东北分界,入山谷至涞沬江,[按:涞沬即混同,而志并称,盖误以混同为黑龙江也。]中间所居之女真,隶咸州兵马司,谓之辉发。[旧作回霸,亦作回拔。按:咸州在今威远、英峨门之间,东北至松阿哩江约六七百里,今有辉发河。国初,尼玛察部人旺吉努于河边筑城以居,因号辉发国。盖犹沿其称也。]①极远而野居者,谓之黄头女真。又居涞沬江之北,宁江州之东地方千余里,户十余万,族帐散居山谷,无国名,自推豪杰为长,小者千户,大者数千户,盖七十二部落之一也。或云金祖本新罗人,号完颜氏,传至太祖,以其国产金及有金水源,故称大金。[按:志但言有金水源,未尝以安出虎为金。考金源之称,始于辽中京有金源县,以地有金甸为名。金、元并因之,在今喀喇沁右翼地。则金源之称固与安出虎无涉,且《金本纪》载,太祖建国之诏曰:"宾铁虽坚,终亦变坏,惟金不变。"于是,国号大金,是并未尝因水取名矣。]

《通考》女真盖古肃慎氏,五代时始称女真,后避契丹主宗真讳,更为女直,俗讹为女质。安巴坚[旧作阿保机。]吞北方三十六国,此其一也。

辽

《通考》安巴坚迁女真豪右数千家,于辽阳南而着籍焉,谓之哈斯罕。哈斯罕者,熟女真也。隶咸州兵马司者,谓之辉发。辉发者,非熟女真,亦非生女真也。自涞沬江之北,宁江之东地方千余里,户十余万,无大君长,亦无国名。小者千户,大者数千,则谓之生女真。宋建隆后,屡遣使来。淳化时,契丹伐女真,女真众才万人,而弓矢精劲,又为灰城,以水淋之为坚冰,不可上。距城三百里,燔其积聚②,设伏于山林间。契丹既不能攻城,野无所取,遂引骑去,大为山林之兵掩袭杀戮。大中祥符三年,契丹征高丽,道由女真,女真复与高丽合兵拒之,契丹大败而还。自天圣后属契丹,世袭节度使,兄弟相传,其帅本新罗人,号完颜氏。女真服其练事,以首领推之。自哈富[解见前,此又作龛福,今并改。按:此所载诸名与《金史》异同者颇多,今俱从《金史》改正,仍注原文于下,后同。]以下班班可纪。哈富生乌噜,[旧作讹鲁。]乌噜生雅哈,[旧作洋海。]雅哈生苏赫,[旧作随阔。]苏赫生实鲁,实鲁生呼兰,[旧作胡来。]呼兰三子:伯曰和勒博,[旧作核里颇。]叔曰富勒苏,[旧作蒲刺束。]季曰伊克。[旧作杨割。]伊克聚族帐最多,谓之伊克太师。能用其人,遂称强诸部，赋敛调发，刻箭为号，事急者三刻之。粟粥燔肉为食，上下无异品。和勒博四子：长曰乌鲁斯，[旧作吴喇束。]次太祖，次太宗，次曰赛音。[旧作撒也。]永昌八年秋，太祖尽得辽东、长春两路，始称皇帝，建元天辅，改国号大金。

《契丹国志》女真国乃肃慎故区也。地方数千里，户口万余，无大君长，立首领分主部落，地饶山林。契丹于长春路置东北统军司，黄龙府置兵马都部署司，咸州置详究[旧作详稳。]司，分隶之。黄头女真皆山居，号哈斯[按：此又合二部为一，盖《契丹志》为叶隆礼所撰，传闻之词未得其真也。]其人勇鸷，契丹每出战，皆被以重札，令前驱。

《契丹国志》东南五节度，熟女真部族共一万余户，皆处山林，尤精弋猎。其地南北七百余里，东西四百里，西北至东京五百余里。又次东南至熟女真国，其地东西八百余里，南北千余里，居民皆处山林，耕养屋宇与五节度同，无首领统辖，至东京二百余里，东北至生女真国，居民屋宇、耕凿、言语、衣装与熟女真并同，精于骑射，前后屡与契丹为患。契丹亦设防备，南北二千余里沿边创筑城堡，屯守其南界，西南至东京六百里。

《辽史·营卫志》阿延[满洲语，尊大也。旧作奥衍，今改。]女真部，圣宗以女真户置隶北府节度使，属西北路招讨使司，戍镇州境。自北至河西部，皆俘获诸国之民。初，隶诸宫，户口蕃息置部。迄于五国，皆有节度使。伊德[蒙古语，令食也。旧作乙典，今改。]女真部，圣宗以女真户置隶南府，居高州北。国外十部，有长白山部。

《辽史·兵卫志》伊德女真部，隶西南路招讨司。又有东北路女真兵马司。又，高州属国军有北女真、南京女真、女真哈斯罕、辉发。

金

《金史本纪》收国元年正月壬申朔，群臣奉上尊号，是日，即皇帝位。上曰："辽以宾铁为号，取其坚也。宾铁虽坚，终亦变坏，惟金不变不坏，金之色白，完颜部色尚白。"于是，国号大金，改元收国。[按：金开国以后，具详《金史》兹不复载。]

《大金国志》女真，靺鞨之后也。其国在元魏、齐、周之时称勿吉，至隋称靺鞨。地直长安东北六千里，东濒海，分为数十部，有黑水、白山等名。后为奚、契丹所攻，部族分散，其居混同江之上者，初名女真，乃黑水旧部。

《大金国志》女真在契丹东北隅，地饶山林。国初之时，族帐散居山谷，地千余里，无城郭居止。自后并辽，得大辽全盛之地。深入中原，举大江以北皆有之，疆宇始广矣。

元

《元史·地理志》开元路，古肃慎之地，隋、唐曰黑水靺鞨，后属渤海。渤海浸弱，黑水复有其地，即金祖之部落也。元初，立开元、南京二万户府，又设军民万户府五，分领混同江南北之地。其居民皆硕达勒达，旧作水达达，今改正。女真之人各仍旧俗，以射猎为业。设官牧民，随俗而治。

谨按：金始祖本从新罗来，号完颜氏，所部称完颜部。新罗王金姓，则金之远派出于新罗，所居有白山、黑水，南北之境二千里而遥，固与本朝肇兴之地轮广相同。《大金国志》言：金国本名珠里真，与本朝旧称所属曰珠申相近，实即肃慎之转音也。五代以后尽得靺鞨旧部，于是，女真之名始著。考之《辽史》，有系籍、不系籍之分，系籍者惟迁居辽阳之南数千家，所谓哈斯罕大王；不系籍者亦间有节度、太师之号，所谓长白山太师、辉发部太师是也。金景祖亦曾受辽太师之称而终不肯受印系籍。辽人于边境南北距千二百里筑城置戍，盖其震慑兵威者至矣。自始祖八世、十帝遂至太祖，应运造邦，灭辽臣宋，迹其初起，众未满千，洵由山川钟毓，骑射精娴，故能所向无前，光启方夏也。奇功伟绩，具详《金史》。兹录其开国时旧部分合之由，而完颜氏之隶籍八旗者，具载《姓氏通谱》③，至若上京及呼尔哈、海兰诸路建置之详，则别载于后疆域门云。

建州

唐

《新唐书·渤海传》率宾，故地为率宾府。领华、益、建三州。［按：建州之名，始见于此。考率宾故地，在今吉林乌拉境。《辽·地理志》云康州，世宗迁率宾人户置，所属有率宾县。志云本渤海率宾府地，考辽康州及率宾县，俱为显州，为渤海显德府地，在今广宁境，当亦迁率宾人户所置，非故府地。盖《辽志》固别有率宾府，在涑州定理之间也。又鸭绿江，本名益州江，则益州亦去长白不远。渤海、建州，固与国初所统之地相近矣。］

辽

《辽史·营卫志》孝文皇太弟敦睦宫，以渤海建、沈、岩三州户置，属州三：建、沈、岩。［按：此为建州移于西北之始。志云以三州户置，明非渤海建州之旧，率宾故地在辽为东京，此属中京，《辽史》所谓在灵河之南者是也。］

《辽史·地理志》中京道兴中府，本号霸州彰武军节度。制置建、霸、宜、锦、白川等五州。建州，保静军节度使。唐武德中，置昌乐县。太祖完葺故垒，置州。

［按：此云置，不言仍渤海之旧，其非率宾故地明矣。］汉乾祐元年，石晋太后诣世宗，求于汉城侧耕垦自赡。许于建州南四十里给地五十顷，州在灵河之南，［按：灵河以《元一统志》考之，当即凌河。］屡遭水害，圣宗迁于河北唐崇州故地。初属武宁军，隶永兴宫，后属敦睦宫，统县二：永霸、永康。［按：此则建州，再移于辽圣宗时。其在灵河之南者，辽初所置州城是也。在灵河之北者，自圣宗以后至金、元相承不改。考《大清一统志》在今喀喇沁及土默特地，故城在土默特右翼西南一百二十里，周二里余。四门，与喀喇沁左翼毗连，明属三卫。］

《契丹国志》节镇三十三处，有建州。

金

《金史·地理志》建州，保靖军刺史。辽初名军曰武宁，后更今名，金因之。领县一：永霸。［唐昌黎县地。］《大金国志》刺史七十五处，有建州。［按：金承辽旧，非渤海建州故地也。］

元

《元史·地理志》大宁路，唐初属营州，贞观中置饶乐郡，辽为中京大定府，金因之。元初为北京路，总管府领川、建等十州。元至元七年，改北京为大宁，仍领川、建等州。［按：元承辽、金之旧，非明时之建州也。］

《元一统志》金上京故城，古肃慎氏地。按图册所载，京之南曰建州，京之西曰宾州，又西曰黄龙府，北曰肇州府，之东曰永州、曰昌州、延州，东北曰呢噜干城，皆渤海辽、金所置州县，并废，城址犹存。海兰河经故建州东南一千里入于海，混同江北流经故建州五十里会诸水，东北流经故上京下达五国头城。［按：此所云故建州，盖渤海之旧，在金上京之南者。金之上京自开元东抵宁古塔，自长白北抵阿勒楚喀，幅员甚广。考《金·地理志》云，上京山有长白、青岭，水有阿勒楚喀、混同江、拉林河，皆在今吉林境。又云，东至呼尔哈路六百三十里，西至肇州五百五十里，东南至海兰路一千八百里，呼尔哈河在宁古塔城旁，海兰河在宁古塔城南四百十里，据四至以求其中，则金上京正在今吉林城东北阿尔楚哈阿旁，而渤海之建州，东去松花江北流之所五十里，东南去海兰河一千里，亦在吉林境。明初，土人犹沿旧称耳。又按《大清一统志》，海兰河有五，皆在宁古塔、吉林境内，一入呼尔哈河，三入混同江，皆去海远，惟在宁古塔城南四百一十里源出无名山者，东流布尔哈图河入海。《元志》所云海兰，应即指此也。并详后疆域及山川门。］

《元一统志》碢嘴河，在大宁路金源县西，东南入建州境，合于灵河。凌河在大宁路兴中州，源出龙山县，经本州下流达建州境。大凌河自建州界流经兴中州，东南下流入义州境。凌水在大宁府建州南五里，自富庶县流至本境四十里入兴中界。一云发源龙山县南八十里，东北流百里入利州界，又北经富庶县东南三十里入建州境。［按：此所云建州，盖元时大宁所领，即辽时以渤海建州人户移置者。在凌河南者，故城在锦县西北。在凌河北者，故城在土默特右翼西南。皆非渤海之旧也。金源龙山富庶，并元大宁路属县，今属喀喇沁土默特界。］

《明实录》永乐二年④，置建州卫。十年，置建州左卫。宣德七年，置建州右卫。

谨按：建州为本朝岐邠故地，州置于渤海，本在今吉林境。至辽时一移于凌河之南，再移于凌河之北。金、元相承，置节度刺史，而建州遂在今锦州边外喀喇沁土默特之间。大抵东土州郡之名，多始于渤海而移于辽。《辽志》所载，袭渤海之名而易其地者十居七八。如率宾府，辽迁其人户于今广宁，谓之率宾县，而其故地仍有率宾府，在涑州、定理之间。涑州以涑沫江名，定理府据《一统志》为兴京，而率宾府与之相连，则所领之建州实即国初所统之建州也。以《元一统志》考之，其只称建州者，属兴中府，在凌河南北，为辽金所置，明属乌梁海，其称故建州者，近混同江北流之所，即渤海所置。是州虽已移，而故地相传，旧称尚在，明初因以名卫耳，迨我肇祖原皇帝始居赫图阿拉，是为兴京，实右卫之地。旧邦新命，王迹肇基，恢天作之鸿模，启亿年之景运。嗣后，若栋鄂、哲陈、苏完，及海西之乌拉、哈达、辉发、叶赫，长白山之讷殷、珠舍哩，以至瓦尔喀、呼尔哈、黑龙江诸部并入版图。东极使犬、诺罗诸部，罔不率先臣服。东京、盛京以次缔创，出震乘乾，有开必先矣。

附：《金史》姓氏考

按：《金史》所载姓氏，均与满洲氏族相合，第译对字讹，今悉据《八旗姓氏通谱》改正，仍依《百官志》所载序次如下：

完颜　［金始祖自新罗来，居完颜部，因以为氏。］

温特赫　［旧作温迪罕，今改正。史云图们江水温赫特部，景祖时来附。］

爪尔佳　［旧作夹谷。］

布萨　［旧作仆散。］

珠格　［旧作术虎，又作准葛，今并改。］

伊勒图　［旧作移剌答。］

沃呼　［旧作斡勤。］

旺札卜　［旧作斡准把。］

阿布哈　[旧作阿不罕。]

珠噜　[旧作卓鲁。]

辉特　[旧作回特。]

辉罕　[旧作黑罕。]

辉罗　[旧作会兰。]

彻木衮　[旧作沉谷。]

赛密哷　[旧作塞蒲里。]

乌克逊　[旧作乌古孙。]

舒尔都　[旧作石敦。]

卓特　[旧作卓陀。]

乌苏占　[旧作阿厮准。]

博提斯　[旧作匹独思。]

博尔济克　[旧作潘术古。]

乌实拉　[旧作暗石剌。]

舒古苏　[旧作石古若。]

珠尔罕　[旧作缀罕。]

光嘉喇　[旧作光吉剌。以上皆封金源郡。]

费摩　[旧作裴满。]

图克坦　[旧作徒丹。]

温都　[旧作温敦。]

乌凌阿　[旧作兀林答。]

阿克占　[旧作阿典。]

赫舍哩　[旧作纥石烈。]

纳喇　[旧作纳兰。]

富珠哩　[旧作孛术鲁。]

珠勒根　[旧作阿勒根。]

纳哈塔　[旧作纳合。]

实嘉　[旧作石盏。]

布希　[旧作蒲鲜。]

爪尔佳　[旧作古里甲。]

阿达　［旧作阿迭。］

尼玛兰　［旧作聂摸栾。］

穆延　［旧作抹撚。］

纳塔　［旧作纳坦。］

乌苏　［旧作兀撒惹。］

乌新　［旧作阿鲜。］

拜格　［旧作把古。］

温都逊　［旧作温古孙。］

诺延　［旧作耨碗。］

色赫哩　［旧作撒合烈。］

乌色　［旧作五塞。］

哈萨喇　［旧作和速嘉。］

纳雅　［旧作能偃。］

阿里　［从原文。］

巴尔　［旧作班兀里。］

尼沙　［旧作聂散。］

富色里　［旧作蒲速烈。以上皆封广平郡。］

乌库里　［旧作乌古论。］

乌雅　［旧作兀颜。］

钮祜禄　［旧作女奚烈。］

通吉　［旧作独吉。］

洪果　［旧作黄掴。］

延札　［旧作颜盏。］

博和哩　［旧作蒲古里。］

必喇　［旧作必兰。］

斡哩　［旧作斡雷。］

都克塔　［旧作独鼎。］

尼玛哈　［旧作尼庞窟，又作尼庞古，今并改。］

托罗特　［旧作拓特。］

赫舒　［旧作合散。］

沙达喇　［旧作撒答牙。］

阿苏　［旧作阿速。］

萨察　［旧作撒划。］

卓多穆　［旧作准土谷。］

纳木都鲁　［旧作纳诺鲁。］

雅苏贝　［旧作业速布。］

额苏哩　［旧作安煦烈。］

爱新　［旧作爱申。］

纳克　［旧作拿可。］

古勒浑　［旧作贵益昆。］

斡色　［旧作温撒。］

索欢　［旧作梭罕。］

呼雅　［旧作霍域。以上皆封陇西郡。］

唐古　［旧作唐括，又作同古，今并改。］

富察　［旧作蒲察。］

珠嘉　［旧作术甲。］

蒙古　［从原文，又作蒙刮，亦作蒙括，今并改。］

伯苏　［旧作蒲速。］

鄂屯　［旧作奥屯。］

锡默　［旧作斜卯。］

爱满　［旧作谙蛮。］

都克塔哩　［旧作独虎术鲁。］

摩年　［旧作磨辇。］

伊年　［旧作益辇。］

托诺　［旧作帖暖。］

苏伯林　［旧作苏孛辇。以上皆封彭城郡。］

注释：

①辉发国，亦称辉发部，明中、后期为海西女真扈伦四部之一部，称雄一时，

后于公元1607年秋被努尔哈赤所灭。

②燔，焚烧。

③《姓氏通谱》，全称为《八旗满洲姓氏通谱》。由弘昼、鄂尔泰等组织编纂，始纂于清雍正十三年（1735），编竣于乾隆九年（1744），历时九年。全书共收录满洲姓氏1115个，共80卷，后被收入《四库全书》。

④据《明实录》所载，明代置建州卫的时间应在永乐元年十一月间，此处的"永乐二年"有误。

钦定满洲源流考卷八

疆域一

洪惟我国家肇造大东，覆育区宇舆图之盛，历古所无。始祖建国鄂多理城，肇祖徙居赫图阿拉，诒谋考卜，实启兴京。太祖高皇帝以十三戎甲，次第削平诸部，经始沈、辽。太宗文皇帝正号大清，濯征明国，臣服朝鲜。世祖章皇帝统一方舆，极天所覆，罔不率俾。溯王迹之肇基，缅神区之钟萃，在原在巘，因陟降而地灵；成邑成都，启版图于日辟。若肃慎以下，故城旧治，及渤海金、元之所建置，遗迹犹在，沿革可稽。臣等谨立疆域一门，条举史传所载，附以考证。仍先列兴京及吉林、黑龙江将军所辖于前。验古征今，庶几了如指掌。至如奉天、锦州所属四州、八县之地，则具详《一统志》《盛京通志》中，不复兼载云。

兴京

谨按：兴京，周以前为肃慎氏，汉、晋为挹娄，南北朝暨隋为靺鞨，唐时渤海定理府，辽、金迄元为沈阳地。在盛京城东微南二百七十里，城周五里，群山拱护，河水环萦，实本朝邻岐故壤。考发祥世纪，始祖居长白山东俄莫惠之野鄂多理城，城在兴京东一千五百里，宁古塔城西南三百三十里，勒福善河西岸。肇祖原皇帝歼仇创业，始居呼兰哈达山下赫图阿拉。太祖天挺神武，相险宅中，始缔构于兴京。旋经营于辽、沈。东渐海，西讫辽西，东南及朝鲜，北暨嫩江、黑龙江以至使犬诸罗诸部，罔不臣服。太宗继伐，幅员孔长，其城堡之隶兴京境内者，有老城，城南八里，[周十一里余。]高丽城，[城南一百二十里，周三里余。]碱厂旧城，[城南一百四十六里，周二里余。]碱厂新城，[城南一百四十八里，周一百步。]清河城，[城西南一百六十里，周四里余。]山羊峪城，[城西南一百九十五里，周一里余。]玛哈丹城，[城西南二百二十里，周二里余。太祖戊午年征明，降其城。]萨尔浒城，[城西一百二十里，内城周三里，外城周七里。太祖破明四路兵二十万于此。]界藩城。[城西北一百二十里，在铁背山上。太祖歼明将杜松于此。]而亲御桴鼓[1]及命帅奏功者曰乌拉、[在混同江东，尼什哈站北，太祖癸丑年平其国。有宜罕山城，太祖戊申年攻克。临河五城：金州城，壬子年攻克；逊扎泰城、郭多城、鄂谟城、富勒哈城，皆癸丑年攻克。]哈达、[在开原东北边外，即明时所谓南关也。有绥哈城，太祖己亥年平其国。]辉发、[国城在辉发河边扈尔奇山上，有多璧城，太祖乙未年攻克之，丁未年平其国。]叶赫、[在威远堡东北近叶赫河岸，即明时所谓北关也。太祖癸巳年破叶赫等九部兵于古埒山，甲辰年攻取张阿、奇兰二城，癸丑年取吉当阿城、乌苏城、雅哈城、赫尔苏城、喀布齐赉城、哈敦城、额吉岱城，天命四年取克伊特城，是年亲统大兵攻克东、西二城，平其国。东城即叶赫新城，西城即叶赫老城也。]苏克素河、[在清河东，所属城寨曰图伦城，太祖癸未年起兵讨尼堪外兰于此；曰萨尔浒城，亦癸未年攻取；曰玛尔墩寨，甲申年攻取；曰安国瓜尔佳城，乙酉年攻取；曰嘉木瑚城、曰沾河寨、曰古呼城、曰沙济城，皆癸未以后收服。]浑河、[太祖甲申年征之，凿道噶哈岭，乙酉年败其兵于太兰冈吉林崖。所属城寨曰巴尔达城，丙戌年攻取；曰兆佳城，己丑年攻取；曰杭甲城、曰札库木城、曰东佳城、曰伯伊珲寨，俱以次攻取。]完颜、[太祖戊子年平其部。]栋鄂、[在宽甸堡外有齐吉达城、翁鄂洛城，太祖甲申年征之，戊子来归。]哲陈、[太祖乙酉年征之。托漠河章甲、巴尔达、界藩，俱集兵来御。我兵四人败其八百人，丁亥年复征，克之。]长白山之讷殷、[有佛多和城，太祖癸巳年，剿诛纳殷部长于此。]珠舍哩、[太祖癸巳年征之。]鸭绿江部、[太祖辛卯年征取之。]瓦尔喀之安褚拉库内河、[太祖丙申年征之，取屯寨三十余。]乌库里尼满、[太祖天聪九年平其部。]乌尔格辰、[崇德二年平其部。]绥芬、[太祖庚戌年攻克。]雅兰、[太祖甲寅年攻克。]瑚叶、[太祖己酉年攻克。]乌尔吉、额赫库伦、[俱崇德二年攻克。]诺罗阿万、[天命元年招服。]呼尔哈之扎库塔、[太祖辛亥年攻克。]乌扎拉、[崇德五年征服。]乌兰海伦、[崇德五年征服。]库尔喀之拉里禅、铎辰、阿萨津、多津、乌库尔城、卦拉尔、额苏里、额尔图，[俱崇德五年征服。]黑龙江之萨哈连部、[天命元年征之，取其屯寨三十六。]卦尔察部、[天命十年、十一年，两次征之，天聪八年归附。]索伦部、[天聪八年通贡，崇德五年征之。]博和里、诺尔噶勒、都里、[崇德八年攻取。]小噶尔达苏、大噶尔达苏、绰库禅、能吉勒、[俱崇德八年征降。]窝集之赫什赫、额木赫索啰、佛讷赫托克索、[俱太祖丁未年征取。]锡璘。[太祖甲寅年征取。]而部落之举族内附者，曰苏完、[太祖戊子年归附。]曰雅尔古、[太祖戊子年归附。]瓦尔喀则有斐优、[太祖丁未年，部长为乌拉所侵，率户五百归顺。]呼尔喀则有锡喇忻，[天命元年招服。]格伊克哩、[天聪二年归附。]纳堪泰、[天聪四年朝贡。]托科罗、努雅喇、默尔库勒、赫叶、[俱崇德二年朝贡。]辉克、[崇德五年朝贡。]玛尔哲赖、科尔佛科尔、库萨喀哩、[俱崇德六年朝贡。]喀尔喀木、哲克特库、塔图库、福题希、额尔珲、斡齐奇、库巴扎拉、额题奇、萨里尼叶尔北、[俱崇德七年招降。]松阿哩则有巴雅喇，[天聪二年朝贡。]黑龙江则有杜莫讷、武因、库鲁木图、纳屯，[俱天聪八年朝贡。]果博尔、色布奇、赫赫岱、克殷、乌鲁苏、裕尔根、海伦、固浓、昆都伦、乌兰，[俱天聪九年朝贡。]扈尔布尔、俄勒、[俱崇德三年朝贡。]索伦之萨哈尔察，[天聪六年朝贡。]博穆博果尔，[崇德二年朝贡。]纳木丹尼、都逊、乌喇喀、德都尔，

[俱崇德五年归附。] 库尔喀之赖达尔，[崇德六年朝贡。] 及延楚地方之库雅喇，[即库尔喀之别名，在图们江北岸，与朝鲜之庆远相对，去宁古塔五百里。崇德八年朝贡。] 精格里河浑春。[崇德三年朝贡。] 窝集则有那木都鲁、宁古塔、尼玛察。[俱太祖庚戌年招降。] 使犬部则有盖青，[天聪八年朝贡。] 使鹿部则有喀木尼汉。[崇德元年招降。] 东北边部落以次入贡者，自宁古塔东北行四百余里，住呼尔哈、松花江两岸者，曰诺雷、[天聪五年朝贡。] 曰克宜克勒、[崇德二年朝贡。] 曰祜什哈哩，[崇德三年朝贡。] 皆编甲入户。自宁古塔东行千余里，住乌苏里江两岸者，曰木伦。[太祖辛亥年征降。] 又东二百余里，住尼满河源者，曰奇雅喀喇。又有班吉尔汉喀喇，[亦在宁古塔东南，去乌苏哩四千里，每二年一次遣官至尼满河地方，收贡、颁赐。] 自宁古塔东北行千五百里，住松花江、黑龙江两岸者，曰赫哲喀喇。又东北行四五百里，住乌苏里、松花、黑龙三江汇流左右者，亦曰赫哲喀喇，[自宁古塔水路至其部东北界，共四千五百余里。] 即使犬国也。又东北行七八百里，曰费雅喀。[又有居处甚远，不能至宁古塔之库叶一部，每年六月，遣官至离宁古塔三千里之普禄乡，收贡、颁赐。] 自宁古塔东北行三千里，曰奇勒尔，[即使鹿鄂伦春游牧处所，距齐齐哈尔城千余里，又使马鄂伦春亦散处山林，距齐齐哈尔五六百里。] 直至于大东海。皆自古荒远未闻之地，朝贡惟谨，远至迩安，广轮有截，丰水诒谋，夐乎莫并矣[2]。

御制盛京赋 [有序。]

尝闻以父母之心为心者，天下无不友之兄弟；以祖宗之心为心者，天下无不睦之族人；以天地之心为心者，天下无不爱之民物。斯言也，人尽宜勉，而所系于为人君者尤重。然三语之中，又惟以祖宗之心为心居其要焉。盖以祖宗之心为心，则必思开创之维艰，知守成之不易，兢兢业业，畏天畏人。于是，刑兄弟而御家邦，斯以父母之心为心也，民同胞而物吾与，斯以天地之心为心也。孔子曰："明乎郊社之礼，禘尝之义，治国其如示诸掌乎。"[3] 宗庙禘尝之典，固先王继志述事之大经也。然自圣人象大过肇封树以来，上陵之制汉代已然。我国家肇兴盛京，邠岐之地桥山在焉[4]。昔皇祖六十一年之间，三谒丹陵，用展孝敬，皇考在位，百度维新，日不暇给，适西鄙有事，征役已劳。又藩邸时，曾奉皇祖命往谒祖陵。是以十有三年中未举是典。予小子缵承丕基，惧德弗嗣。深惟祖宗缔构之勤，日有孜孜，敬奉神器。言念盛京为天作之基，永陵、福陵、昭陵巍然在望。不躬亲祀事，其奚以摅忞枕而示来许。爰以乾隆癸亥秋，恭奉皇太后发轫京师，届我陪都。孝思以申，祖武是仰。因周览山川之浑厚，民物之朴淳，谷土之沃肥，百昌之繁庑。洵乎天府之国，兴王之会也。昔豳居相度，召颂公刘，岐宅作屏，周歌太王。莫部于上帝之鉴观，下民之君宗，三致意焉。故物以赋显，事以颂宣，既见于斯，岂默于言乎！遂作赋曰：

岁大渊献，时旦柳中⑤。协律无射，辨方庚辛。历吉日以建旗，驾应龙之和鸾。纷漓虖㹠蜿蜒，旌雄虹橦鸣鸢。周乎神皋之壤，届乎箕尾之躔。循我留都，杀禋珠丘。怀精气，仰德流，既备既申，洒御黼座而觐臣僚。维缔造之弥艰，抚草创之鸿图，曰于休哉！是盖突载亳之子殷，蹋宅镐之姬周⑥。凭虚致讥于东约，安处荐诮于西逾。下此离为十二之国。合为六七之侯。鼎立瓜分者益琐纤，旁魄不足以弹搋，而孟坚、平子、太冲者伦，方且艳陈崝、函、陇、坻之隘，盐池、墨井之腴，枌诣天梁之丽，三条五剧之区，极铺张以诡辩，彼何辞酒称诸。奚佯夫天作之皇宅，又何藉芟弘与魏舒？于是咨文献，考图册，不恶不文，爰赋其略。聚精构思，挂一漏百。粤我清初，肇长白山。扶舆所钟，不显不灵。周八十里，潭曰闼门，鸭绿、混同、爰滹三江出焉。帝女天妹，朱果是吞。爰生圣子，帝用锡以姓曰觉罗，而徽其称曰爱新。是翦是除，匪安匪康。乃有叶赫、辉发，界藩、抚顺，遂筑城于辽阳，以为东国之宗。天笃其祜，载恢厥功。天命十年，相险宅中，谓沈阳为王气所聚，乃建盛京而俯关西。故言其封域，则虽始自秦、汉，历隋、唐以讫辽、金欤。而举其规模，则维新皇运，膺灵佑之独深也。仰符十度之尾，实临析木之津。得云汉之所垂，维北极之所邻。亦何异乎召伯相宅，卜维洛食，奉春建策，留侯演成哉⑦。于是乎左挟朝鲜，右据山海，北屏白山，南带辽水，沧溟为池，澎湃瀰溅。流汤汤，赴弥弥，撇灪湉，廻浑渼，浴日沃星，莫测其始。东尽使犬之部，朔连牧羊之鄙。启我漠惠之原，扩我俄朵之址。高燥埤湿，原田每每。走大野而拱太室者万有余里。其山则铁岭、绣岑、平顶、降龙、木查、石门、东水、南双，矗嵑巀，聚崖嶐。嵷分岸崩，嵌分岋峒，削分峏嵝。崒分嵣峤。蔽亏日月，源流湖江。⑧既孕奇而盘郁，亦含秀而隆崇。故夫四蹄双羽之族，长林丰草之众，无不博产乎其中。蹄类则虎、豹、熊、罴、野马、野骡、鹿、麇、狍、麈、狼、豺、封驼、狐狸、獾、貉、跳兔婆娑，獱獭、艾虎、貂鼠轻嘉。其他牛、马、羊、豕之资以日用者，盖填间巷而浸寝讹。羽类则野鸡、沙鸡、鹅、鸭、青鹢、鹳、鹤、秃鹜，维鹈在梁，缩脖、鸠燕、啄木、鹊鸽，鹰鹞、雕鹘、红牙、商仓，黄鹌鼠化，白雁霜横。曰海东青出黑龙江，林击则天鹅褫魄，甸搏则窟兔走僵。其他鸽、雀、铜嘴、桃虫、鸳鸯，杂沓纷泊，腾轶翱翔。其草则蒿艾、香蒲、芦苇、萧荻、章茅、水葱、红蓝、绥藟。马蔺知时，木槿纪节。厥惟人参，三挜五叶，气禀地灵，功符阴骘。商陆、茵陈、萹蓄、葶苈，蠡实、兔丝均能已疾。其林则五针之松，万年之柏，重樟隐天，幽林蔽泽。挺崇槐只曾青，荫柜柳之浓碧。大椿以八千为春，寿栎以不材为德。烂洪杏与绯桃，纷白楝与黄蘗。山藤柔韧，是资鞭策。鸡桑落黄，可供蚕织。陆珍既衍，海错亦繁。鲤、鲂、鳟、鳜、鳗、鲫、鳙、鲢、鲦、鲷、鳢、鳡、鲍、鳅、鲇、鳝。比目分合、重唇浮湛。剑饰鲛翅，柳炙细鳞。牛鱼之长丈计，带鱼之白韦编。乌鲗之须粘石，渡父之喙矴船。他如蚱马、驴狗、豚、獭、豹、貜，出没乎汹涌，潜跃乎游渊。苍龙捷鬐而云作，赤虾掉尾而波开。老蚌含珠，九光烛天，神奇是蕴，环瑰是生。虽山经与地志，羌莫得而详焉。懿兹奥区，原隰畇畇。厥田上中，厥壤惟平。抱海负盖，跨辽欲宣，浑河为带，兴京为襟。袤複陆而坦坦，貌拓落而芸芸。伟嘉祯之萃荟，信橐龠之捆缊。帝眷东顾，用畁皇清，而为万载之沛丰。若其测圭臬，度广轮，依绳尺，疏渠川，歌经始，咏攸宁，又可略闻矣。⑨天命、天聪，丕显丕继。因其旧沈，拓我新制，规天矩地，响明授时。增八门之䜩荡，胁九逵之逦迤，翼翼俾倪，岩岩堞雉。起圜丘于郊南，单堎垣之洁秘。钦柴飏燎，陈玉荐币。鼓云和，升莤粟，以邀胖蠁而昭祀事。霜露在履，春秋聿迁，伥乎偯乎，肇禋闭宫。绤濯毛臡，元酒太羹。文祖、神宗，爰歆于斯。符帝车之太乙，正王宫于未央。重三殿之实枚，表双阙于阛阓。阙名维何？文德武功。殿名维何？崇政建中。高楼望氛，厥题凤皇。后宫紫极，交泰清宁，关雎、麟趾、化洽家邦。维朴而安，乃巩而藏。岂其工梜槛之刻镂，岂其饰槤橑之焜煌，岂其疏龙首之崷崒，岂其叛凤翼之昂藏。匪有心于俭约，乃潜揆夫陶唐。大政当阳，十亭雁行。爰诹爰度，日赞日襄。吉君臣之一德，而扩我囿于八荒。正号纪元，以受天庆。于是，定两翼之位，列八旗之方。黄白红蓝，有正有镶。法其象于河鼓，则其数于羲经。神其变于三五，握其奇于九宫。大圣创制，动协天象。是犹《易》之书契乃观蹄远焉。树以屏翰，驭轻居重，本支百世，昌我宗潢。佐命之勋曰费英东、额亦都、希福，绩茂萧张。曰有坐谋，曰有折冲。既彬彬而济济，亦纠纠而彭彭。其余附凤而攀龙者，盖车载与斗量。爰制国书，聿兴文教，演义译音，物取其肖。允惟大海，克称检校。虽绝域其必通，即纤故其亦貌。若乎人自为战，王者无敌。角严则百堞失凭，旌挥则三边定檄。义不返顾，勇不重壁。是以敉四海而莫撄，亘千古而鲜匹。故班禄于累世，用以酬夫劳绩。及其斗杓北指，涉冬背秋。⑩爰狩中原，我戎是修。靡虹采，袅蜺游。拖雾纛，建云旂，后属车，前导游。乘我良产，屏彼雕𫘝。右忘归之箭劲，左繁弱之弓柔，倩洌而雷动，鸿绸而星流。又何必王良执辔、纤阿御辀也哉。于是带甲之士百万，尽发鹰犬而骤骍骝。卑泰山之为橹，跨渤海以张罘。林林衷衷，列列哀衰，命地而后中，应声而先掊。散壄麋之群友，剔穴狸之伏留。骇巇鹰之傫俟，訾郊兔之佻偷。既肩惰指倦，而麏麏之群，犹绿陵蔽野，比夏草之稠焉。爰用三驱，示无尽刘。更命羽林倒飞之士，手豹尾，踞虎头，搏熊洞，歼泽貗，观壮夫之鹤跃，快猛兽之貙腰。乃献我成禽，舍彼践毛。择其上杀，允惟左膘。以奉宗庙，腶乾豆烹炰。次充宾客，乃荐君庖。班获行赏，讫乎舆僚。是盖因天地之利，习军旅之劳，战则克，而祭受福。古者蒐苗狝狩之礼所为昭。讵其害三时之土谷，夺百姓之腴膏，蹂桑柘之地，广虞猎之郊，如《子虚》《上林》之所嘲也哉？将将蕃后，夔夔列君，奉贽来朝。齐逑侍宸。或稽首而请聘，或倾心而纳姻。于是，乐以九奏，飨以八珍。迈乎韩之朝天，逾颉利之舞庭。合内外为一家，自我祖而已然。⑪垌牧之宜，曰大凌河，亘肥壤之博衍，茁灵草之敷披。夏蚊避境，春泉漾波。是以驹骊之牡，蕃孳孔多。尔其骊、骦、雅、駓、驿、骐、骆、騂、骝、驮、骦、骝、骈、骔、骃、駬。或眠而駇，或行而骀。惟致远之有赖，亦扬威之无过。畿甸既辟，农桑是咨。爰饬田畯，爰励甸师。物早晚之种，辨高下之宜。男则耕耘是务，女则织纴是谋。抑工商之末业，勤衣食之本图。故深耕易耨，谷用兹也。九夏三耘，免汙莱也。雨我公田，遂及私也。庤我钱镈，铚艾时也。我簋斯盛，实佳粢也。我仓如陵，庾如坻也。服尚布棉，枲纤美也。器用陶匏，戒者靡也。土物是爱，神降嘉生。黍惟秬秠，稻惟糯杬。粟惟糜穈，粱惟白黄。解蘜胡麻，来牟铃铛。苏分紫赤，豆有豌豇。蔬则芸苔，蕰、蒜、萝卜、韭、葱、萎、蒿、葡、笋、紫堇、茴香、壶卢、蔓菁、莴笋、葵姜，鲜不旇旇穟穟，啍啍懞懞。驿驿厌厌，绵绵穰穰。惟脉土之独纯，斯穑事之孔良。农隙教战，守御相望。国以殷富，兵以盛强。郁葱佳气，盘磅无垠。民风噩噩，伾伾优自然。休有烈光，格于皇天。上帝其子之，维有历年。⑫是以我世祖因人心之归清，顺天意之厌明。扫驱除之闰位，统子弟之精兵。无亡矢遗镞之费，而膺图正位乎燕京。盖尝考千古之兴替，稽百代之历数，拒符瑞之难谌，信仁义之堪守，斥逐鹿之蛊说，审神器之有授，乃知帝命不时，眷清孔厚也。不有开之，何以培之；不有作之，何以得之。夫其披荆棘，冒氛霾，历艰辛，躬利害，无嬗代之迹，而受车书之来者。盖《书》所谓于汤有光，《诗》所谓民之攸归矣。皇矣陪都，实惟帝乡。乃命秉钺之帅，乃置五部之卿。民安郡县，旗乐屯庄。春秋耕敛，我仓我箱。朝会朔望，跻跻跄跄。昭万年之有道，卜百世之灵长。⑬乃作颂曰：

於铄盛京，惟沈之阳。大山广川，作观万方。虎距龙蟠，紫县浩穰。爰浚周池，爰筑长墉。法天则地，阳耀阴藏。货别隧分，旗亭五重。神基崇峻，帝系绵昌。周曰邠岐，汉惟丰沛。白水庆善，兴王之会。长白隆隆，沧溟瀹瀹。形胜之选，奕世永赖。俯临区夏，襟控中外，修养百年，既丰而泰。溯其始谋，继序敢懈。昔我圣祖，三至斯土。翠丽六飞，森沉万旅。孔硕九重，不遑安处。祇谒山陵，亦临朝宁。置酒故宫，用酬父老。乃需恩施，逮乎编户。匪勤于巡，良慕乎古。闵予弗德，实缵丕基。岁时太庙，陟降格思。缅仰鼎湖，维瞻维依。荷天之龙，际时之和。驾言徂东，络绎羽仪。风举云摇，鳞萃鱼丽。我宾我臣，我行是随。载至神乡，载觐园寝。灵郁崇辉，祥凝巨沈。原庙衣冠，霸陵衾枕。松柏云缦，溪池流渗。荡涤鸿胪，陶甄群品。石马悲风，泪泉沾衽。岂必羹墙，一气是禀。聿造故宫，故宫赫赫。聿升太阶，太阶奕奕。无彩之饰，惟厚之积。皓曜黝照，歊赩乌赤。左城右平，坤阖乾辟。土壁葛灯，遐哉俭德。诒我孙谋，万年之宅。乃开南端，设席肆筵。爰爵周亲，及彼鹡鸰。南阳故旧，洒如言言。惟此嘉师，列祖之臣。是噢是咻，是贻我躬。敬之敬之，翼翼惴惴。于亿万岁，皇图永绵！

谨按：盛京建置规模，山川地理，具详《开国方略》及《盛京通志》。恭读《御制赋》，有可连类考见兴京、吉林诸事实者，谨录简端，以昭垂信。

吉林

谨按：吉林，周以前为肃慎地，汉以后属挹娄，靺鞨，唐初为新罗之鸡林州，寻属渤海。辽于混同江左右置滨州，宁江州，稍西为黄龙府。金于混同江左右置肇州，隆州，信州，江之西为率宾路，南近高丽为海兰路，皆统于上京。元置海兰府，硕达勒达路，万户府五，分领混同江南北之民。宁古塔则渤海之忽汗州，后称上京龙泉府，今城西南六十里呼尔哈河南古城周三十里，内城周五里，宫殿旧址犹存，金为呼尔哈路，亦统于上京拉林勒楚喀之间，则金上京城在焉。今城南四里，尚有古城及子城宫殿遗址。我朝于吉林乌拉设将军以统诸城，而宁古塔、白都讷、⑭三姓、阿勒楚喀、拉林各设副都统分镇焉。时代虽遥，山川犹昔，按其方域，尚可参稽焉尔。

黑龙江

谨按：黑龙江在吉林东北，东西三千余里，南北四千里。后魏时曰黑水部，属勿吉。唐曰黑水靺鞨，跨江分南北部。黑水部之北为思慕靺鞨、郡利靺鞨、窟说靺鞨，近西北者为室韦部。《唐会要·靺鞨传》言，思慕等部南与渤海德里府接，东至大海，北至小海。今考黑龙江极北有小海，《北史》所云："于已尼大水，即北海。"当即指此。辽为女真，金属上京，北境及扶餘路，溟渤远环，兴安层抱，重江叠嶂，控扼诸藩，虽渤海之盛亦不能全有其地也。所云思慕、郡利、窟说等地名，亦皆得自传闻，未通使传。我朝德威远被，海隅日出，罔不率俾。黑龙江诸城爰自国初望风景附，至康熙二十三年设将军、副都统镇守之，与内地郡县无异。固汉唐以来简册所不能详者矣。

肃慎四至

《后汉书》古肃慎国，在夫餘东北千余里，东滨大海。

《晋书》肃慎在不咸山北，[按：不咸山，即今长白山。]东滨大海，西接寇漫汗国，北极弱水，其土界广袤数千里。

《通考》魏正始六年，毋丘俭讨高丽，过沃沮千余里，到肃慎南界。

《旧唐书》渤海，以肃慎故地为上京，曰龙泉府，领龙、湖、渤三州。

肃慎城 肃慎县

《松漠纪闻》古肃慎城四面约五里余，遗堞尚在。在渤海国都三十里，以石累城脚。

《辽史》东京路辽阳府肃慎县，以渤海户置。黄龙府黄龙县，本渤海长平县并富利、佐慕、肃慎县置。

《元史》开元路，古肃慎之地。[按：元时，开元路所统甚广，不止今开原一邑。元字，明初始改原。]

谨按：肃慎疆域，仅见于《后汉书》、《晋书》。其国界南包长白，北抵弱水，东极大海，广袤数千里，约而计之，正在今吉林、宁古塔、黑龙江境。史云，西接寇漫汗国。考《晋书》，有寇莫汗国，去养云国马行百日，养云国去裨离国五十日，裨离国在肃慎西北，可二百日。莫与漫音实相同，汗当为王称，计去肃慎三百五十程矣。又考《辽史》集州，古陴离郡地，金属贵德州，今为抚顺和屯。陴与裨音亦相同，抚顺正在长白山西北，然则《后汉书》言，肃慎在夫餘东北者，指宁古塔、黑龙江诸境而言。《晋书》谓裨离国在肃慎西北者，指不咸山而言，其程邮第约略计之，未为确据耳。《松漠纪闻》称古肃慎城在渤海国都三十里，考《唐书》渤海，始都忽汗州，以忽汗河得名，今呼尔哈河是也。唐天宝末，徙上京，直旧国三百里，忽汗河之东。考呼尔哈河，源出吉林界色齐窝集中，诸源汇为一大河，东注镜泊。又从镜泊之发库东注，绕宁古塔城南复东北，与混同江合，是渤海王都皆临忽汗，而上京为肃慎故地，则肃慎古城实在上京，为今宁古塔地也。至辽时，黄龙府肃慎旧县并入黄龙县者，当为渤海县名。辽阳府之肃慎县，则辽所自置，虽各止一隅要，皆肃慎之故地也。

夫餘国都

《后汉书》夫餘国，在元菟北千里，南与高句骊，东与挹娄，西与鲜卑接。北有弱水，地方二千里。

《三国·魏志》夫餘本属元菟，汉末更属辽东。时句骊、鲜卑强，夫餘在二国间，其印文言"濊王之印"。国有故城，名濊城。盖本濊地，而夫餘王其中。

《晋书》夫餘在元菟北千余里，南接鲜卑。［按：《后汉书》作西接鲜卑，当系此误。］国中有古濊城。

《晋书》永和二年，夫餘为百济所侵，西徙近燕。

夫餘城 夫餘府

《通典》夫餘南接高丽，东接挹娄，西接鲜卑。后高丽得其地，置夫餘城。唐乾封二年，薛仁贵破高丽于金山，进拔夫餘城，后属于渤海。

《新唐书》李勣伐高丽，拔夫餘城。

《通考》夫餘故地，渤海为夫餘府，常屯劲兵捍契丹，领扶、仙二州。

《册府元龟》后唐天成元年，陈继威使契丹，至渤海界夫餘府，契丹族帐在府城东南隅。

《通考》辽太祖攻渤海夫餘城，下之。改夫餘城为东丹府。［按：《辽史》作拔忽汗城，以为东丹王国，误。］

《辽史·地理志》通州安远军，本夫餘国王城，渤海号夫餘城。通远县，本渤海夫餘县。［按：《辽史》又有夫餘县，乃太祖迁渤海夫餘县降户所置，非故地也。］

《辽史·地理志》龙州黄龙府，本渤海夫餘府。

《金史·地理志》隆州，古夫餘之地，有混同江、拉林河。

谨按：夫餘在汉元菟郡北，元菟为今海城、盖平、复州。自开原以北千余里皆夫餘之境。南北朝为慕容氏所侵，走保沃沮。又因百济侵略，西徙近燕，寻为高句丽分据。唐灭高丽，入于渤海。辽并渤海以为东京，若龙州、同州、祺州、肃州，皆其故地。其国王城则为通州，领通远、安远、归仁、渔谷四县。金为隆州，属上京路。寻废州，以三县并入归仁，属咸平府，元初又废。归仁故城在今铁岭东北金山。据《明一统志》在开元西北三百五十里，辽河北岸；又西北三十里，曰东金山；又二十里，曰西金山。三山绵亘三百余里，与乌梁海接境，则隋、唐伐高丽，所谓出夫餘道者，盖常由此。而《渤海传》所云夫餘为契丹道，及《后汉书》所言西接鲜卑者，皆相符合。至朝鲜亦有夫餘县，则徒袭其名，不足凭也。

挹娄国界

《后汉书》挹娄，古肃慎之国，在夫餘东北千余里，东滨大海，南与北沃沮接，不知其北，所极土地多山险。

《三国·魏志》挹娄，在夫餘东北千余里，滨大海，南与北沃沮接，未知其北所极，邑落各有大人，处山林之间，古肃慎氏之国也。

《晋书》肃慎氏，一名挹娄，在不咸山北去夫餘可六十日行，东滨大海，西接寇漫汗国，北极弱水，其土界广袤数千里，居深山穷谷，其路险阻，车马不通。

挹娄故地 挹娄县

《通考》挹娄故地，渤海为定理府，领定、沈二州。

《辽史·地理志》沈州昭德军，本挹娄故地。渤海建沈州。双州保安军，本挹娄故地，渤海置安定郡。定理府，刺史，故挹娄国地。

《辽史·地理志》东京城，北至挹娄县、范河二百七十里。[按：辽南京后改东京。]

《金史·地理志》沈州挹娄县，辽尝置定理府刺史于此，本挹娄故地。

《元史·地理志》沈阳路，本挹娄故地。

谨按：挹娄疆域与肃慎正同。史皆云处长白山北，东滨大海，不知其北所极。则自今兴京，吉林，宁古塔，黑龙江诸境，皆挹娄地。奉天之承德、铁岭亦挹娄之界。其与肃慎稍异者，惟今开原县，周、秦以前属肃慎，汉属夫餘国界。考《元史》，言开元路古肃慎之地，太祖立开元、南京二万户府，治黄龙府。《辽史》言黄龙府本渤海夫餘府，夫餘府所属有肃慎县，是始属肃慎，继属夫餘之明证也。第元之开元路，兼统东北诸境，直抵海滨，所辖甚广，不止一邑之地。又始则寄治黄龙府，迨至元以后方徙治今城。则不属挹娄者，仅今一邑，若一邑以外属肃慎，即属挹娄也。其故地之见于史传者，若渤海之定理府安定郡，辽、金之沈州、双州、兴州，皆其一隅。而沈州挹娄县之遗，今犹有挹娄城，在铁岭县南六十里，明为懿路所，置中、左、右等千户，懿路河在焉。太祖高皇帝辛酉年征明，降懿路城即此。盖字音之转也。《新唐书》及《辽史》言渤海大氏始保挹娄之东牟山,《明一统志》云山在沈阳卫城东二十里,恭考今承德县城东二十里为天柱山,即东牟山也。《旧唐书》作桂娄之东牟山,桂娄为高丽部名,高丽五部,西汉以还桂娄部为王已久,前史并未言其分地,亦未有止称桂娄者,当以《新唐书》为正尔。

三韩分地

《后汉书》韩有三种:马韩在西,有五十四国,其北与乐浪,南与倭接。辰韩在东,十有二国,其北与濊接。弁辰[即弁韩。]在辰韩之南,亦十有二国,其南亦与倭接,凡七十八国各在山海间,地合方四千余里,东西以海为限。

《三国·魏志》韩在带方之南,东西以海为限,南与倭接,方可四千里,有三种:马韩在西,辰韩在马韩之东,弁辰与辰韩杂处,其渎卢国与倭接界。

《晋书》辰韩在带方南,东西以海为限。马韩居山海之间,无城郭,有小国五十六所。辰韩在东,分十二国,又有弁辰,亦十二国,属于辰韩。

三韩属国

《通考》马韩有爰襄国、牟水国、桑外国、小石索国、大石索国、优休牟涿国、臣渍活国、伯济国、速卢不斯国、日华国、古诞者国、古离国、怒蓝国、月支[亦作目支。]国、治[《魏志》作咨。]离牟卢国、素谓乾国、古爰国、莫卢国、卑离国、占离卑国、臣衅国、支侵国、勾卢国、卑弥国、监奚卑离国、古蒲国、致利鞠国、冉路国、儿林国、驷卢国、内卑离国、感奚国、万卢国、辟卑离国、旧[《魏志》作白。]斯乌旦国、一离国、不弥国、支半国、勾素国、捷卢国、牟卢卑离国、臣苏涂国、莫卢国、古腊国、临素半国、臣云新国、如来卑离国、楚山涂卑离国、一难国、勾奚国、不云国、不斯渍邪国、爰池国、乾马国、楚离国,凡五十余国[15]。大国万余家,小国数千家,总十余万户。辰王治月支国,[按:第一国曰爰襄,襄与新音相近,满洲语谓金曰爰新,《魏志》作爰襄,则传写之异也。又,国名多系以卑、离二字,以满洲语考之,当为贝勒之转音。其后百济盛强,分建侯王,有面中、弗斯、迈卢等,当即弥冻、不斯、莫卢诸国也。]

《三国志》辰韩,始有六国,稍分为十二国。弁辰亦十二国,又有诸小别邑。有已抵国、不斯国、弁辰弥离弥冻国、弁辰接图国、勤耆国、难弥离弥冻国、弁辰古资弥冻国、弁辰古淳是国、冉奚国、弁辰半路国、弁乐努国、军弥国、弁军弥国、弁辰弥乌邪马国、如湛国、弁辰甘路国、户路国、州鲜国、马延国、弁辰勾邪国、弁辰走漕玛国、弁辰安邪国、马延国、弁辰渎卢国、斯卢国。[按:此即新罗国之本名。]优中国，合二十四国。大国四五千家，小国六七百家，总四五万户。

［按：弁辰与辰韩杂居，故《魏志》于两国所属，不为分隶，其冠以弁辰者，当为弁辰所属也。］

三韩故地 马韩都督府 辰州 三韩县

《旧唐书》百济国为马韩故地。显庆五年，以其地置熊津、马韩等五都督府。

《辽史·地理志》辰州，本高丽盖牟城。渤海盖州又改辰州，以辰韩得名。井邑骈列，最为冲会。

《辽史·地理志》高州三韩县，辰韩为夫馀，弁韩为新罗，马韩为高丽。开泰中，圣宗以三国之遗人置县，户五千。［按：此以三国分属三韩，殊为谬误。］

《金史·地理志》三韩县，属大定府。

谨按：三韩在夫馀、挹娄二国之南，所统凡七十八国，合方四千里。马韩在西，辰韩在东，弁韩在辰韩之南。马韩北与乐浪接，所辖则在今盖平、复州、宁海。辰韩北与濊接，濊地即夫馀境也。马韩、弁韩之南皆与倭接，东西以海为限，则并今高丽全境亦隶封域。至所属诸国多系以卑、离二字，当为贝勒之转音。而以三汗统诸贝勒，于体制亦适相符合。《晋书》又载有裨离郡，在肃慎西北。裨与卑音相近耳。《辽史》有陴离郡，为今抚顺城，是不独东南广而西北亦极袤亘矣。唐马韩都督之设，未久辄废，其址无存。辰州即今之盖州，今为盖平县。至三韩县，辽时以迁户置，但取其名，非故地也。

注释：

①桴：鼓槌。用鼓槌打鼓，鼓就响起来。比喻相互应和，配合得很紧密。《吕氏春秋·季秋纪·知士》："良工之与马也，相得则然后成；譬之若桴之与鼓。"《汉书·李寻传》："顺之以善政，则和气可立致，犹桴鼓之相应也。"

②上述所注之部落被征服的时间，与其他史书所载或有不同，可相互参证，不可仅凭此书为据。

③出自《中庸》，其意为：懂祭祀天地祖宗的人，显而易见，也定能治理好国家。

④桥山，本为皇帝葬地，此处代指清代统治者的先祖葬于该地。

⑤大渊献，指癸亥年。柳中，指秋季。乾隆此次东巡在癸亥年（乾隆八年）的秋天，故有此开头。

⑥殷王子姓，建都于亳，周王姬姓，建都于镐。以此喻清王朝创建之初，其势

胜似殷周。

⑦卜维洛食，古时占卜后墨画称食墨。留侯，即指张良。奉春，即指娄敬。二人都曾劝刘邦建都于长安。

⑧以上为赞美地域之广，山川之美。

⑨以上为赞美百兽呈瑞，物阜之丰。

⑩以上为赞美创建之功，祭祀之盛。

⑪以上为描述东巡之兴，秋猎之欢。

⑫以上为描述躬耕农桑，固国之本。

⑬以上为颂扬先祖德政，民心之向。

⑭即伯都讷，在今吉林省松原市宁江一带。

⑮"万有文库"本《文献通考》中的"勾"字皆作"狗"，此书如此改，乃撰者有意避狗之讳也。

钦定满洲源流考卷九

疆域二

沃沮　濊

《后汉书》东沃沮，在高句丽盖马大山之东。[按：原注盖马，县名，属元菟郡。其山在今平壤城西，平壤即王险城也。]东滨大海，北与挹娄、夫餘，南与濊接。其地东西狭，南北长，可折方千里。武帝灭朝鲜，以沃沮地为元菟郡，后徙于高句丽，西北更以沃沮为县，属乐浪东部都尉。至光武，罢都尉官，封其帅为沃沮侯。又有北沃沮，去南沃沮八百余里，南接挹娄。

《三国·魏志》东沃沮在盖马大山之东，其地形东北狭，西南长，可千里。[按：此与《后汉书》稍异。]汉武元封中，以其地为元菟郡，后徙郡句丽西北，今所谓元菟故府是也。沃沮还属乐浪，汉以土地广远，在单单大岭之东，分治东部都尉，治不耐城，别主岭东七县。时，沃沮亦皆为县。光武六年，省都尉，以县中渠帅为县侯。

《辽史》海州南海军，本沃沮国地，有沃沮县。

《后汉书》濊，北与高句丽、沃沮，南与辰韩接，东穷大海，西至乐浪。濊及沃沮、句丽本皆朝鲜之地。元朔元年，濊君南闾等率二十八万口，诣辽东内属，武帝以其地为苍海郡，数年乃罢。至元封三年，灭朝鲜，分置乐浪、临屯、元菟、真番[原注番，音潘。]四郡。至昭帝始元五年，罢临屯、真番以并乐浪、元菟，元菟复徙居句丽。自单单大岭已东，沃沮、濊悉属乐浪。后以境土广远，复分岭东七县，置乐浪东部都尉。建武六年，省都尉官，遂弃岭东地，悉封其帅为侯。

《三国·魏志》濊，南与辰韩，北与高句丽、沃沮接，东穷大海，今朝鲜之东皆其地也。汉武帝分朝鲜为四郡，自单单大岭以西属乐浪，自岭以东七县，都尉主之，皆以濊为民。后省都尉，封其渠帅为侯，今不耐、濊皆其后也。

谨按：两汉、魏、晋时，国于东方者、为夫餘、挹娄、三韩。其邑落散处山海间者，又有沃沮、濊等名。以史传核之，沃沮之在东者，东滨大海，北接挹娄、夫餘，又有北沃沮、南沃沮，并皆散处山林，无大君长。所云单单大岭，即长白山。

单单与满洲语珊延音固相近也。今自长白附近，东至海边，北接乌拉、黑龙江，西至俄罗斯。丛林密树，绵亘其间。魏毌丘俭讨高丽，绝沃沮千余里，到肃慎南界。则沃沮者，实即今之窝集也。濊地君长亦皆分统邑落，无所专属。夫馀、挹娄皆有其地。考其故壤，自凤凰城并海至朝鲜，三国以后，隋属高丽，唐属渤海矣。

勿吉行程

《魏书》勿吉国，在高句丽北，去洛五千里，自和龙北二百余里，有善玉山，山北行十三日至祁黎山，又北行七日，至如洛环水。[《北史》作洛瓌水。]水广里余。又北行十五日，至太鲁水。[《北史》作太岳鲁水。]又东北行十八日到其国。国有粟末水、徒太山。[按：和龙为今土默特右翼地。太鲁水当为今洮尔河，亦作淘尔、洮儿，又作拖罗，皆音之转。《新唐书》之它漏，辽、金之他鲁、挞鲁河，并圣宗所改挞鲁河为长春河者，皆是水也，源出科尔沁西北，兴安山东，南流合贵勒尔河，又东北折经科尔沁右翼后旗南界，又东经扎赖特南界，汇为纳兰萨兰池，亦名日月池，会嫩江以入于松花江。松花江即粟末水，《新唐书》言粟末西北注它漏河者，盖不知它漏河东南入嫩江，以达松花。而反谓松花由嫩江以注它漏，是据图臆揣之误也。洛环，当即老哈之转音，蒙古称老河为老哈，源出喀喇沁右翼，东北流经故大宁城东，又北经敖汉、翁牛特左翼南，又东北经奈曼及喀尔喀左翼，北流五百里许与潢河合。证之下文，使臣所行地里，音译更相符合。其不能径由东北行者，盖中间为契丹所隔，故耳。又，扎鲁特右翼西北一百九十里，亦有他鲁河，源出大青羊山，南流数十里入阿里雅河。史载，自和龙至勿吉，由北而东，不应反岐至西北，则太鲁非此河也。又有以如洛环为饶乐之讹者，考唐贞观中，置饶乐都督府，领弱水、祁黎、洛环、太鲁、汤野六州。洛环、太鲁皆以水名州，与饶乐并置，且魏时亦未置州，其非饶乐之讹明矣。]太和初，使臣乙力支称初发其国，乘船溯难河西上，至太沵河，南出陆行，渡洛孤水，从契丹西界达和龙，[按：难河亦曰那河，即嫩江也。太沵即上文太鲁，洛孤即上文洛环，皆音转而讹，实即洮尔及老哈二河也。洮尔河入嫩江，故自难河乘船可溯。洮尔与老河相隔，故南出陆行渡老河以至和龙。是时，土默特地属元、魏之营州，而老河旁若喀喇沁、敖汉、奈曼、翁牛特等境，皆属契丹，故云自契丹西界达和龙。使臣所历之途与魏使正同也。时代虽遥，其迹尚有可寻耳。]

勿吉七部故地

《北史》粟末部与高丽接。

《新唐书》粟末部居最南，抵太白山与高丽接，依粟末水以居，水源于山西，北注它漏河。[按：它漏即洮尔河，入嫩江，嫩江入松花江。此云粟末西，北注它漏河，殊误。]

《新唐书》渤海，本粟末部附高丽者。

《北史》伯咄部，在粟末北。

《新唐书》粟末，稍东北曰汨咄部。[按：此作汨，与《北史》异。]

《北史》安车骨部，在伯咄东北。

《新唐书》汨咄，又东北曰安居骨部。[按：居与车，音同字异。]

《唐会要》汨咄，安居骨因高丽破后，奔散微弱，后无闻焉。

《北史》拂涅部，在伯咄东。

《新唐书》安居骨曰拂涅部。

《通考》拂涅故地，渤海为东平府，领伊、蒙、陀、黑、比五州。

《辽史·地理志》东京紫蒙县，本汉镂芳[按："两汉志"并作镂方。]县地，后拂
涅国置东平府，领紫蒙县。

《辽史·地理志》东京辽州，始平军，本拂涅国城，渤海为东平府。唐太宗
征高丽，李世勣拔辽城，高宗诏程名振、苏定方讨高丽，至新城，大破之，皆此
地也。有辽河、羊肠河、锥子河、蛇山、狼山、黑山、巾子山。[按：羊肠、锥子河及
蛇山等，俱在今广宁境。辽河亦经广宁境内，则拂涅故地实在今广宁。]

《北史》号室部，在拂涅东。

《东北史》黑水部，在安车骨西北。

《新唐书》安居骨之西北曰黑水部。

《北史》白山部，在粟末东南。

《新唐书》粟末之东，曰白山部。

《旧唐书》白山部近高丽，因收平壤之后，部众多入中国。

《辽史·百官志》长白山三十部大王府。

勿吉傍国

《北史》勿吉傍有大莫卢国、覆钟国、莫多回国、库娄国、素和国、具弗伏国、
匹黎尔国、拔大何国、郁羽陵国、库伏真国、鲁娄国、羽真侯国。[《魏书》《北史》
豆莫娄在勿吉北千余里，旧北夫馀也。室韦之东，东至于海。方二千余里，当即大莫卢之转音，或言濊
地也。]

谨按：勿吉即挹娄，为肃慎故地。分七部，粟末部近长白山，以粟末水得
名，则在今松花江左右。伯咄在松花江北，拂涅在伯咄东，史称拂涅故地。渤
海为东平府，领伊、蒙、陀、黑、比五州。又，《辽史》称紫蒙县。拂涅国置东平
府，是其分州立邑，又在渤海之前矣。紫蒙故城在今辽阳东境，东平府契丹为

辽州，金为辽滨县，属沈州，故城在明沈阳卫城西北百八十里。唐以前为高丽所据，谓之辽东城。唐太宗克之，改曰辽州，时亦谓之新城，以别于辽东故城也。考《唐书》，贞观十九年伐高丽，江夏王道宗将兵数千至新城。二十一年复伐高丽，命李世勣将青州兵自新城道入。永徽三年，高丽侵契丹，契丹大败高丽于新城。仪凤三年，徙安东都护于新城，皆此地也。黑水，以黑龙江名，唐时最盛，今详载于靺鞨条。白山部，以长白山名，《旧唐书》言，因平壤之役多散入中国。而白山部太师，暨长白山三十部大王之称，见于《辽志》，则其部族仍以系号。可知盖自粟末部强，诸部皆为服属，于是，中土但知有渤海，其他部不可考矣。东平府及辽州，并详后渤海、契丹疆域条。至勿吉附近之大莫卢，当即《魏书》之豆莫娄，亦称达末娄。覆钟，当即百济之弗中。郁羽陵，当即尉厥里。皆与契丹相接也。

百济里至

《魏书》百济国，北去高句丽千余里，处小海之南。[按：史①，是时，高丽国东至新罗，西度辽二千里，南接百济，北邻靺鞨一千余里。]

《北史》百济，始立国于带方故地。其国东极新罗、句丽，西南俱限大海，处小海南，东西四百五十里，南北九百余里。

《后周书》百济，始立国于带方，其地界东极新罗，北接高句丽，西南俱限大海，东西四百五十里，南北九百余里，治固麻城。

《宋书》百济，本与高丽俱在辽东之东千余里，其后高丽略有辽东，百济略有辽西。

《隋书》百济国，东西四百五十里，南北九百余里，南接新罗，北距高丽。

《旧唐书》百济，处大海之北，小海之南，东北至新罗。[按：隋、唐时，通百济皆自登莱泛海而往，盖为契丹所隔。《新唐书》所载亦同。]

《新唐书》百济，直京师东六千里而赢，滨海之阳，其东新罗也。

《唐会要》百济，当马韩故地，处大海之北，小海之南，东北至新罗。

《通考》百济，晋时略有辽西晋平。[唐柳城、北平之间。]自晋以后吞并诸国，据有马韩故地。其国东西四百里，南北九百里。

百济都城 百济郡邑

《北史》百济，所都曰居拔城，亦曰固麻城。其外更有五方：中方曰古沙城，东方曰得安城，南方曰久知下城，西方曰刀先城，北方曰熊津城。都下有方，方分五部：曰上部、前部、中部、下部、后部。五方各有方领一人，方有十郡，城之内外民庶及余小城，咸分隶焉。

《宋书》百济，所治谓之晋平郡晋平县。

《梁书》晋世，百济有辽西、晋平二郡地，自置百济郡。梁天监中，为高句丽所破，迁居南韩地。后更为强国，号所治城曰固麻，谓邑曰檐鲁。其国有二十二檐鲁，皆以子弟宗族分领之。[按：《宋书》云，百济所治谓之晋平郡晋平县，是以郡统县矣。《北史》云，国有五方，方管十郡，则当为五十郡。今《梁书》云，二十二檐鲁，是县反少于郡，恐无是理。]

《隋书》百济国都曰居拔城，畿内为五部、五方，各有方领一人，方有十郡。国西南人岛居者十五所，皆有城邑。百济自西行三日至貊国云。

《旧唐书》百济王所居，有东西两城。贞观十六年伐取新罗四十余城，又袭破新罗十城。二十二年又破其十余城。永徽中，又与高丽、靺鞨侵其北界三十余城。其国旧分五部，统郡三十七，城二百。至显庆五年，以其地分置熊津、马韩、东明等五都督府，各统州县，立其帅为都督、刺史、县令，命王文度为熊津都督，以镇之。

《新唐书》百济王居东、西二城，有六万方，统十郡。[按：六万方与他书异，当为六方，方统十郡，万字因与方相近而误耳。]显庆五年，平其国五部、三十七郡、二百城、户七十六万，析置熊津、马韩、东明、金涟、德安五都督府，后其地为新罗、渤海靺鞨所分。[按：《五代史》后唐清泰间，及《元史·世祖本纪》至元四年，百济皆遣使入贡。是百济至元代犹存，但故地已失，仅守偏隅，非复隋、唐之旧耳。]

《唐会要》百济王所居有东、西两城，又外置六方，方管十郡。唐显庆五年，分其国为五部，统郡三十七，城二百，置熊津、马韩、东明、金涟、德安等五都督，各统州县，立其长为都督、刺史、县令。麟德以后，其地为新罗靺鞨所分。

百济诸城

《旧唐书》龙朔元年，百济僧道琛、旧将福信据周留城，其西部、北部并应之，带方州刺史刘仁轨便道发兵，转斗而前，所向皆下。道琛于熊津江口立两栅以拒，复退保任存城。[《新书》作任孝。]

《旧唐书》龙朔二年，刘仁愿、仁轨大破福信余众于熊津，东拔其支罗城及尹城、大山、沙井等栅。福信等以真岘城临江高险，又当冲要，加兵守之。仁轨夜拔之，遂通新罗运粮之路。仁愿请益兵，诏发淄、青、莱、海兵七千人，浮海赴熊津。于是，水军自熊津江往白江以会陆军，同趋周留城。

《通考》高丽，以百济为金州金马郡。

谨按：百济与新罗，壤地相错。《隋书》云南接新罗。《唐会要》言东北至新罗。考百济之境，西北自今广宁、锦、义，南逾海、盖，东极朝鲜之黄海、忠清、全罗等道，东西狭而南北长。自柳城、北平计之，则新罗在其东南，自庆尚、熊津计之，则新罗在其东北，其北亦与勿吉为邻也。王都有东、西两城，号固麻城，亦曰居拔城。以满洲语考之，固麻为格们之转音，居拔盖满洲语之卓巴，言二处也。二城皆王都，故皆以固麻名之。《宋书》言百济，所治谓之晋平郡晋平县。《通考》云在唐柳城、北平之间，则国都在辽西，而朝鲜全州境内又有俱拔故城。殆梁天监时，迁居南韩之城欤。唐显庆中，分为五都督府。曰德安，即百济东方之得安城；曰熊津，即北方之熊津城，熊津，今朝鲜汉江城，在全州西北，百济与高丽分界处也；曰东明者，东明为百济之祖，自稿离渡河，以之名地，当与稿离国相近。考《辽志》，稿离为凤州、韩州，皆在今开原境。则东明都督府之设，亦应与开原相迩矣。任存城，在熊津江口，朝鲜全州西，百济之西部，支罗、真岘在熊津东，全州之北。自熊津溯白江为周留城，在全州西，加林城亦在焉。沙井栅在其东北，唐苏定方、刘仁轨等由登莱海道济师，故战守之地皆在今朝鲜境耳。《唐书》又言，后为新罗、渤海、靺鞨所分，百济遂绝。而自五代迄元，尚有百济朝贡之文。考百济旧设五方，方管十郡，则列郡五十。唐初，又攻取新罗六七十城，其幅员益广。苏定方所得止三十七郡，王子夫馀丰脱身而走，是其支庶保守偏隅，仍循位号，仅有黄海忠清等地。而海、盖以北，尽归新罗渤海矣。

新罗

《北史》新罗，在高丽东南，居汉时乐浪，地多山险，兼有沃沮、不耐、韩濊之地，附庸于百济。

《梁书》新罗，本辰韩也。其国在百济东南五千余里。［按：《通志》《通考》俱作五百余里。考二国壤地毗连，无相去五千里之理。疑《梁书》之误。］东滨大海，南北与句丽、百济接，其邑在内曰啄评，［按：《唐书》《通考》俱作喙评。考《通典》注云呼灭反，则喙字当因字形相近而讹。］在外曰邑勒，国有六喙评，五十二邑勒。［今有邑勒必喇入松阿哩江，与萨木什必拉相近。］《通志》新罗国，在百济东南五百余里，东滨大海，其西北界出高丽之间。

《隋书》新罗在高丽东南，居汉时乐浪之地。魏将毋丘俭讨高丽，破之，奔沃沮。其后复归故国，留者遂为新罗焉。兼有沃沮、不耐、韩濊之地。

《册府元龟》隋伐高丽，新罗亦攻取高丽五百里。

《旧唐书》新罗，在汉时乐浪之地，东及南方，俱限大海，西接百济，北邻高丽，东西千里，南北二千里。王所居曰金城，周七八里。显庆以后，渐有高丽、百济之地，其界益大，西至于海。

《新唐书》新罗，居汉乐浪地，横千里，纵三千里。咸亨五年，王金法敏略百济地，守之。上元二年，刘仁轨破其众于七重城，以靺鞨兵浮海略南境，又诏李谨行屯买肖城。

《册府元龟》开元二十四年，敕浿江以南，令新罗安置。

《太平寰宇记》新罗，在百济东南五百余里，兼有汉乐浪地，东滨大海。

《通考》新罗，在百济东南五百余里，亦在高丽东南。隋时袭加罗、任那诸国，灭之。其西北界犬牙，出高丽、百济之间，地多山险。

《奉使行程录》自咸州北行至同州，东望大山即新罗山，深处与高丽接界。[按：辽咸州即金咸平府，同州为金铜山县，俱在今铁岭、开原之间，东至威远堡，即吉林界。南至奉天，即唐时高丽界。开原即汉时夫馀界，百济之旧国也。《通考》谓新罗西北界出高丽、百济之间者，应即指此。]

鸡林州

《旧唐书》龙朔三年，诏以新罗为鸡林州都督府，授其王金法敏为都督。[按：自此以后，凡新罗嗣王俱加鸡林州大都督之号。]

《新唐书》王居金城，环八里。龙朔元年，[按：《旧唐书》作三年，与此异。]以其国为鸡林州大都督府。

新罗九州

《新唐书》新罗，多取百济地，抵高丽南境置尚、良、康、熊、全、武、汉、朔、溟九州，州有都督，统郡十或二十。[按：是时，高丽北境已属渤海，新罗既有百济之地，又兼有高丽南境，非得百济而始抵高丽之南也。尚州、全州，辽、金皆有之，朝鲜亦有之。《辽地志》云，尚州属东京路，本汉襄平县地，渤海为东平寨。《金地志》云，全州属北京路，治安丰县。二史并未详沿革之由，或辽、金所置徒袭其名，未必即其旧地也。朝鲜庆尚道之尚州，本辰韩南境，为新罗故地。

全罗道之全州，本弁韩边境，为百济要隘，似为相近。然考《唐会要》《五代会要》《太平寰宇记》，皆作金州，与《唐书》《通考》作全者异。唐平高丽，尝置金州，明为金州卫，即今宁海县。新罗既得高丽之地，其州名即沿唐旧，亦未可知。第国初乌拉国有金州城，为武勋王扬古利攻克。今吉林城北犹有金州山、金州站，实与新罗之鸡林州相近，非唐以后所置，其称名当有所自也。康州，辽属显州，去医巫闾山不远。熊州，当以熊岳为名，唐仪凤初，徙熊津都督于建安城，与此相近。在盖州南六十里，渤海之杉卢郡也。汉州，以汉江为名，本百济地，后为朝鲜王都。朔州，在凤凰城东南。溟州，本濊地。]

《唐会要》新罗，封百济故地及高丽南境，东西约九百余里，南北约一千八百里，于界内置尚、良、康、熊、金、武、汉、朔、溟九州。

《唐会要》武州，物产为新罗之最。

谨按：新罗始附庸于百济，后兼加罗、任那诸国，与百济为邻。考其疆土，东南并有今朝鲜之庆尚、江原二道，西北直至今吉林乌拉，又西近开原、铁岭。唐显庆以后，又得百济故地及高丽南境，于是东西增九百里，南北增千余里。开元以后，渤海盛强，其西北诸境尽为所并，新罗所有仅鸭绿江以南。唐末，高丽复起，割其南境，暨渤海为契丹所侵，于是，新罗西与契丹以海州岩渊县为界，西北与契丹以鸭绿江东八里黄土岭为界矣。鸡林州之名始于唐，龙朔三年，以其国为鸡林州大都督府，国王世袭都督之号。以音译及地理考之，即今吉林。《许亢宗行程录》云，自咸州至同州，东望大山即新罗山。辽之咸州，金为咸平府。同州，金为铜山县，俱在今铁岭、开原之间，东至威远堡门，即吉林界，则州名取此无疑。第其后为渤海所得，而都督之号则仍系新罗。于是，并朝鲜之地亦沿鸡林之称耳。七重城，在朝鲜庆州北，南临发卢河。《旧唐书》言，刘仁轨率兵绝瓠卢河，攻七重城，即此水也。买肖城，亦在其地，当时用兵皆自登、莱浮海往来，故多在朝鲜界也。至九州之设，东至吉林，西至广宁，跨海、盖而包朝鲜，幅员式扩矣。

靺鞨

《隋书》靺鞨在高丽之北，凡有七部，即古之肃慎也，其国西北与契丹接。

《旧唐书》靺鞨，后魏谓之勿吉，在京师东北六千余里，东至于海，西接突厥，南界高丽，北邻室韦。其国凡为数十部，黑水最处北方，分为十六部，部又以南北为栅。

《新唐书》黑水靺鞨居肃慎地，亦曰挹娄。元魏时曰勿吉，东濒海，西属突厥，南高丽，北室韦，离为数十部，部间远者三四百里，近者二百里。黑水分十六落，以南北称黑水，西北又有思慕部，益北行十日得郡利部，东北行十日得窟说部，[亦号屈说]。稍东南行十日得莫曳皆部。又有拂涅、虞娄、越喜、铁利等部，其地南距渤海，北东际于海，西抵室韦，南北袤二千里，东西千里。[按：上文云西属突厥，北室韦，而后又云西抵室韦，考《新唐书·室韦传》，室韦地据黄龙北，东黑水靺鞨，西突厥，南契丹，北濒海，附于突厥。则黑水部实西北皆邻室韦也，因室韦尝附突厥，故有西属突厥之文耳。]

《新唐书》室建河东合那河、忽汗河，又东贯黑水靺鞨，故靺鞨跨水有南北部。[按：室建河即黑龙江，那河即嫩河，忽汗河即呼尔哈河，嫩河、呼尔哈皆会混同以合黑龙江，而唐、宋诸史多以混同为黑龙江者，盖传闻之误。]

《唐会要》靺鞨有数十部，黑水靺鞨最处北方，分为十六部落，又以南北为栅。旧说黑水西北有思慕靺鞨，正北微东十日程有郡利靺鞨，东北十日程有窟说靺鞨，东南十日程有莫曳皆靺鞨。今黑水界南与渤海国德里府接，[按：渤海十五府，具载《唐书》及《通考》，无德里府之名。据《新唐志》盖镇名也，以地与音考之，今宁古塔城西九十里，自鄂摩和湖东绕沙兰站之南，至呼尔哈河，有大石广二十余里，袤百余里，石平如镜，孔洞大小不可数计，或圆或方，或六隅八，如井如盆如池，或口如盂，而中如洞，深或丈许或数尺，中有泉，澄然凝碧，名德林沃赫，俗呼黑石甸子。石缝中鱼或跃出甸上，草木皆异，车马行其上，如闻空洞之声。石或少损，即有水从罅出，探之深不可测，迤西十余里有海眼，季春冰泮水流石下，声如雷吼。"里"与"林"音实相近，呼尔哈河即渤海旧都所在，镇名当取诸此。]北至小海，[按：今黑龙江极北有海汉，《北史》谓作已尼大水，即北海者，当即此也。]东至大海，西至室韦，南北约二千里，东西约一千里。渤海浸强，黑水亦为所属。

《册府元龟》靺鞨在高丽北，营州东二千里，越喜靺鞨，东北至黑水靺鞨地方二千里。

《通考》拂涅、铁利、虞娄、越喜，时时通中国，而郡利、屈设②，[按：二字与《唐书》异。]莫曳，皆不能自通。

《元史·地理志》开元路，隋、唐曰黑水靺鞨，其后渤海盛，靺鞨皆役属之。又其后，渤海浸弱，黑水复擅其地。东濒海，南界高丽，西北与契丹接壤，即金鼻祖之部落也。[按：元时开元路所统至广，今黑龙江宁古塔及开原县地，皆为所辖。]

黑水州 黑水府

《唐会要》武德三年，部长突地稽遣使朝贡，以其部置燕州，并以其长帅为都督总管。贞观十四年，以黑水地为黑水州。

《册府元龟》黑水帅突地稽，隋末率部落千余家内属处之营州。唐武德初，以其部落置燕州，以突地稽为总管。[按：此为营州地属靺鞨之始，燕州之置实在营州也。《通考》云，武德三年黑水长阿固郎始来，贞观二年以其地为燕州。]

《通考》开元十年，拜黑水部长帅为勃利州刺史，于是，安东都护请置黑水府，以部长为都督刺史，领黑水经略使。

《旧唐书》开元十年，置黑水经略使，其地南距渤海，北东际海，西抵室韦，南北二千里，东西千里，其后渤海盛，府遂废。

《唐会要》开元十三年，于黑水部落内置黑水军，续又以最大部落为黑水府，仍以其首领都督诸部，刺史隶属焉。

《元史》开元路，唐黑水靺鞨以其地为燕州，置黑水府。

铁利越喜故地

《通考》渤海，以铁利故地为铁利府，领广、汾、蒲、海、义、归六州。越喜故地为怀远府，领达、越、怀、纪、富、美、福、邪、芝九州。

《辽史·地理志》东京广州，渤海为铁利郡，太祖建铁利州。[按：铁利郡即渤海铁利府所属之广州也。渤海属州，往往以郡称，今详后渤海条。]

《辽史·地理志》东京铁骊府，故铁骊国地。[按：铁骊即铁利，音同字异。又按：《元一统志》云，蒲河在沈阳路，源出铁利国蒲谷，流经蒲水田，故名。《松漠纪闻》云，蒲河距沈州四十里，今考蒲河，在承德县城西北四十里，源出香炉山，经永安桥入莲花泊，则铁利故国实在于此。③]

《辽史·地理志》东京韩州，本渤海粤喜县地。[按：粤喜县亦以粤喜国得名，音同字异。韩州故藁离国地，在开原东北。]

《辽史·地理志》银州新兴县，本故粤喜国城。[按：辽银州，本渤海怀远府所属之富州也。新兴县之地，渤海亦尝置银州，辽移其名新兴县，金隶咸平府。志云，南有范河，北有柴河，西有辽河。以今水道考之，外辽河在铁岭城西十里，柴河源出城东南百八十里，绕至城北，西入于辽。范河，出城东南百二十里，西流过城南，西入辽河。则粤喜国城正在今铁岭县也。]

《辽史·地理志》东京信州，本粤喜故城，地邻高丽。[按：此即渤海怀远府治所，据《元一统志》在滨州之西，今开原之东，盖辽时渤海衰而高丽复兴，故与高丽相近也。]

《金史·地理志》韩州柳河县，本粤喜县地，以河为名，有枸河、柳河。

《元一统志》柳河县，故城本粤喜地，后置县，以其地近柳河故名。今城址犹存。[按：《元一统志》第言地近柳河。《金·地理志》云，有枸河、柳河。考《盛京通志》，有柳河而无枸河。第云辽河，一名巨流河，一名句丽河，亦名枸柳河。谓是枸河、柳河合流之处。今考柳河，源出辽阳州城东北八十里,西北流经承德县城东南之砬子山、红宝石山阳,入十里河。又考十里河,旧名椆柳河,源出辽阳州城北六十里,亦西北流至杨家湾,合沙河入浑河。浑河入辽河,则枸河或即十里河也。第十里河与柳河合流之地,去巨流河尚远,而辽河之大,岂转因二小水得名?旧志止属传闻,未有确据,盖因句丽、巨流、枸柳音颇相同,是以传疑有此说耳。又按:今土默特右翼西北亦有柳河,东南经喀喇城入大凌河。又,义州境内之柳河川,亦发源于土默特右翼南,亦东南流入大凌河。土默特右翼为古柳城地,虽与靺鞨接界,在辽为兴中府,属中京,殊不相涉。考辽、金韩州、信州故城,皆在今科尔沁左翼东南。科尔沁地在隋、唐属靺鞨,无柳河,有辽河。则所谓枸河、柳河者,当即枸柳之误分为二河耳。]

谨按:靺鞨即勿吉,旧属七部,并同拂涅、白山等部,已载前勿吉条。粟末,后称渤海。惟黑水一部,复分为十六。考之史传,思慕、郡利、窟说、莫曳皆虞娄,皆在黑水以北,不与中土相闻,今黑龙江之外当即其地。可考者,惟黑水之南、北部及越喜、铁利二部。《新唐书》言,室建河东合那河、忽汗河,又东贯黑水靺鞨,故跨江有南、北之称。所言较诸史为详,尚犹有未尽者,室建即今黑龙江,那河即嫩河,忽汗即呼尔哈河,二河并入混同江,混同合黑龙江入海。混同、黑龙合流之处,仅在靺鞨东界,《新唐书》兼那河、忽汗河言之,似误以混同为黑龙江也。其实一出长白,一出肯特,远不相涉。前史但知有黑水,而未知黑水源委,仅据其入海之处与混同合流,故误以混同为黑水。《金史》亦言,混同江一名黑龙江,指下流交处而言,犹之可也。若《新唐书》言,混同入嫩江。《北盟会编》称混同南流入鸭绿,《通鉴注》又以混同为鸭绿,尤舛谬之甚者矣。嫩江之地亦属靺鞨,《魏书》称勿吉使臣自其国溯难河至太泝河是也④。[难河,即嫩河。太泝,即洮尔,详见前勿吉条。]忽汗河上流属渤海,其入混同江处亦属靺鞨。《唐会要》所称,南与渤海德里府接界是也。《唐会要》又云,北至小海,东滨大海,渤海盛时黑水亦为所属。考渤海郡县,实未尝过混同以北,惟铁利、越喜两部故地,渤海尝郡县之。而铁利仍自为国,朝贡往来见于《辽史》者不一。暨金兴,始属于金,殆故地为渤海所得,而其部落稍徙相远欤。铁利故地有蒲河,在今承德县西北,越喜故地有辽河、范河、柴河,在今开原、铁岭东北。唐时,黑水府、黑水州但即其全部,遥授都督之名,初无专治。燕州之设则在营州,仅为别部长帅突地稽所居。统计黑水全部,北东际海,南至宁古塔,其西界嫩江科尔沁,西南至开原、铁岭,史言南北衺二千里,东西千里,第约计之词,实不止是也。

注释:

①"史"字在这里似乎是多余字。

②屈设，查《文献通考》，原文为"窟说"，疑似音译之误。

③此注中之承德，并非今河北之承德，查史上该承德县，约在今辽宁省辽阳与抚顺之间。以上文中所涉承德，均指此。

④太凉河，即今吉林白城境内之洮儿河。

钦定满洲源流考卷十

疆域三

渤海国境

《新唐书》渤海，本粟末靺鞨，保挹娄之东牟山，[按：东牟山，史志皆言在沈阳城东二十里，今天柱山也。《旧唐书》作桂娄，与此异。]直营州东二千里，以泥河为境。[按：《元一统志》引《契丹地理志》云，溟水即古泥河也，自东逆流数百里至辽阳，潴蓄不流。有蒒芋草生于泊中，故名蒒芋泊。《明一统志》徙之。又以朝鲜大通江为溟水，考《盛京通志》，泥河在海城县西南六十五里，盖平县北五十五里，源出圣水山，流至米真山西，散漫为辽时之蒒芋泊。与朝鲜界内之溟江不同也。]东穷海，西契丹，筑城郭以居。万岁通天中，度辽水，保太白山之东，北阻奥娄河，树壁自固，[按：太白即长白，奥娄河当为阿鲁河，源出吉林安班和托峰，一西南流入哈达河，一流至开原城东南入清河。是时，契丹李尽忠杀营州都督赵文翙，故渤海退保于此。]后乃建国。地方五千里，户十余万，尽得夫馀、沃沮、弁韩、朝鲜海北诸国，有五京、十五府、六十二州。

《通考》渤海国王大武艺，斥大土宇，东北诸国[1]畏臣之。

《辽史》渤海王大仁秀，南定新罗，北略诸部，开置郡邑。

《辽史》渤海大氏，始保挹娄东牟山，武后时为契丹尽忠所逼，有乞乞仲象者，度辽水自固，传子祚荣，建都邑，并吞海北地方五千里。中宗赐所都为忽汗州，封渤海郡王。十有二世，至彝震称号改元，建宫阙。有五京、十五府、六十二州，为辽东盛国。[按：《辽史》所称，凡渤海拓地改元，及五京、十五府、六十二州之建，皆自国王大彝震始。据《唐书》及《通考》，国王大祚荣已谥高王，祚荣子武艺已改元仁安，武艺子钦茂已徙上京，又徙东京，自大祚荣以后无不称号改元者，《辽史》所云未得其实。]

《元史》辽阳路，唐以前为渤海所有。

忽汗州 忽汗城

《新唐书》玄宗先天中，拜大祚荣为渤海郡王，以所统为忽汗州，领忽汗州都督。

《唐·贾耽道里纪》渡辽水，至安东都护府五百里，府故汉襄平城也。［按：安东都府本在平壤，仪凤初移此。］东南至平壤城八百里，西南至都里海口六百里，至建安城三百里，故平郭县也。南至鸭绿江，北泊汋城七百里，故安平县也。自都护府东北经渤海长岭府，千五百里至渤海王城，城临忽汗海，其西南三十里有古肃慎城，其北经德理镇，［按：此即《唐会要》所云德理府也，渤海无德理府之名，此作镇为是。］至南黑水靺鞨千里。［按：此为营州陆行至渤海之路，渤海大祚荣所都在长白山东北，大钦茂几又东徙三百里，直忽汗河之东，今宁古塔呼尔哈河也。呼尔哈河汇于宁古塔城西南一百里之毕尔腾湖，湖广五六里，裹七十里许。中有三山，即所谓忽汗海也。又自发库东绕宁古塔城旁古大城之南，东北流与混同江合。《明一统志》称呼里改江，出建州卫东南山下，东北汇为镜泊，又北入混同江。呼里改，即呼尔哈，镜泊即毕尔腾湖之异名也。德林石在其北，即德里镇所在也。然则渤海上京及忽汗城，实在宁古塔城旁，其后国王世袭忽汗州都督之号，凡五京皆有忽汗州之称矣。］

《唐·贾耽道里纪》登州东北，海行至鸭绿江口，舟行百余里，又小舫溯流三十里至泊汋口，得渤海之境。又自显州正北如东六百里至渤海王城。［按：此为登州海行至渤海王城之路。］

《五代会要》唐中宗命侍御史张行岌往渤海宣慰，号其都为忽汗州。

《辽史》忽汗州，故平壤城也，号中京显德府。太祖攻渤海，拔忽汗城，俘其王大諲撰，以为东丹王国。［按：《通考》平壤城即汉乐浪郡王险城。自慕容皝来伐，后徙都此城，亦曰长安城。南临浿水，平壤城东北有鲁阳山，西南二十里有苇山。考之图志皆合，实在今朝鲜境内。《高丽图经》亦云，平壤城在鸭绿水东南，显德府在今辽阳以北，忽汗州非平壤城，亦非显德府，《辽史》俱误。渤海王于天宝末徙上京，贞元时徙东京，未几仍还上京。天宝中又曾都显州，盖既设五京，则随时移驻，史固不能详。而当中京破时，国王适在彼耳。］

《辽史》天显元年正月丙寅，夜围忽汗城。庚午，驻军于忽汗城。二月丙午，改渤海为东丹，忽汗城为天福。册皇太子贝为人皇王，以主之。［按：《辽史》所称忽汗城，皆渤海中京显德府城，为今辽阳，非上京之忽汗城也。］

上京 龙泉府

《新唐书》以肃慎故地为上京，曰龙泉府，领龙、湖、渤三州。

《通考》天宝末，渤海王大钦茂徙上京，直旧国三百里，忽汗河之东。［按：渤海旧国在长白山东北，今又东徙三百里，在呼尔哈河之东，实与今宁古塔相近。呼尔哈河源出吉林界色齐窝集中，诸河汇为一大河，东注镜泊。又东出绕宁古塔城旁古大城及觉罗城之南，复东北折入混同江。唐贾耽所云，渤海王城临忽汗海者，盖即镜泊。《盛京通志》宁古塔城旁古大城，或即上京旧址欤。]

《辽史》上京怀州夫餘县，本龙泉府。太祖迁夫餘降户于此，世宗置县。[按：
《辽史》此条殊误。怀州奉陵军，本唐归诚州，太宗行帐放牧于此。天赞中，从太祖破夫餘城，下龙泉
府俘其人，筑寨居之。太宗怀陵在焉，故州军以是为名。归诚州为唐契丹羁縻州，本属辽地，为太宗放
牧之所，非渤海上京明矣。]

龙州

《辽史》太祖破龙州，尽徙富利县人，散居京南。长霸县，本龙州长平县民
迁于此。[按：龙州所属县名仅见富利、长平二县，余无可考。又按：契丹与渤海攻战次第，具载《太
祖本纪》。太祖天赞二年十二月，出兵先破夫餘府，次至中京显德府。是时，渤海王适在中京，故为所获。
太祖入城，祭告天地，复还军中。二月，安边、郑颉、南海、定理府降。三月己巳，安边、郑颉、定理府
复叛。丁丑，三府平。乙酉班师，五月南海定理二府复叛。七月，显德府之铁州亦叛，大元帅平之。是月，
太祖还次夫餘府。又自三月，遣将攻长岭府。八月始下，并未尝远及龙州。而渤海仍自为国，迄于辽末
犹存。龙州之破，仅于此见之。或率兵至此俘掠人口而还，不能有其地也。]

《高丽载纪》初，契丹以鸭绿江北地予高丽，高丽筑六城，有龙州城。[按：
《辽史外纪》云，契丹取女真国鸭绿江东数百里赐高丽，是鸭绿江东北地皆与高丽，故得于龙州筑城，
后复为女真所取。今考自镜泊至朝鲜界约五百里，则与渤海之龙州当不甚远，盖辽太祖破龙州，迁其
人而空其地，以予高丽也。]

湖州

《辽史》东京湖州兴利军，渤海置。

渤州

《辽史》渤州清化军，渤海置。贡珍县亦渤海置。[按：《辽地志》云，辽以征伐俘
户建州，襟要之地多因旧居名之。故渤海州县辽移其名于他所者十之五六，如建州在长白山，而辽移
之广宁西北，其明证也。辽志中稍为分别者，如曰某州本渤海，某州民户则为辽所移。曰某州渤海置，
则似仍渤海之旧。然如《辽史》称集州，高丽为霜岩县，渤海置州。今考霜岩县属卢州，无集州之名，
则史文固有疏略也。]

中京 显德府

《新唐书》上京之南为中京，曰显德府，领卢、显、铁、汤、荣、兴六州。[按：

《辽史》渤海中京显德府，天显三年升为南京。十三年改南京为东京，府曰辽阳。统县九，辽阳县，本渤海金德县地，汉浿水县。高丽为句丽县，渤海为常乐县。[按：浿水县汉属东乐浪郡，渤海鸭绿府所属之浿水县是也。《辽志》误。]仙乡县，本汉辽队县地，渤海为永丰县。鹤野县，本汉居就县地，渤海为鸡山县。兴辽县，本汉平郭县地，渤海为长宁县。[按：显德府属县，《辽志》沿革具存，今附录如上。又有析木、紫蒙二县，辽属辽阳府，而渤海分属铜州、蒙州，今各附本条。又肃慎、归仁、顺化三县，则辽所自置，非渤海之旧也。辽永州之长宁县，又迁长宁民所置，亦非旧地也。]

《鸭江行部志》广宁，本阳罗郡，渤海为显德府。[按：广宁东北界渤海，属东平府。其西南之境为显德府属。]

《明一统志》辽队废县，在海州卫西六十里，渤海曰永丰县，辽改仙乡县。鹤野废县，在辽东都司城西八十里，渤海为鸡山县，元省入辽阳。[按：《明志》显德属县仅载此二邑，今考常乐故县在辽阳城内，长宁县在辽阳西南盖平之东，永丰县在海城县西六十里，辽水东岸。明时有永丰堡，亦在海城县西南六十里也。]

卢州

《辽史》东京卢州，本渤海杉卢郡。[按：杉卢郡即渤海之卢州，显德府之支郡也。]故县五：山阳、杉卢、汉阳、白岩、霜岩，皆废。户三百，在京东一百三十里。统县一，熊岳县。西至海十五里，傍海有熊岳山。[按：辽卢州所治为熊岳县，今熊岳城也。金废州，以熊岳属盖州。渤海卢州所属五县，至辽止三百户，故但治熊岳一县，已非渤海之旧矣。]

《辽史》东京岩州，白岩军，本渤海白岩城。太宗拨属沈州白岩县，渤海置。[按：唐太宗贞观十九年伐高丽，既得辽州，进军白岩城，克之。置岩州，后属渤海，白岩县当即其地。今考岩州古城，在辽阳州城东北五十七里石城山上，周围四里，一门。又《辽营卫志》云，敦睦宫，以渤海岩州户置。是渤海亦有岩州之称，盖随时移置，而史不能详也。]

显州

《唐·贾耽道里纪》自神州陆行四百里至显州。天宝中，王所都。[按：显州为王都，当为显德府附郭之州，今次于卢州之后，疑史有误。]

《辽史》东京显州，本渤海显德府地，世宗置，以奉显陵。州在医巫闾山东南。[按：渤海显州，实今辽阳州地，辽之显州，不言渤海所置，然亦系显德府之地。]

《松漠纪闻》广州，百三十里至梁渔务，又八十五里至沙河，五十里至显州。

铁州

《五代史》自锦州行五六日过海北州，又行十余日渡辽水至渤海铁州，又行七八日过南海府。〔按：此为晋侯入契丹所行之途，一南一北，故迂其程，未足为凭也。〕

《辽史》铁州，本汉安市县地，高丽为安市城。唐太宗攻之不下，薛仁贵白衣登城，即此。渤海置州，故县四，位城、河端、苍山、龙珍，皆废。户一千，在京西南六十里。〔按：《明一统志》安市城在盖州卫东北七十里。唐贞观十九年征高丽，攻安市城不克，引还。咸亨三年，高侃击败高丽余众于安市城。渤海置铁州，即此地志。安市城外有驻跸山，考驻跸山凡数处：一为首山，《唐书》称马首山，《辽史》称手山，在辽阳城西南十五里，接海城县界，唐太宗初渡辽水攻辽州时，驻营之山也。一在安市城外，唐太宗既得辽州、岩州，进攻安市，所驻之山，《唐书》所载驻跸山是也。又盖平东百十余里分水岭诸山，亦传唐太宗驻跸处。又，驻跸山本名六山，则医巫闾也。又，海城县西南十里有平顶山，一名车驾山，又名唐望山，亦相传唐太宗驻跸处。而首山与安市城外之驻跸山，地志多混为一山，附考于此。〕领县一，汤池。〔按：今盖平城东北六十里，有汤池堡，当即汤池县遗址也。〕

《辽史》天显元年七月，铁州刺史卫钧反，大元帅耀库济攻拔之。

《鸭江行部志》汤池县，本辽时铁州，以其东有铁岭故名。〔按：《明一统志》载，初置铁岭卫，在今铁岭城东南五百余里，故铁岭城与高丽接界。洪武二十六年，方移其名于今治所，则铁岭之名实本于此。金废铁州，以汤池属盖州。〕

汤州

《辽史》东京汤州，本汉襄平县地。故县五，灵峰、常丰、白石、均谷、嘉利，皆废。户五百，在京西北一百里。〔按：《辽史》虽未言渤海置，然所属故县皆渤海县名，其为即渤海之汤州无疑。《明志》汤州故城，在辽东都司城北。〕

《辽史》东京乾州灵山县，本渤海灵峰县地。〔按：乾州为汉无虑县地，无虑本因医巫闾山得名，则灵峰当亦相近。〕

《金史》北京懿州灵山县，本渤海灵峰县地。〔按：辽亦有懿州，而灵山则属乾州。考《明一统志》，乾州在广宁卫西南七里，懿州在广宁卫北二百二十里，盖金时废乾州，而以灵山县移隶懿州也。〕

荣州

《辽史》东京所属有荣州。〔原文不载沿革，盖作史时已无可考。然辽东京有崇州，为渤海所置，所统县名亦系渤海之旧，而《新唐书》不载。史云在东京东北一百五十里，与铁、汤等州相近。

《辽史》本文亦与汤、兴二州相次，疑即荣州。以字形相近而误，又复出也。今详于后。]

兴州

《辽史》兴州本汉海宜县地，渤海置州。故县三，盛吉、蒜山、铁山，皆废。户二百，在京西南三百里。［按：明人地志有以兴州为铁岭县之懿路城者。考《金志》云，沈州把娄县，辽旧兴州常安县，懿路即把娄之讹也。则辽之兴州，始实移于把娄，后乃复渤海之旧。又《辽志》云，辽阳府东西南三面皆抱海，南至海边铁山八百里。今考铁山，在宁海西南百五十里，为滨海要地，兴州所统县名或取此欤。］

《松漠纪闻》银州南铺五十里至兴州，四十里至蒲河。［按：辽银州即渤海富州，今铁岭县，蒲河源出承德西北四十里。］

东京 龙原府

《新唐书》濊故地为东京，曰龙原府，亦曰栅城府，领庆、盐、穆、贺四州。

《新唐书》龙原东南濒海，日本道也。

《通考》唐贞元时，渤海王大钦茂东南徙东京。

《辽史》东京开州，本濊地②，渤海为东京龙原府，有宫殿。都督庆、盐、穆、贺四州。故县六，曰龙原、永安、乌山、壁谷、熊山、白杨，叠石为城，周二十里。唐薛仁贵征高丽，与其大将温沙门战熊山，擒善射者于石城，即此。太祖平渤海，徙其民，城遂废。圣宗伐新罗［按：圣宗曾伐高丽，此言新罗误。］还，周览城基，复加完葺。领县一，开远县。本栅城地，高丽为龙原县，渤海因之。［按：《一统志》开州城在朝鲜咸兴府西北，熊山城在开州西，盖自凤凰城边外，东南至朝鲜之江原道，皆濊地。又，凤凰城北六十九里有沃赫和屯，周二里余，或即渤海石城遗址欤。］

庆州

《辽史》东京开州，高丽置庆州，渤海为龙原府上京。永安县，本龙原府庆州县名，太祖平渤海，迁其人置寨于此。［按：《一统志》开州，辽末复入于高丽，谓之蜀莫郡。开远废县，故开州治也。渤海为龙原县，庆州治焉。则庆州为龙原府附郭之州，而龙原县为附郭之县，永安、乌山、壁谷、熊山、白杨五县，亦为庆州所属明矣，非朝鲜庆尚道之庆州也。又，金有庆州，系辽怀州、祖州之地，亦与此异。］

盐州

《辽史》东京盐州，本渤海龙河郡。故县四，海阳、接海、格川、[旧讹格州，今据《一统志》改。]龙和，皆废。隶开州，相去一百四十里。[按：《一统志》盐州城，在朝鲜开州城西北，本渤海置，亦曰龙河郡。]

穆州

《辽史》东京穆州，本渤海会农郡。故县四，会农、水岐、顺化、美县，皆废。隶开州，东北至开州一百二十里，统县一，曰会农。[按：《一统志》穆州，亦在今朝鲜境，开州西南。]

贺州

《辽史》东京贺州，本渤海吉理郡。故县四，洪贺、送诚、吉理、石山，皆废。户三百，隶开州。[按：《一统志》贺州城，辽末入于朝鲜。（吉理与吉林音相近，然吉林属渤海上京，此为渤海东京所属地也。）]

南京 南海府

《新唐书》沃沮故地为南京，曰南海府。领沃、晴、椒三州。

《新唐书》南海，新罗道也。

《辽史》东京海州，南海军，本沃沮国地，渤海号南京南海府。叠石为城，幅员九里，都督沃、晴、椒三州。故县六，沃沮、鹫岩、龙山、滨海、升平、灵泉，皆废。[按：沃州为南海府附郭，则沃沮亦附郭邑也。鹫岩当即岫岩。城在今盖平县东二百五十里。]

《辽史》天显元年三月，渤海南海府节度来朝。五月，南海府复叛。遣大元帅耀库济讨之。

《旧五代史》自铁州行七八日，至南海府。

《元一统志》澄州，本海州南海府沃沮地，高丽时卑沙城。唐李世勣攻卑沙城，即此。渤海为南海府，辽仍之，金改曰海州。天德三年，以山东有海州改为澄州，治临溟县。[按：《金史》不详沿革，今从《元一统志》。]

《明一统志》海州卫，在辽东都司城南一百二十里，本盖牟地。高丽为卑沙城，渤海国为南海府，辽为海州，治临溟县，金为澄州。[按：沙卑城亦曰卑沙，或讹为卑奢城。隋大业十年，来护儿出海道至卑奢城，败高丽兵将，趋平壤，高丽降。唐贞观十八年，伐高丽。

张亮率舟师自东莱渡海袭卑沙城。其城四面悬绝。惟西门可上,唐兵攻拔之。总章初,李世勣复得其城,后入渤海。元时州县俱废。明洪武九年,改筑卫城,周六里有奇,今为海城县。]

沃州

《新唐书》契丹,州十七。沃州,载初中,析昌州置。万岁通天元年,没于契丹李尽忠。县一,滨海。又昌州,贞观二年以松漠部落置,侨治营之静蕃戍。县一,龙山。[按:此为渤海沃州及滨海、龙山二县得名之自。其实唐沃州故地,在今喀喇沁境内,古大宁城北,盖渤海移其州县名于沃沮故地也。沃州为南海附郭之州,则沃沮、鹫岩、龙山、滨海、升平、灵泉等六县,皆沃州所属。]

晴州

《辽史》嫔州,本渤海晴州。故县五,天晴、神阳、莲池、狼山、仙岩,皆废。户五百,隶海州,东南至海州一百二十里。[按:海城西南有莲花泊,或即莲池故县所属。]

椒州

《辽史》耀州,本渤海椒州。故县五,椒山、貂岭、澌泉、尖山、岩渊,皆废。户七百,隶海州,东北至海州二百里。统县一,岩渊县。东界新罗。故平壤城在县西南。东北至海州一百二十里。[按:辽之耀州即渤海椒州。故县五,皆废。岩渊虽仍旧名,似亦稍移其治矣。据史所称,耀州在海州西南二百里,岩渊在海州西南一百二十里,海州为今海城地,耀州今有耀州和屯,按之舆图皆合。惟是《辽史》称,故平壤城又在岩渊西南,实为舛误。据《通考》,辽水东南四百八十里至鸭绿水,平壤又在鸭绿水东南四百八十里,安得反在岩渊西南也。原其致误,亦自有由,盖平壤南临浿水,而海城西南有淤泥河,亦有浿水之称。此《辽史》之误所由来,然《辽史》既以显德府为忽汗州,又以忽汗州为即平壤城,而此又谓平壤在岩渊西南,亦自相矛盾之甚矣。又今耀州城在海城县西南仅六十里,里数与《辽史》不符。考《明一统志》,临溟废县在海州东一百八十里,为故海州所治。元时州县并废,则系明设卫时移近西南百八十里耳。今海城县治实在明海州卫旧址,本朝天命八年,复即旧城东南隅建新城。]

《明一统志》废耀州在海州西南二百里,渤海椒州地。

西京 鸭绿府

《新唐书》高丽故地为西京,曰鸭绿府,领神、桓、丰、正四州。
《新唐书》鸭绿,朝鲜道也。[朝鲜旧讹朝贡,今据《通考》改。]

《辽史》渌州鸭绿军，本高丽故国。渤海号西京鸭绿府，城高三丈，广轮二十里，都督神、桓、丰、正四州事。故县三，神鹿、神化、剑门，皆废。大延琳叛，迁余党于上京，置易俗县居之，在者户二千。［按：渌州城在平壤西境，因鸭绿江为名也。鸭绿之"绿"，《北史》《新唐书》《辽史》俱作"渌"。］

《辽史》太祖破鸭绿府，尽徙神化县民，居京之南。

神州

《唐·贾耽道里纪》自鸭绿江口舟行百余里，又小舫溯流东北三十里，至泊汋口，得渤海之境。又溯流五百里，至丸都县城③，故高丽王都。又东北溯流二百里至神州［按：据此则神州在鸭绿江口东北溯流八百里丸都县东北二百里与《辽史》所言，桓州在渌州西南二百里者合。则丸都为桓州附郭之邑，而神州即鸭绿府附郭之州也。］

桓州

《辽史》桓州，高丽中都城。故县三，桓都、神乡、浿水，［原作淇水，误。今据《一统志》改。］皆废。高丽王于此创立宫阙，国人谓之新国。五世孙钊，晋康帝建元初，为慕容皝所败，宫室焚荡。户七百，隶渌州，在西南二百里。［按：《通考》汉末，高丽王伊夷模作新国于丸都山下，即所谓丸都城也。魏正始五年，毋丘俭将万人出元菟，悬车束马登丸都山，屠其所都。六年，俭复伐之，刻石纪功，刊丸都铭，不耐而还。至晋建元初，复为慕容皝乘胜追至丸都，焚其宫室。自后移都平壤城，则桓都即丸都也。桓州之名亦取诸此。今考丸都故城在高丽王京东北，贾耽纪言在神州西南二百里，鸭绿江口东北六百余里，与此正合。浿水，今朝鲜大通江，汉乐浪郡有浿水县，此盖仍其旧名也。］

丰州

《辽史》丰州，渤海置盘安郡。故县四，安丰、渤恪、隰壤，硖石，皆废。户三百，隶渌州，在东北二百一十里。

正州

《辽史》正州，本沸流王故地，国为公孙康所并。渤海置沸流郡，有沸流水。户五百，隶渌州，在西北三百八十里。统县一，东那县。本汉东耐县地，在州西七十里。［按：《通考》魏正始五年，幽州刺史毋丘俭出元菟讨高丽，战于沸流。高丽王位宫败走，俭追至赜岘，登丸都山，屠其所都。则沸流固应与桓都相近，亦今朝鲜境内地。又按：汉时无东耐县名，惟乐浪郡有东暆、不而两县，不而城在朝鲜咸兴府，而与耐古字相通。《魏志》云，汉武置乐浪郡，自单单大岭以西属乐浪，自岭以东都尉主之，皆以濊为民，所谓不耐濊也。毋丘俭铭不耐城，即此。今《辽史》作汉东耐，似误。]

谨按：渤海为辽东盛国，地方五千里，有五京、十五府、六十二州。契丹兵争，旧址渐毁。其州县之名借《辽史·地理志》存其梗概。而或地并于邻州，或名移于他所，辽以征伐所得人户建城置戍，即因其人旧居州县之名名之。辽志所载已十之五，所未载者，按其方位尚可讨寻。五京之地，辽并隶东京，其他或予高丽，或尚为渤海遗民所保，而府州之名，尽载辽籍，有经辽时更置者，自应属辽有。仅列其名，而史不能稽其沿革者，当亦羁縻州之比，未能实有其地也。金兴，省并州邑，因时制宜。元亦多仍部族之旧，州县之设简矣。因流溯源，参之他书，亦可得其分合之故焉。有因传写字讹者，如丸都、桓都、浿水、淇水之类。有与高丽同名者，夫餘、庆州之类。至于元、明沿革及我朝所隶，并附注于下，约其大概。上京在宁古塔，中京在辽阳，东京在朝鲜开州，南京在海城县，西京滨鸭绿江。五京五府而外，长岭、夫餘等十府及郢、铜等州，并详列于后云。

长岭府

《新唐书》长岭府，领瑕、河二州。[按：瑕州无考，当为附郭之州，辽废。]

《新唐书》长岭，营州道也。

《辽史》东京长岭府。[原文不详沿革之由，当即仍渤海之旧。]

《辽史·本纪》太祖天显元年，遣康默记、韩延徽攻长岭府，八月，下长岭府。[按：长岭亦作长领，古字相通。今吉林西南五百里有长岭子，满洲语称郭勒敏珠敦，南接纳鲁窝集，北接库鲁纳窝集，自长白山南一岭环绕至此，为众水分流之地，东北流为辽、吉、善、辉发等河，入混同江，西北流为英峨、占尼、哈达、叶赫、赫尔苏等河，长岭府之名当取诸此。锦州、复州虽亦有长岭，皆不如此之最著也。]

河州

《辽史》河州，德化军。置军器坊。[按：明人地志云，废河州在黄龙府北，辽置河州，有军器坊。又引《一统志》，开元东北五百里有稳图河，源出坊州北山，北流入松花江。所谓坊州，疑即河州矣。考辽、金无坊州，第因河州有军器坊，而遂以坊州属之。亦恐未足为凭也。]

夫餘府

《新唐书》夫餘，故地为夫餘府，常屯劲兵捍契丹，领扶、仙二州。

《新唐书》夫餘，契丹道也。

《辽史》东京龙州黄龙府，本渤海夫餘府。太祖平渤海还，至此有黄龙见，更名。保宁七年，军将燕颇叛，府废。开泰九年，迁城于东北。所属黄龙县，本渤海长平县，并富利、佐慕、肃慎置。迁民县，本渤海永宁县，并丰水、扶罗置。永平县，渤海置。

《辽史》东京通州，安远军。本夫餘国王城，渤海号夫餘城，太祖改龙州，圣宗更今名。保宁七年，以黄龙府叛人燕颇余党置。所属通远县，本渤海夫餘县，并布多县置。安远县，本渤海显义县，并鹊川县置。归仁县，本渤海强师县，[按:《金史》渤海强师县，北有细河。]并新安县置。渔谷县，本渤海县。[按:夫餘府地邻契丹，辽改黄龙府，在今开原县及开原边外之境。扶、仙二州，辽时俱废。扶州即因夫餘得名，当为附郭。所属县名见于《辽史》，属龙州者八，属通州者六，当即扶、仙二州所隶。第《辽史》既言改夫餘府为龙州，又言改龙州为通州，而所置诸县，或沿或并，尚仍其旧，史有讹误。疑辽之龙州其地本广，因燕颇之役，旧治已废。开泰中，移黄龙府于东北，又分置通州也。黄龙府所属长平等县为扶州属邑。通州所属夫餘等县，即为仙州属县也。又按:渤海夫餘府与契丹为邻，未能过开原以北。辽之黄龙府境又稍广，《旧五代史》言北至混同江仅百里，则又《辽史》迁府于东北之明证也。]

《辽史》太祖天赞四年十二月丁巳，夜围夫餘府。天显元年正月，拔之。

《旧五代史》后唐天成元年十一月，登州状申契丹攻逼渤海。自契丹主卒，虽已抽退，尚留兵马在夫餘城。今渤海王弟领兵攻围夫餘城。

《新五代史》后唐明宗时，契丹攻渤海，取夫餘一城，以为东丹国。

《宋史》后唐天成初，契丹攻夫餘城，下之。改夫餘为东丹府，留其子托云镇之。契丹主卒，渤海王复攻夫餘，不能克。

《宋史》太宗太平兴国六年，赐乌舍城浮渝府渤海琰府王，诏令助攻契丹。[按:浮渝当即夫餘，以音近而讹。宋兴，渤海隔绝，盖传闻舛误之辞。]

《通考》宋太平兴国六年，定安国王乌元明言:"臣本渤海遗黎，保据方隅，不降契丹。夫餘府昨背契丹，并归本国。"[按:乌氏为渤海大姓，夫餘复归事《辽史》未载。]

鄚颉府

《新唐书》鄚颉府，领鄚、高二州。[鄚州，诸书未见，当即附郭之柳河县地也。]

《辽史》东京韩州，本稾离国，旧治柳河县。高丽置鄚颉府，都督鄚、颉二州，渤海因之，[按:渤海州名系鄚、高，此云鄚颉，疑《辽史》之误。]今废。太宗置三河榆、河二州，圣宗并二州置柳河县，本渤海粤喜县，并万安县置。[柳河，详见前靺鞨条。

榆河，在科尔沁右翼前旗。辽河，在左翼东南四百五十里，经左翼后旗入边。又，左翼东南四百七十里有阿拉玛图城，近开原边外，当即辽韩州故城也。]

《辽史》天显元年二月，郓颉府节度来朝。三月，郓颉府叛，遣阿敦讨平之。

《金史》东京韩州，本渤海郓颉府。

高州

《辽史》上京遂州，本高州地，西北至上京一千里。[按：辽中京别有高州，此遂州属上京，与凤州相邻。凤州亦槁离国地，在韩州北二百里，西北至上京九百里。遂州西北至上京千里，则与韩州相去止百里，此高州即渤海高州之明证也。若中京之高州，则唐时信州之地。辽圣宗伐高丽，以俘户置，在今喀喇沁，非渤海之高州也。《元一统志》所称高州即此。]

安宁郡

《辽史》上京凤州，槁离国故地，渤海之安宁郡境。在韩州北二百里，西北至上京九百里。[按：凤州与韩州相邻，皆槁离故地。此安宁郡当为郓颉府之支郡，今附于此。]

定理府

《新唐书》挹娄故地为定理府，领定、潘二州。[按："潘"字《辽史》作"沈"，当系此误。]

《辽史》东京定理府刺史，故挹娄国地。

《辽史》沈州挹娄县，辽尝置定理府刺史于此，本挹娄故地。大定二十九年，章宗更名。有范河、清河。[按：范河、清河俱在今铁岭县城南，辽定理府刺史之置，及定州之废，史文阙略不详。以《金史》参考之，今铁岭一县近南者为金之挹娄县，则定理府所统，而渤海定州、安定郡所治也。近西者为双城县，则辽双州所统也。辽始置定理府于挹娄县，继则省刺史，废定州为双州，与沈州不复相属。金又废双州，并双城入沈州，尚可考见渤海之旧耳。]

《辽史》天显元年二月，定理府节度来朝。三月，定理府叛，遣阿敦讨平之。五月，定理府复叛，大元帅耀库济讨之。

定州

《辽史》东京双州，保安军本挹娄故地，渤海置安定郡。统县一，双城县。本渤海安夷县地。[按：渤海属州，亦有支郡之称，如卢州为杉卢郡，穆州为会农郡是也。此安定郡为挹娄故地，当即定州。辽东京又别有定州，不言渤海所置，在今朝鲜之平安道，五代以前亦属渤海,后高丽复取之。至辽圣宗开泰三年伐高丽,取其保、定二州。保州在平壤西北百余里,金初割还朝鲜,今安州是也。定州在平壤西北三百余里,辽末亦入朝鲜,今仍为定州,与渤海沈州隔西京鸭绿府,名是而地非也。双城故县在铁岭西六十里,金时州废,以县属沈州。]

沈州

《辽史》沈州本挹娄国地,渤海建沈州。故县九,皆废。统州一、县二。[按:州一为岩州,白岩军,本渤海卢州所属之白岩县。辽太宗拨属沈州乐郊、灵源二县,则辽太祖所置,亦非渤海旧名。乐郊为沈州治所,即今承德县也。]

《辽史》敦睦宫,以渤海沈州户置。

《金史》沈州,本辽定理府地。县五,乐郊,[按:原注云辽置,有浑河,当为附郭。]章义、[辽广州,渤海属铁利府。]辽滨、[辽旧辽州。]挹娄、[辽尝置定理府,详见前。]双城。[辽双州,详见前。]

《辽东行部志》沈州,在唐时尝为高丽侵据。高宗命李世勣东征,置安东都护府于平壤城,实今之沈州也。唐季,为大氏所有。

《元一统志》沈阳路,本挹娄故地,渤海建定理府,都督沈、定二州,领定理、平邱、岩城、慕美、安夷、沈水、安定、保山、能利九县。此为沈州地,后罹兵火,其定州与县并废,即沈州为兴辽军节度。金末,沈州复毁于兵火。

《元史》沈阳路,本挹娄故地,渤海建定理府,都督沈、定二州,此为沈州地。

《明一统志》沈阳中卫,在辽东都司北百二十里,汉辽东郡地,渤海置沈州。

安边府

《新唐书》安边府,领安、琼二州。[按:琼州辽废,无可考。]

《辽史》天显元年二月,安边府节度来朝。三月,安边府叛,遣阿敦讨平之。

安州

《辽史》安州,刺史。兵事隶北女真兵马司。

《元一统志》归仁县,故城在咸平府北旧安州。金皇统三年改为县,后废。城址犹存。[按:渤海琼州,诸书皆缺安州,可见者亦止此。归仁县,金隶咸平,辽旧隶通州,并渤海强师、新安二县地。强师属夫馀府,新安或当属安州,其地应在开原边外。又,朝鲜平安道有安州,则为辽之保州,非一地也。]

《松漠纪闻》自信州二百九十里,至安州南铺。[按:此为辽上京至燕之程,盖自东北而西南行也。]

率宾府

《新唐书》率宾故地为率宾府，领华、益、建三州。[按：华州无可考，当为附郭地。]

《辽史》东京率宾府，刺史。故率宾国地。[按：辽率宾府在涑州、定理府之间，当即渤海旧治。]

《辽史》东京康州率宾县，本渤海率宾府地。[按：康州属显州，在渤海为显德府地，当系迁率宾民户所置，非故地也。]

《金史》上京率宾[旧讹恤品，今改正。]路，辽时为率宾府，置刺史，本率宾故地。西北至上京一千五百七十里，东北至呼尔哈[旧作胡里改，今改。]一千一百里，西南至海兰[旧作曷懒，今改。]一千二百里，北至边界威伊克阿林[旧作斡可阿怜，今改。]二千里。[按：恤品即率宾之讹，《金史》亦作速频，音实相同也。以《金史》道里计之，则率宾故府当在今鄂多理城之南。威伊克阿林，今盛京极东北大山也，上无树木，惟生青苔，与俄罗斯边界。又，明志建州卫东南有率宾河，率宾路之名以此。]

益州

《辽史》东京益州，观察。属黄龙府。

《契丹国志》宋政和五年，金太祖攻辽，取宾、祥、威三州，进薄益州。[按：鸭绿江一名益州江，则益州实与鸭绿江近，当在长白山西南，辽改属黄龙府。《辽史》不言，仍渤海之旧，或因其名，而不必即其故地也。]

建州

《元一统志》金上京之南，曰建州。

《明实录》永乐二年，置建州卫。[按：我朝肇兴之地，即渤海建州之故壤也。辽、金、元皆有建州，并在今喀喇沁及土默特境，为辽时所移，非渤海之旧。详见前部族门。]

东平府

《新唐书》拂涅故地，为东平府。领伊、蒙、沱、黑、比五州。[按：五州，可考者惟蒙州，余俱辽时废。]

《辽史》东京辽州，本拂涅国城，渤海为东平府。唐太宗亲征高丽，李世勣拔辽城，高宗诏程名振、苏定方讨高丽，至新城，大破之，皆此地也。太祖伐渤

钦定满洲源流考校注

海，先破东平府，迁民实之。故东平府都督伊、蒙、陀，[按：陀字与《唐书》异。]黑、比五州，共领县十八，皆废。[按：志云，辽州有辽河、羊肠河、锥子河、蛇山、狼山、黑山、巾子山。今考羊肠河，在广宁县城东四十五里；锥子河，在广宁城东北四十里，即珠子河也；辽河，亦经广宁县东北二百三十里；蛇山一在广宁城东三十里，一在东北九十五里；狼山在广宁城东北二十里，今名狼虎山；黑山在广宁城东北八十里。又有西黑山，在城东北七十五里；大黑山，在城东七十里；小黑山，在城东六十里。则渤海之东平府，实在今广宁东北也。辽东平府治辽滨县，故城在今承德西北。]

蒙州

《辽史》祺州，[旧讹棋，今据《金史》改。]祐圣军。本渤海州地。[按：辽祺州统庆云县，以所俘檀州、密云民建为州治所。金废州，以庆云县隶咸平府。元又废县为庆云驿，在今铁岭西北五十里。]

《辽史》东京紫蒙县，拂涅国置东平府，领蒙州[原本脱蒙州，《明志》引《辽史》有之，今据增入。]紫蒙县。寻徙辽城，并入黄岭县，渤海复置紫蒙县，辽因之。属辽阳府。

沱州

《辽史》贵德州，本汉襄平县地，有沱河。[按：沱州无可考，或因沱河得名。今附见《新唐书》亦言，湄沱湖之鲫，为渤海物产之珍也。]

东平寨

《辽史》尚州，本汉襄平县地，渤海置东平寨。

《金史》咸平府铜山县，辽同州，本汉襄平县，辽以东平寨置。南有柴河，北有清河，西有辽河。[《辽史》作尚州，与此异。考辽志别有尚州，此东平寨之地，当为同州，以字相近而误也。]

怀远府

《新唐书》越喜故地为怀远府，领达、越、怀、纪、富、美、福、邪、芝九州。[按：九州可考者惟富、美、福三州，余俱辽时废。]

《辽史》东京信州，本越喜故城，渤海置怀远府。武昌县，本渤海怀福县地。定武县，本渤海豹山县地，并乳水县人户置。

《金史》上京信州，本渤海怀远军，辽开泰七年建。县一，武昌。本渤海怀福县地。[按：怀远府，当在渤海边界，其所统州为最多，可考者惟富、美、福三州，余尽为辽所废。

考信州故城，在今科尔沁左翼东南三百八十里，开原边外。金、辽志称自开原东北至信州三百十里，是也。今有古城，周一里，门八，土人犹呼信州城。]

富州

《辽史》东京银州，富国军。本渤海富州，太祖以银冶更名。统县三，延津县，本渤海富寿县，境有延津故城更名。新兴县，本越喜国地，渤海置银冶，尝置银州。永平县，本渤海优富县地。

《金史》咸平府新兴县，辽银州富国军。本渤海富州，熙宗皇统三年废州更名。来属有范河、柴河、辽河。[详前靺鞨疆域条。按：渤海富州，治富寿县。辽更富寿为延津，更优富为新兴。金改延津为新兴，以隶咸平。今铁岭县则渤海之富寿，辽之延津，金之新兴也。又有故新兴城，在铁岭治东，则渤海之优富，辽所置新兴县也。又，永平废县，在铁岭东北。]

美州

《辽史》东京遂州，本渤海美州地。统县一，山河县。本渤海县，并黑川、麓川二县置。

福州

《辽史》上京福州，国舅萧宁建。南征俘汉民，居北安平。故地在原州北二十里，西北至上京七百八十里。[按：原州在显州东北三百里，史虽不言福州仍渤海之旧，然以他州道里计之，实属相近，其称名当有自耳。]

《胡峤北行记》峤为萧翰掌书记，自翰得罪被锁，峤与部曲东之福州，翰所治也。峤等东行过一山，名十三山。云此西南去幽州二千里，又东行数日过卫州至福州。[按：十三山，在今锦县城东七十五里，去京师不及二千里，峤盖约略之词。卫州当系渭州之讹，在显州东北二百五十里。]

铁利府

《新唐书》铁利故地为铁利府，领广、汾、蒲、海、义、归六州。[按：汾、海二州无考，辽之海州，渤海为南海府，另列前条非此州也，盖俱系辽废。]

《辽史》东京铁利府，故铁利国地。

广州

《辽史》广州，汉属襄平。高丽为当山县，渤海为铁利郡，太祖迁渤海人居之，建铁利州。统和八年省，开泰七年，以汉户置。

《金史》沈州章义县，辽旧广州。皇统三年降为县来属，有辽河、东梁河、辽河大口。[按：东梁河，即太子河。亦名大梁河。《明志》章义故城，在沈阳中卫西南六十里，有章义站。]

《松漠纪闻》沈州，六十里至广州，七十里至大口。

蒲州

《松漠纪闻》兴州，四十里至蒲河，四十里至沈州。

《元一统志》蒲河，在沈阳路，源出铁利国蒲谷，流经蒲水田过，故名。[按：蒲州，辽初已废，本铁利国地，自应以蒲河得名。以洪皓所记考之，距沈州四十里，今承德县城西北四十里香炉山，蒲河源在焉。蒲州之设，亦应在此。]

义州

《辽史》上京庆州富义县，本义州，太宗迁渤海义州民于此。重熙元年降，义丰县后更名。

《辽史》上京永州义丰县，本铁利府义州，辽兵破之，迁其民于南楼之西北，仍名义州。重熙元年废州，改今县。在州西北一百里，又尝改富义县，属庆州。[原误泰州，今改正。]始末不可具考，今两存之。[按：富义、义丰当系渤海义州县名，辽徙其民，分属庆、永二州，非渤海故地。]

《金史》义州，崇义军，辽宜州。天德三年更名。[按：《辽史》宜州，崇义军，属中京。东丹王每秋畋于此。兴宗以定州俘户置，与锦州相次，实今义州地。前所载富义、义丰两县，既云迁义州民于此，虽仍旧名，明非故地。乃又云，本渤海义州，此自相矛盾也。合辽、金两史考之，似渤海义州之民，分徙两县，故地已空。兴宗时方以定州俘户实之，以义为宜，金时始更正耳。]

《元史》大宁路，有义州。

《明一统志》义州卫，辽宜州，金改为义州，治宏政县、元省县，州属大宁路。洪武二十二年，置卫。[按：金、元、明之义州，即今义州地，在辽为宜州，俱未言渤海之旧。然考《辽史》，实系东丹王分地，为每岁秋畋之所，则实系渤海故壤。宜与义或因音同而字异，金朝改宜为义，正非漫然耳。又，今义州城西南五十里有古饶庆县城，辽金并无此县名。金义州所属但有饶庆镇，或即渤海旧县，而金废为镇欤。]

归州

《辽史》东京归州，太祖平渤海，以降户置，后废。统和二十九年伐高丽，以所俘渤海户复置。县一,归胜。

安远府

《新唐书》安远府,领宁、郿、慕、常四州。[按:宁州、慕州俱近朝鲜,常州属朝鲜平安道之定远府,郿州疑即平安道之买州。考《元史》东宁路,本高丽平壤城,所属有定远府。至元六年来归,或即安远府之地,而稍易其名也。]

宁州

《辽史》东京宁州,观察。统和二十九年,伐高丽,以渤海降户置,兵事隶东京统军司。统县一,新安。

慕州

《辽史》东京慕州,本渤海安远府地。故县二,慕化、崇平,久废。户二百,隶渌州。在西北二百里。[按:辽慕州移属渌州,鸭绿军。则安远一府固与今高丽相近。又考《一统志》朝鲜平安道有定远府,有常州,当即仍渤海之旧。又有买州,字义无取,疑即郿音之讹也。]

郿 铜 涑三州

《新唐书》郿、铜、涑三州,为独奏州。[按:《通考》文与此同,独奏之义,当犹今直隶州,不辖于府,而事得专达也。]

《辽史》东京郿州,渤海置。

《辽史》铜州,广利军,渤海置。统县一,析木县。渤海为花山县。初隶东京,后来属。[按:《金史》金废铜州,以析木县隶澄州。]

《辽史》咸州,安东军,本高丽铜山县地,渤海置铜山郡。地在汉侯城县北,渤海龙泉府南,开泰八年置州。统县一,咸平县。唐安东都治营、平二州间,即此。[按:渤海诸州间有支郡之称,如卢州之称杉卢郡,定州之称安定郡是也。此铜山郡亦当为铜州所分治,辽析为二州,所云在营、平间者,为得其实。至云在龙泉府南,则约略之词耳。至金之铜山县,虽属咸平府,然在辽为同州,镇安军,名同而地异,亦相附近也。]

《金史》咸平府,本高丽铜山县地,辽为咸州。

《辽东行部志》咸平,本渤海地,契丹改为咸州,金为咸平府。

《元一统志》铜山郡,故城在咸平府南。

《元史》咸平府,古朝鲜地,箕子所封。汉属乐浪郡,后高丽有其地。唐置安东都以统之，继为渤海大氏所据。辽平渤海，以其地多险隘，建城以居流民，号咸州。金升咸平府，元初因之。隶开元路，后复割出，隶辽东宣慰司。

《通考》涑州，以其近涑沫江，盖所谓粟末水也。

《辽史》东京涑州，渤海置。

盖州

《辽史》辰州，本高丽盖牟城。唐太宗会李世勣攻破盖牟城，即此。渤海改为盖州，又改辰州，以辰韩得名。统县一，建安。[按：以下四州皆在《唐书》《通考》所载六十州之外，今并附于此。盖牟，亦称盖葛牟，金仍改盖州。统县四，汤池，即辽铁州；秀岩，即今岫岩；熊岳，即辽卢州熊岳县，并金时废州，来属；惟建安尚仍辽旧。至元时并汤池、熊岳入建安，又省建安入盖州。初为盖州路，后并入辽阳路，即今盖平县也。又，熊岳城在盖州南六十里，有熊岳山、熊岳河。]

崇州

《辽史》崇州本汉长岭县地，渤海置州。故县三，崇山、沩水、绿城，皆废。户五百，在京东北一百五十里。[按：渤海州名有荣州，无崇州。荣为中京所属，与汤、兴二州相次。今《辽史》以崇州次于汤、兴之后，而东京所属别有荣州。又不载其沿革，疑"崇"字即"荣"字之讹，而荣州又复出也。]

《辽史》贵德州贵德县，本汉襄平县，渤海为崇山县。奉德县本渤海缘[按：此又作绿，与前异。]城县地。[按：《金史》贵德县有范河，见前定理府注。]

集州

《辽史》集州，古陴离郡地，汉属险渎县，高丽为霜岩县，渤海置州。统县一，奉集县。渤海置。[按：奉集废县，在今抚顺城南八十里。]

《金史》贵德州奉集县，辽集州奉集县，本渤海旧县，有浑河。

麓州

《辽史》麓州，渤海置。[按：《唐书》《通考》渤海无此州名。《辽史》载其名而不详其地。又，辽乾州所属之司农县，本渤海麓郡县，并麓波、云川二县入焉。亦未详渤海所隶之州，今附于此。乾州为汉无虑县地，因医巫闾得名，或麓州、麓郡，亦因附北镇之"麓"而名欤。]

谨按：渤海五京、五府之外，为长岭等十府。长岭在吉林西南，夫馀府在开原，郯颉在开原边外科尔沁界，定理府在铁岭以南承德界，安边府亦在开原边外，率宾府与本朝发祥之鄂多理城相近，东平府在广宁东北，怀远府在铁岭，铁利府滨太子河，安远府在高丽界。其后所属之州半为辽时废并，而因革可溯者尚多。又有郓、铜、涑三州，不隶于府，合之十五府。所属共为州六十，与所称六十二州之数不符。考之《辽史》则又别出盖、崇、集、麓四州。《唐书》《通考》皆未之载，与六十二州之数亦不合。今以地理考之，盖、集二州与显德府属之铁州、卢州相近。当时或间有省并，而史不能详。崇州疑即荣州，以字形相近而讹。麓州则史文殊略，今附列于诸州之后，而支郡之可考者，亦各附于本条。至若古今沿革，及山川道里，有足证据胪注于下。凡史文舛误，及名同而地异者，并加订正，用资参考云。

注释:

①查《通考》原文，称诸国均为"诸夷"，此书改"夷"为国，乃用尊称也。

②《辽史》原文为"本濊貊地"，此处将"貊"字删去，似不当。

③丸都县，因丸都山而得名。位于今吉林省集安市距城2.5公里处，即丸都山城。古城遗址犹存。

钦定满洲源流考卷十一

疆域四

辽东北地界

《北盟会编》辽太祖迁女真大姓数千户，置辽阳之南，使不得与本国相通，名曰哈斯罕，［旧作合苏款，又作曷苏馆，今改正。按：满洲语哈斯罕，藩篱也。据此云"使不得与本国往来"，实有防闲之意，与满洲语意相合。］谓之熟女真。［按：满洲语称国初所属曰佛满珠，谓旧满洲也。新附编入旗分者伊彻满珠，谓新满洲也。此所云生、熟，盖即新旧之意。］自咸州东北分界入山谷，至于粟末江中间所居，隶咸州兵马司，许与本国往来，非熟女真亦非生女真也。自粟末之北，宁江之东北，处界外者，则谓之生女真。辽国沿边置东京黄龙府兵马都部署司、咸州汤河兵马司、东北路统军司，分隶之，谓之羁縻道。[1]

《契丹国志》东南至新罗国，西以鸭绿江东八里黄土岭为界，至保州十一里。次东南至五节度熟女真国，系契丹枢密院所辖，差契丹或渤海人充节度管押，西北至东京五百余里。又次东南至熟女真国，［按：此疑即自咸州至粟末江之部，然志文殊未明晰。］不属契丹所管，去东京二百余里，东北至生女真国，契丹常设防备。西南去东京六百里，又东北至乌舍［满洲语，皮条也。旧作乌惹，今改正。］国、阿里玛［蒙古语，梨也。旧作阿里眉，今改正。］国、布库里［蒙古语，整、全也。旧作破骨鲁，今改正。］国，各一万户。衣装言语与女真异。西去上京四千余里，又东北至铁骊国，次东北至靺鞨国。［按：靺鞨即女真国旧名，此分为二国，殊误。盖作志者掇拾旧文，未足为据。］

辽上京 长春州

《辽史》长春州，本鸭子河春猎之地，兴宗重熙八年置。统县一，长春县。本混同江地，户二千。［按：辽上京临潢府，在今巴林、阿嚕、科尔沁、扎嚕特等地。惟长春一州滨混同江。今杜尔伯特、扎赖特皆州之北境，则辽长春州，当与今白都讷相近[2]。］

《辽史·兵卫志》长春县，丁四千。

《金史》泰州，承安二年置于长春县，北至边四百里，南至懿州八百里，东至肇州三百五十里，户三千五百四。县一，长春。辽长春州，天德二年降为县，隶肇州，承安三年来属。

《辽史》春巴纳，[旧作纳钵，今改正。按：满洲语巴纳，地方也，盖指游猎之地而言。]曰鸭子河泺。皇帝正月上旬起牙帐，约六十日方至。天鹅未至，卓帐冰上，凿冰取鱼，冰泮，乃纵鹰鹘捕鹅雁。晨出暮归，鸭子河泺东西二十里，南北三十里，在长春州东北三十五里，四面皆沙埚，多榆、柳、杏林。

《契丹国志》每岁正月上旬，出行射猎，凡十六日。然后并洮尔河凿冰钓鱼，冰泮，即纵鹰鹘以捕鹅雁。[按：《辽史》本纪载，圣宗太平四年，改鸭子河为混同江，塔鲁河为长春河，然又屡以鸭子、混同二水并称。即《金史》亦并称鸭子、混同。据《契丹国志》，则鸭子即塔鲁河，今洮尔河也。又《契丹国志》云，太宗破晋改粟末河为混同江。史志传讹，未有确据，并详后山川门。]

《大金国志》太祖十四年，辽天祚帝率蕃汉兵十余万，出长春路，分五部北出骆驼口。太祖乘其未阵，三面击之，天祚大败，退保长春。太祖乘胜遂平渤海、辽阳等五十四州。

辽东京 辽阳府

《辽史》东京辽阳府，本朝鲜之地，后为渤海大氏所有，号中京显德府。太祖攻渤海，俘其王大諲撰，以为东丹王国。神册四年，葺辽阳古城，以渤海、汉户建东平郡，为防御州。天显三年，迁东丹国民居之，升为南京。城名天福，高三丈，有楼橹，幅员三十里。八门，东曰迎阳、东南曰韶阳、南曰龙原、西南曰显德、西曰大顺、西北曰大辽、北曰怀远、东北曰安远。宫城在东北隅，高三丈，具敌楼。南为三门，壮以楼观。四隅角楼，相去二里。外城谓之汉城，东至乌尔呼赫[满洲语，偏也。旧作乌鲁虎克，今改。]四百里，南至海边铁山八百六十里，西至望平县海口三百六十里，北至挹楼县范河二百七十里，东、西、南三面抱海。天显十三年，改南京为东京，府曰辽阳。户四万六百，辖州、府、军、城八十七。统县九，辽阳县，本汉浿水县，户一千五百；仙乡县，本汉辽阳县，户一千五百；鹤野县，本汉居就县地，户一千三百；析木县，本汉望平县地，户一千；紫蒙县，本汉镂方县地，户一千；兴辽县，本汉平郭县，户一千；肃慎县，以渤海户置；归仁县；顺化县。[按：归仁、顺化二县，沿革未详。]

《元一统志》东丹王，故宫在辽阳路。按本路图册，在府之东北隅，有让国皇帝御容殿。

《明一统志》鹤野废县，在辽东都司城西八十里，元省入辽阳县。

开州

《辽史》开州，镇国军节度。本濊地，渤海为龙原府。开泰三年，迁双、韩二州千余户实之，号开封府开远军节度，更名镇国军。隶东京留守兵事，属东京统军司。统州三，县一，开远县，本龙原县，辽初废圣宗东讨复置，以军额名户一千[3]。

《辽史》盐州，本龙河郡，隶开州，相去一百四十里。

《辽史》穆州，保和军，刺史。本会农郡，户三百，东北至开州一百二十里。统县一，会农县。

《辽史》贺州，刺史。本吉理郡。户三百，隶开州。

定州

《辽史》定州，保宁军，高丽置州。圣宗统和十三年升军，迁辽西民实之。统县一，定东县。高丽所置，辽徙辽西民实之，户八百。

保州

《辽史》保州，宣义军，节度，高丽置州。故县一，曰来远。圣宗以高丽王询擅立，问罪，取其保、定二州。统和末，高丽降，于此置榷场，隶东京统军司。县一，来远县。初，徙辽西诸县民实之，又徙奚、汉兵七百，防戍焉。户一千[4]。

《辽史》宣州，定远军刺史。开泰三年，徙汉户置，隶保州。

《辽史》怀化军，下刺史。开泰三年置，隶保州。

辰州

《辽史》辰州，奉国军，节度。本盖牟城，渤海改为盖州。辽徙其民于祖州，初曰长平军，户二千。统县一，建安县。

《元一统志》盖州，地最要冲，称为繁富。契丹移其民于上京西。祖州，后升为长平军。

卢州

《辽史》卢州，元德军，刺史。本渤海杉卢郡。统县一，熊岳县。西至海一十五里，傍海有熊岳山。

《明一统志》熊岳废县，在盖州卫南六十里。辽为卢州治所，金属盖州，元省。〔按：今有熊岳城。〕

来远城

《辽史》来远城，本熟女真地。统和中，伐高丽，以燕军骁猛，置两指挥建城防戍。兵事属东京统军司。

《元一统志》来远城，本熟女真地。辽伐高丽，于此建城。先是侵高丽，军败。值冬雪弥旬不止，人马多毙。军会鸭绿江，余军漂溺。辽主隆绪次来远界，有防边猛军数十人，遇而劫之，逮问所从来，开襟示其金制环甲，众军惊散。辽主至辽城，收不在营中者诛之。金升来远军。

铁州

《辽史》铁州，建武军，刺史。本汉安市县地。统县一，汤池县。

《鸭江行部志》汤池县，本辽时铁州。

《明一统志》安市废县，在盖州卫东七十里，故铁州，金为汤池县，元省。

兴州

《辽史》兴州，兴中军节度。本汉海宜县地。

《北盟会编》第二十四程至梁鱼务，过辽河二十七程，至兴州。

《许亢宗奉使行程录》自沈州七十里至兴州。辽太祖破渤海，建为东京路，自此所至，居民稍盛，食物充足。

汤州

《辽史》汤州，本汉襄平县地。

崇州

《辽史》崇州，隆安军，刺史。本汉长岑县地。统县一，崇信县。

海州

《辽史》海州，南海军节度。本沃沮国地，渤海号南京南海府。太平中，大延琳叛，南海城坚守，经岁不下，别部酋长皆被擒，乃降。因尽徙其民于上京，移泽州民来实之，户一千五百。统州二，县一，临溟县。

《明一统志》临溟废县，在海州卫东一百八十里，辽置。金属澄州，元省。

《辽史》耀州，刺史。本渤海椒州，隶海州。统县一，岩渊县。

《明一统志》废耀州，在海州卫西南二百里。

《辽史》嫔州，柔远军，刺史。本渤海晴州。

《元一统志》辽太平九年，渤海大延琳叛，尽徙南海府人于上京之北，移泽州民以实其城，仍号南海府。金改海州，又改澄州，又废嫔州，为新昌镇入焉。

渌州

《辽史》渌州，鸭绿军，本高丽故国。渤海西京鸭绿府。大延琳叛，迁余党于上京，置易俗县居之。在者户二千，隶东京留守司。统州四，县二，宏闻县、神乡县。

桓州 丰州 正州 慕州

俱详前渤海条，惟慕州、渤海别属安远府，辽移属渌州。

显州

《辽史》显州，奉先军，上节度。本渤海显德府地，世宗置，以奉显陵。显陵者，东丹人皇王墓也。人皇王性好书，购书数万卷，置医巫闾山绝顶，筑堂曰"望海"。大同元年，世宗亲护人皇王灵驾归自汴京。以人皇王爱医巫闾山水奇秀，因葬焉。州在山东南，迁东京三百余户以实之。应历元年，穆宗葬世宗于显陵西山，仍禁樵采。兵事属东京都部署司。统州三，县二，奉先县，本汉无虑县，即医巫闾，世宗析辽东长乐县民以为陵户；山东县，本汉望平县，世宗割渤海永丰县民为陵户；归义县，初置显州，渤海民自来助役，世宗嘉悯，因籍其人户置县。

《金史》天辅元年，拔显州，乾、懿、豪、徽、成、川、惠等州皆降。

《许亢宗奉使行程录》自锦州八十里至刘家庄，自刘家庄一百里至显州。

《辽史》嘉州，嘉平军，下刺史。隶显州。

《辽史》辽西州，阜成军，中刺史。本汉辽西郡地，世宗置州，属显州。统县一，长宁县。统和八年，以诸宫提辖司人户置。

《辽史》康州，下刺史。世宗迁渤海率宾府人户置，属显州县一，率宾县。

《辽东行部志》广宁，本阳罗郡，渤海显德府。辽世宗改显州。

宗州

《辽史》宗州，下刺史。在辽东石熊山，耶律隆运以所俘汉民置，圣宗立为州。统县一，熊山县。本渤海县地。

乾州

《辽史》乾州，广德军，上节度。本汉无虑县地。圣宗统和三年置，以奉景宗乾陵，有凝神殿，兵事隶东京都部署司。统州一，县四，奉陵县，本汉无虑县地，括诸落帐户，助营山陵；延昌县，析延昌宫户置；灵山县，本渤海灵峰县地；司农县，本渤海麓郡县。

《元一统志》乾州，故城在广宁府西南七里。辽统和二年立，今基址颓然。

《辽东行部志》闾阳，辽乾州也，去广宁五里。

《北盟会编》离显州七里，别建乾州，以奉陵寝。

《明一统志》乾州城，在广宁卫西南七里。

《辽史》海北州，广化军，中刺史。世宗以所俘汉户置。地在闾山之西，南海之北。初隶宣州，后属乾州。统县一，开义县。

《明一统志》开义废县，在义州卫南四十里，辽置。为海北州治所，金属义州，元省。

贵德州

《辽史》贵德州，宁远军，下节度。本汉襄平县地，汉公孙度所据。太宗时，察克[蒙古语，时也。旧作察割，今改正。]以所俘汉民置州。圣宗建贵德军，后更名，兵事属东京都部署司。统县二，贵德县，本汉襄平县渤海为崇山县；奉德县，本渤海缘城县地，尝置奉德州。[详前渤海条，崇山、缘城并渤海崇州县，名缘城，又作绿城。]

《元一统志》贵德州，今废为巡检司。

《元一统志》公孙废城，在贵德州。汉末，公孙度为辽东太守，治襄平，传子至孙，据有其地，遗址犹存。

《元一统志》大宝城，在废贵德州。

沈州

《辽史》沈州，昭德军，中节度。本挹娄国地，渤海置州。太宗置兴辽军，后更名，兵事隶东京都部署司。统州一、县二，乐郊县，太祖俘蓟州三河民，建三河县，后更名；灵源县，太祖俘蓟州吏民，建渔阳县，后更名。

《大金国志》太祖十五年，渤海人高永昌自称大渤海国皇帝，据有辽东五十余州。辽主遣张琳讨之，至沈州，女真遣兵来援，琳败绩。

《许亢宗奉使行程录》自显州一百五十里至梁渔务，又一百三十里至摩绰 [满洲语，拙也。旧作没咄，今改正。]寨，又八十里至沈州。

《辽史》岩州，白岩军，下刺史。本渤海白岩城。统县一，白岩县。

《元一统志》沈阳，渤海建定理府，都督沈、定二州。此为沈州地，后罹契丹兵火，其定州与县并废，即沈州为兴辽军，又更昭德。

集州

《辽史》集州，怀众军，下刺史。古陴离郡地。统县一，奉集县。

《明一统志》奉集废县，在抚顺千户所南八十里，汉为险渎县，金属贵德州。

广州

《辽史》广州，防御。汉属襄平县，渤海为铁利郡。太祖迁渤海人居之，建铁利州，统和八年省。开泰七年，以汉户置。统县一，昌义县。

《金史》沈州章义县，辽旧广州。皇统三年降为县，有辽河、东梁河。

《明一统志》章义废县，在沈阳卫西南六十里。辽置广州，金改为县，属沈州，元省。

辽州

《辽史》辽州，始平军，下节度。渤海为东平府。太祖改为州，军曰东平。太宗更为始平军，兵事属北女真兵马司。统州一、县二，辽宾县、安定县。

《明一统志》辽滨废县，在沈阳卫西北一百八十里，本拂涅国地，辽为辽州治，金贞祐时废。

《辽史》祺州，祐圣军，本渤海蒙州地。太祖以檀州俘户于此建檀州，后更名，兵事属北女真兵马司。统县一，庆云县。太祖俘密云民于此，建密云县，后更名。

遂州

《辽史》遂州，本渤海美州地。采访使耶律佛德[满洲语，令其上紧之谓。旧作颇德，今改正。]置。穆宗没入焉，隶延昌宫。统县一，山河县。

通州

《辽史》通州，安远军，渤海号夫余城，太祖改龙州，圣宗更今名。保宁七年，以黄龙府叛人燕颇余党千余户置，升节度。统县四，通远县、安远县、归仁县、渔谷县。

韩州

《辽史》韩州，东平军，下刺史。高丽置鄚颉府。太宗置三河、榆河二州。圣宗并二州，置隶延昌宫，兵事属北女真兵马司。统县一，柳河县。

《辽东行部志》癸酉，次柳河县，旧韩州也。先徙州于奚营州，后改为县。又以城近柳河故以名之。乙亥，次韩州。辽圣宗时并三河、榆河二州为韩州。三河本燕之三河，辽俘其民于此置州，故因其旧名。而故城在辽水之侧，常苦风沙，移于白塔寨，后为辽水所侵，移于今柳河县。又以州非冲途，即徙于旧九百奚营，即今所治是也。

《元一统志》柳河县，故城本粤喜地，后置县，以其地近柳河故名。契丹并入安方县，今城址犹存。[按：《辽史》柳河县，本渤海粤喜县地，并万安县置，此作安方，误。]

双州

《辽史》双州，保安军，下节度。渤海安定郡，久废。察克[详见前，原文作欧里僧王，而下文又作察割，系一人而名字互称。今改正。]从太宗南征，以俘镇、定二州之民建城置州，后没入焉。初隶延昌宫，后属崇德宫，兵事隶北女真兵马司。统县一，双城县。

银州

《辽史》银州，富国军，下刺史。本渤海富州，太祖以银冶更名。隶宏义宫，兵事属北女真兵马司。统县三，延津县，有延津故城；新兴县、永平县，旧有永平寨。

《许亢宗奉使行程录》离兴州五十里至银州，又四十里至咸州。

同州

《辽史》同州，[旧讹尚州，《金史》作同。考《辽史》东京道，别有尚州，此为同州无疑。今改。]

镇远军，下节度。本汉襄平县地，太祖置州。军曰镇东，后更名，隶彰愍宫，兵事属北女真兵马司。统州一，未详。县二，东平县，本汉襄平县地，产铁，拨户三百采炼，随征赋输；永昌县，本高丽永宁地。《北盟会编》二十八程至咸州，二十九程至同州。州地平壤，居民所在成聚落，耕种殆遍，地宜稑黍。

《许亢宗奉使行程录》自咸州九十里至同州。

咸州

《辽史》咸州，安东军，下节度。渤海置铜山郡。地多山险，寇盗以为渊薮，乃招平、营等州客户，建城居之。初号浩里，[蒙古语，例也。旧作郝里，今改正。]太保城。开泰八年置州，兵事属北女真兵马司。统县一，咸平县。唐安东都护，天宝中，治营、平二州间，即此。太祖灭渤海，复置安东军。开泰中，置县。

《金·完颜罗索碑》宗室乌楞古[满洲语，脐也。旧讹斡鲁古，今改。]略地咸州。王[按：罗索封金源郡王。]合兵御之，乃往，败其戍兵三千于境，斩其将，遂会乌楞古。既而闻敌兵且至，王留四穆昆精锐，各守一门，与乌楞古济水，分两翼，王居左翼，败其所冲，追杀略尽。乌楞古军却退，与所留诸穆昆整阵而立，王返兵捣敌背，大败之。咸州既下，因徇地黄龙府。

《北盟会编》二十七程至兴州，二十八程至咸州。

《许亢宗奉使行程录》自兴州九十里至咸州。

信州

《辽史》信州，彰圣军，下节度。渤海置怀远府。开泰初置州，以所俘汉民实之，兵事属黄龙府都部署司。统州三，未详。县二，武昌县，本渤海怀福县地，析平州提辖司及豹山县一千户，隶之；定武县，本渤海豹山县地，析平州提辖司并乳水县人户置，初名定功县。

《许亢宗奉使行程录》自同州四十里至信州。

《元一统志》黄龙府西，曰信州。

宾州

《辽史》宾州，怀化军节度。本渤海城，统和十七年迁乌舍户，置刺史。于鸭子、混同二水之间，后升。兵事隶黄龙府都部署司。

《金史》太祖十三年，命布呼[满洲语，鹿也。旧讹仆虺，今改正。]等攻拔宾州，乌舍楚古尔苏［蒙古语，杉木也。旧作雏鹊室，今改正。］来降。辽将彻格尔［蒙古语，洁净也。旧作赤狗儿，今改正。］战于宾州，布呼败之，铁骊王以所部降。

《松漠纪闻》翁舍展［旧作嗢热者，今从《八旗姓氏通谱》改。］国，不知其始所居，后为契丹徙，置黄龙府南百余里，曰宾州。州近混同江，即古之粟末河也。部落杂处，以其族之长为千户，统之。

《松漠纪闻》契丹，自宾州混同江北八十里建寨，守御女真。

《契丹国志》宋政和五年，金太祖攻辽，破宾州。

龙州

《辽史》龙州黄龙府，本渤海夫余府。太祖平渤海，还至此崩，有黄龙见，更名。保宁七年，军将燕颇叛，府废。开泰九年，迁城于东北，以宗州、檀州汉户一千复置。统州五，县三，黄龙县、迁民县、永平县。

《金史》收国元年八月，上亲征黄龙府，次混同江。无舟，上乘马径涉。九月，克黄龙府。

《许亢宗奉使行程录》自信州九十里，至府鲁［满洲语，优长也。旧作蒲里，今改。］贝勒寨。又四十里，至黄龙府。辽太祖射黄龙于此地。自黄龙府东行六十里，至托色［满洲语，权也。旧作托撒，今改。］贝勒寨，府为契丹东寨。当强盛时，俘获异国人迁徙杂处于此。南有渤海，北有铁骊、托欢，［蒙古语，凿也。旧作吐浑，今改。］东南有高丽，东有女真、室韦，北有乌舍，西北有辉和尔、党项，西南有奚，故此地杂诸国风俗。

《元一统志》宾州之西曰黄龙府，即石晋少帝初安置之地。

《辽史》益州，观察，属黄龙府。统县一，静远县。

《金史》收国元年正月，上自将攻黄龙府，进临益州。州人走保黄龙，取余民以归。留罗索、尼楚赫［满洲语，珠也。旧作银术可，今改。］守黄龙，上率兵趋达噜噶城，［蒙古语，头目也。旧作达鲁古，今改。］次宁江州西。

《许亢宗奉使行程录》自托色贝勒寨九十里，至曼济勒噶［蒙古语，缨络也。旧作漫七离，今改。］贝勒寨。道旁有契丹旧益州、宾州空城。又六十里，至古乌舍寨，寨枕混同江，过江四十里，至呼勒希［满洲语，愚蒙也。旧作和里闲，今改。］寨。又东行五里，即有溃堰断堑，自北而南，莫知远近，界隔甚明。乃契丹昔与女真两国古界也。八十里，直至拉林河。

《辽史》安远州，怀义军，刺史。属黄龙府。

《辽史》威州，武宁军，刺史。属黄龙府。

《契丹国志》宋政和五年，金太祖攻辽，破威州。

《辽史》清州，建宁军，刺史。属黄龙府。

《辽史》雍州，刺史。属黄龙府。

湖州

《辽史》湖州，兴利军，刺史。渤海置，兵事隶东京统军司。统县一，长庆县。

渤州

《辽史》渤州，清化军，刺史。渤海置，兵事隶东京统军司。统县一，贡珍县。

郿州

《辽史》郿州，彰圣军，刺史。渤海置，兵事隶北女真兵马司。统县一，延庆县。

铜州

《辽史》铜州，广利军，刺史。渤海置，兵事隶北兵马司。统县一，析木县。本汉望平县地，初隶东京，后来属。

《明一统志》析木废县，在海州卫东南四十里。渤海花山县，辽改析木，置铜州，金属澄州，元省。

涞州

《辽史》涞州，刺史。渤海置，兵事属南兵马司。

率宾府

《辽史》率宾府，刺史。故率宾国地。

定理府

《辽史》定理府，刺史。故挹娄国地。

铁利府

《辽史》铁利府，刺史。故铁利国地。

安定府

[《辽史》仅存其名，不载沿革。]

长岭府

[《辽史》不详沿革，当仍渤海之旧。]

镇海府

《辽史》镇海府，防御。兵事隶南女真汤河司。统县一，平南县。

冀州

《辽史》冀州，防御。圣宗建，升永安军。

东州

《辽史》东州，以渤海户置。

尚州

《辽史》尚州，以渤海户置。

吉州

《辽史》吉州，福昌军，刺史。[《辽史》不详沿革。]

麓州

《辽史》麓州，下刺史。渤海置。

荆州

《辽史》荆州，刺史。[《辽史》仅存其名，不载沿革。]

懿州

《辽史》懿州，宁昌军，节度。太平三年，越国公主以媵臣户置。初曰庆懿军，更曰广顺军，隶上京。清宁七年，宣懿皇后进入，改今名。统县二，宁昌县，本平阳县；顺安县。[按：《辽史》有两懿州，一载东京道，一载上京道。据史初更广顺军，隶上京，则实一州也。第此云本越国公主，而上京又称圣宗女，燕国长公主为小异。考圣宗女为越国公主，燕长主则圣宗之姑，史必有一误。《辽东行部志》亦同。州在显州东北三百里，西北至上京八百里，户四千。]

《辽东行部志》懿州，古辽西郡即，柳城之域。有宝岩寺，辽圣宗女燕长主所建。

《元一统志》豪州，本辽时懿州。金皇统三年省，入顺安县后复置。国朝初因之，至元六年省，入顺安县。

《明一统志》废懿州，在广宁卫北二百二十里，尝置卫于此，永乐八年废。

媵州

《辽史》媵州，昌永军，刺史。[史不载沿革，以州名按之，亦当为媵户所置。]

顺化城

《辽史》顺化城，向义军，下刺史。开泰三年，以汉户置。兵事隶东京统军司。

宁州

《辽史》宁州，观察。统和二十九年伐高丽，以渤海降户置，兵事隶东京统军司。统县一，新安县。

衍州

《辽史》衍州，安广军，防御。以汉户置，初刺史，后升军，兵事属东京统军司。统县一，宜丰县。

《金史》辽旧衍州，安广军。皇统三年废为宜丰县，有东梁河。[按：《辽志》东梁河，亦曰大梁河，今太子河也。旧名衍水，燕太子丹亡匿衍水，即此。辽之州名当取诸此。]

《明一统志》宜丰废县，在辽东都司城西南一百里。辽置衍州，金属辽阳府，元省。入辽阳。

连州

《辽史》连州，德昌军，刺史。以汉户置，兵事属东京统军司。统县一，安民县。

归州

《辽史》归州，观察。太祖平渤海，以降户置，后废。统和二十九年伐高丽，以所俘渤海户复置，兵事属南女真汤河司。统县一，归胜县。

苏州

《辽史》苏州，安复军。本高丽南苏城，兴宗置州，兵事属南女真汤河司。统县二，来苏县、怀化县。

《松漠纪闻》东京有苏、扶等州，苏与中国登州、青州相直，东丹王封于此，谓之人皇王，不得立，自苏乘筏浮海，归唐。

《鸭江行部志》自永康次顺化营，中途望西南两山，巍然浮于海上。访诸野老云，此苏州关也。辽之苏州，今为化成县，关禁设自有辽，以其南来舟楫非出此途不能登岸。相传隋、唐之伐高丽，兵粮战舰亦自此来。南去百里有山，曰铁山。常屯甲士七千人，以防海路。

复州

《辽史》复州，怀德军节度。兴宗置，兵事属南女真汤河司。统县二，永宁县、德胜县。

《元一统志》废复州，本辽迁民县，属黄龙府。后置复州，号永宁军，节度。改县曰永宁，后又更为永康，省丰水扶罗入焉。金因之，所居皆汉民，地甚肥沃，有耕稼之利。〔按：前明设复州卫，本朝仍为复州。〕

肃州

《辽史》肃州，信陵军。重熙十年，州民亡入女真，取之复置。兵事隶北女真兵马司。统县一，清安县。

《许亢宗奉使行程录》自咸州四十里至肃州，又五十里至同州。

《辽东行部志》清安县，世传辽太祖始置，为肃州。金为县。

《元一统志》清安县，故城在咸平府西北旧肃州。

安州

《辽史》安州，刺史。兵事隶北女真兵马司。

《辽东行部志》归仁县,辽时为安州。

《元一统志》归仁县,故城在咸平府北旧安州。

荣州 率州 荷州 源州 渤海州

[以上五州《辽史》仅载其名,不详沿革。]

宁江州

《辽史》宁江州,混同军,观察。清宁中置,初防御,后升,兵事属东京统军司。统县一,混同县。

《金史·本纪》太祖进军宁江州,十月朔,克其城,次拉林城⑤。

《大金国志》太祖十三年起兵,攻混同之东宁江州,败高仙寿,取宁江。辽再遣萧嗣先屯珠赫[满洲语,冰也。旧作出河,今改。]店,临白江与宁江州女真兵对垒。女真潜渡混同江掩击之,嗣先兵溃。

《松漠纪闻》宁江州,去冷山百七十里,地苦寒,多草木,如桃、李之类,皆成园。至八月则倒置地中,封土数尺,季春出之,否则冻死。每春冰始泮,辽主必至其地,凿冰钓鱼,放弋为乐。暨金祖起兵,首破此州。

河州

《辽史》河州,德化军,置军器坊。

祥州

《辽史》祥州,瑞圣军,节度。兴宗以铁骊户置,兵事隶黄龙府都部署司。统县一,怀德县。

《契丹国志》宋政和五年,金太祖攻辽,破祥州。

《金史》太祖十三年,乌达布[满洲语,买也。旧作吾睹补,今改。]复败彻格尔、萧伊苏[蒙古语,九数也。旧作一薛,今改。]于祥州东。斡、珲[满洲语,臭也。旧作斡勿,今改。]等两路降。

辽营卫　阿延女真

《辽史》阿延[满洲语,尊大也。旧作奥衍,今改。]女真部,圣宗以女真户置,隶北府,节度使属西北招讨司,戍镇州境。

伊德女真

《辽史》伊德[蒙古语，有力也。旧作乙典，今改。]女真部，圣宗以女真户置，隶南府，居高州北。

五国部

《辽史》五国部，博和哩[满洲语，豌豆也。旧作剖阿里，今改。]国、博诺[满洲语，鼋也。旧作盆奴，今改。]国、鄂罗木[蒙古语，渡口也。旧作奥里米，今改。按：宁古塔东北有鄂罗木噶珊。]国、伊埒图[满洲语，明显也。旧作越里笃，今改。]国、伊勒希[满洲语，副也。旧作越里吉，今改。]国，圣宗时来附，居本土，以镇东北。重熙六年，设节度使，领之。

《大金国志》宋二帝自韩州徙五国城。五国城者，在西楼东北千里⑥。

《北盟会编》五国之东接大海，出海东青。女真每发甲马千余人，入五国界，即东海巢穴，取之。与五国战斗而后得⑦。

《金史》景祖时，五国博诺[旧作蒲聂，即盆奴也。今并改。]部节度使叛辽，鹰路不通，景祖袭而擒之。

《金史》辽咸雍八年，五国穆延[旧作没撚，今从《八旗姓氏通谱》改。]部舍音[满洲语，白色也。旧作谢野，今改。]贝勒叛辽，鹰路不通，景祖伐之，舍音败走。

《元一统志》开元路，三京故国，五国旧城。东北一都会也。[按：元之开元路所统至广，据《元一统志》所载，长白山亦在境内，东极于使犬路，非止今一县地也。]

《元一统志》混同江，发源长白山北，流经渤海建州西五十里，会诸水东北流，经上京下达五国头城，北又东北注于海。

《明一统志》五国头城，在三万卫北一千里，自此而东，分为五国。旧传宋徽宗葬于此。[按：五国城之说不一，或谓宁古塔东松花、黑龙二江合流之处，有土城焉。或以为在朝鲜北境，近宁古塔，有古城在山上。或以为去燕京三千八百里，西至黄龙府二千一百里。或谓宁古塔相近枪头街，有旧城址五，疑即是也。据《金太宗本纪》云，天会六年，徙昏德公、重昏侯于韩州，八年再徙呼尔哈路，则实在宁古塔也。《宋史》称韩州五国城，误合为一地。第诸书皆约略之辞，未有实据。今三姓地方，相传有五国城遗址。]

谨按：辽东北之境与完颜部为邻，白山、黑水虽隔封外，而壤地相错，经界分合之故，史乘尚有可稽。其最近者，上京之长春州，东京之宁江州，皆混同江之地。长春州，辽时春蒐巴纳在焉，宁江，则金太祖起兵首集大勋于此。按之《皇舆全图》，长春当近白都讷，宁江实傍拉林河。次若黄龙府宾、咸等州，

钦定满洲源流考校注

并都会冲要，辽、金百战之区，亦与混同江相近，行程里数具存。其余辽、沈诸州，东京规画所关，不容挂漏。且里至远近，亦借以考见。若中京则相去稍远，不复赘列焉。至辽、金旧界，诸书尚约略可考，《辽史·营卫志》所载阿延、伊德二部，盖女真之系辽籍者。五国城之说，纷然不一，《辽史》各有国名，大约在宁古塔以东，东接大海。而五国城则为五国，至辽总集之所，盖五国部节度使所治之城。所云自此而东，分为五国者，近之亦不越宁古塔境内。初，不必有旧城址五，而后为是也。并附于末，用资参考云。

注释：

①羁縻，意为束缚、控制、拘禁。《史记·司马相如传·索隐》解释说："羁，马络头也；縻，牛蚓也。"引申为笼络与控制。从辽至明，这一带之女真人，所采用的即此政策，从所设之"羁縻道"，足见一斑。

②白都讷，即伯都讷。

③此处的"名户"，疑为民户。

④《辽史》原文错乱，"标点本"《辽史》将"统和末，高丽降"移至"取其保、定二州"之前。撰此书时又将其调回。

⑤金太祖完颜阿骨打于公元1114年9月，率众起兵攻辽，首战克宁江州，即今之吉林省松原境之宁江，获大批财物回师。拉林城约在宁江之东，拉林河附近。

⑥五国城，即史载囚禁徽、钦二帝之地。公元1126年冬，宋都汴梁被金攻陷，北宋遂亡。徽、钦二帝及宗室、王公大臣等万余人被掠北迁，四年后抵五国城。该城址所在今仍众说纷纭，多指在今黑龙江省依兰县境。

⑦海东青，又名矛隼、鹘鹰、海青，猎鹰之一种。常见于黑龙江、吉林一带。女真人称其为"雄库鲁"，意为万鹰之神，是古代女真人崇拜的图腾。

钦定满洲源流考卷十二

疆域五

金上京

《金史》上京路，海古勒之地，金旧土也。［按：此下《金史》原文云，国言金曰按出虎，以按出虎水源于此，故名金源，建国之号，盖取诸此。考满洲语，金曰"爱新"，《金史》旧解以金为"按春"，满洲语，耳坠也。耳坠以金为之，因误为金，并按出虎亦误为金。吉林境内无爱新水，亦并无按春水，以音与地考之，当为今阿勒楚喀河，河源在吉林城东北。据《松漠纪闻》《北盟会编》《大金国志》等所载，金上京，行程过拉林河一程，即至上京驿馆，拉林河东去阿勒楚喀不过百余里，阿勒楚喀河源在吉林城东北三百里，拉林河源在吉林城东北二百二十五里。核之诸书所载，上京宫阙在混同江东二百六十里，去拉林河一百七十五里者，俱约略相合。此按出虎，即阿勒楚喀之明证也。至金太祖建国号之诏，见于《本纪》及《北盟会编》所引《太祖实录》云，契丹以镔铁为国号，镔铁虽坚终有销壤，惟金一色最为真宝，自今本国可号大金。两处所载诏旨皆同，并未云有金水源。而金源县名，辽时已有之。辽属中京，金属北京，以地有金甸而名，在今喀喇沁右翼界，与金初起之地无涉，史误以阿勒楚喀为按出虎，又误以按出虎为金，舛错附会，殊不足据也。］国初称为内地，天眷元年，号上京。海陵迁都于燕，削上京之号，止称会宁府。大定十三年，复为上京。其山有长白、青岭、玛奇［满洲语，蠹缨也。旧作马纪，今改正。］岭、温都尔。［蒙古语，高也。旧作完都鲁，今改正。］水有阿勒楚喀、混同、拉林、松阿哩、鸭子河。［按：此则金上京，正我朝创业之地，并详后山川门。］府一，领节镇四，防御一，县六，镇一。旧有平州，天会二年，筑契丹之珠敦［满洲语，山梁也。旧作周特，今改正。］城也，后废。其宫室有乾元殿、［天会三年建，天眷元年更名皇极。］庆元宫，［天会十三年建，殿曰辰居门、曰景晖。天眷元年，安太祖以下御容为原庙。］朝殿，［天眷元年建，殿曰敷德门、曰延光，寝殿曰宵衣，书殿曰稽古。又有明德宫、明德殿，熙宗尝享太宗御容于此。］凉殿，［皇统二年建，门曰延福，楼曰五云，殿曰重明。东庑南殿曰东华，次曰广仁。西庑南殿曰西清，次曰明义。重明后，东殿曰龙寿，西殿曰奎文。时令殿及其门曰奉元，有泰和殿、武德殿、薰风殿。］行宫有天开殿、约罗［蒙古语，皂雕也。旧作爻剌，今改正。］春水之地。有混同江行宫，兴圣宫、［德宗所居也。天德元年，名为兴德宫，后改名。］永祚宫、［睿宗所居也。］光兴宫。［世宗所居也。正隆二年，命吏部郎中萧彦良尽毁旧址，大定二十一年复修建，二十二年以覽束城。]有皇武殿，[击毬校射之所也。]有云锦亭，有临漪亭。[为笼鹰之所，在阿勒楚喀水侧。]

《金史》金之先居肃慎地，有混同江、长白山。混同江亦号黑龙江，[按：混同江为松阿哩乌拉，黑龙江为萨哈连乌拉，原系二水，而史合言之，盖因二水下流会合，故也。]所称"白山、黑水"是也。始祖居完颜部布尔噶水之涯，弟博和哩居扎兰。[满洲语，队伍也。旧作耶懒，今改。]至献祖，徙居海古勒水，始有栋宇之制，遂定居于阿勒楚喀之侧。昭祖耀武至于青岭、白山，顺者抚之，不从者讨之。[按：白山为肃慎旧壤，第部族散居，昭祖始统属之耳。]景祖稍役属诸部，自白山、叶赫、[旧作耶悔，今改正。按：国初有叶赫国，因居叶赫河边，遂为国名。此与白山、图们并言，盖亦部族之居，近是河者。]图们，[旧作统门，今改正。按：图们江在宁古塔城南六百里，源出长白山，东北流绕朝鲜北界，复东南折，入海。]扎兰，以至五国之长，皆听命。时，辽边民有逃而归者，铁骊乌舍之民亦来归，前后愿附者众。鄂敏[满洲语，饮也。旧作斡泯，今改。]水富察[旧作蒲察，今从《八旗姓氏通谱》改。]部，特克绅特布[满洲语，特克绅，整齐也；特布，装载也。旧作泰神、忒保，今改。]水完颜部，图们水温特赫[旧作温迪痕，今从《八旗姓氏通谱》改。]部，舍音水完颜部，皆来附。

《金史》太祖进军次寥晦城，诸路兵皆会于拉林水，遇辽军，败之。进军宁江州，诸军填堑攻城。十月朔，克其城。铁骊部来送款，次拉林城，拜格[蒙古语，今其停止也。旧作鳖古，今改正。]之长和索哩[满洲语，麩皮也。旧作胡苏鲁，今改正。]以城降。[按：《松漠纪闻》上京至拉林一百五十里，拉林至混同江一百十里，太祖兵拉林河，克宁江州，进次拉林城，则宁江城正与拉林河相近。]

《金史》太宗天会二年四月，以实古纳[蒙古语，审问也。旧作实古迺，今改正。]所筑上京新城，名会平州。

《金史》熙宗天眷元年八月，以京师为上京，府曰会宁，旧上京为北京。十一月，以康宗以上画像工毕，奠献于乾元殿。十二月，新宫成。二年九月初，居新宫，立太祖原庙于庆元宫。皇统三年初，立太庙社稷。[按：史所云旧上京，据《大金国志》，盖辽之上京也。]

《松漠纪闻》自上京至燕二千七百五十里。[按：自京师至盛京一千五百余里，盛京城至吉林八百余里，阿勒楚喀河源在吉林东北三百里。综计之，与此约略相合。]三十里至宁头铺，四十五里至第二铺，三十五里至阿萨尔[蒙古语，阁也。旧作阿萨，今改正。]铺，四十里至拉林河，四十里至巴达[满洲语，张大也。旧作报打，今改正。]铺，七十里至宾州，渡混同江。[按：此与《北盟会编》《行程录》所载里数俱同，可见金之上京实在今宁古塔之西，混同江之东，其去混同江二百六十里，以今道里按之，当在色齐窝左右，色齐窝集岭上有故城址，相传为金时关门。盖自船厂东十里过混同江至尼什哈站，三十里至交蜜峰，四十里至额赫穆站，十里至纳穆窝集，三十里至山神庙，五十里至拉发站，七十里至推屯站，三里至色齐窝集，又东三百九十里至宁古塔。色齐窝集在吉林城外混同江东二百四十余里，而拉林河源之拉林山在城东北二百四十五里，阿勒楚喀河源之嘉松阿山在城东北三百里，俱属相近。本朝康熙十六年，宁古塔章京萨布素以绳量道里两度，为丈有八十丈为里，自宁古塔西关门量至吉林东关门，凡九万八千丈，为五百五十里。后分八站，作六百三十里。虽古今里数未必尽同，然正约略可见耳。]

《北盟会编》出榆关以东，第三十八程至拉林河。[《皇舆全图》拉林河在阿勒楚喀河之西，相去不过百余里。据此，自拉林一程至上京，与《松漠纪闻》言，相去一百五十里者合。则按出虎之为阿勒楚喀，无疑。]终日之内山无寸木，地不产泉。又行五里至矩古[唐古特语，矩，十数也。古，身也。旧作句孤，今改。]贝勒寨。第三十九程至馆，去上京尚十里余。翌日，马行可五七里，一望平原旷野。又一二里，云近阙、去伞盖，复北百余步，有阜宿围绕，高丈余，皇城也。至门就龙台下马，行入宿围，朝见。即捧国书自山棚东入，山棚左曰桃源洞，右曰紫极洞，中作大牌，题曰：翠微宫。高五七尺，以五彩间结山石，及仙佛龙象之形。殿七间，甚壮。额曰：乾元殿，阶高四尺许，阶前作坛，方数丈，名龙墀。

《北盟会编》自拉林河国主所居东行，约五百里，皆平原草莽，绝少民居，每三五里之间有一二族帐，每族帐三五十家。

《许亢宗奉使行程录》雄州启行第三十三程，自黄龙府东行二百十里至古乌舍寨。寨枕混同江湄，寨前高岸有柳树，沿路设行人幕次于下，金国太师李靖所居。靖累使宋朝，此排中顿饮食精细，时当仲夏，借树俯长江，盘礴少顷，殊忘鞍马之劳。过江四十里宿呼勒希寨。三十六程，自呼勒希寨东行五里，契丹与女真旧界也。八十里至拉林河，行终日无寸木，地不产泉，人携水以行。渡河五里至矩古贝勒寨。第三十七程，自矩古寨七十里至达河寨。第三十八程，自达河寨四十里至布达[梵语，佛也。旧作蒲挞，今改正。]寨。三十九程，自布达寨二十里至乌舍[解见前，此讹兀室，今并改。]郎君宅。又三十里至馆。此去北庭尚十里。
[按：此与《北盟会编》所载里数皆同，自雄州起至金都会宁府，共二千七百五十里。上京宫阙在拉林河东一百七十五里，正与阿勒楚喀河源相近也。]

《大金国志》女真世居长白山之东，南邻高丽，北接室韦，西界渤海，东濒海。国初，城郭散居，呼曰皇帝寨、国相寨、太子庄，后升曰会宁府，建为上京。其辽之上京改作北京，城邑宫室无异中原州县廨宇，制度草创。

《大金国志》皇统六年春三月，上以上京会宁旧内太狭，役五路工匠撤而新之，规模仿汴京。

《大金国志》天德四年，自会宁迁都于燕，以旧上京为北京。

《元一统志》混同江自长白山北流，经建州西五十里会诸水，东北流经故上京，下达五国城北，又东北注于海。

会宁府

《金史》会宁府初为会宁州，太宗以建都升为府。天眷元年，置上京留守司，以留守带本府尹兼本路兵马都总管。后置上京海兰[宁古塔河名，旧作曷懒，今改。]等路提刑司，户三万一千二百七十。东至呼尔哈[宁古塔河名，旧作胡里改，今改。]路六百三十里，[按：今自吉林乌拉至宁古塔城七站，六百五十里，亦约略相同也。]北至夫餘[另条见前。旧作蒲与，今改正。]路七百里，东南至率宾[旧作恤品，今改。详后。]路一千六百里。[按：渤海以率宾故地为率宾府，领华、益、建三州，《明一统志》率宾河，在建州东南，路名当取诸此。上京广轮千里有余，白山、黑水皆在焉，即我朝肇兴之地也。]南至海兰路一千八百里，[按《元史》云，海兰路南近高丽。考海兰河凡数处，今取其近高丽者。又，原文脱"南"字，今据《元史》增。]县三，会宁县，与府同时置，有长白山、青岭、玛奇岭、巴延[满洲语，富也。旧作勃海，今改。]淀、绿野淀、阿勒楚喀河、混同江，有得胜陀，国言额特赫噶珊，[旧作忽土皑葛蛮，今改正。满洲语，额特赫，胜也。噶珊，村也。原解是而译讹。]太祖誓师之地也①；曲江县，初名镇东，[按：今宁古塔城西南八十里有莲花池，相传为金时之曲江。]大定七年置，十三年更今名；宜春县，大定七年置，有鸭子河。

《元一统志》长白山，在旧会宁县南六十里。[按：长白山横亘千里，而望祭之温德亨山②，实在吉林城西南九里，则会宁即吉林之地明矣。]

《元一统志》上京故城，古肃慎氏地，渤海大氏改为上京。金既灭辽，即上京建邦设都，后改会宁府。京之南曰建州，京之西曰宾州，[旧作滨州，盖传写之误。今改正。]又西曰黄龙府。[原文此下云即勃海之忽汗郡，后为龙泉府。考龙泉府即渤海之上京忽汗州也。忽汗，为宁古塔之呼尔哈河。此殊舛误，今删去，附订于此。]

《元史》开元路，古肃慎之地，隋、唐曰黑水靺鞨。东濒海，南界高丽，西北与契丹接壤，即金祖之部落也。[据此则元初，开元一路所辖至广，凡吉林、宁古塔等地皆在其中矣。]金太祖既灭辽，即上京设都，海陵迁都于燕，改为会宁府。

肇州

《金史》肇州，防御使。旧珠赫[旧作出河，解见前。]店也。天会八年，以太祖兵胜辽，肇基王迹于此，遂建为州。天眷元年，置防御使，隶会宁府。海陵时，尝为济州支郡。承安二年，复以太祖神武龙兴之地，升为节镇，军名武兴。五年，置漕运司，以提举兼州事，后废军。贞祐二年，复升为武兴军节镇，置招讨司，以使兼州事。户五千三百七十五。县一，始兴，与州同时置。有鸭子河、黑龙江。

[按：此所云黑龙江，实指混同江而言，盖因下流会合致误。详见前混同江，一名黑龙江注。]

《金史》辽萧嘉哩、[满洲语，巡察也。旧作纠里，今改。]托卜嘉[满洲语，膝也。旧作挞不野，今改。]等将步骑十万会于鸭子河北。太祖自将击之，黎明及河，辽兵方坏陵道，选壮士，十辈击之③，大军继进，遂登岸，与敌遇于珠赫店会。大风起，尘埃蔽天，乘风击之，辽兵溃。逐至沃楞[满洲语，水纹也。旧作斡论，今改。]泺，杀获无算。辽人尝言，女真兵若满万，则不可敌。至是始满万云。

《北盟会编》辽天庆四年，金太祖会集诸部全装军二千余骑，首破混同江之宁江州，大败渤海之众，获甲马三千。又败萧嗣先于珠赫店及拉林河、黄龙府、咸州、好草峪四路都统，诛斩不可胜计。[据此则肇州在拉林河之东，吉林之北。]

《元一统志》上京之北曰肇州，治始兴县。金皇统三年置。[按：置州年号与《金史》异，史言黑龙江在州境，与所言上京之北正合。又《金史·帝纪》即称：混同，一名黑龙江。故史名以混同江为黑龙江。]

隆州

《金史》隆州，利涉军，节度。古夫馀之地。辽太祖时有黄龙见，遂名黄龙府。天眷三年，改为济州。以太祖来攻城时大军径涉，不假舟楫之祥也，置利涉军。天德二年，置上京路都转运司。四年，改为济州路转运司。大定二十九年，更今名。贞祐初，升为隆安府。户一万一百八十，县一，利涉。与州同时置，有混同江、拉林河。镇一，[原本不载镇名。]与县同时置，有混同馆。

《金史》收国元年正月，上率兵趋达噜噶城，次宁江州西，逐北至阿噜[古语，山阴也。旧作阿娄，今改。]冈。三月辛未朔，猎于寥晦城。七月，九百奚营来降。八月，亲征黄龙府。次混同江，无舟，上使一人前导，乘赭白马径涉，曰："视吾鞭所指而行。"诸军随之。后使舟人测其渡处，深不得其底。熙宗天眷二年④，以黄龙府为济州，军曰利涉，盖以太祖涉济故也。九月，克黄龙府，班师至江，径渡如前。丁丑至自黄龙府，己卯黄龙见空中。

《金史》天辅二年，以罗索言黄龙府地僻且远，宜重戍守，乃合诸穆昆以罗索为万户，镇之。

《金完颜罗索碑》天会八年，葬于济州之东南昂吉里。[按：罗索墓在今吉林城

钦定满洲源流考校注

西北二百余里，博屯山北无名小山，此济州之东南界也。济州即辽之黄龙府，据《许亢宗奉使行程录》，黄龙府在拉林河西三百三十五里，余详前黄龙府条。]

《松漠纪闻》自上京百五十里至拉林河，一百十里至宾州，渡混同江七十里至北易州，[按：易州当即益州，音相同而误。]五十里至济州东铺，二十里至济州，一百八十里至信州北。

信州

《金史》信州，彰信军，刺史。本渤海怀远军。辽开泰七年置，户七千三百五十九。县一，武昌。本渤海怀福县地。镇一，八千户。

《元一统志》信州，在黄龙府西，治武昌县。金皇统三年置。

《全辽志》开原东北至信州三百十里。[按：信州故城在今科尔沁左翼东南三百八十里，周一里，门八，土人犹呼信州城。]

夫餘路

《金史》夫餘路，国初置，万户。海陵例罢万户，改置节度使。承安三年，设节度副使。南至上京六百七十里，东南至呼尔哈路一千四百里，北至和罗和屯[满洲语，和罗，谷也。和屯，城也。旧作火鲁火疃，今改。]三千里。[按：开原东北千余里皆古夫餘国之境，此路之所由名也，余并详前夫餘条。]

《金史》金之封疆，东极济喇敏、[满洲语，厚也。旧作兀里迷，今改。]乌达噶[古语，次数也。旧作兀的改，今改。]之境，北自夫餘路之北三千余里，和罗和屯穆昆地为边。

《元史》夫餘[旧讹浦峪，今并改。]路，屯田万户府。世祖至元二十九年十月，以蛮军三百户，女真一百九十户，于咸平府屯种。三十年，命本府万户领其事，仍于楚勒罕、[满洲语，阅兵也。旧作茶剌罕，今改。]拉林[旧讹剌怜，以音与地考之，当即今拉林河，今并改。]等处立屯。仁宗大德二年⑤，拨蛮军三百户属肇州蒙古万户府，止存女真一百九十户，依旧立屯，为田四百顷。[按：元之浦峪即金之蒲与，音近而字异也。元时无此路名，盖仍金旧。]

海兰路

《金史》海兰路，置总管府。贞元元年，改总管为尹，仍兼本路兵马都总管。承安三年，设副总管。有伊勒呼[满洲语，一顺也。旧作移鹿古，今改。]水，西北至上京千八百里，东南至高丽界五百里。[按：吉林宁古塔界内，国初犹有海兰路之名。又《皇舆全图》，海兰河不一，其与高丽相近有安巴海兰必喇、阿济格海兰必喇，在宁古塔南四百一十里合流入布尔哈图河，以达噶哈哩河又宁古塔城西北二百里有海兰窝集，绵亘数百里，别有海兰河出焉，东流入呼尔哈河。则元时海兰府硕达勒达路，明时海兰卫所在，与金时海兰路之南近高丽者，似非一处。然今宁古塔城南至图们江朝鲜界六百里，而南北皆有是河，则自海兰窝集延亘至大、小海兰河，其皆金时海兰路一带旧境欤。]

《金史》景祖时，海兰[旧作孩懒，音之转也。今并改。]乌凌阿[旧作乌林答，今从《八旗姓氏通谱》改。]部锡馨[满洲语，房檐也。旧作石显，又作星显，今改。]拒阻不服，攻之。

《金史》景祖为人宽恕，海兰水有率众降者，录其岁月姓名，即遣去，俾复其故。

《金史》自景祖以来，两世四主，志业相因，卒定离析，一切治以本部法令。东南至于伊勒呼、海兰、扎兰、扎卜古伦，东北至于五国、矩威[唐古特语，矩，十数也；威，中也。旧作主威，今改。]图塔，[满洲语，存留也。旧作秃答，今改。]金盖盛于此。

《金史》穆宗末年，德济[满洲语，上分也。旧作达纪，今改正。]诱煽边民海兰甸人执之，康宗遣使抚纳。

《金史》康宗四年，高丽筑九城于海兰甸，以兵数万来攻，斡色[满洲语，瓦也。旧作斡赛，今改。]败之。亦筑九城，与高丽九城相对，高丽复来攻，斡色复败之。高丽约以还逋逃之人，退九城之军，复所侵故地，乃罢兵。[按：《皇舆全图》凤凰城东南有九连城，与朝鲜之义州、爱州相近，当即其遗址也。]

《金史》收国三年，海兰甸长城，高丽增筑三尺，诏慎固营垒。

《金史》天会二年，海兰路军帅呼噜古[蒙古语，手指也。旧作忽剌古，今改。]等言："往者岁捕海狗、海东青、鸦鹘于高丽之境，近以二舟往彼，乃以战舰十四要而击之，尽杀二舟之人。"上曰："以小故起战争，甚非所宜，今后非奉命，毋辄往。"

《金史》天会九年正月，命以图们水以西，和屯、锡馨、珊沁[满洲语，山寨也。旧作偏蠢，今改。]三水以北闲田，给海兰路诸穆昆。

《元一统志》海兰河，经渤海建州东南一千里入于海。

率宾路

《金史》率宾路，节度使。辽时为率宾府，置刺史，本率宾故地。太宗天会二年，以扎兰路都贝勒所居地瘠，遂迁于此。以海陵例，罢万户，置节度，因名率宾路节度使。世宗大定十一年，以扎兰、率宾相去千里，既居率宾，不可忘本，遂命名亲管明安曰扎兰明安。承安三年，设节度副使。西北至上京一千五百七十里，东北至呼尔哈一千一百里，西南至海兰一千二百里，北至边界二千里。

《金史》昭祖耀武至率宾、扎兰之地，所至克捷。

《金史》穆宗时，图们、珲春[旧作浑蠢，今改正。按：珲春河在宁古塔东南，图们江之东。]水之交乌库哩[旧作乌古论，今从《八旗姓氏通谱》改。]部埒克[满洲语，砺石也。旧作留可，今改。]卓多，[满洲语，织也。旧作诈都，今改。]与率宾水乌库哩达萨塔，[满洲语，整理也。旧作敌库德，今改。]起兵于穆噜密斯罕[满洲语，穆噜，形象也；密斯罕，墨线也。旧作米里迷石罕，今改。]城，太祖往攻，破之。抚宁诸路如旧。因致穆宗教图们、珲春、叶赫、锡馨四路及岭东诸部，自今勿复称都部长。

《金史》康宗使硕硕欢[满洲语，总也。旧作石适欢，今改。]抚定边民，率宾水民不听命，使威泰[蒙古语有记性之谓。旧作斡带，今改。]等至和啰噶[蒙古语，墙围也。旧作活罗海，今改。]川，召诸官僚告谕之。率宾水居沃赫[满洲语，石也。旧作斡豁，今改。]贝勒不至。乌塔[满洲语，奶糕也。旧作坞塔，今改。]伐沃赫，克之。

《金史》太宗天会二年二月，命徙扎兰路都贝勒完颜忠于率宾水。

哈斯罕路

《金史》哈斯罕路，置节度使。天会七年，徙治宁州，尝置都统司。明昌四年，废有化成关。

《通考》辽迁女真大姓于辽阳之南而著籍焉。使不得与本国往来，谓之哈斯罕。[按：《金史》哈斯罕在辽阳府之长宜镇及盖州等处。又，河西亦有之，盖又别经远徙者耳。]

《金史》呼实默[满洲语，包裹也。旧作胡十门，今改。]以哈斯罕归太祖，自言始祖兄阿库纳[满洲语，普遍也。旧作阿古迺，今改。]后。

《金史》天辅三年五月，诏咸州路都统司曰："兵兴以前，哈斯罕、辉发[旧作回怕里，又作回霸。今改正。详下咸平府条内。]与系辽籍、不系辽籍女真户民，有流窜边境或亡入于辽者，当行理索。可明谕诸路千户、穆昆，遍与询访其官称、名氏、地里，具录以上。"

《金史》天会二年，命南路军帅以甲士千人益哈斯罕路，以备高丽。

《金史》天会七年十一月，徙哈斯罕都统司治宁州。

《元史》至元二十六年，分京师应役新附军一千人，屯田哈斯罕关东荒地。

呼尔哈路

《金史》呼尔哈路，国初置万户。海陵例罢万户，乃改置节度使。承安三年，置节度副使。西至上京六百三十里，北至边界哈喇巴图[古语哈喇，黑色也；巴图，结实也。旧作合里宾忒，今改。]千户一千五百里。[按：呼尔哈路为渤海上京。详见前渤海条。]

《金史》天会六年，徙昏德公、重昏侯于韩州。八年，徙呼尔哈路。

乌尔古德呼勒统军司

《金史》乌尔古德呼勒统军司，后升为招讨司，与夫馀路近。[按：乌尔古德呼勒，为辽国外十部之二，乌尔古一部，德呼勒八部，不能成国，附庸于辽，时叛时服，各有职贡，犹羁縻州也。见于《辽·营卫志》部族表，史言与夫馀路近，当俱在吉林之北。]

咸平路咸平府

《金史》咸平路，府一，领刺郡一，县十。

《金史》咸平府总管府，安东军节度使。本高丽铜山县地，辽为咸州，国初为咸州路，置都统司。天德二年八月，升为府，后为总管府。置辽东路转运司、东京咸平路提刑司。户五万六千四百四。县八，平郭县，旧名咸平，大定七年更；铜山县，辽同州，本汉襄平县，辽太祖时以东平寨置，南有柴河、北有清河、西有辽河；[按：柴河在今铁岭县城北二里，清河在今开原县城南二里，俱西入辽河。则铜山一县正在开原之南，铁岭之北也。]新兴县，辽银州，本渤海富州，熙宗皇统三年，废州更名来属，南[刻本脱"南"字，今据《通志》增。]有范河、北有柴河、西有辽河；[按：范河在今铁岭县城南三十里，清河在开原县城南二里，则新兴固北与铜山接界，在铁岭地为多。又，铁岭县东有故新兴城，则辽时所置，金仍其名，而稍移其地。详见前靺鞨及渤海富州条内。]庆云县，辽祺州，本以所俘密云民建州名密云，后更名，有辽河；[按：今有庆云堡，在开原县城西亮子河，由此入开原境。]清安县，辽肃州，熙宗皇统三年降为县；[按：清安本辽肃州县名，见前辽东京条。]荣安县，东有辽河；归仁县，辽旧隶通州，本渤海强师县，辽更名，金因之，北有细河；玉山县，章宗承安三年，以穆苏集、平郭、林河之间，相去六百余里之地置，贞祐二年四月，升为节度军，曰镇安。

《金史》乌楞古[旧作斡鲁古，解见前。]败辽军于咸州西，斩辽统军于阵。完颜罗索克咸州。

《通考》契丹时，自咸州东北分界，入山谷至粟末江，中间所居之女真隶咸州兵马司，与其国往来无禁，谓之辉发。[旧作回霸，今改正。按：国初，辉发国于辉发河边扈尔奇山筑城以居，因号辉发国⑥，其名当本于此。]

《金王寂辽东行部志》庆云县，本辽祺州。归仁县，辽安州。柳河县，旧韩州也，先徙州于奚营，后改为县，以地近柳河故名之。乙亥，次韩州，州故城在辽水侧，常苦风沙，移于白塔寨。又为辽水所侵，移于今柳河县。又以地非冲途，徙于旧九百奚营，即今所治是也。丁巳，次哈达[旧作胡底，今改正。]千户寨⑦。哈达，汉言山也。[按：哈达，满洲语，峰也。此解近是而实误。]以寨居山下故名。戊午，次达巴罕[旧作南谋懒，今改正。]千户寨。达巴罕，汉言岭也，以其近分水岭，故名。己未，次桑阿[旧作松瓦，今改正。]千户寨。桑阿者，城也。[按：满洲语，桑阿，扎也。此解为城，误。]寨近高丽旧城，故名。辛酉，次布拉克[旧作关罗，今改正。]寨。布拉克，汉语暖泉也。[按：蒙古语布拉克，泉也，此解近似。]以山间流水一股，经冬不冰，故名。壬戌，次奎千户寨。奎，汉言清河也。[按：蒙古语，奎，村庄也，与清河无涉。此解误。]宿雅嗒喇库[旧作耶塔剌虎，今改正。]寨，汉言火镰、火石。[按：满洲语，雅塔喇库，火镰也。此解近似。]癸亥，次和勒敦[旧作和鲁夺徒，今改正。千户寨。]和勒敦，汉言松山也。[按：满洲语，和勒敦，果松也，此解近似。]宿茂摩啰[旧作古鲁，今改正。]寨，汉语木盂子也。[按：满洲语，茂摩啰，木碗也。]庚子，次博啰和屯[旧作鼻里合土，今改正。]千户寨。博啰和屯，汉言范河也。[按：博啰，蒙古语，青也。和屯，满洲语，城也。此解殊误。]辛丑，次咸平府，宿府治之安忠堂。辽为咸州，本朝初置咸州详衮司，后升咸平府。己酉，宿清安县治之生明堂。世传辽时为肃州，本朝为县。甲寅，宿铜山县，辽之同州也，本朝为东平县焉。⑧

《松漠纪闻》自信州之北西行三百七十里至咸州南铺，四十里至同州南铺，四十里至银州南铺，五十里至兴州，四十里至蒲河，四十里至沈州。[按：自咸州至沈州二百十里，咸州应在今开原站威远堡之间，以今道里计之，奉天府四十里至蒲河，三十里至懿路站，六十里至铁岭县，六十里至开原县，即辽同、兴等州所辖之地。又十五里至开原站，十五里至威远堡门。《许亢宗奉使行程录》沈州七十里至兴州，兴州五十里至银州，银州四十里至咸州，咸州北行九十里至同州，同州四十里至信州。与洪皓所记异，盖地本犬牙相错，而取道之南北亦时有不同也。]

《元一统志》咸平府，秦筑障塞以限要荒。汉、唐尝置都督府，负山阻河，控制东土。

《元一统志》辽河，从咸平府界流经沈阳西北达广宁路境。[按：辽河出吉林西北窝集，为赫尔苏河，合诸水北流，自赫尔苏边门至科尔沁界，又西北绕邓子村，又西南折与潢河会，遂西南流至开原明安贝勒屯，东十里入边，以达于铁岭、承德。自威远堡门东行九十里至叶赫站，八十里至赫尔苏站，此咸平府东北之界也。其北境出开原边外与韩州为邻。韩州，金隶成平府。]

《元一统志》清安县，故城在咸平府西北旧肃州。金皇统三年改为县，后废，城址犹存。归仁县，故城在咸平府北旧安州。皇统三年改为县，后废，城址犹存。

《元一统志》铜山郡，故城在咸平府南，后废。［按：此即金之铜山县。］

韩州

《金史》韩州，刺史。辽置东平军，本渤海鄚颉府。户一万五千四百一十二。县二，临津，未详何年置；柳河，本渤海粤喜县。辽以河为名，枸河、柳河。［按：《元一统志》第言，地近柳河。《盛京通志》有柳河，而无枸河。惟辽河一名巨流，一名句丽，又名枸柳河。相传谓是枸河、柳河合流之处。今考柳河，源出辽阳州城东北，西北流入十里河，十里河旧名稠柳河，源出辽阳城北，西北流至杨家湾，合沙河入浑河。浑河入辽河，则枸河或即十里河。但十里河与柳河合流之处去巨流河尚远，而辽河之大，岂因二小水得名。旧志未足为据。句丽、巨流、枸柳，音相同而字异，实即辽河，而《金史》误分枸、柳为二河耳。考辽河自吉林西四百余里库勒纳窝集发源，西北流至科尔沁左翼，东南四百五十里经额尔金山，又西北流入左翼后旗界，又西南流合潢河入开原边。韩州故城，当与今科尔沁左翼东南四百七十里之阿里玛图城相近。科尔沁，隋、唐属粤喜靺鞨，其地有辽河，并无柳河也。余详靺鞨及渤海鄚颉府条，又土默特右翼有柳河，东南流入大凌河，地虽近于韩州，然与辽河、枸柳之称又不相涉。］

《元一统志》临津县，废城在咸平府，遗址犹存。柳河县，以近柳河故名，今城址犹存。

金东京 辽阳府

《金史》东京路，府一，领节镇一，刺郡四、县十七、镇五。皇统四年，立东京新宫。

《金史》辽阳府，东京留守司。本渤海辽阳故城，辽名东京。太宗天会十年，改南京路平州军帅司为东南路都统司。之时尝治于此，以镇高丽。后更置留守司。县四，辽阳县，有东梁河，国名乌勒呼［满洲语，芦苇也。旧作兀鲁忽，今改。］必喇，俗名太子河；鹤野县；宜丰县，辽旧衍州，皇统三年废为县，有东梁河；石城县，兴定三年九月以县之灵岩寺为岩州，名其倚郭县曰东安，置行省。镇一，长宜，哈斯罕在其地。

《元史》辽阳路，唐以前为高丽及渤海所有。梁贞明中，契丹太祖以辽阳故城为东平郡，后唐升为南京，石晋改为东京，［按：后唐石晋不应置京邑于辽阳，史殊舛错，盖并系辽事，当五代为唐晋时耳。]金置辽阳府。

澄州

《金史》澄州，南海军，刺史。本辽海州，[详前渤海及辽东京条。海州，原文讹海军，今改正。]天德三年改州名。县二，临溟、析木。辽铜[原本讹同。据《辽史》改。]州附郭析木县也，皇统三年，废州来属，有沙河。镇一，新昌。

沈州

《金史》沈州，昭德军，刺史。本辽定理府地，明昌四年，与通、贵德、澄三州皆隶东京。县五，乐郊，有浑河；章义，辽旧广州，皇统三年来属，有辽河、东梁河、辽河大口；辽滨，辽旧辽州，皇统三年废为县；挹娄，辽兴州常安县，本挹娄故地，大定二十九年更名，有范河、清河，国名奎必喇；[旧作叩隈必刺，解见前。]双城，辽双州，皇统三年降为县，章宗时废。

贵德州

《金史》贵德州，刺史。辽置。县二，贵德，有范河；奉集，辽集州奉集县，本渤海旧县，有浑河。

盖州

《金史》盖州，奉国军，节度。本高丽盖葛牟城，辽辰州。明昌四年，罢哈斯罕建辰州。六年，以与陈同音更名。县四，汤池，辽铁州汤池县；建安，辽县；秀岩，本大宁镇，明昌四年升，泰和四年废，贞祐四年复置；[按：秀岩即今岫岩城。]熊岳，辽卢州熊岳县。镇二，神乡、大宁。[即秀岩。]

复州

《金史》复州，刺史。辽怀远军节度。明昌四年降为刺史。县二，永康、化成。辽苏州皇统三年，降为县，来属。贞祐四年，升为金州。镇一，归胜。

来远州

《金史》来远州，旧来远城。本辽熟女真地，大定二十二年，升为军，后为州。

博索府

《金史》博索[满洲语，山阴也。旧作婆娑，今改。]府，初置统军司。天德二年置总管府，贞元元年与海兰路总管并为尹，兼本路兵马都总管，此路皆明安户。

《元史》元初，以博索府、广宁府等作四路。至元十七年，以博索府属辽阳行省，后废。博索府为巡检司。

《元史》东宁路，本高句丽平壤城，高丽王建，以为西京。元至元六年，李延龄等以府、州、县、镇六十城来归。八年，改西京为东宁路，割静州、义州、麟州、威远镇隶博索府。[按：此为高丽之平安道义州，在鸭绿江入海之处，平壤西北四百二十里。]

《唐·贾耽道里纪》登州东北，海行入鸭绿江口，舟行百余里，又小舫溯流三十里，至泊汋口，得渤海之境。[按：此自登州海行之路。]渡辽水五百里至安东都府。府故襄平城也。[按：襄平，汉县名，在辽阳北七十里，汉辽东郡治。]东南至平壤城八百里，西南至建安城三百里，故平郭县也。南至鸭绿江，北泊汋城七百里，故安平县也。[按：此为自营州陆行之路，安平系西安平，泊汋口、泊汋城，当即博、索二字之转音也。唐贞观二十二年，薛万彻伐高丽，围泊汋城而还，即此。据贾耽所纪，城在鸭绿江北，西南去鸭绿江入海处仅百三十余里，元时所以割高丽之义州来属也。《汉志》称马訾水由西安平入海，马訾，即鸭绿江。《元一统志》亦称鸭绿江，由博索府东南入海。则博索之本于泊汋，明矣。]

《元一统志》大虫江，在辽阳路，发源县东南之龙凤山分水岭下，东南流经废博索府，南流合于鸭绿江。

《元一统志》斜江，在辽阳县东，按图册源自长白山，南流经废博索府东十里，流入于海。

《元一统志》鸭绿江，源出长白山，西南流经废博索府，东南入于海。

《明一统志》博索府，在辽东都司东四百七十里。金置总管府，元省。[按：自辽阳城守东南至凤凰城守界一百九十里，凤凰城东南至义州江一百二十里为朝鲜界。凡三百十里。《明志》称凤凰城在辽东都司东南三百五十里，博索府应在凤凰城东一百余里。]

谨按：金祖肇兴白山、黑水，疆域袤延，即我朝创业之地。金献祖徙居，与阿勒楚喀河源相近，其地在宁古塔之西，混同江之东。太宗建为上京府，曰会宁。以《金史》所记里，至及洪皓《松漠纪闻》、徐梦莘《北盟会编》所载行程考之，上京城去混同江二百六十里，去拉林河一百五十里，宁古塔西六百三十里，吉林城东北二百余里，当在今色齐窝集左右。今色齐窝集岭上有故城遗址，相传为金时关门，其明证也。上京路所辖，京之北曰肇州，金太祖首破辽兵于此。

京之西曰济州，太祖乘马涉混同江之所。又西则信州，在今科尔沁界，夫餘路在肇州之北，率宾路在上京之南，海兰路又在率宾东南，呼尔哈则宁古塔之境，哈斯罕在辽阳之南，咸平府在开原、铁岭间，而会宁一府实居其中。若朝鲜北境之会宁府则剽袭其名，初不相涉。东京之置虽承辽旧，省并实多，博索府路则金所创置，尤与高丽毗连，以地与音考之，即唐贾耽所纪之泊汋口，泊汋城去鸭绿江海口不远也。史述契丹人言，金人满万则不可敌，金祖始以一成一旅，仗义兴师，辽人望风奔溃，又何待满万始不可敌哉！良由山川灵异，骑射精娴，上下协心，人皆劲旅，故能灭辽臣宋，号令寰区，亿年之王气所钟，前代之幅员可溯。按其方域，详胪如右云。

注释：

①得胜陀，在今吉林省松原市扶余市徐家店石碑崴子。当年太祖完颜阿骨打起兵反辽之地，至金第五代皇帝完颜雍，为不忘太祖功绩，在此地立碑为记。即"大金得胜陀颂碑"也。

②清代帝王每东巡谒陵，都要祭拜长白山。因只是在温德亨山遥拜，故称"望祭"。

③辈，此字疑为"倍"字之误，或为通假。

④据《金史·地理志》所载，应为"天眷三年，改黄龙府为济州"。此处"二年"似误。

⑤查元仁宗并无"大德"年号，此年号应为元成宗年号。

⑥辉发国，本海西女真扈伦四部之一部，由王机砮创建。后因屡与建州女真部构怨，又与其接壤，故最先被努尔哈赤征服。

⑦哈达，亦属海西女真扈伦四部之一部，因先与叶赫部互争雄长，后又与建州女真部构怨，明万历二十七年（1599），被努尔哈赤征服。

⑧该段所涉之纪年与《辽海丛书》所记皆不符。年代各有所误，须细加考之。

钦定满洲源流考卷十三

疆域六

元沈阳路

《元史》沈阳路，本挹娄故地，渤海建定理府，都督沈、定二州，此为沈州地。契丹为兴辽军，金为昭德军①，后皆毁于兵火。元初平辽东，高丽国麟州神骑都领洪福源率西京、都护、龟州，四十余城来降，各立镇守司，设官以抚其民。后高丽复叛，洪福源引众来归，授高丽军民万户，徙降民散居辽阳、沈州，初创城郭，置司存，侨治辽阳故城。中统二年，改为安抚高丽军民总管府。及高丽举国内附，又以质子淳为安抚高丽军民总管，分领二千余户，理沈州。元贞二年，并两司为安抚高丽军民总管府，仍治辽阳故城。

开元路

《元史》开元路古肃慎之地，隋、唐曰黑水靺鞨，唐置黑水府。其后渤海盛，靺鞨皆役属之。又其后，渤海浸弱，为契丹所攻，黑水复有其地。东濒海，南界高丽，西北与契丹接，即金始祖之部落也。太祖既灭辽，即上京设都。金末，其将布希 [旧作蒲鲜，今从《八旗姓谱》改正。] 万努 [旧作万奴，今改正。] 据辽东。元初癸巳岁，出师伐之，生擒布希万努，师至开元、率宾，东土悉平。开元之名，始见于此。乙未岁，立开元、南京二万户府，治黄龙府。至元四年，更辽东路总管府。二十三年，改为开元路，领咸平府，后割咸平为散府，俱隶辽东道宣慰司。[按：开元本金上京境内地名，元兵至此，遂定其地。而故上京一带俱已残毁，因改建开元路，非开元即上京也。其初寄治黄龙府，后徙于今开元县地。明初，因以设卫，亦非今开原县，即黄龙府也。俱详见前金上京条。]

《元史》中统三年，割辽河以东隶开元路。四年，罢开元宣慰司。

《元一统志》开元路，南镇长白之山，北浸鲸川之海，三京故国，五国旧城，亦东北一都会也。

《元一统志》开元，劲健善战，习尚射猎。

咸平府

《元史》咸平府，古朝鲜地。辽平渤海，以其地多险隘，建城以居流民，号咸州。金升咸平府，领县六，兵乱皆废。元初因之，隶开元路，后复割出，隶辽东宣慰司。

《元史》至元二十五年，增军戍咸平府。以察罕伊埒萨哈勒 [蒙古语察罕，白色也。伊埒，明显也。萨哈勒，须也。旧作察忽亦儿思合，今改正。] 言，其地旧边徼，请益兵以备不虞，故也。

海兰府硕达勒达等路

《元史》海兰府硕达勒达 [满洲语，隐避处也。旧作水达达，今改正。] 等路，土地广阔，人民散居。元初，设军民万户府五，抚镇北边。一曰屯，旧作 [桃温，今改正。按：屯河，在今宁古塔东北七百里，源出屯池，南流入混同江。明永乐二年，曾置屯河卫及千户所，当即其地，犹唐之羁縻州也。] 距上都四千里。旧讹四十里。[按：元上都与海兰府相去甚远，讹误显然。今改正。] 一曰呼尔哈，[今宁古塔河名，见前渤海及金上京条。] 距上都四千二百里，大都三千八百里，有呼尔哈江并混同江，又有海兰河流入于海。一曰鄂多理，[旧作斡朵怜，今改正。按：《明太祖实录》辽阳至珲绰珲之地三千四百里，珲绰珲至鄂多理一千里，鄂多理至屯万户府一百八十里。又《明志》鄂多理城在开元东北千二百里。有理河出城南诸山，北入混同江。明永乐十一年，尝置卫。考理河，在吉林城南六百七十里，源出吉林城南之勒克山，东流会两讷音河入混同江。明人所识地理皆传闻约略之词，未足为据。鄂多理城为我朝最初发祥之地，在兴京东一千五百里，长白山之东。以音与地按之，均属相合也。] 一曰托果琳，[古语周围也。旧作脱斡怜，今改正。] 一曰布呼 [满洲语，鹿也。旧作孛苦，今改正。] 江，各有司存，分领混同江南北之地。其居民皆硕达勒达 [2]，女真之人各仍旧俗，无市井城郭，以射猎为业，设官牧民，随俗而治。

《元一统志》自南京而南曰海兰府，又南曰双城，直抵于高丽之王京。[按：渤海南京在海州，辽南京在辽阳，此所云南京而南，或仅指海兰府治所，然亦当在东而非南也。双城亦非辽之双城县。]

肇州

《元史》按：《哈喇巴图尔 [蒙古语，哈喇，黑色。巴图尔，勇也。旧作哈喇八都鲁，今改正。] 传》，至元三十年，世祖谓哈喇巴图尔曰："纳廷 [蒙古语，八十，数也。旧作乃颜，今改正。]

故地曰阿巴拉呼[蒙古语,阿巴扯呼,行围也。旧作阿八剌忽,今改正。]者,产鱼。吾今立城,而以伊斯珲、[满洲语,迎面也。旧作元连慗,今改正。]哈喇纳苏、[哈喇,解见前。纳苏,蒙古语,岁数也。旧作哈纳思,今改正。]奇尔济苏[蒙古语,奇尔,斑点也。济苏,颜色也。旧作乞里吉思,今改正。]三部人居之,名其城曰肇州。汝往为宣慰使。既至,定市里,安民居,得鱼九尾,皆千斤,来献。又,《成宗纪》元贞元年,立肇州屯田万户府,以辽阳行省左丞阿萨尔[蒙古语,阁也。旧作阿散,今改正。]领其事。而《大一统志》与《经世大典》皆不载此州,不知其所属所领之详。今以广宁为纳延分地,故附于广宁之下。[按:《元史》以肇州沿革未详,故附广宁之后。考肇州之名,实始于金太祖始破辽兵于珠赫店之地,肇基王业,因创此州。在开元之东北,与济州相连。详《元史》所云立城而以肇州名之,则非金肇州故地,或稍移西近广宁边外耳。]

《元史》肇州,蒙古屯田万户府。成宗元贞元年七月,以纳延布拉噶齐[蒙古语,捕貂人也。旧作不鲁古赤,今改正。]及打鱼硕达勒达女真等户,于肇州旁近地开耕,为户布拉噶齐二百二十户,硕达勒达八十户,归附军三百户,续增丁五十二户。

《元史》仁宗大德二年,拨夫餘路蛮军三百户,属肇州蒙古万户府。

博索府

《元史》元初,以广宁府、博索府、懿州、盖州作四路,直隶中书省。至元八年,割东宁路之义州、麟州、威远镇隶博索府。十七年,以府属辽阳,后废为巡检司。

[按:博索府与高丽接界,当即《新唐书》所称鸭绿江口之泊汋口、泊汋城也。详见前金上京条。]

《元史》中统三年,命博索府屯田军移驻鸭绿江之西,以防海道。

谨按:元时省并辽东州县,分设万户府,镇戍其地,统于辽阳行中书省。所辖路凡七,曰沈阳路,侨治辽阳,以统高丽。曰开元路,所统近黑龙江,东极于海。而万户府则侨治黄龙故地。曰海兰府,硕达勒达路,则今吉林、宁古塔之境设万户府,分领混同江南北。而鄂多里,即本朝始祖定居之地。屯河,在宁古塔东北,呼尔哈近绕宁古塔城。咸平府,近威远堡门。肇州博索府,则上承金旧。虽《元一统志》《经世大典》诸书已不复传,《元史·地理志》所载亦仅存其大略,然设官分域,犹可参稽。若辽阳、广宁、大宁三路,则具载《大清一统志》及《盛京通志》诸书。其有关于渤海辽、金建置者,已详具前各条中。东宁路则本高丽之地,后仍归于高丽,兹不复载云。

附：明卫所城站考

谨按：明初疆圉，东尽于开原、铁岭、辽、沈、海、盖，其东北之境全属我朝。及国初，乌拉、哈达、叶赫、辉发诸国并长白山之讷殷，东海之窝集等部，明人曾未涉其境。③永乐二年，仿唐羁縻州之制，设尼噜罕卫。七年，改为尼噜罕都司，后又续设卫所空名，其疆域远近原弗及知，所称山川城站，亦多在传闻疑似之间。而又译对讹舛，名目重复，一地而三四名，一名而三四见者甚多。又如黑龙江、屯河、呼尔哈河等地。与明边界相去绝远，而亦列于卫所之中。盖缘诸部常以市易与明往来，即其所居强名为卫，书之实录，授以官称，或间有部长自来，或仅部人之来贸易者，前后芜复，辗转传讹，明人固无由而悉也。

洪惟我国家始兴之地，在鄂多理城。《元史》讹为斡朵怜，明人讹为斡朵里，又讹为斡朵伦，而误分为两地。至王迹肇基在渤海国建州之境，故明人又有建州之称。迨我太祖高皇帝受天显命，仗义龚行，诸部之人率先臣仆。其有借明声援抗我颜行者，电扫霆驱，以次平殄。沈、辽旧壤，作我陪都。即明边内广宁、宁远诸卫，亦不足为藩篱之固矣。今就《明实录》《会典》所载，按年胪叙，其译对虽讹，尚实有是名，及一地数名，复见充数者，并为考证，附注于下。有其名而无其地，并撰造不能成语者，改对字面，姑列其名，而附纠其误。凡为卫三百七十有六，所二十有四，城、站地面五十有八。

窝集卫　　[旧讹兀者，今改正。《明实录》永乐元年，部长锡扬哈、舒什哈进马，置窝集卫。以锡扬哈为指挥，舒什哈为指挥同知。按：汉、魏之沃沮，元之乌者、吾者，明之兀者，其部族不一，而地甚广袤。以音与地求之，盖即窝集也。国初名东海窝集部，所属有呼尔哈、赫实赫、宁古塔等路。太祖己亥年后，以次讨平之。]

窝集左卫　　[《明实录》永乐二年置，以部长托克托和为指挥同知。]

窝集右卫　　[《明实录》永乐二年置，以部长诺海为指挥同知。]

窝集后卫　　[《明实录》永乐二年置，以部长彻伯尔为指挥同知。]

毕里卫　　[明永乐三年置。按：毕里河在盖平县东南九十里。]

实勒们卫　　[旧讹失里绵，今改正。《明实录》永乐三年置。按：吉林城西南八百九十余里有实勒们河，此卫与下哈勒珲卫同置，地亦相近也。]

哈勒珲卫　　[旧讹处尔文，今改正。《明实录》永乐三年置，以部人绰尔布骉、额尔吉纳等为指挥等官。按：吉林城西南九百里有地名哈勒珲穆昆，有哈勒珲河，即温水河也。]

萨里卫　　[蒙古语，地弩也。旧讹撒力，今改正。《明实录》永乐三年置，以巴兰等处部人茂义等为指挥金事。按：宁古塔城东北六百五十里有巴兰窝集，在混同江北。又，吉林有巴兰河、巴兰屯，又有萨里屯，当即是也。]

齐巴噶卫　[蒙古语，枣也。旧讹赤不罕，今改正。《明实录》永乐三年，蒙古部人实尔哈岱尔来朝，置卫。以实尔哈岱尔为指挥。]

屯河卫　[《明实录》永乐三年置。按：屯河在宁古塔东北。]

安河卫　[《明实录》永乐三年置。按：安河在呼伦布裕尔北七百十里。]

摩琳卫　[满洲语，马也。旧讹毛怜，《元史》作末邻，今改正。《明实录》永乐三年置。]

坚河卫　[《明实录》永乐三年置。考《盛京通志》无此河名，惟默尔根城西有纠河，音与相近。又，宁古塔城东四里有珊延河，亦书作商坚河，或明人误截称一字耳。]

右城卫　[《明实录》永乐三年置，以部长哈清阿为指挥。]

喀本河卫　[旧讹古贲，今改正。《明实录》永乐四年置。按：喀本河在呼伦布裕尔北三百四十里。]

塔山卫　[《明实录》永乐四年置，以部长达拉齐为指挥。考《盛京通志》，塔山在开元城东二十五里，明时北关所在。又，布尔德库苏巴尔汉山上有塔山，皆叶赫国地，明时又尝以卫都督授哈达部主，盖哈达强时叶赫尝属之耳。]

额伊瑚卫　[旧讹兀也吾，今改正。《明实录》永乐四年置，以部长多罗为指挥。按：自吉林至宁古塔路程，八十里至额赫穆站，九十里至额伊瑚站。]

嘉河卫　[《明实录》永乐四年，嘉河等处人进马，因置嘉河等三卫。考《皇舆全图》，嘉哈必喇在兴京之南，当永乐时，我朝尚未定居于此耳。]

哈密卫　[按：哈密在西域，不应辽沈之东有此地名。而《明实录》称，永乐四年，因嘉河人进马，与嘉河卫同置，其讹舛实不可诘。考《皇舆全图》，嘉哈必喇，毗连之地有哈实玛必喇，或因音有缓急致误，亦未可定。今姑仍原文，附纠其误。]

温都卫　[旧讹干滩，今改正。《明实录》永乐四年，与嘉河同置。原文作斡滩，又讹斡难，乃元始兴之地，即今鄂嫩河与嘉河远不相涉。考兴京西百五十里，有温都河，出八盘岭入浑河，音转而讹为斡滩耳。]

达喜穆鲁卫　[旧讹塔鲁木，今改正。《明实录》永乐四年置，为叶赫国地，部长祝孔额尝授达喜穆鲁卫都督金事④，即明时所称北关也。太祖乙未年灭之。考叶赫相近惟达喜穆鲁山，南为古尼河，北为叶赫。传闻不审，误倒其音耳。]

苏完河卫　[旧讹苏温，今改正。《明实录》永乐四年置。考国初有苏完部，太祖戊子年来归，其故地在吉林，惟无此河名，或古今有异称也。]

阿苏江卫　[《明实录》永乐四年二月置。考阿苏河，在黑龙江境内。]

率宾江卫 ［旧讹速平，今改正。按：率宾本渤海府名，《金史》有苏滨水，亦作恤品。《明一统志》恤品河，在建州东南千余里。河已无考，以音求之，即率宾也。又，今开原东南一百九十余里有硕宾河，与率宾音亦相近，疑明人不知硕宾之即为恤品，而误传在远地耳。］

吉河卫 ［《明实录》永乐四年三月置，以部人肃鲁栋阿为指挥。考东北河名之有吉字者甚多，此未知所属。］

双城卫 ［《明实录》永乐四年七月，因温托珲等处部人吉里纳入朝置。双城等五卫诸人因市易而来，并非部长，不必同为一部也。双城，见前海兰府条。］

沙兰卫 ［旧讹撒刺儿，今改正。《明实录》永乐四年七月置。考沙兰河、沙兰城、沙兰站，俱在宁古塔城西不及百里。］

尼玛拉卫 ［旧讹亦马刺，今改正。《明实录》永乐四年七月置。考尼玛拉河，源出纳鲁窝集，西流入苏子河。］

图伦卫 ［旧讹脱伦，今改正。《明实录》永乐四年七月置。以国初为苏克苏河部，地有图伦城，太祖癸未年攻克之。］

巴延卫 ［旧讹卜颜，今改正。《明实录》永乐四年七月置。按：吉林乌拉有巴延阿林、巴延必喇、巴延鄂谟、巴延站，地名不一。明时卫名未详何属。］

乌拉卫 ［旧讹兀兰，今改正。《明实录》永乐四年八月，乌拉等处部人奇尔鼐、纽尔等来朝，置乌拉、伊尔库鲁、托漠、斐森四卫。按：国初乌拉国城在吉林城北七十里，混同江东，太祖癸丑年平其国。］

伊尔库鲁卫 ［旧讹亦儿古里，今改正。按：伊尔库鲁噶珊在宁古塔东北。］

托漠河卫 ［旧讹脱木，今改正。按：托漠河国初属哲陈部，太祖甲申年征哲陈，有嘉哈地人告之，于是托漠河、章佳、巴尔达、萨尔浒、界藩俱集兵来御，战于浑河。太祖率近侍三人败其兵八百人。］

斐森卫 ［旧讹福三，今改正。与乌拉卫同置。按：斐森屯在宁古塔东北。］

色珠伦卫 ［《明会典》讹撒竹篮，《明实录》讹扎术哈，今改正。永乐四年八月置，以部人鼐尔布哈为指挥。按：色珠伦河，在吉林城西南九百九十五里。］

肥河卫 ［《明实录》永乐四年九月置，以图河实勒们山等处人为指挥等官。按：图河在宁古塔北，穆逊河之西，实勒们山在阿勒楚喀城西二百余里，皆无所谓肥河。若以图河之人官于他部，更无是理。地在边外数千里，明人又安能号令及之，其误盖无从致诘矣。］

穆陈卫 ［旧讹密陈，今改正。《明实录》永乐四年十月与布尔堪卫同置，以部人照斋布哈等为指挥。按：穆陈河在吉林城东南三百十里。又，宁古塔城西七十里，亦有穆陈河。］

布尔堪卫 ［讹卜刺罕，今改正。与穆陈卫同置。按：布尔堪河，在吉林城南四百七十里。］

扎敦卫　[旧讹扎童，今改正。《明实录》永乐四年十一月置，部人扬珠布哈等为指挥。按：齐齐哈尔西六百八十里有扎敦昂阿。]

萨尔浒卫　[旧讹撒儿忽，今改正。永乐四年十一月置。考萨尔浒城属苏克苏河部，太祖癸未年攻克之。]

哈达河卫　[旧讹罕答，今改正。《明实录》永乐四年十一月置。考哈达河，在吉林城西南六百里，由英额门入开原县界，即为清河。国初有哈达国[5]，太祖己亥年灭之。]

穆勒肯山卫　[旧讹木鲁罕，今改正。《明实录》永乐四年十二月，乌拉等处部人和索哩、成格奇纳等来朝，置卫于搜里之地。乌拉旧讹吾兰儿，搜里旧讹扫邻，今改正。考《皇舆全图》穆勒肯必喇，源出穆勒肯达巴罕，东流会搜里必喇，入于乌苏哩乌拉，皆在宁古塔东北。]

窝集前卫　[旧亦讹兀者，今改正。永乐四年置。]

伊罕河卫　[旧讹亦罕，今改正。《明实录》永乐四年置。考伊罕河，在吉林城东北二十五里，源出讷穆窝集，西流入混同江。]

拉林河卫　[旧讹纳怜，今改正。永乐四年置。按：拉林河，在吉林城东北二百二十五里，北流入混同江。]

穆伦河卫　[旧讹麦兰，今改正。《明实录》永乐四年置。按：穆伦河在宁古塔城东四百里，出穆伦窝集东流入乌苏哩江。国初穆伦路属东海窝集部，太祖辛亥年征取之。]

沃楞卫　[旧讹斡兰，今改正。永乐四年置。按：沃楞河，在宁古塔城南四十余里。]

玛延山卫　[旧讹马英，今改正。永乐四年置。按：玛延达巴罕，在吉林城南一百余里。]

图勒哩山卫　[旧讹土鲁亭，今改正。永乐四年置。按：图勒哩山，在黑龙江境内。]

穆克图哩山卫　[旧讹木塔里，今改正。永乐四年置。按：穆克图哩山，在宁古塔东，与乌苏哩江相近。]

多林山卫　[旧讹朵林，今改正。永乐四年置。按：多林窝集，在宁古塔境内。]

哈鲁河卫　[旧讹哈里，今改正。永乐四年置。按：哈鲁河，在齐齐哈尔城东入屯河。]

齐努温河卫　[旧讹喜乐温，今改正。永乐五年正月置齐努温等十二卫，以部人图成阿等为指挥等官。按：齐努温河，在吉林城西南五十里，出库勒讷窝集入温德亨河。]

穆霞河卫　[旧讹木阳，今改正。永乐五年正月置。按：穆霞河，在宁古塔境与密拉河、图们江相近。]

海兰城卫　[旧讹哈兰，今改正。永乐五年正月置。按：海兰城，在宁古塔城西北六十里，海兰河北岸。]

枯凌河卫　[旧讹可令，今改正。永乐五年正月置。按：枯凌河即大凌河，故道在锦县东南，今土人犹有枯凌卫之称，与老边屯相近。]

钦定满洲源流考校注

乌登河卫　［旧讹兀的，今改正。永乐五年正月置。考乌登河，在墨尔根城东南一百六十里，出乌塔里山，入讷木尔河。］

鄂古河卫　［旧讹阿古，今改正。永乐五年正月置。按：鄂古河，在宁古塔境内。］

色珠伦河卫　［名已见前，此又讹撒只剌，今并改。永乐五年正月置。］

伊穆河卫　［旧讹依木，今改正。永乐五年正月置。按：伊穆河，在呼抢布裕尔境内。］

伊努山卫　［旧作亦文，今改正。永乐五年正月置。按：伊努山，在吉林东南一百七十里。］

穆伦河卫　［名已见前，此处又讹木兰，今改正。永乐五年正月置，部人约尼为指挥。］

阿济卫　［旧讹阿资，今改正。永乐五年正月置。按：吉林将军所辖地名有阿济庄。］

佛林河卫　［旧讹甫里，今改正。永乐五年正月置。按：佛林河，在宁古塔城东南六百余里。］

都尔弼卫　［旧讹朵儿必，今改正。永乐五年正月置。按：都尔弼地名，在盛京西北。本朝天聪元年，太宗文皇帝曾驻跸山冈，受教汉部落之降。三年，征明，会师于此。崇德二年，筑城焉。］

讷穆河卫　［永乐五年正月置。按：讷穆窝集，在吉林城东八十里，城东南诸河多发源于此。］

佛尔们河卫　［旧讹南门，今改正。永乐五年正月置。按：佛门们河，在吉林城南四十五里，出库勒讷窝集。］

庚金河卫　［旧讹哥吉，今改正。永乐五年正月置庚金河等五卫，以部人克成额为指挥。按：庚金河，在吉林东南七百九十里，源出讷秦窝集，北流入混同江。］

伊穆河卫　［名已见前，此又讹野木，今并改。永乐五年二月置。］

纳尔吉河卫　［旧讹纳剌吉，今改正。永乐五年二月置。按：纳尔吉河，在黑龙江境内。］

伊拉齐河卫　［旧讹亦里察，今改正。永乐五年二月置。按：伊拉齐河，在吉林城西九十里。］

塔拉河卫　［旧讹答剌，今改正。永乐五年二月置。按：塔拉河，在宁古塔城西南，又有塔拉站。］

阿尔拉山卫　［旧讹阿剌，今改正。永乐五年二月置。按：阿尔拉山，在黑龙江境内。］

绥满河卫　［旧讹随满，今改正。永乐五年二月置。按：绥满河与潮河、纳河相近，为盛京将军所辖。］

三屯河卫　［旧讹撒秃，今改正。永乐五年二月置。按：三屯河⑥，在吉林城南四百八十里，即辉发河之上流也。河之北有辉发城。］

呼兰山卫　［旧讹忽兰，今改正。永乐五年二月置。考呼兰峰，在叶赫城东北，吉林城西南四百余里。又，吉林城南北一百四十里，别有呼兰山。］

乌尔珲山卫　［旧讹古鲁浑，今改正。永乐五年二月置。按：乌尔珲山，在宁古塔城东南六百余里。］

哈喇乌苏卫　［蒙古语，黑水也。旧讹考郎兀，今改正。《明实录》永乐五年三月，黑龙江等

处部人珠赫、瑚什祐等来朝，因置哈喇乌苏、乌苏哩二卫。以珠赫为指挥，瑚什祐为佥事。〕

乌苏哩河卫　〔旧讹亦速里，今改正。永乐五年三月，与哈喇乌苏卫同置。按：乌苏哩河，在宁古塔境北流会黑龙江。〕

伊尔登河卫　〔旧讹野儿定，今改正。永乐五年三月置，部人贯呼实为指挥。按：伊尔登河，在承德县东南七十里，与古埒城、萨尔浒相近。〕

巴尔达河卫　〔旧讹卜鲁丹，今改正。永乐五年三月置。按：巴尔达河，在黑龙江西北千余里，与明边境相去绝远，势不能通。考国初浑河部有巴尔达城，太祖丁亥年遣大臣额亦都征取之。或即是也。〕

齐努温卫　〔名已见前，此处又讹喜剌乌。《明会典》又讹喜速温，即喜乐温河也。今并改。永乐五年十二月置，部人迪升格为指挥。〕

阿鲁河卫　〔旧讹阿里，《明会典》又讹阿吉，今改正。永乐五年置。按：阿鲁河在吉林城西南五百余里。〕

推屯河卫　〔旧讹秃都，今改正。永乐六年正月置，部人旧辰等为指挥。按：推屯河，在吉林城东二百三十五里，有推屯站，自吉林至宁古塔第三站也。〕

实山卫　〔永乐六年正月置。〕

呼拉尔吉山卫　〔旧讹忽里吉，今改正。永乐六年正月置。按：黑龙江境内有呼拉尔吉屯。〕

拉们河卫　〔旧讹列门，今改正。永乐六年正月置。按：拉们河，在凤凰城西北一百八十里入太子河。〕

们河卫　〔旧讹莫温，今改正。永乐六年正月置。按：们河在宁古塔东南五百里入兴喀湖。〕

雅尔河卫　〔旧讹阮里，今改正。永乐六年正月置。按：雅尔河，在齐齐哈尔城西百二十里入嫩江。〕

察尔图山卫　〔旧讹察剌秃，今改正。永乐六年正月置。按：察尔图山，在英额边门与扎凌及八家营子地相近。〕

雅哈河卫　〔旧讹呕罕，今改正。永乐六年正月置。按：雅哈河，在吉林城西三百三十里，又有雅哈城。〕

费克图河卫　〔旧讹弗朵秃，今改正。永乐六年二月置，部人嘉凌阿和托为指挥。按：费克图河，在阿勒楚喀东三百里，有费克图站。〕

沃楞河卫　〔名已见前，此亦讹斡兰，今并改。永乐六年二月置。〕

色埒河卫　〔旧讹薛列，今改正。永乐六年二月置，以部人索灵阿为指挥同知。按：色埒河，在黑龙江境内。〕

喜塔尔河卫　〔旧讹希滩，今改正。永乐六年二月置。考喜塔尔河，在宁古塔境内。〕

克默尔河卫 ［旧讹克默而，今改正。永乐六年二月置。按：克默尔河，在宁古塔境内。］

阿津河卫 ［旧讹阿真，今改正。永乐六年二月置。按：阿津河，在兴京境，与栋鄂山相近。］

乌尔坚山卫 ［旧讹兀里溪，今改正。永乐六年二月置。八年，以部人萨音嘉为指挥，徙居安乐州。按：乌尔坚山，在吉林城西南五百余里。］

三岔河卫 ［旧讹撒叉，今改正。永乐六年二月置。按：辽河入海之处名三岔河，当时尚在明边内，未必讹误。惟白都讷城西北六十里有三岔河，明人未之知也。原文撒叉或即是此。］

额哲密河卫 ［旧讹阿者迷，今改正。永乐六年二月置。按：额哲密河，在吉林境内入混同江。］

穆瑚埒河卫 ［旧讹木忽剌，今改正。永乐六年二月置。按：穆瑚埒河，在宁古塔境内。］

奇集河卫 ［旧讹钦真，今改正。永乐六年二月置。按：奇集淀，在宁古塔境内，又有奇集。］

呼尔哈河卫 ［旧讹兀鲁罕，今改正。《明实录》永乐六年三月置，以讷讷赫等处部人博索等为指挥。按：呼尔哈河，出吉林色齐窝集，绕宁古塔城东北折入混同江，即《金史》之呼里改江也。讷讷赫城在宁古塔城南，旧讹暖暖河，今并改。国初，呼尔哈路属东海窝集部。太祖己亥年，路长率众朝谒，自此岁岁朝贡。又有南路呼尔哈部，北路呼尔哈部，俱乙丑年征取之。此下九卫，俱永乐六年三月置。］

达罕山卫 ［旧作塔罕，今改正。满洲语，达罕，马驹也。］

穆霞河卫 ［名已见前，此又讹木兴，今并改。］

伊实卫 ［旧讹益实，今改正。按：伊实河，在吉林城东百四十里西流入混同江。］

绰拉题山卫 ［旧讹者列帖，又讹者帖列，今并改。按：宁古塔境内有绰拉题屯。］

恰库卫 ［旧讹乞忽，今改正。按：恰库河，在吉林城南六百五十余里东流入混同江。］

罗罗卫 ［旧讹剌鲁，今改正。按：罗罗山，在吉林城西北百二十里。］

雅鲁卫 ［旧讹牙鲁，今改正。按：雅鲁河，在齐齐哈尔城东入屯河。］

猷特哩卫 ［旧讹友铁，今改正。按：猷特哩屯，在宁古塔东北。此上九卫，俱永乐六年与呼尔哈卫同置。］

奇塔穆河卫 ［旧讹乞塔，今改正。永乐六年置。按：奇塔穆河，在打牲乌拉境入松花江。］

通垦山卫 ［旧讹童宽，今改正。永乐六年置。按：通垦山，在宁古塔城南七百里，珲春河发源于此。］

格林河卫 ［旧讹葛林，今改正。永乐七年置，以部人特穆尔等为指挥。按：格林河，在宁古塔东北。以下九卫，俱永乐七年置。］

版长卫 ［旧讹把城，今改正。按：版长峪，在兴凉西南一百九十五里。］

界藩河卫 ［旧讹札肥，今改正。按：界藩在兴京西北一百二十里，有界藩渡口，国初自为一寨，后归本朝。太祖己未年，大破明将杜松等兵于此。］

哈实玛卫 ［旧讹忽石门，今改正。按：哈实玛山，在凤凰城西北三百七十里。又，嘉哈必喇附近有哈实玛必喇。］

扎凌山卫 ［旧讹扎岭，今改正。按：扎凌地名在英额门内，与察尔图山、八家营子相近。］

默尔根卫 ［旧讹木里吉，今改正。按：默尔根河，在默尔根城东一里。］

呼尔哈卫 ［名已见前，此又讹忽儿海，今并改。］

穆逊河卫 ［旧讹木速，今改正。按：穆逊河，在齐齐哈尔之东南流入屯河。］

赫图河卫 ［旧讹好屯，今改正。按：赫图河，在宁古塔西南，东流至爱丹城，入噶哈哩河。又，盛京将军所辖亦有赫图河，此未知所属。以上九卫，俱永乐七年与格林卫同置。］

富勒坚卫 ［旧讹伏里其，今改正。《明实录》永乐七年四月置，以尼噜罕部人瑚尔都讷为指挥。按：富勒坚城，在宁古塔城南六百七十里。］

福题希卫 ［旧作弗提，今改正。《明实录》永乐七年五月，改呼尔哈卫为福题希卫，以部人达实为指挥。考福题希，乃呼尔哈部内屯名。本朝崇德七年，征呼尔哈部落福题布等十屯，人民俱降。此既云改呼尔哈为福题希，而永乐十四年所置吉滩河卫，又称属呼尔哈福题希卫，或当时本另置此卫名，而《明实录》误为改名也。］

奇穆尼卫 ［旧讹乞勒尼，今改正。《明实录》永乐七年置，以瑚尔穆地人萨敦为指挥。按：奇穆尼窝集，在宁古塔东北，有奇穆尼河入混同江。瑚尔穆屯、瑚尔穆河，俱在宁古塔东北，与奇穆尼河相近。瑚尔穆，旧讹虎夜木，今改正。］

爱哈卫 ［旧讹爱和，又讹爱河，今改正。永乐七年八月置。考《皇舆全图》，凤凰城东北爱哈边门外有爱哈必喇，及爱哈和屯即爱和也。］

博尔和卫 ［旧讹把和，今改正。永乐七年八月，与爱哈卫同置，以齐达纳等为指挥使。按：博尔和山，在吉林西南，与英额边门相近。］

阿伦卫 ［永乐七年十月置，以伊里哈为指挥金事，达阳阿为千户官。按：《皇舆全图》阿伦河，在齐齐哈尔城北。］

塔玛实克卫 ［蒙古语，塔玛，印也。实克，相似也。旧讹塔玛速，今改正。地名无考。］

实勒们卫 ［名已见前，此又讹失里木，今并改。永乐九年，以部人哈升格为指挥使。］

和通吉卫 ［旧讹和屯吉，今改正。永乐七年置。按：和通吉河，在吉林东南一千四十里入混同江。亦书赫通额，又书合克通吉，又书和通集，其实一也。］

固里河卫 ［旧作古里，今改正。永乐七年置。按：固里河，在黑龙江境内。］

富伦河卫 ［旧讹甫儿，今改正。永乐八年二月，与舒翻等三卫同置，以纳恰等十九人为指挥等官。按：富伦河，在宁古塔城东与阿济格窝集相近。］

舒翻河卫 ［旧讹使坊，今改正。按：舒翻河，在宁古塔城东南入绥芬河。］

尼满河卫 ［旧讹亦麻，今改正。按：尼满河，在宁古塔城东入乌苏哩江。以上，俱永乐八年与富伦河同置。］

费雅河卫 ［旧讹法因，今改正。永乐八年二月置，以部人图喇等为指挥。按：费雅河，在宁古塔城东北百余里。］

噶穆河卫 ［旧讹古木，今改正。永乐八年二月置。按：噶穆河，在宁古塔城东北。又，凤凰城相近有喀摩河，音亦相近。］

额音河卫 ［旧讹兀应，今改正。永乐八年二月置。按：额音河，在吉林城西南五百余里，东流会富尔哈河。］

噶齐克卫 ［旧讹葛称哥，今改正。永乐八年三月置，以部人谢成格为指挥。按：噶齐克，地名，在齐齐哈尔西百八十里。］

希禅卫 ［旧讹喜申，今改正。永乐八年十一月置，以部人迁塔努为指挥佥事。按：希禅噶珊，在宁古塔东北。］

额垺河卫 ［旧讹兀列，今改正。永乐八年十二月置。按：额垺河，在宁古塔东北。］

弼勒古河卫 ［旧讹卜鲁兀，今改正。永乐八年十二月置。按：弼勒古河，在宁古塔城东北。］

密拉河卫 ［旧讹木剌，《明会典》又讹木束，今改正。《明实录》永乐八年置。按：密拉河，在吉林境内，与小图们江相近。］

阿布达哩河卫 ［旧讹阿答力，今改正。《明实录》永乐八年置。按：阿布达哩河，在宁古塔东南，与珲春河相近。］

托罕河卫 ［旧讹督罕，今改正。《明实录》永乐九年二月置，以部人玛吉尼为指挥。按：托罕河，在宁古塔西南。］

济尔玛泰卫 ［旧讹只儿蛮，今改正。《明实录》永乐十年八月，尼噜罕、富尔坚乌拉等处部人来，置济尔玛泰等十一卫，以准图努等为指挥。按：济尔玛泰河，在呼伦布裕尔东七十余里。］

乌拉卫 ［名已见前，此又讹兀剌，今并改正。］

顺民卫 ［地无可考，今盛京有新民屯，与嘉哩库河尼雅满庄相近。］

农额勒卫 ［旧讹囊哈儿，今改正。按：吉林东南五百八十里，有农额勒兰海河，疑此截为卫名也。］

古鲁卫 ［按：齐齐哈尔西南，至白都讷第五站为古鲁站，去齐齐哈尔百八十五里。］

穆勒卫 ［旧讹满泾，今改正。按：穆勒河，在吉林城南四百余里，与辉发河、觉哈河相近。］

哈尔敏卫 ［旧讹哈尔蛮，今改正。按：哈尔敏河，在吉林境内长白山西南，源出分水岭，南流入佟嘉江。］

塔克题音卫 ［旧讹塔亭，今改正。按：塔克题音屯在宁古塔东北。］

额苏伦卫　[蒙古语，天王也。旧讹也孙伦，今改正。]

噶穆河卫　[名已见前，此处又讹可木，今并改。]

富色克摩卫　[满洲语，富色克，滋生也。摩，树也。旧作弗思木，今改正。《明实录》辽阳至珲绰珲之地三千四百里，珲绰珲至富色克摩隘口一千三百六十里。以上，俱永乐十年置。]

布尔哈图河卫　[旧讹卜忽秃，今改正。《明实录》永乐十二年三月置，以部人伊能额为指挥。考布尔哈图河，在宁古塔南四百里入噶哈哩河。又，兴京西南八十里，亦有布尔哈图河。]

哈勒珲河卫　[名已见前，此处又讹阿儿温，今并改。]

噶哈卫　[旧讹可河，今改正。按：噶哈必喇，在吉林城北巴延鄂佛啰站，南又有噶哈城。以上，俱永乐十二年置。]

噶哈河卫　[名已见前，此又讹葛可，今并改。《明实录》永乐十二年三月置，以部人广佑等为指挥。]

塔舒尔河卫　[蒙古语，马鞭也。旧讹塔速儿，今改正。《明实录》永乐十二年九月置。塔舒尔等八卫，以部人阿噜图为指挥。按：河名无考。]

乌屯河卫　[旧讹兀屯，今改正。按：乌屯河，在齐齐哈尔东，出兴安岭东南入混同江。]

宣城卫　[旧讹元城，今改正。按：宣城，与鸭绿江路宽甸相近。]

科博栾卫　[旧讹和卜罗，今改正。按：科博乐屯，与尚间崖伊拉塔山相近。]

老哈河卫　[按：老河，蒙古语称为老哈，即辽时土河也。源出喀喇沁右翼南之明安山，东北流经故大宁城东，又北经敖汉北，又东北流，与潢河合。]

额垺卫　[已见前，此处又讹兀列，今并改。]

鄂勒欢卫　[旧讹兀剌忽，今改正。太祖丙戌年，追讨尼堪外兰，越相邻诸部径攻鄂勒欢城，克之⑦。]

哈尔费延卫　[旧讹哈尔芬，今改正。按：混同江中有哈尔费延岛，岛上有城，周二里，名哈尔费延城，在吉林界内。以上，并永乐十二年九月置。]

实尔固辰卫　[旧讹失儿兀赤，今改正。《明实录》永乐十二年十二月置，以部人万达为指挥。按：实尔固辰噶珊，在宁古塔东北乌苏哩河旁。]

弼勒古河卫　[名已见前，此又讹卜鲁兀，今并改。明永乐十二年置。]

和啰噶卫　[蒙古语，墙围也。旧讹忽鲁爱，今改正。《明实录》永乐十三年十月置。卫地无考。]

珠敦河卫　[旧讹渚冬，今改正。《明实录》永乐十三年十月，以部人章嘉为指挥同知。按：珠敦河，在吉林城西南五百余里，源出果尔敏珠敦，入辽吉善河。]

扎津卫　[旧讹扎真，今改正。《明实录》永乐十三年十月，以部人吉当阿为指挥同知。按：扎津河，在宁古塔城西南一百十里入镜泊。]

祜实哈哩卫　[旧讹兀思哈哩，今改正。《明实录》永乐十三年十月，以部人呼哈斯为指挥同知。按：祜实哈哩河，在宁古塔城东北二十五里，源出祜实哈哩窝集。本朝崇德四年，部长纳穆达理等朝贡。]

吉滩河卫　[《明实录》永乐十四年八月置，以部人雅苏为指挥同知，属呼尔哈福题希卫。按：吉滩河，在旺清门外额尔敏河之西。]

尼玛呼山卫　[旧讹亦马忽，今改正。《明实录》永乐十四年八月置。按：尼玛呼山，在吉林城西南五百余里。太祖壬子年征乌拉还，筑木城于山上。]

伊屯河卫　[旧讹亦东，《明一统志》讹一秃，又讹一统，今改正。《明实录》永乐十五年二月置。按：伊屯河，在吉林城西二百九十余里，北流入混同江。伊屯们即在河西。]

伊尔们河卫　[旧讹亦迷，又讹亦速，《明一统志》讹衣迷，今改正。《明实录》永乐十五年，与伊屯河同置。《明一统志》衣迷河，在开原城北，北流合一秃入松花江。衣迷，即伊尔们；一秃，即伊屯之误也。今按：伊尔们河在吉林西百四十里，会伊屯河入混同江。若亦速则当为伊逊河，在黑龙江境内，与伊屯相去甚远。原文更为讹舛。]

浩喇图吉卫　[旧讹阿真同真，今改正。《明实录》永乐十五年置。按：浩喇图吉山，在默尔根东南二百里。]

伊实左卫　[名已见前，此亦讹益实，今并改。]

阿都齐卫　[蒙古语，牧马人也。旧讹阿答赤，今改正。地名无考。]

塔山左卫　[《明实录》作前卫。即国初哈达国地，明人所谓南关也。正统间，授部长锡赫特及其孙王台为左都督[8]。太祖己亥年平其国。]

齐努温卫　[名已见前，此又讹城讨温，今并改。按：伊实左卫以下，俱明正统间置。寄居摩琳卫，内尤空文，无实者也。]

噶穆卫　[名已见前，此处又讹可木，今并改。按：噶穆卫以下，俱明正统后所置。尤为复沓。]

锡璘卫　[旧讹失里，今改正。按：锡璘河，在宁古塔境内。国初锡璘路属窝集部，太祖甲寅年征降之。]

苏穆噜河卫　[旧讹失木鲁，今改正。按：宁古塔东北有苏木噜山，无苏穆噜河。]

瑚尔穆卫　[旧讹忽鲁木，今改正。按：瑚尔穆山，在宁古塔东北，与伊尔琨噶珊相近，其去明边绝远，尤为夷而无实也。]

塔玛实克卫　[名已见前，此亦讹塔玛速，今并改。]

吉滩卫　[名已见前。]

和屯卫　[满洲语，城也。按：宁古塔东北呼尔哈河入混同江之地有和屯噶珊。去明边远，卫名当不在此。]

和通吉卫 ［名已见前。］

伊实卫 ［名已见前，此处又讹亦失，今并改。］

伊拉喀卫 ［旧讹亦力克，今改正。按：齐齐哈尔东北三百五十四里，有伊拉喀站。］

纳穆卫 ［名已见前，此亦讹纳木，今并改。］

佛讷赫卫 ［旧讹弗纳河，今改正。按：佛讷赫城，国初属窝集部。太祖丁未年，遣贝勒巴雅喇等征取之。］

哈实玛卫 ［名已见前，此处又讹忽失木，今并改。］

瑚叶卫 ［旧讹兀也，今改正。按：瑚叶路，国初属东海窝集部。太祖己酉年遣兵千人征取之。］

额苏伦卫 ［名已见前，此又讹也速伦，今并改。］

博和哩卫 ［旧讹巴忽鲁，今改正。按：博和哩河，在宁古塔境内。又，黑龙江南七十五里，有博和哩山、博和哩噶珊。太宗崇德八年攻克之。］

乌雅山卫 ［旧讹兀牙，今从《八旗姓氏谱》改正。］

托漠卫 ［名已见前，此又讹塔木，今改正。］

呼勒山卫 ［旧讹忽里，今改正。按：呼勒山，在宁古塔城东北三百里。］

哈玛尔卫 ［旧讹罕麻，今改正。按：呼伦布裕尔西三百余里，有哈玛尔山。］

默尔根河卫 ［名已见前，此讹木里吉，今并改。］

伊尔们河卫 ［名已见前，此处又讹引门，今并改。］

伊拉齐卫 ［旧讹亦里察，今改正。按：吉林城西九十里有伊拉齐山。］

扎穆图卫 ［旧讹只卜得，今改正。按：宁古塔城北五十里有扎穆图河。又，扎穆图窝集在城北百二十里。］

洮尔河卫 ［旧讹塔儿，今改正。按：洮尔河，在科尔沁右翼前旗西四里，源出西兴安山，入嫩江。《魏书》之太鲁太河，《唐书》之地漏河，《辽史》之地鲁挞鲁河，《金史》之挞鲁古河，皆即是河也。详前勿吉疆域条。］

穆瑚埒卫 ［名已见前，此又讹木忽鲁，今并改。］

穆当阿山卫 ［旧讹木答，今改正。按：穆当阿山，在宁古塔西南五百余里。又，宁古塔城西三十里，亦有穆当阿城。］

勒克山卫 ［旧讹立山，今改正。按：勒克山，在吉林西北四百余里，周百余里。］

克音河卫 ［旧讹可吉，今改正。按：宁古塔城东北五十里有克音城，克音河应在其地。太宗天聪九年，克音噶珊来贡。］

呼济河卫 ［旧讹忽失，今改正。按：呼济河，在宁古城南三百里。］

多隆武卫 ［旧讹脱伦兀，今改正。按：齐齐哈尔东有多隆武噶珊，与屯河相近。］

阿济纳河卫 ［旧讹阿的纳，今改正。按：阿济纳河，在盛京将军所辖境内，与恰库站扎穆峪相近。］

额垮卫 ［名已见前，此又讹兀力，今并改。］

阿苏卫 ［名已见前。］

逊河卫 ［旧讹速温，今改正。按：逊河，在黑龙江南一百八十里。］

吉朗吉卫 ［旧讹结剌吉，今改正。按：吉林东南七百九十里，有吉朗吉海兰河。］

萨喇卫 ［旧讹撒剌，今改正。按：宁古塔城南有萨喇河，与图们江布达山相近。］

伊实卫 ［名已见前，此又讹亦实，今并改。］

费克图河卫 ［名已见前，此又讹弗朵脱，今并改。］

伊屯河卫 ［名已见前，此又讹亦屯，又作易屯，今并改。］

温托珲河卫 ［旧讹兀讨温，今改正。按：齐齐哈尔西南百三十里，有温托珲鄂漠，又有温托珲站。］

法河卫 ［旧讹甫河，今改正。按：法河，一在吉林城南六百六十余里入混同江，一在吉林城南四百余里入辉发河。］

拉拉山卫 ［旧讹剌山，今改正。按：拉拉山，在宁古塔城东，与们河相近。］

阿济卫 ［名已见前，此又讹阿者，今并改。］

通垦山卫 ［名已见前，此又讹为童山宽，盖传写颠倒，今并改。］

第拉卫 ［旧讹替里，今改正。按：宁古塔城东北有第拉河，与喜拉逊河相近。］

伊拉齐河卫 ［名已见前，此处又讹亦力察，今并改。］

哈尔费延卫 ［名已见前，此处又讹哈里分，今并改。］

图河卫 ［旧讹秃河，今改正。按：图河，在穆逊河之东屯河之北。］

赫图卫 ［名已见前，此亦讹好屯，今并改。］

奇穆尼卫 ［名已见前，此又讹乞力尼，今并改。］

萨里河卫 ［名已见前，此处又讹撒里，今并改。］

哈实玛卫 ［名已见前，此处又讹忽思木，今并改。］

额垮河卫 ［名已见前，此处又讹兀里，今并改。］

呼勒山卫 ［名已见前，此处又讹忽鲁，今并改。］

法勒图河卫 ［旧讹忽儿秃，今改正。按：法勒图河，在宁古塔城东，兴喀湖东南。］

穆克图哩卫 ［名已见前，此处又讹没脱伦，今并改。］

噶勒弼河卫 ［旧讹阿鲁必，今改正。按：呼伦布裕尔南四百四十余里，有噶勒弼鄂漠。］

雅奇山卫 ［旧讹咬里，今改正。按：雅奇山，在吉林城西南五百余里。］

伊努卫　［名已见前，此亦讹亦文，今并改。］

色珠伦卫　［名已见前，此处又讹写猪洛，今并改。］

托里山卫　［旧讹答里，今改正。按：黑龙江，城南六十里有托里峰。］

噶穆河卫　［名已见前，此亦讹古木，今并改。］

拉拉卫　［名已见前，此处又讹剌儿，今并改。］

乌屯河卫　［名已见前，此处又讹兀同，今并改。］

察罕山卫　［旧讹出万，今改正。按：黑龙江，城北有察罕峰。］

瞻屯卫　［旧讹者屯，今改正。按：瞻屯，在宁古塔境内，即瞻噶珊也。与穆瑚埒噶珊相近。］

希禅卫　［名已见前，此又讹喜辰，今并改。］

噶哈卫　［名已见前，此处又讹海河，今并改。］

拉哈卫　［旧讹兰河，今改正。按：拉哈河，在旺清边门内。］

敦珠克山卫　［旧讹朵州，今改正。按：敦珠克山吗，在吉林西南五百余里。］

占尼河卫　［旧讹者亦，今改正。按：占尼河，在吉林城西南五百七十余里，西南流入威远堡门，为扣河。］

纳苏济勒河卫　［蒙古语，纳苏，岁也；济勒，年也。旧讹纳速吉，今改正。］

博和哩卫　［名已见前，此又讹把忽儿，今并改。］

敦敦河卫　［旧讹镇真，今改正。按：敦敦河，在宁古塔东北。］

伊逊河卫　［旧讹也速，今改正。按：伊逊河，在齐齐哈尔东，与屯河、伊春河相近。］

察尔圆山卫　［名已见前，此又讹者剌秃，今并改。］

雅鲁河卫　［名已见前，此又讹也鲁，今并改。］

伊鲁河卫　［旧讹亦鲁，今改正。按：伊鲁河，在宁古塔兴喀湖南。又，铁岭县城南亦有伊鲁河，或书作懿路，明别设铁岭卫中千户所于此。］

锡里呼卫　［蒙古语，选也。旧讹失里兀，今改正。地名无考。］

推屯河卫　［名已见前，此又讹秃屯，今并改。］

扎凌山卫　［名已见前，此又讹者林，今并改。］

博啰河卫　［蒙古语，青色也。旧作波罗，今改正。按：盛京将军所辖有博啰堡，与黄固岛相近。］

都尔弼卫　［名已见前，此又讹朵儿平，今并改。］

萨里卫　［名已见前，此又讹撒力，今并改。］

密拉图河卫　［蒙古语，密拉，鞭也；图，有也。旧讹密剌秃，今改正。山无考。］

佛尔们卫　［名已见前，此亦讹甫门，今并改。］

实勒们河卫　[名已见前，此又讹甫木，今并改。]

默伦河卫　[旧讹没伦，今改正。按：默伦河，在吉林东北与阿勒楚喀河源相近。]

费克图河卫　[名已见前，此又讹弗秃都，今并改。]

绰拉题卫　[名已见前，此亦讹者列帖，今并改。]

察尔察图河卫　[蒙古语，察尔察，蚱蜢也；图，解见前。旧讹察扎秃，今改正。]

舒翻河卫　[名已见前，此又讹出万，今并改。]

绰拉题卫　[名已见前，此又倒为者帖列，今并改。]

乌苏卫　[旧讹兀失，今改正。按：乌苏城，国初属叶赫国。太祖癸丑年九月征叶赫，破乌苏等十九城。]

呼勒河卫　[旧讹忽里，今改正。按：呼勒河，在长白山西南，源出分水岭，入佟嘉江。]

实勒们河卫　[名已见前，此亦讹失里绵，今并改。]

乌拉卫　[名已见前，此又讹兀剌，今并改。]

瑗河卫　[名已见前，即爱哈也。]

萨哈勒察卫　[旧讹哈剌察，今改正。按：索伦部萨哈勒察，地属黑龙江所辖。]

默伦卫　[名已见前，此亦讹没伦，今并改。]

布拉卫　[旧讹卜鲁，今改正。按：布拉山，在宁古塔城西南一百十里。]

扎哈喇哈卫　[旧讹以哈阿哈，今改正。按：扎哈喇哈峰，在齐齐哈尔东南九百里。]

率宾江卫　[名已见前，此倒讹为速江平，今并改。]

鄂山卫　[旧讹兀山，今改正。按：鄂山，在吉林城北七十七里。]

佛林卫　[名已见前，此又讹弗力，今并改。]

硕隆山卫　[旧讹失郎，今改正。按：硕隆山，在呼伦布裕尔东二百五十里。]

伊屯卫　[名已见前，此又讹亦屯，今并改。]

穆河卫　[旧讹木河，今改正。按：穆河，在呼伦布裕尔北八百六十里。]

珠敦卫　[名已见前，此又讹竹敦，今并改。]

噶穆卫　[名已见前，此又讹河木，今并改。]

海兰卫　[名已见前，此又讹哈郎，今并改。]

萨尔布卫　[旧讹岁班，今改正。按：宁古塔城东北一百二十里，有萨尔布河，又有萨尔布窝集、萨尔布屯。]

实山卫　[名已见前，此又讹失山，今并改。]

海兰卫　[名已见前，此又讹考郎，今并改。]

珠敦卫　[名已见前，此又讹筑屯，今并改。]

赫什赫河卫　［旧讹黑黑，今改正。按：赫什赫河，国初属窝集部。太祖丁未年征取之。］

古城卫　［按：盛京东北有古城之地甚多，此未知所属。］

福河卫　［旧讹弗河，今改正。按：福河，在黑龙江东南六百里。］

乌登河卫　［名已见前，此又讹文东，今并改。］

鄂古卫　［名已见前，此亦讹阿古，今并改。］

斐森卫　［名已见前，此又讹弗山，今并改。］

乌塔里卫　［旧讹兀答里，今改正。按：乌塔里山，在默尔根城东南一百六十里。］

拉新河卫　［旧讹纳速，今改正。按：拉新河，在吉林城西南五百余里。］

锡璘河卫　［名已见前，此又讹失列，今并改。］

多尔裕卫　［旧作朵儿玉，今改正。地名无考。］

呼鲁河卫　［旧讹兀鲁，今改正。按：呼鲁河，在吉林西南五百余里，入赫尔苏河。］

富尔哈河卫　［旧讹弗郎罕，今改正。按：富尔哈河，一在吉林西南五百余里，东流入辽吉善河，有富尔哈城。一在宁古塔南，西流入噶哈哩河。又，吉林城北三十三里有富尔哈城，太祖壬子年，上率大兵征乌拉国，沿乌拉河岸而行，克临河五城，又取金刑城，复毁其六城，移驻富尔哈河渡口。乌拉贝勒布占泰至河中⑨，跽请乃还。癸丑年，复征乌拉，连破逊扎泰等数城。布占泰越富尔哈城而军，大兵攻克之，遂平其国。］

齐巴噶山卫　［名已见前，此又讹赤卜罕，今并改。］

老河卫　［考永乐十三年，已有老哈河卫之名。老河，即老哈，在蒙古界。而以为东北卫之名，殊误。盖蒙古部人有至开原市易者，明人初不能辨也。］

珠伦河卫　［旧讹竹里，今改正。按：珠伦河，在宁古塔城东南六百三十里。］

吉达纳河卫　［满洲语，往击也。旧讹吉答纳，今改正。河无考。］

扎穆图卫　［名已见前，此又讹者不登，今并改。］

伊苏图卫　［蒙古语，九数也。旧讹也速脱，今改正。］

阿木河卫　［按：吉林、宁古塔等境内无此河名，或即阿拉穆河及阿穆塔图鄂谟，鄂摩和索罗等地，割截名之耳。］

岳喜卫　［旧讹颜亦，今改正。按：岳喜河，在阿勒楚喀东南二十余里入混同江。按自噶穆卫以下至此俱正统后所置。］

萨尔达卫　［旧讹山答，今改正。按：萨尔达山，在打牲乌拉。又，宁古塔境内萨克达地名音亦相近。此以下俱名，嘉靖时置。］

塔哈卫　［按：塔哈河，在黑龙江境内。］

库勒讷河卫　［旧讹弗鲁讷，今改正。按：库勒讷河，在吉林西南百余里，出库勒讷窝集。］

康萨卫 [旧讹行子，今改正。按：康萨岭，在吉林西南扈伦岭之东。]

斡赍城卫 [旧讹兀勒阿，今改正。按：斡赍城，在宁古塔之北，混同江之南，与摩和啰噶珊相近。]

阿实卫 [旧讹阿失，今改正。按：阿实河，在白都讷东北四百里。]

奇彻纳河卫 [蒙古语，勤也。旧讹吉真纳，今改正。河无考。]

法卫 [名已见前。]

博啰卫 [名已见前，此又讹薄罗，今并改。]

塔玛实克卫 [名已见前，此又讹塔麻所，今并改。]

布尔哈卫 [旧讹布儿哈，今改正。按：兴京西一百二十里有布尔哈渡。]

伊苏彻尔河卫 [蒙古语，伊苏，九数也；彻尔，洁净也。旧讹亦思察，今改正。河无考。]

沙兰卫 [名已见前，此又讹失剌，今并改。]

布尔哈图卫 [名已见前，此亦讹卜忽秃，今并改。]

萨里卫 [名已见前，此又讹散里，今并改。]

伊实卫 [名已见前，此又讹你实，今并改。]

平河卫 [无考。]

呼拉尔吉山卫 [名已见前，此亦讹忽里吉，今并改。]

阿奇卫 [旧讹阿乞，今改正。按：阿奇噶珊，在宁古塔东北尼满噶珊之北，与穆克图哩山、实尔固辰噶珊相近。]

太兰卫 [旧讹台郎，今改正。按：太兰冈与兴京相近，太祖乙酉年击败浑河诸部兵于此。]

赛堪卫 [旧讹塞克，今改正。按：赛堪岭，在齐齐哈尔西南。]

布魁卫 [旧讹拜苦，今改正。按：自齐齐哈尔东北至默尔根第一站，即布魁站也。]

搜里卫 [旧讹所力，今改正。按：搜里河，在宁古塔东北。]

巴尔卫 [旧讹把里，今改正。按：巴尔屯，在黑龙江境内。]

塔纳卫 [满洲语，东珠也。地名无考，惟黑龙江境内有托诺河，音与相近。]

穆伦卫 [名已见前，此又讹木郎，今并改。]

额尔克卫 [旧讹额克，今改正。按：额尔克山，在默尔根东北。]

勒富卫 [旧讹勒伏，今改正。按：勒富河，一在宁古塔东南七百九十里入兴喀湖，一在吉林西二百六十里入伊尔们河。又，吉林西南五百余里有勒富山，此未详何属。]

绥满河卫 [名已见前，此又讹式木，今并改。]

舒尔哈卫 [旧讹树哈，今改正。按：舒尔哈河，在宁古塔东南入噶哈哩河。]

费雅哈达卫 [旧讹肥哈答，今改正。满洲语，费雅，桦木也；哈达，山峰也。]

格根卫　[旧讹盖干，今改正。按：宁古塔东北有格根噶珊。]

英图卫　[蒙古语，英图，有碾之谓也。旧讹英秃，今改正。地名无考。]

恰库卫　[名已见前，此又讹乞忽，今并改。]

阿林卫　[满洲语，山也。]

哈尔萨卫　[旧讹哈儿速，今改正。按：兴京西南有哈尔萨山，哈尔萨河发源于此。]

布达卫　[旧讹巴答，今改正。按：布达山、布达窝集，俱在宁古塔西南，与富尔嘉哈河、萨喇河相近。]

托漠卫　[名已见前，此又讹脱木，今并改。]

喀巴卫　[旧讹忽把，今改正。按：喀巴岭，在凤凰城西南三十里。]

松阿哩卫　[旧讹速哈儿，又讹辣和儿、胜和儿，今并改。按：松阿哩乌拉，即混同江。]

穆苏卫　[旧讹马失，今改正。按：穆苏噶珊，在宁古塔东北，与敦敦窝集相近。]

托新卫　[旧讹塔塞，今改正。按：托新河，在齐齐哈尔西入绰尔河。]

扎哩卫　[旧讹札里，今改正。按：扎哩河，在齐齐哈尔东入屯河。]

扎哈卫　[旧讹者哈，今改正。按：扎哈河，在吉林城南七百十五里。]

兴喀卫　[旧讹恨克，今改正。按：国初有兴喀路，以兴喀湖名，湖在宁古塔城东南五百里，周围千里。]

哈尔萨卫　[名已见前，此又讹哈失，今并改。]

交校卫　[地名无考。]

噶哈卫　[名已见前，此又讹葛，今并改。]

爱丹卫　[旧讹艾答，今改正。按：爱丹城，在宁古塔城南四百里，海兰河、布尔哈图河会流之地。]

尼满卫　[名已见前，此又讹亦蛮，今并改。]

哈瞻卫　[旧讹哈察，今改正。按：哈瞻河，在吉林东南九百六十余里。]

海楚卫　[旧讹革出，今改正。按：海楚噶珊在宁古塔东北，与伊尔琨噶珊相近。]

布达卫　[名已见前，此亦讹卜答，今并改。]

苏尔河卫　[旧讹蜀河，今改正。按：苏尔河，在黑龙江城东南入黑龙江。]

屯齐山卫　[旧讹秃里赤，今改正。按：屯齐哈达，在吉林城西三十里。]

赛音卫　[满洲语，善也。卫未详何地，考吉林城南五百二十里，有赛音讷音河，入混同江，或即是也。]

梅赫卫　[旧讹忙哈，今改正。按：吉林城西南五百二十里，有梅赫河，即蛇河也。又有摩克托梅赫河、安班梅赫河，并在吉林西南入辽吉善河。又，宁古塔城北亦有梅赫河，入呼尔哈河。此以上

俱嘉靖年置。〕

窝集屯河所 〔旧讹兀者托温，今改正。《明实录》永乐二年十月置，以欢塔等为千百户。按：屯河出屯窝集，原文加窝集于屯字之上，似以屯河所为窝集卫属部也。余见前。〕

喀勒达所 〔旧讹可里踢，今改正。《明实录》永乐四年正月置，以巴图布哈等为千百户。按：喀勒达山，在珲春城东八十余里。〕

呼特亨所 〔旧讹兀的罕，今改正。《明实录》永乐四年二月置。按：大呼特亨噶珊，在混同江南岸；小呼特亨噶珊，在混同江北岸。又有大、小呼特亨河，俱入混同江。〕

德里沃赫所 〔旧讹得的河，今改正。永乐五年二月置。按：德里沃赫，在兴京西一百五十里。〕

阿实河所 〔名已见前，此又讹与石，今并改。〕

鄂尔珲山所 〔旧讹哈鲁门，今改正。永乐五年正月置。按：鄂尔珲山，在宁古塔东南六百二十里。〕

法坦河所 〔旧讹敷答，今改正。永乐七年四月置。按：法坦河，在宁古塔东北。〕

窝集奎玛所 〔窝集，旧讹兀者；奎玛，旧讹揆野木，今改正。按：奎玛河、奎玛噶珊，俱在宁古塔东北。〕

窝集沃勒齐所 〔沃勒齐，旧讹稳勉赤，今改正。按：沃勒齐噶珊，在宁古塔东北。〕

岳色所 〔旧讹鱼失，今改正。按：岳色河，在宁古塔东北。〕

乌延所 〔旧讹五延，今改正。按：乌延河，在黑龙江南四百里。〕

窝集坚河所 〔名已见前，此又讹巳河，今改正。〕

瞻河所 〔旧讹真河，今改正。按：瞻河，一在吉林西南五百余里，即扣河上流。国初，瞻河寨属苏克苏护河部。一在黑龙江南二百里入逊河。〕

乌登所 〔名已见前，此亦讹兀的，今并改。〕

屯河所 〔名已见前。〕

哈克三所 〔旧作哈三，今改正。按：哈克三，盛京将军所辖地名，与斡珲鄂谟、佛阿拉相近。〕

窝集屯河所 〔名已见前。〕

喀本河所 〔名已见前，此亦讹古贲，今并改。〕

五因所 〔按：黑龙江城南有五因河，又有五因屯。〕

索尔和绰河所 〔旧讹锁郎哈真，今改正。按：索尔和绰河，在宁古塔城南十里入呼尔哈河。〕

窝集昆河所 〔昆，旧讹揆，今改正。昆河，在黑龙江城南二十里。〕

乌屯河所 〔名已见前，此又讹兀秃，今并改。〕

温托珲河所 〔名已见前，此亦讹兀讨温，今改正。〕

窝集色勒所 〔色勒，旧讹撒，今改正。按：色勒河，在吉林东南入混同江。〕

哈鲁城　[名已见前。]

喜噜林城　[旧讹喜楼里，今改正。按：喜噜林山、喜噜林屯，俱在宁古塔东北。]

博尔德站　[旧讹别儿真，今改正。按：博尔德站，在齐齐哈尔东北二百七十里，由默尔根至黑龙江之站也。]

黑龙江地方

默勒特伊站　[默勒特伊旧讹莽亦铁，今改正。按：默勒特伊噶珊，在黑龙江与乌苏哩江会流之地。]

佛多和站　[旧讹弗朵河，今改正。按：佛多和河，一在吉林东南九十八里，出纳穆窝集。一在吉林南八百四十余里，出纳泰窝集。一在宁古塔城西三百三十里，出色齐窝集。又，国初，讷殷部寨名。太祖癸巳年征服长白山珠舍里部，讷殷路部主聚七寨人据佛多和山寨，遣兵攻克之。]

伊罕河卫　[哈必苏站　伊罕河，见前哈必苏。蒙古语，肋也。旧讹忽把希，今改正。]

哈必苏站　[名已见前，但前站名系之伊罕河卫下，似两站而同一名也。]

富达里站　[旧讹弗答林，今改正。按：富达里噶珊，在宁古塔东北。]

武都奇站　[旧讹古代替，今改正。按：武都奇噶珊，在宁古塔东北。]

乌苏站　[名已见前，此又讹五速，今并改。]

博和弼站　[旧讹播尔宾，今改正。按：博和弼河，在宁古塔东北。]

和勒赫齐站　[旧讹黑勒亨石，今改正。按：和勒赫齐河，在黑龙江境。]

赫勒里站　[旧讹黑勒里，今改正。按：赫勒里河，在宁古塔东北。又，黑龙江所辖站名有和啰尔站，音亦相近。]

穆逊河地面　[名已见前，此又讹弗孙，今并改。]

们河地面　[名已见前，此又讹弗孙，今并改。]

雍阔河地面　[旧讹涌坎，今改正。按：雍阔河，在黑龙江城西。]

萨哈地面　[旧讹撒哈，今改正。按：萨哈，地属宁古塔。]

尼满河地面　[名已见前，此又讹亦马，今并改。]

噶穆地面　[名已见前，此又讹可木，今并改。]

黑龙江地面

逊河地面　[名已见前，此又讹速温，今并改。]

额图密地面　[旧讹昏地迷，今改正。按：额图密河，在宁古塔东南千四百里。]

乌尔固辰地面　[旧讹乌尔衮车，今改正。按：乌尔固辰路，国初属东海窝集部，太祖辛亥年征取之。]

锡伯河地面　[旧讹施伯，今改正。考《皇舆全图》，锡伯河在屯河之南。]

巴尔达河地面　［名已见前，此又讹卜鲁丹，今并改。］

松阿哩地面　［名已见前，此又讹胜和尔，今并改。］

珠春地面　［旧讹诸车，今改正。按：珠春河，在黑龙江城东南千一百里。］

毕沙河地面　［旧讹阜让，今改正。按：毕沙河，在黑龙江城北。］

奇集河地面　［名已见前，此亦讹钦真，今并改。］

伊津河地面　［旧讹因只，今改正。按：伊津河，在宁古塔东南千五百里。］

固里河地面　［名已见前。］

绰尔河地面　［旧讹卓儿，今改正。按：绰尔河，在齐齐哈尔西三百里入嫩江。］

萨哈连地面　［旧讹撒哈连，今改正。按：满洲语，萨哈连乌拉即黑龙江，此误分为两地。］

伊屯河地面　［名已见前，此又讹亦秃浑，今并改。］

果埒亨河地面　［旧讹古里罕，今改正。按：果埒亨屯，在宁古塔境内。］

呼呼巴河地面　［旧作忽忽八，今改正。地名无考。］

苏穆噜河地面　［名已见前，此又讹失木鲁，今并改。］

巴哩巴河地面　［蒙古语，巴哩巴，执持也。旧讹把尔卜，今改正。正河无考。］

穆伦河地面　［名已见前，此亦讹木伦，今并改。］

绥哈河地面　［旧讹崔哈，今改正。按：绥哈，在吉林城西四十里，有绥哈城。国初属哈达国，太祖己亥年征取之。］

伊津河地面　［名已见前，此又讹也，今并改。］

纳敏河地面　［旧讹那门，今改正。按：纳敏河，在吉林东北边外入混同江。］

布尔哈图河地面　［名已见前，此又讹卜忽秃，今并改。］

乌纳珲河地面　［旧讹兀鲁温，今改正。按：乌纳珲河，在黑龙江境内。］

色珠伦河地面　［名已见前，此亦讹撒只剌，今并改。］

斡齐河地面　［旧讹兀察，今改正。按：干齐噶珊，在宁古塔境内。］

毕里穆江地面　［按：今并无此江名。］

题尔敏地面　［旧讹的里木，今改正。按：题尔敏河，在黑龙江境内。］

绥芬地面　［旧讹苏芬，今改正。按：绥芬河，在宁古塔东南四百四十里。绥芬路，国初属窝集部，太祖庚戌年征降之。］

锡璘地面　［地已见前，此又讹失令，今并改。］

五里河口　［按：五里河，在吉林城东南七百七十里。又，锦县城西南八十五里，亦有五里河。］

拉林口　［名已见前，此又讹那令，今并改。按：拉林渡口站，属吉林将军所辖，即在拉林河旁也。］

和敏口　[满洲语，和敏，锄头也。旧讹火明，今改正。地名无考。]

库勒河　[旧讹口儿，今改正。按：库勒河，在呼伦布裕尔境内。]

必兴河　[按：必兴河，在宁古塔东北。]

色实河　[满洲语，豆面饽饽也。旧讹锁失，今改正。河名无考。]

固雅温都尔河　[蒙古语，腿高也。旧讹古因温都鲁，今改正。河无考。]

乌登河　[名已见前，此又讹幹的音，今并改。]

右凡卫、所、城、站、地面，共四百五十有八，重复者居四之二，无可考者又五之一焉。大抵明永乐间所置，其地尚有可稽。正统后置者尤为讹复。今详加纠核并列于前，以著其误。若辽东都指挥司所辖，如定辽中、左、右、前、后，盖州、复州、广宁、宁远内地诸卫，俱载在《大清一统志》及《盛京通志》。泰宁、福余、诺音三卫，地接热河，已见《热河志》，不复兼及云。

注释：

①昭德军，本为辽所设，此处言金所设，似误。

②硕达勒达，元代女真部落之一，满语为"隐蔽处"，故又称"打鱼水达达""水达达女真"等。散居在松花江下游及黑龙江、乌苏里江一带，靠渔猎为生。元代在此设水达达路，辖该部女真。

③该说法显然违背史实。明初，实际上已经实现了对吉林、黑龙江甚至更远地区女真部落的有效统治，明廷在这些地区建立了著名的奴儿干都司，并下辖数百个卫所城站，辖区内大都为女真人，他们对明称臣，并向明廷纳贡。其中由明廷设立的建州三卫，就是后来形成努尔哈赤政权核心的卫所。至于上面提到的乌拉、哈达、叶赫、辉发诸国，时为海西女真扈伦四部，直到明万历四十七年（1619），努尔哈赤最后征服叶赫部之前，一直与明廷保持着联系，其部主的设立往往都要征得朝廷的首肯。努尔哈赤于万历十八年被明廷晋封为都督佥事，万历二十三年受封龙虎大将军，此间多次亲往北京朝拜，并以此为荣，不时炫耀。然而，此处却说"明人未曾涉其境"，其目的是为了掩饰清代先世曾受明廷统治的不光彩历史。

④祝孔额，又作祝孔格，叶赫部第四世祖，清佳砮、杨吉砮之祖父。因素与哈达部（南关）有隙，被明廷唆使哈达部王忠将其杀害。

⑤哈达国，即明时所指南关，因与明边切近，故与明廷往来频繁，并世受明之驱使。明万历二十七年（1599），被努尔哈赤征服。

⑥三屯河，疑即今之三通河，在辉南县境。

⑦《满洲实录》谓之鄂勒珲城，努尔哈赤在此受箭伤。

⑧《满洲实录》卷一"诸部世系"，作克锡纳都督。其孙名万，即王台也。

⑨布占泰，海西女真乌拉部最后一位部主，曾于古埒山之战被建州擒获，受努尔哈赤恩养。后为平息乌拉部内乱而被遣返回国，继部主位。不久又屡与建州构怨，明万历四十一年（1613）正月，努尔哈赤亲率大军征服之。

钦定满洲源流考卷十四

山川一

臣等谨按：高山肇迹，丰水贻谋，自古王业所兴，必有名山大川，扶舆蜿蟺，以翊昌运而巩丕基。我国家启宇辽东，于山则有长白、医巫闾之神瑞，于水则有混同、鸭绿之灵长，干衍支分，盘纡回缭，怀柔咸秩，笃祜万年。臣等谨立山川一门。凡史乘所载者，详为诠次，用以稽古证今，参同考异，仰惟启运、天柱、隆业三山，敬奉神宫，尤为王气所钟，坤珍所会，爰首列之以著发祥之自。至若群山众水，称名实繁，则具见于《大清一统志》《盛京通志》二书，兹不复甄叙云。

启运山

谨按：《大清一统志》启运山，在兴京城西北十里。自长白山西麓一干绵亘至此，层峦环拱，众水朝宗，万世鸿基，实肇于此。

御制《恭谒永陵》

追王传前籍，遗麻逮后昆。高山瞻彼作，德水溯兹源。疆理兴家室，星辰卫庙垣。几多爪祧感，挥泪洒寒原。

御制《恭谒永陵》

四祖分陵坛壝同，鸿禧景佑奠岐丰。制因汉氏修园寝，尊拟周家号古公。念结拜瞻千里外，派绵继续万年中。曰承曰启均予责，惟敬惟勤励此衷。

御制《恭瞻启运山作歌》

长白龙干西南来，灵山启运神堂开，源远流长绵奕世，骈蕃禔祉皇图培。肇祖衣冠秘陵室，三祖元宫千载谧。仇成不共何忍言，七恨兴师此第一。［我景祖、显祖陷明氏之计，致不讳。是以我太祖兴师讨明，以此为"七大恨"之首。］①爰始爰谋缅宣父，桥山景佑犹故土。昌平樵采禁至今，朝家厚德昭千古。［明季，为我朝兴自辽东，乃毁及金陵为压胜。我朝虽有二祖之恨，而彼南京孝陵及昌平十三陵，皆为守护，禁樵采，厚德仁风，垂则千古云。］

天柱山

谨按：《大清一统志》天柱山，在承德县东二十里②，福陵在焉。近则浑河环于前，辉山兴隆岭峙于后，远则发源长白，俯临沧海，洵王气之所钟也。

御制《恭谒福陵》

草昧起英雄，维皇乃眷东。风云龙虎会，日月海天中。帝业千年巩，山陵万古崇。永维无竞烈，继序矢深衷。

御制《恭谒福陵》

天柱隆崇万载亭，[陵山，即天柱山。]福贻奕叶借威灵。风云俨若通神载，龙虎常如护帝局。黍稷一时陈俎豆③，瞻依十载易霜星。敬观实录思开创，每悉艰难泪雨零。

隆业山

谨按：《大清一统志》隆业山，在承德县西十里，昭陵在焉。自城东北叠巘层峦，至此而宽平宏敞，有包罗万象，统御八荒之势。辽水右迴，浑河左绕，轮囷葱郁，永固丕基。

御制《恭谒昭陵》

早是天歆汉，何曾鹿逐秦。百年经五世，一至岂三旬。太室烝尝永④，元宫松柏新。绍庭怀积悃，展拜此时申。

御制《昭陵石马歌》

在昔穆王八骏追云霞，毫荒忘返天之涯。太乙况汉天马来，乐府曾闻产渥洼⑤。勤劳血汗事何有，雌黄徒惹诗人口。不如汉文却受千里驹，吉行五十符阳九。周家岐渭始勤农，我朝三韩奋迹实弯弓。由来受命虽有异，艰难创业多齐踪。太宗马上得天下，房驷星辉天锡瑕。大白小白协安吉，[故老云：昭陵前石马一名大白，一名小白，盖文皇帝所御也。文皇帝体丰而铠重，乘小白日行百里，乘大白只能行五十里云。]至今立仗昭陵贻石马。退思我祖如唐宗，陵园庙号先后同。汗趋尝传杜甫句，阐扬光烈千秋隆。六御今年来故里，贞观遗迹余荒垒。[唐垒在广宁县城东南，相传唐太宗征高丽驻兵之所。]文皇曾亦讨寒盟，[谨按：《昭陵神功圣德碑》云，天聪二年，以朝鲜毁盟讨之，拔其都，载飞舸于车凌江华岛，李倧自缚请为臣，释之还，并归其俘获。]乘此双龙渡浿水。文绥武服为藩屏，万年正朔奉永清。不似李唐东征悔失计，仆碑重建思魏徵。

御制《恭谒昭陵》

丕显丕承王业昭，肇基景命大清朝。那同鼎足分三国，可拟戎衣定一朝。两白常趋石马汗，[陵前立仗石马，曰大白、小白，盖太宗当日所乘，以略阵破坚者。]万青永护玉峰标。元孙五世亲陈奠，俨忾声容未觉遥。

长白山

御制《驻跸吉林境望叩长白山》

吉林真吉林，长白郁嵚岑。作镇曾闻古，钟祥亦匪今。邠岐经处远，云雾望中深。天作心常忆，明禋志倍钦。

御制《望祭长白山作》

诘旦升柴温德亨，[山名，建望祭殿于此。]高山望祭展精诚。椒馨次第申三献⑥，乐具铿锵叶六英。五岳真形空紫府，万年天作佑皇清。风来西北东南去，吹送膻芗达玉京。

《山海经》大荒之中，有山名不咸，在肃慎氏之国。

《晋书》肃慎氏，一名挹娄，在不咸山北。

《魏书》勿吉国，南有徒太山，魏言"太白"，有虎、豹、熊、狼不害人⑦。人不得山上溲污，行经山者，皆以物盛去。

《北史》靺鞨国，南有从太山者，[按：《魏书》《隋书》俱作徒太山，《通考》与此同。华言太皇，按：《魏书》作太白，与此异。]俗甚敬畏之，人不得山上溲污，行经山者，以物盛去。上有熊、罴、豹、狼，皆不害人，人亦不敢杀。

《新唐书》靺鞨，居肃慎地，粟末部居最南，抵太白山，亦曰徒太山，与高丽接。

《新唐书》渤海大氏，度辽水，保太白山之东北，阻奥娄河，树壁自固。

《通典》挹娄，即古肃慎。其国在不咸山北。

《太平寰宇记》挹娄国，在不咸山北，夫馀北千里。[按：《通考》云，在夫馀东北千里。]

《契丹国志》长白山，在冷山东南千余里，乃白衣观音所居，其山禽兽皆白。

《金史》女真地有长白山。

《金史》昭祖耀武，至于白山，入于率宾、扎兰之地，所至克捷，还经佛页水。

《金史》会宁府会宁县，有长白山。

《金史》大定十七年，省臣奏："咸平府路一千六百余户，自陈皆长白山锡馨、珊沁河女真人，辽时金为猎户，移居于此，号伊勒敦部。本朝之兴，首诣军降，仍居本部，今乞厘正。"从之。

《金史·祭祀志》大定十二年，有司言："长白山在兴王之地，礼合尊崇，议封爵，建庙宇。"十二月，礼部太常学士院奏：奉敕旨封兴国灵应王，即其山北地建庙宇。十五年三月，奏定封册仪物，冠九旒、服九章、玉圭、玉册、函香、币、册、祝。遣使副各一员，诣会宁府。行礼官散斋二日，致斋一日，所司于庙中陈设如仪，庙门外设玉册、衮冕幄次、牙仗、旗鼓、从物等，视一品仪。礼用三献，祭如岳镇。其册文曰："自两仪剖判，山岳神秀，各钟于其分野。国将兴者，天实作之。对越神休，必以祀事。故肇基王迹，有若岐阳。望秩山川，于稽虞典。厥惟长白，载我金德，仰止其高，实惟我旧邦之镇。混同流光，源所从出。秩秩幽幽，有相之道。列圣蕃衍炽昌，迄于太祖。神武征应，无敌于天下。爰作神主，肆予冲人，绍休圣绪。四海之内，名山大川，靡不咸秩，矧王业所因，瞻彼旱麓。可俭其礼，服章爵号，非位于公侯之上，不足以称焉。今遣某官某持节备物，册命兹山之神为兴国灵应王，仍敕有司岁时奉祀，於戏！庙食之享，亘万亿年。维金之祯，与山无极，岂不伟欤！"自是，每岁降香，命有司春秋二仲，择日致祭。明昌四年十月，备衮冕、玉册、仪物，上御大安殿，用黄麾立仗八百人，行仗五百人，复册为开天宏圣帝。

《金史》章宗泰和二年，遣使报谢于长白山。

《金史》昭祖族人果布者，从昭祖耀武至于白山。

《金史》温都布拉，始居长白山阿布伞河，徙隆州额勒敏河。

《金史》昭祖耀武至于青岭、白山，舒噜佐之也。

《元一统志》开元路长白山，在旧宁县南六十里，横亘千里，高二百里。其顶有潭，周八十里，渊深莫测。南流于鸭绿江，北流于混同江，今呼为松阿哩江，东流为爱呼[旧讹阿也苦，今改正。]河。

《明一统志》长白山在故会宁府南六十里，横亘千里，高二十里。其巅有潭，周八十里。

附：觉罗吴木讷原奏

内大臣觉罗吴木讷等谨题，为遵旨看验长白山事。康熙十六年四月十五日，内大臣觉罗吴木讷，一等侍卫兼亲随侍卫首领臣耀色等奉上谕："长白山系本朝祖宗发祥之地，今乃无确知之人，尔等四人前赴镇守乌拉地方将军处，选取识路之人，往看明白，以便酌量行礼。"臣等钦遵，于五月初五日起行，本月十四日至盛京，二十三日至乌拉地方，转宣上谕于将军等。随查乌拉、宁古塔及乌拉猎户所居村庄等处，俱无确知长白山之人，金云曾远望见，惟都统尼雅罕之宗族达穆布鲁，原系采猎之人，称原在额赫讷阴地方居住，虽不曾跻长白山巅，曾闻我父云，如往猎于长白山脚，获鹿肩负以归，途中三宿，第四日可至家。以此度之，长白山离额赫讷阴地方不甚遥远等语。因访问，赴额赫讷阴水路几日，陆路几日可至？亦有知额赫讷阴陆路之人否？据管猎户噶喇达额赫等口称，如乘马由陆路十日可至。如乘小舟二十日可至。倘遇涨阻，难计日期。有猎户喀喇者，能知陆路等语。臣等随议，每人携三月粮而往。又思或三月粮尽，或马力疲乏，亦不可定。随语镇守宁古塔将军巴海，可载一船米于额赫讷阴地方预备。巴海云，大船不能过松花江大险处，当载米十七小船以往。又与噶喇达额赫约，我辈乘此马匹肥壮，速由陆路往看。过长白山回时，再由水路逆流而上，前赴额赫讷阴地方。约定臣等带固山达萨布素，于六月初二日起行，经过温德亨河、阿虎山、库勒讷林、初尔萨河、呼沱河、沙尔布堪河、纳丹佛勒地方、辉发江、法河、穆敦林、巴克塔河、纳尔珲河、敦敦山、卓龙窝河等处。及至讷阴地方江干，不意额赫乘小舟而行，半月程途七日齐至。因语固山达萨布素，我辈乘小舟由江中逆流，前赴额赫讷阴地方，汝带官兵马匹由斡努河逆流而上，由佛多和河顺流而下，至额赫讷阴相会。约定遣发去后，臣等于十一日至额赫讷阴。萨布素等初十日已至，因前去无路，一望林木，与萨布素商议，令闲散章京喀达与识路径之喀喇，带领每旗甲士二名前行，伐木开路。并谕如望见长白山，可将行日方望见，有许路程，相度明确来报。随于十二日发遣，前行去后，本日据固山达萨布素差人前来报称：我等别后行三十里至一山顶上，望见长白山不甚遥远，似止有一百七八十里等语。又续遣艾哈来报称：先差人来后，又至一高山顶上，望见长白山甚明，约有百余里，上见有片片白光等语。臣等趁未有雨水之时，急往看视。因留噶喇达额赫督捕珠蚌，于十三日起行，十四日与固山达萨布素等会于树林中，揣摩开路前进。十六日黎明，闻鹤鸣六七声，十七日云雾迷漫，不见山在何处。因向鹤鸣处寻路而行，适遇鹿蹊，由此前进，直至长白山脚下。见一处周围林密，中央地平而圆，有草无木，前面有水，其林离驻札处半里方尽。自林尽处有白桦木，宛如栽植，香木丛生，黄花灿烂。臣等随移于彼处驻扎。步出林外，远望云雾迷山，毫无所见。臣等近前跽诵，纶音礼拜甫毕，云雾开散，长白山历历分明。臣等不胜骇异！又正值一路，可以跻攀,中间有平坦胜地如筑成台基。遥望山形长阔,近观地势颇圆,所见片片白光,皆冰雪也。山高约有百里,山顶有池,五峰围绕,临水而立。碧水澄清,波纹荡漾,畔无草木。臣等所立山峰,去池水约有五十余丈,周围宽阔,约有三四十里。池北岸有立熊,望之甚小。其绕池诸峰,势若倾颓,颇骇瞻视。正南一峰,较诸峰稍低,宛然如门。池水不流,山间处处有水。由左流者,则为松阿哩乌拉。右流者,则为大讷阴河、小讷阴河。绕山皆平林,远望诸山皆低。相视毕,礼拜。下山之际,岸头有鹿一群,他鹿皆奔,独有七鹿如人推状,自山岸陆续滚到山下。闲散章京等驻立之处,臣等不胜骇异,因思正在乏食,此殆山灵赐与者,随望山叩谢。臣等上山之时,原有七人也。自得鹿之处退至二三十步,回首瞻望,又忽然云雾迷山。臣等因清净胜地不宜久留,于十八日言旋回望,云雾朦胧,不得复见山光矣。二十一日回至二讷阴河合流之处,二十五日回至恰库河,此河乃讷阴东流会合之所。二十八日正行之际,适遇颁到敕旨,当经叩头谢恩讫。二十九日自恰库河乘小舟而归,经过色克胜险处、图伯赫险处、噶尔汉险处、噶达珲险处、萨满险处、萨克锡险处、德克锡险处、松阿哩大险处、多珲险处,乘一叶小舟,历此大江九险,得以无恙而渡者,皆仰赖皇上洪福之所致也。七月初一日回至乌拉地方,本月十二日至宁古塔,遍看会宁府等处地方毕,七月十七日自宁古塔起行,八月二十一日抵京师。〔按:自古言长白山者,皆得自传闻想象之词。我朝发祥基业,媲美豳岐。康熙年间,吴木讷等奉亲往看验,所载尤为详确,谨附录于此。〕

按:长白山在吉林乌拉城东南,横亘千余里,东自宁古塔,西至奉天府,诸山皆发脉于此。山巅有潭,为鸭绿、混同、爱嘿三江之源。古名不咸山,亦名太白山,亦名白山,亦名徒太山,亦名太末山。其名长白山,则自金始也。金大定十二年,封太白山神为兴国灵应王,即其山北地建庙宇。明昌四年,复册为开天宏圣帝。本朝康熙十七年,尊为长白山之神。遣大臣致祭,怀柔之典,以时举行。

又按:长白山南麓蜿蜒磅礴,分为两干,其一西南指者,东界鸭绿江,西界佟佳江,麓尽处两江会焉。其一绕山之西而北亘数百里,以其为众水所分,旧谓之分水岭。西至于兴京边,茂树深林,幕天翳日者,土人呼为纳噜窝集,从此西入兴京门,遂为启运山。自纳噜窝集而北,一冈袤四十余里者,土人呼为果尔敏珠敦,即长岭也。复西指入英额边门,遂为天柱、隆业二山。回旋盘曲,虎踞龙蟠,其间因地立名为山为岭者不一,皆此山之支裔也。山之灵异自昔称名,而神圣发祥,于今为盛。万世鸿基,与天无极矣。

《金史·祭祀志》大定二十五年，敕封上京护国林为护国嘉侯，毳冕七旒，服五章，圭同信圭，遣使诣庙，以三献礼祭告。其祝文曰："蔚彼长林，实壮天邑，广袤百里，惟神主之。庙貌有严，侯封是享，歆时蠲洁，相厥滋荣。"自后遇月七日，上京幕官一员行香，著为令。［按：今盛京窝集至多，金时所称护国林在上京。今附于长白山之后。］

青岭

《金史》上京有青岭。

《金史》会宁府会宁县，山有青岭。

《金史》初，乌苏展部有女名博多和，青岭东混同江舒舒水人，掠而去生二女。昭祖与舒噜谋取之，遂偕至岭右，炷火于箭端而射，舒舒水人怪之。

《金史》昭祖耀武至于青岭。

《金史》拉必玛察、剽呼拉布涞牧马，过青岭东，与乌春、乌木罕交结。世祖自将伐之。

《金史》拉必玛察与世祖战于野鹊水。世祖中四创，军败。拉必使吉逊图罕等过青岭，见乌春赂诸部，与之交结。乌春以古哩甸兵百十七人助之。

《金史》天辅六年三月，都统杲出青岭，宗翰出瓢岭，追辽主于鸳鸯泺。

《金史》宗翰至奚王岭，与都统杲会。杲军出青岭，宗翰军出瓢岭，期于羊城泺。［按：今有大青山，在开原城东南四十里，疑即是也。］

玛奇岭

《金史》上京山有玛奇［旧作马纪，今改正。］岭。

《金史》会宁县，有玛奇岭。

《金史》锡馨，海兰水乌凌阿部人。昭祖枢至海兰水，锡馨攻而夺之。昭祖之徒告于佛穆丹，与玛奇岭赫伯村完颜部蒙克巴图等，募军追。及之与战，复得枢。

《金史》世祖自将过玛奇岭，至乌木罕村与罕都合，至阿卜萨水，岭东诸部皆会。

《金史》穆宗使萨哈取玛奇岭，道攻阿苏，行次阿卜萨水，色埒谓萨哈曰："宜先抚定珊沁、锡馨路，合军未晚也。"遂攻下通恩城，与穆宗会阿苏城下。

《金史》阿苏起兵，穆宗自玛奇岭出兵攻之。萨哈自和伦岭往，略定珊沁、锡馨两路，攻下通恩城。穆宗至阿齐呼水，益募军至阿苏城。

《金史》康宗时，率宾水民不听命，使威泰等至呼尔哈川，召诸官僚告谕之。鸿观部率宾水居沃赫贝勒不至。威准部、哲尔德部既至，复亡去。乌塔遇二部长于玛奇岭，执之而来。

《金史》威准部达萨塔贝勒、哲尔德部萨克苏贝勒遁去，遇乌塔于玛奇岭，乌塔遂执二人以降。

《金史》康宗使博啰报聘高丽，且取亡命之民。康宗畋于玛奇岭伊智村以待之。［按：玛奇岭未详所在，以《金史》所载考之，当在吉林乌拉境内。］

伊勒呼岭

《金史》自景祖以来，两世四主，志业相因，一切治以本部法令。东南至于伊勒呼、旧作［乙离骨，今改正。］海兰、扎兰、托卜古伦，东北至于五国、矩威、图塔，金盖盛于此。

《金史》伊勒呼岭，布萨部居高丽、女真之两间，穆宗使族人招之，伊勒呼岭东诸部皆内附。

《金史》康宗使硕硕欢以锡馨、图们之兵往至伊勒呼岭，益募兵趋和尼水，徇地海兰甸，收叛亡七城。二年四月，高丽复来攻，硕硕欢以五百人御于布腾水，复大破之，追入布腾水。高丽请和，使色格经正疆界至伊勒呼岭、海兰甸和尼水，留两月，色格不能听讼，康宗遣硕硕欢往，立幕府于珊沁水。

《金史》太祖命双宽绰和等抚定伊勒呼岭、绰满水之西诸部居民。［按：《金·地理志》有伊勒呼水，亦属海兰路，近高丽界。］

长岭

《新唐书》长岭，营州道也。

《唐·贾耽道里记》渤海长岭府，千五百里至渤海王城。［按：渤海王城在今宁古塔境。吉林西南五百里有长岭子，满洲语为果勒敏珠敦，自长白山南一岭环绕至此，为众水分流之地，渤海曾置府于此。又，锦州、复州虽俱有长岭，不若此之最著也。详见疆域门。］

东牟山

《旧唐书》渤海大祚荣保桂娄［《新唐书》作挹娄。］之故地，据东牟山筑城以居之。

《新唐书》渤海本粟末靺鞨，保挹娄之东牟山。

《辽史》渤海大氏，始保挹娄东牟山。

《金史》李勣破高丽，粟末靺鞨保东牟山。

《元一统志》东牟山，在沈阳路挹娄故地。唐灭高丽，粟末靺鞨保挹娄之东牟山，即此。

《明一统志》东牟山，在沈阳卫东二十里。唐高宗平高丽，渤海大氏以众保挹娄之东牟山，即此。[按：今承德县城东二十里为天柱山，当即东牟山也。]

辉山

《明一统志》辉山，在沈阳东北四十里，层峦叠嶂，为诸山之冠。[按：辉山在今承德县东北四十里。]

白平山

《山海经》辽水，出白平东。

《水经注》大辽水，出塞外御[亦作卫。]白平山。

《水经注》辽水，亦言出砥石山。[按：辽河有两源，东源出吉林之库勒讷窝集，西源即潢河也。白平、砥石之名，或古今称名之异。]

辽山　瑚呼玛山

《汉书·地理志》高句丽辽山，辽水所出，入大辽水。

《水经注》高句丽，县有辽山，小辽水所出。

《水经注》小辽水，出辽山。

《元一统志》浑河，源出废贵德州东北瑚呼玛山。[按：浑河即小辽水，源出长白山纳鲁窝集，诸书皆传闻之异。]

库堪山

《金史》景祖时，舒噜之子噶顺举部来归，居于阿勒楚喀水源库堪[原作胡凯，今改正。]山之南。库堪山者，所谓和陵之地是也。沃呼部博诺与其兄弟居阿勒楚喀水之北，及乌春作难，博诺诱乌鲁斯哈珠水居人与之相结。[按：今阿勒楚喀河，源出阿勒楚喀城东北里许。扎松阿山，古今异名也。]

果啰山

《明一统志》果啰山，在都司城东北五百里，大梁水发源于此。[按：太子河源出吉林萨木禅山。]

马鞍山

《明一统志》马鞍山，在三万卫东北四百里，建州东。[按：马鞍山，在吉林乌拉城西北一百二十里，高六十步，周四里。]

冷山

《宋史·洪皓传》皓使金，流递于冷山，地苦寒，四月草生，八月已雪，穴居百家，陈王乌舍聚落也。

《松漠纪闻》冷山，去燕山三千里，去金都二百余里，[按：本传，云中至冷山行六十日，距金主所都仅百里。]去宁江州百七十里。[按：《扈从东巡日录》额木赫索罗站东北二百余里为冷山，自必尔罕必喇北望，相去约数十里，积素凝寒，高出众山之上，土人呼为白山，以其冬夏皆雪也。]

德林石

《金史》世祖擒拉必献于辽主，并言乌春助兵之状。辽主使人问状乌春，曰："未尝与拉必为助也。德林石之北，古哩[满洲语，迁移也。旧作姑里，今改。]甸之民，所管不及此。"[按：德林石，在宁古塔城西九十里，自鄂摩和池东，绕沙阑站之南抵呼尔哈河，有大石，广二十余里，孔洞大小不可数计，或圆或方，或六隅、八隅，如井、如盆、如池，深或丈余，或数尺，中有泉，澄然凝碧，或潜鳞泳，或中生桦榆等树，夏无蚊，麋鹿群聚于中，名曰德林石。渤海有德里府，亦是其处。]

龙首山

《明一统志》龙首山，在铁岭东二里。[按：龙首山在今铁岭县城东二里许。]

蛇山

《辽史》辽州，本拂涅国城，有蛇山。[按：蛇山，在今铁岭县西一百五里。]

刁跸山

《明一统志》刁跸山，在三万卫西南一百五十里，辽河西岸。[按：刁跸山，在今铁岭县西北七十里，俗呼貂皮山。]

医巫闾山

御制《过广宁望医巫闾山》

恭依皇祖圣祖仁皇帝元韵

海旭凝螺黛，罡风削玉蓉。灵奇经览乍，圣迹蹑寻重。过客群停辔，仙人迥矗峰。[是山有仙人岩、桃花洞、圣水盆、北镇庙诸奇胜。]徒思山侧迳，未抚寺前松。万古为幽镇，千秋溯舜封。崇功标地纪，秩祀偶天宗。巉崿疑骞凤，巍岠突逴龙。盈眸欣积素，步马迟娄胸。

御制《杪秋游医巫闾山得五言三十韵》

奥宇坤维镇，神堂碣石开。巃嵷参汉迥，案衍向阳恢。舜典升柴载，山经括地垓。昔曾望峦岭，[癸亥岁，有《过广宁望医巫闾山》之作。]今已近坛陔。禋祀帛筵荐，威仪卿尹陪。达诚仙阙退，问景玉鞭催。蓦入栗梨堑，延缘剀峗堆。囿场崇有积，鸡犬静无猜。频见耕荒隧，畴能保一杯。日高方觉暖，风细不生埃。盘谷深成阻，牛山久已崚。寺颓僧避去，屋寂鸟飞来。遂造崎岖遍，从看草木才。地灵自呵护，天意本栽培。写雾豁宫霍，流渐落潆洄。柳书人作字，松抱石为胎。初狭尘凡限，中宏造化胚。便因穷窈窕，旋命减舆儓。诘曲遵埼迳，蒙茸借嫩苔。悬崖飞瀑水，切颡耸瑶台。[右圣水盆。]尚有芝英碣，宁妨荐福雷。[右蝌蚪碑。]武陵虽假借，洞口试徘徊。作记征彭泽，成诗忆楚材。[右桃花洞。]宁知进士第，转逊岳阳杯。[右吕公岩。]肥遁幽栖处，翘思独往才。[右道隐谷。]云巢真可号，龙种是谁裁。[右云巢松。]最后中峰矗，居然一笠嵬。[右旷观亭。]海天惟浩荡，心目与兼该。始遇欣佳矣，旷观诚壮哉。安期如却扫，意不在蓬莱。

御制《祭北镇医巫闾山》

敬谒桥山大典昭，旋舆躅吉祀寅朝。提封于昔更无北，望秩而今溯有姚。庙古百王虔盛享，神庥亿载佑全辽。高低黍稻盈幽野，岁岁颙祈风雨调。

《周礼·职方氏》东北曰幽州，其山镇曰医巫闾。

《北魏书》和平元年正月，帝幸辽西，望祀医巫闾山。

《隋书》开皇十四年闰十月，诏北镇医巫闾山，就山立祠。

《唐六典》立冬之日，祭北镇医巫闾于营州。

《文献通考》唐武德贞观之制，五岳、四镇，年别一祭，各以五郊迎气日祭之。祭北镇医巫闾于营州。

《册府元龟》天宝十载，遣范阳郡司马，祭医巫闾山广宁公。

《宋史》秘书监李至言："案五郊迎气之日，皆祭逐方岳镇海渎[⑧]，望遵旧礼，就迎气日各祭于所隶之州，长吏以次为献官。"立冬，祀北镇医巫闾山于定州。

［按：宋时北镇远隔封外，是以止于定州望祭。］

《许亢宗奉使行程录》出渝关以东，南行濒海，忽峭拔摩空，苍翠万仞，乃医巫闾山也。

《辽史》人皇王性好读书，购书数万卷，置医巫闾山绝顶，筑室曰"望海"。山南去海一百三十里，山形掩抱六重。

《金史》大定四年，诏依典礼。立冬，祭北镇医巫闾山于广宁府。

《元史》至元三年，定岁祀岳镇海渎之制。十月土旺日，祀医巫闾山于辽阳广宁府界。

《明史》洪武三年，诏定岳镇海渎神号，北镇曰医巫闾山之神。

《明会典》祭北镇医巫闾山于辽东。

《明一统志》医巫闾，在广宁卫西五里，舜封十二山，以此为幽州之镇，自是遂以为北镇。其山掩抱六重，故又名六山。［按：医巫闾山在今广宁县西四十里，周二百四十里。］

千山

御制《望千山》

我闻古来称奥区，必有名山为作镇况。况兹辽阳实天府，羲经已兆帝出震。长白巫闾众所瞻，千山亦复高千仞。设在晋郊鲁甸间，太华泰岱应齐峻。我来谯邑揽形胜，南望巉岏映青润。朝岚夕霭俨相接，峦光峰态如堪引。龙泉祖樾久闻名，灵迹相传半疑信。何时长啸眺沧海，［据《盛京通志》，千山香岩寺中有仙人台，俯瞰沧海，如布几席云。］千仞冈头衣始振。

《明一统志》千山，在辽东都司城南六十里，峰峦丛密，中有龙泉、祖樾、香岩、中会等寺，下有罗汉洞、龙泉。［按：千山在今辽阳州南六十里，世传唐太宗征高丽时驻跸于此。］

十三山

御制《闾阳驿望十三山》

当前谁展十三屏，古县荒凉考奉陵。［出《金史》。］百载堠台烽火息，山青云白自层层。

《五代史附录》胡峤等东行过一山，名十三山。

《辽史》显州，有十三山。

《辽史》燕王淳讨武朝彦，至乾州十三山。

《许亢宗奉使行程录》出渝关东，路平如掌，至此微有登陟，经由十三山下。

《元一统志》十三山，在广宁府南一百十里。

《明一统志》十三山，在广宁右屯卫北三十里，山下有洞，山上有池。[按：十三山，在今锦县东七十五里，周二十里，峰有十三，故名。]

首山 [亦名驻跸山，又名手山。]

《三国志》景初二年，司马懿征公孙渊，军至辽东。八月丙寅，大流星长数十丈，从首山坠襄平城南。

《三国志》司马懿伐公孙渊，潜济辽水，进至首山，大破渊军，遂围襄平。

《新唐书》贞观十八年，车驾度辽水，军于马首山。

《辽史》辽阳府，有驻跸山。唐太宗征高丽，驻跸其巅数日，勒石纪功焉，俗呼手山。[按：《唐书》贞观十九年，太宗亲征高丽，破辽东城，降白崖，进攻安市城。高丽傉萨、高延寿率众十五万来援，太宗自山而下，引军临之，贼大溃。延寿等降，因名所幸山为驻跸山，命中书侍郎许敬宗为文勒石，以纪其功。今考驻跸山凡数处，一为首山，《唐书》称马首，《辽史》称手山，在辽阳城西南接海城县界。唐太宗初渡辽水，攻辽州时驻营之山也。一在安市城外，唐太宗既得辽州、岩州，进攻安市所驻之山。《唐书》所载名所幸山为驻跸山。及李勣从战驻跸山，功最多者是也。又驻跸山，一名六山，则医巫闾也。又，盖平东百十余里分水岭诸山，相传唐太宗驻跸处。又，海城西南十里有平顶山，一名车驾山，亦传唐太宗驻跸处。而首山与安市城外之驻跸山，地志多误为一山。谨附订于此。]

《金史》斡鲁克沈州，与高永昌隔鄂勒和水，众遇淖不能进，栋摩以所部先济军东京城下，城中人来战，栋摩破之，于首山歼其众。

《明一统志》首山，在都司城南十五里，连海州卫界，山顶平石之上有掌指之状，泉出其中，挹之不竭。晋司马懿围公孙渊于襄平，即此。唐太宗征高丽，驻跸其巅数日，勒石纪功，因改为驻跸山。[按：《明志》亦沿《辽史》之误。]

明王山

《辽史》东京辽阳府，有明王山。

《元一统志》明王山，在辽阳县东三十里。《契丹地志》云，夫餘王东明葬于此，因以为名。

《明一统志》明山，在复州卫东十里，《元志》有明王山，即此。[按：今复州东十里为东屏山，疑即是也。]

华表山

《新唐书》显庆四年，薛仁贵破温沙多门于横山。

《辽史》东京道辽阳府，有白石山，亦曰横山。

《元一统志》华表山，俗呼为横山，因丁令威化鹤得名⑨。

《明一统志》华表山，在都司城东六十里，因丁令威得名，俗呼为横山。[按：华表山，在今辽阳州东六十里，辽阳州为辽之东京道辽阳府。考《辽史》载，辽阳府所属仙乡县，因丁令威化鹤而得名，则华表山即辽时之白石山，无疑。]

熊岳山

《辽史》熊岳县西至海一十五里，傍海有熊岳山。[按：望海山，在盖平县西南三十里，其山傍海。《辽史》熊岳疑即此。]

金山

《通典》唐乾封二年，薛仁贵破高丽于金山，进拔夫餘城。[按：夫餘城东接挹娄，西接鲜卑，在辽为通州，金为咸平府地。]

《明一统志》金山，在开原西北三百五十里辽河北岸，又西北三十里曰东金山，又二十里曰西金山，三山绵亘三百余里，与乌梁海接境。

蒺藜山

《金史》天辅元年，乌楞古等败耶律聂呼兵于蒺藜山，拔显州，乾、懿、豪、徽、成、川等州皆降。

《金史》辽耶律聂呼军于蒺藜山，乌楞古以兵一万戍东京，与战于蒺藜山，大败之。追北至额勒锦坡，遂围显州。[按：蒺藜山在广宁县境外。]

龙凤山

《元一统志》大虫江，在辽阳路，发源龙凤山分水岭下，东南流经废博索府，南合于鸭绿江。

《明一统志》龙凤山，在辽东都司东南，大虫江发源于此。[按：凤凰城西北八十五里，有龙凤台山。]

凤凰山

《元一统志》凤凰山，在利州南十三里，南北一十里，东西广三里。相传凤凰尝止其上，故名。

《明一统志》凤凰山，在都司城南三百六十里，上有垒石古城，可容十万众。唐太宗征高丽，驻跸于此。[按：今凤凰城东南五里，有凤凰山。]

噶哈岭

[太祖高皇帝甲申年征浑河部，凿道噶哈岭。]

太兰冈

[太祖乙酉年击败浑河诸部兵于此。]

吉林崖

[太祖乙酉年击败哲陈、浑河诸部兵于此。]

古哷山

[太祖癸巳年破叶赫、哈达等九部兵于此。]

扈尔奇山

[在辉发河边，国初辉发国城在焉，太祖丁未年平之。]

宜罕山

[国初属乌拉国，太祖戊申年攻取之。]

伊玛呼山冈

[太祖壬子年征乌拉，筑木城于此。]

萨尔浒山

[太祖己未年大破明师于此。]

御制《己未岁我太祖大破明师于萨尔浒山之战书事》

　　盖闻国之将兴，必有祯祥。然祯祥之赐，由乎天而致。天之赐，则由乎人。予小子于己未岁，我太祖大破明师于萨尔浒之战，益信此理之不爽也。尔时草创开基，筚路蓝缕，地之里未盈数千，兵之众弗满数万。惟是父子君臣，同心合力，师直为壮，荷天之龙，用能破明二十万之众。每观《实录》[10]，未尝不流涕动心，思我祖之勤劳，而念当时诸臣之宣力也。谨依《实录》叙述其事如左：己未二月，明帝命杨镐、杜松、刘綎等统兵二十万，号四十万来攻。左翼中路以杜松、王宣、赵梦麟、张铨督兵六万，由浑河出抚顺关；右翼中路以李如柏、贺世贤、阎鸣泰督兵六万，由清河出鸦鹘关；左翼北路以马林、麻岩、潘宗颜督兵四万，由开原合叶赫兵出三岔口；右翼南路以刘綎、康应乾督兵四万，合朝鲜兵出宽甸口，期并趋我兴京。三月朔，我西路侦卒遥见火光，驰告甫至，而南路侦卒又以明兵逼境告我。太祖曰："明兵之来信矣，南路驻防之兵有五百，即以此拒之。明使我先见南路有兵者，诱我兵而南也。其由抚顺关西来者，必大兵。急宜拒战，破此则他路兵不足患矣。"即于辰刻，率大贝勒代善[后封礼亲王。]及众贝勒大臣统城中兵出，而令大贝勒前行。时，侦卒又以明兵出清河路来告，大贝勒曰："清河之界，道途逼仄崎岖，兵未能骤至。我兵惟先往抚顺，以逆敌兵。"遂过扎喀关，与达尔汉侍卫扈尔汉[后授三等子世职。]集兵，以待上之至。时四贝勒[即我太宗文皇帝。]以祀事后至，谓大贝勒曰："界藩山上，我筑城夫役在焉。山虽险，傥明之将帅不惜士卒，奋力攻之，陷夫役奈何？我兵宜急进，以安夫役之心。"大贝勒等善是言，下令军士尽擐甲，日过午至太兰冈。大贝勒及扈尔汉欲驻兵隐僻地，以待敌。四贝勒艴然曰："正宜耀兵列阵，明示敌人，壮我夫役士卒之胆，俾并力以战，何故令兵立隐僻地耶？"巴图鲁额亦都[后为一等大臣，追封弘毅公。]曰："贝勒之言是也。我兵当堂堂正正以向敌人。"遂督兵赴界藩，对明兵营列阵而待。初，众贝勒兵未至，我国防卫筑城夫役之兵仅四百人，伏萨尔浒谷口，伺明总兵杜松、王宣、赵梦麟之兵过谷口将半，尾击之。追至界藩渡口，与筑城夫役合据界藩山之吉林崖。杜松结营萨尔浒山，而自引兵围吉林崖，仰攻我兵。我兵四百人率众夫役下，击之。一战而斩明兵百人。时，我国众贝勒甫至，见明兵攻吉林崖者约二万人，又一军列萨尔浒山巅，遥为声势。四大贝勒与诸将议曰："吉林崖巅有防卫夫役之兵四百人，急增千人助之，俾登山驰下冲击，而以右翼四旗兵夹攻之。其萨尔浒山之兵，则以左翼四旗兵当之。"遂遣兵千人往吉林崖。上至，问四大贝勒破敌策，四大贝勒具以前议告。上曰："日暮矣，且从汝等。今分右翼四旗之二，与左翼四旗兵合，先破萨尔浒山所驻兵，此兵破，则界藩之众自丧胆矣。再令右二旗兵遥望界藩明军，俟我兵由吉林崖驰下冲击时，并力以战。"是时，我国近都城之兵，乘善马者先至，乘驽马者后至，其数十里外者尚未至。于是，合六旗兵进攻萨尔浒山。明兵驻营列阵，发枪炮，我兵仰而射之，奋力冲击。不移时，破其营垒，死者相枕藉。而所遣助吉林崖之兵，自山驰下冲击，右二旗兵渡河直前，夹击明兵之在界藩山者。短刃相接，我兵纵横驰突，无不一当百，遂大破其众。明总兵杜松、王宣、赵梦麟等皆没于阵，横尸亘山野，血流成渠，其旗帜、器械及士卒死者，蔽浑河而下，如流澌焉。追奔逐北二十余里，至硕钦山时已昏，军士沿途搜剿者，又无数。是夜，明总兵马林兵营于尚间崖，浚壕严斥堠，鸣金鼓自卫。我兵见之，乘夜驰告于大贝勒。翼旦，大贝勒以三百余骑驰往，马林兵方拔营，行见大贝勒兵至，回兵结方营，环营浚壕三匝，列火器，俾习火器者立壕外，继列骑兵以俟。又，潘宗颜一军，距西三里外营裴芬山。大贝勒见之，使人驰告于上。时，我国远路之兵亦陆续至，与大贝勒兵合。明左翼中路后营游击龚念遂、李希泌统步骑万人，驾大车持坚楯营于斡珲鄂谟地，环营浚壕，外列火器。上见之，与四贝勒率兵不满千人，分其半下马步战。明兵发火器拒敌。四贝勒引骑兵奋勇冲入，我步兵遂斫其车，破其楯，明兵又大败。龚念遂、李希泌皆阵没焉。会大贝勒使人至，知明兵已营尚间崖，上不待四贝勒兵，急引侍从四五人往，日中至其地，见明兵四万人，布阵成列，上趣令我军先据山巅，向下搏击。众兵方欲登山，而马林营内之兵与壕外兵合。上曰："是将与我战也。我兵且勿登山，宜下马步战。"令大贝勒往谕。时，左二旗兵下马者，方四五十人。明兵已自西突至，大贝勒代善言于上曰："兵已进矣。"即怒马迎战，直入其阵。二贝勒阿敏、三贝勒莽古尔泰与众台吉等，各鼓勇奋进，两军搏战，遂败明兵。斩首捕卤过当。方战时，我六旗兵见之，不及布列行阵，人自为战，前后弗相待，纵马飞驰，直逼明营。明兵发鸟枪巨炮，我兵冲突纵击，飞矢利刃，所向无前。明兵不能支，又大败遁走。我兵乘胜追击，明副将麻岩及大小将士皆阵没，总兵马林仅以身免，灭迹扫尘，案角陇种，尚间崖下河水为之尽赤。上复集军士驰往斐芬山，攻开原道潘宗颜兵。令我兵之半下马，仰山而攻。宗颜兵约万人，以楯遮蔽，连发火器。我兵突入，摧其楯，遂破之。宗颜全军尽没。时，叶赫贝勒锦台什、布扬古欲助明，

钦定满洲源流考校注

与潘宗颜合其兵，甫至开原中固城，闻明兵败，大惊而遁。是时，我军既击破明二路兵，上乃收全军至固勒班地方驻营。而明总兵刘綎、李如柏等由南路进者，已近逼兴京。侦卒驰告，上遂命扈尔汉先率兵千人往御。翼旦，上复命二贝勒阿敏，率兵二千继之。上率众贝勒大臣还军至界藩，行凯旋礼。刲八牛祭纛告天。大贝勒代善请曰："吾先归，从二十骑行探信。"祀毕，上徐来，上许诺。三贝勒莽古尔泰亦相继行，四贝勒驰至上前，请与俱往。上曰："汝兄行往探，汝随吾后行。"四贝勒曰："兄独往，吾留此未安也。"遂亦行。日暮，大贝勒回至兴京。入宫，则皇后内廷等，见大贝勒至，亟问御敌策？大贝勒曰："抚顺、开原二路敌兵已破，诛戮且尽。南来兵已遣将往御，我待父皇命，当即往破之。"于是，大贝勒复出城，迎上于大屯之野。上自界藩启行，至兴京平明，命大贝勒、三贝勒、四贝勒统军士御刘綎，而留兵四千，于都城待李如柏、贺世贤等之兵。初，刘綎兵出宽甸，进栋鄂路，我居民避匿深山茂林中。刘綎悉焚其栅寨，杀其孱弱。佐领托保、额尔讷、额赫率驻防五百人迎敌，刘綎兵围之数重，额尔讷、额赫死之，并伤我卒五十人。托保引余兵与扈尔汉军合，扈尔汉伏兵山隘以待。巳刻，大贝勒、三贝勒、四贝勒引兵甫出瓦尔喀什集。时，刘綎所率精锐二万，先遣万人前掠，将趋登阿布达哩冈布阵。大贝勒欲引兵先登，驰下击之。四贝勒曰："兄统大兵留此，相机为援，吾先督兵登冈，自上下击之。"大贝勒曰："善。吾引左翼兵出其西，汝引右翼兵登山，俾将士下击，汝立后督视，勿违吾言，辄轻身入也。"四贝勒遂率右翼兵往，先引精骑三十人趋出众军前，自山驰下奋击之，兵刃交，接战甚酣，后军随至，冲突而入。大贝勒又率左翼兵自山之西至，夹攻之，明兵大溃。四贝勒乘胜追击，与刘綎后队两营兵遇，綎仓卒不及阵，四贝勒纵兵奋击，歼其两营兵万人，刘綎战死。是时，明海盖道康应乾步兵合朝鲜兵，营于富察之野。其兵执筤筅长枪，被藤甲、皮甲，朝鲜兵被纸甲，其胄以柳条为之，火器层垒列待。四贝勒既破刘綎兵，方驻军，众贝勒皆至。遂复督兵攻应乾明兵及朝鲜兵，敌竞发火器，忽大风骤作，走石扬沙，烟尘反扑敌营，昏冥昼晦。我军乘之，飞矢雨发，又大破之，其兵二万人歼焉，应乾遁去。先是二贝勒阿敏、扈尔汉前行，遇明游击乔一琦兵，击败之。一琦收残卒，奔朝鲜都元帅姜功烈营。时，功烈据固拉库崖，众贝勒复整兵逐一琦，遂攻朝鲜营。功烈知明兵败，大惊。遂按兵偃旗帜，遣通事执旗来告曰："此来非我愿也，昔倭侵我国，据我城郭，夺我疆土，急难之时，赖明助我，获退倭兵，今以报德之故，奉调至此，尔抚我，我当归附。且我兵之在明行间者，已被尔杀，此营中皆高丽兵也。明兵逃匿于我者，止游击一人及所从军士而已，当执之以献。"四大贝勒定议，乃曰："尔等降，先令主将来，否则必战。"功烈复遣使来告曰："吾若今夕即往，恐军乱逃窜，其令副元帅先往，宿贝勒营以示信，诘朝吾率众降。"遂尽执明兵掷于山下付我。明游击乔一琦自缢死。于是，朝鲜副元帅先诣众贝勒降。翼日，姜功烈率兵五千下山降，众贝勒宴劳之，送功烈及所部将士先诣都城。上御殿，朝鲜都元帅姜功烈及副元帅等匍匐谒见。上优以宾礼，数赐宴，厚遇之，士卒悉留豢养。四大贝勒既歼南路明兵四万人，我军驻三日，籍其俘获人马辎重铠仗而还。

是役也，明以倾国之兵云集辽沈，又招合朝鲜、叶赫分路来侵，五日之间悉被我军诛灭，其宿将猛士暴骸骨于外，士卒死者不啻十余万，我军邀天佑助，以少击众，无不摧坚挫锐，迅奏肤功。策勋按籍，我士卒仅损二百人。自古克敌制胜，未有若斯之神者也。时，明经略杨镐驻沈阳，闻三路兵败，大惊。急檄总兵李如柏，副将贺世贤等回兵。如柏等自呼兰路遁归，我哨兵二十人见之，据山上鸣螺，系帽弓弰，挥之作招集大兵状。已而呼噪下，击杀四十人，获马五十匹，明兵夺路而逃，相蹂践死者复千余人。庚寅，大军还至都城。上顾众贝勒大臣曰："明以二十万众号四十七万，分四路并力来战，今我不逾时，破之，遂获全胜。各国闻之，若谓我分兵拒敌，则称我兵众；若谓我往来剿杀，则服我兵强。传闻四方，孰不慑我军威者哉！呜呼，由是一战，而明之国势益削，我之武烈益扬。遂乃克辽东、取沈阳，王基开、帝业定，夫岂易乎？允因我太祖求是于天复仇乎？祖同兄弟子侄之众，率股肱心膂之臣，亲冒矢石，授方略。一时圣嗣贤臣，抒劳效恫，用成鸿勋。我大清亿万年丕基，实肇乎此。予小子披读《实录》，未尝不起敬起慕起悲，愧未能及其时，以承训抒力于行间马上也。夫我祖如此勤劳，所得之天下，子若孙睹此战迹，而不思所以永天命、绵帝图，兢兢业业，治国安民，凛惟休惟恤之诚，存监夏监殷之心，则亦非予子孙而已尔。此予睹萨尔浒之战，所由书事也。此予因《实录》尊藏，人弗易见而特书其事，以示我大清亿万年子孙臣庶，期共勉以无忘祖宗开创之艰难也。

铁背山

[在兴京西北一百二十里，上有界藩城。太祖大破明兵，歼杜松于此。]

硕钦山

[太祖追明败卒至此。]

尚间崖

[太祖己未年，破明马林、麻岩兵于此。]

斐芬山

[太祖己未年，破明潘宗颜兵于此。]

阿布达哩冈

[太祖己未年，破明刘綎兵于此。]

固拉库崖

[太祖己未年，降朝鲜兵于此。]

青苔峪

[太祖辛酉年，征明青苔峪城。]

黄骨岛

[太祖辛酉年，征明黄骨岛城。]

牵马岭

[太祖壬戌年征明，收牵马岭城。]

觉华岛

[太祖丙寅年，征宁远，遣总兵武讷格攻克觉华岛。]

兴安岭

[太宗文皇帝壬申年，亲统大兵由兴安岭征察哈尔。]

皮岛

[太宗丁丑年，遣英亲王等率兵取明皮岛。]

吕翁山

［在锦县南十里，太宗辛巳年，擒明洪承畴于此。］

御制《吕翁山诗》

所过连山、塔山，皆我太宗文皇帝用武之地。而吕翁山，则生擒洪承畴处也。盖有明末季，骤加辽饷，至八百余万，竭天下之力，奉东北一隅，未收片甲之用，而兵食两诎，人民离畔。我太祖高皇帝，一举萨尔浒而辽左之业成，太宗文皇帝，再举吕翁山而关西之势定。今因叩谒祖陵，亲履其地，思经营草昧之艰难，爰恭纪其事，以示来许。俾念祖宗得天下之不易，益励守成之志，亦以举其殷鉴，明之鹿亡，其必有以失之之故也。

连山相接塔山峰，沟濠壁堑凡重。以守则固以战胜，将以勇气吞辽东。增募戍卒号百万，重臣经略操铁券。朝拜恩命暮缧绁，举棋不定曾无算。监军意气壮且豪，凌驾朝士如儿曹，绵山亘海排铁骑，谓当唾手成勋劳。太宗从容处以暇，精兵已伏杏山下。金支五色云上蟠，明卒望见魂惊怕。奔走御侮多英贤，投石超距众闲闲。君臣一德功乃建，人心既单必格天。彼志离兮我志合，如枯易摧朽易拉。不数唐帝美良川，祗今战气犹森飒。陆血标杆海尸浮，乘潮雁鹜随波鸥。一时破竹十三万，伤我十人斯卒俦。清流关侧擒皇甫，煌煌大业开疆土。河山带砺酬勋庸，于铄云龙与风虎。乃知皇天惟德亲，桓桓谟烈告后人。从来守成事不易，殷鉴应思鹿失秦。交则为泰塞则否，九重宴安岂宜恃。不见吕翁山畔上将降，犹设椒浆奠忠鬼。

松山

御制《松山诗》

烽销堠戍间，万古此松山。羽卫经过处，频思创业艰。

塔山

［太宗壬午年，遣郑亲王等率兵克明塔山城。］

杏山

［太宗壬午年，遣郑亲王等率兵降明杏山城。］

御制《雪后过杏山诗》

岧峣群峰玉笋攒，翠微佳色入凭观。疎林蔽芾迷归鸟，犹带当年战气寒。

联骞银凤自飞来，独峙朝阳雾景开。古戍黄芜嘶马去，题诗遥寄白云隈。

每逢咏雪兴偏豪，况对巎峰积翠高。此日萧闲供白战，曩时辛苦忆黄旄。

谨按：自噶哈岭以下，古无称引，而我太祖、太宗，肇造区夏，百战开基，骏烈丰功于是焉。在诸山之名，遂炳耀古今，与天地无极。谨据《开国方略》所载，胪叙如右。有非天作之诗，嶞山之颂，所能仿佛万一者矣。

附载

单单大岭

《后汉书》昭帝始元五年，罢临屯、真番以并乐浪、元菟，元菟复徙居句丽。自单单大岭已东，沃沮、濊悉属乐浪。后以境土广远，复分岭东七县，置乐浪东部都尉。建武六年，省都尉官，遂弃岭东地。

《三国·魏志》汉武帝，分朝鲜为四郡，自单单大岭以西属乐浪，自岭以东七县，都尉主之。

《三国·魏志》沃沮，属乐浪。汉以土地广远，在单单大岭之东，分治东部都尉，治不耐城，别主岭东七县。

《册府元龟》汉昭帝始元五年，元菟郡徙居句丽，自单单大岭已东，悉属乐浪，后以境土广远，复分岭东七县，置乐浪东部都尉。〔按：单单，与满洲语善延相近，疑即长白山也。〕

盖马大山

《魏志》东沃沮，在盖马大山之东。

丸都山

《魏志》毋丘俭遣王颀追高句丽王宫，过沃沮千有余里，到肃慎氏南界，刻石纪功，刊丸都山铭不耐城。

《通考》汉末，高丽王伊夷模作新国于丸都山下。魏正始五年，毋丘俭将万人出元菟，悬车束马，登丸都山，屠其所都。六年，俭复伐之，刻石纪功，刊丸都铭不耐，而还。至晋建元初，慕容皝乘胜追至丸都。〔按：丸都山在高丽之丸都城，渤海之桓都县。据贾耽纪去鸭绿江口六百三十里，详前疆域门。〕

善玉山

《魏书·勿吉传》自和龙北二百余里有善玉山。

祁黎山

《魏书·勿吉传》善玉山北行十三日[《通考》作三十日。]有祁黎山，又北行七日至如洛瑰水。[按：和龙为今土默特右翼地。如洛瑰，《北史》作洛懷，即老哈也。《魏史》所称皆未到勿吉国以前所经，则善玉、祁黎二山，皆在今蒙古东南境。详前疆域门。]

天门岭

《旧唐书》渤海大祚荣，保阻自固。则天命李楷固率兵度天门岭，以迫祚荣。祚荣合高丽、靺鞨之众以拒楷固，王师大败，楷固脱身还。[按：祚荣始居营州，后东奔保阻。楷固兵度天门岭以迫之。楷固既败，则天不能讨，祚荣遂东保东牟山。则天门岭当在今承德县西境。]

独山

《新唐书》程名振攻沙卑城，破独山阵，皆以少击众。[按：沙卑城，为今海城地，独山亦当在其处。]

佛宁岭

《金史》太祖度佛宁[旧作盆搦，今改正。]岭，破埒克城。

《金史》太祖以三十人诣萨哈军，道遇人曰："敌已据佛宁岭南路矣。"众欲由沙班岭往，太祖曰："汝等畏敌耶？"既度佛宁岭，不见敌，已而闻敌乃守沙班岭以拒我。

《金史》初，太祖过佛宁岭，经乌塔城下，从骑有后者，乌塔城人攻而夺之釜。及破将克，其人持釜而前曰："奴辈谁敢毁详衮之器也。"

温都尔山

《金史》上京，山有温都尔。[旧作完都鲁，今改正。]

哈达拉山

《金史》天辅五年，斡鲁败锡勒哈达于哈达拉[旧作合挞剌，今改正。]山，诛首恶四人，余悉抚定。

《金史》斡鲁讨锡勒哈达至希尔根河，锡勒哈达遁去，追及于哈达拉山。

阿噜冈

《金史》收国元年，上率兵次宁江州西，辽军溃围出，逐北至阿噜冈。

额斯珲山

《金史》太祖伐巴图，与乌库哩部沿屯水过摩琳乡，追及巴图于额斯珲[旧作阿斯温，今改正。]山北泺之间，杀之。

布尔罕山

《金史》太祖克宁江州，使罗索招谕系辽籍女真，降伊屯伊罕路达哈藩卓勒等，败辽兵于布尔罕[旧作婆剌赶，今改正。]山。

呼岱巴冈

《金史》收国元年，追及辽主于呼岱巴[旧作步答，今改正。]冈。

古纳岭

《金史》乌楞古与辽托卜嘉战，败之，斩托卜嘉。古纳[旧作酷辇，今改正。]岭乌尔图罕等十四达哈藩皆降。

托辉山

《金史》呼实默率族属部众，诣萨哈乌珍降，营于托辉[旧作驼回，今改正。]山之下。

色辰岭

《金史》乌春举兵来战，道色辰[旧作斜寸，今改正。]岭，涉和伦拉林水，舍于珠格部阿勒哈村。[按：《金史》又有色辰水。]

巴固岭

《金史》讷格纳遁去，乌色督军而进，至巴固[旧作巴忽，今改正。]岭西茂密水，及之大破其众。

曹家山

《金史》瓜里据威平，贼势益张，权曹家山明安绰奇，集兵千余，扼于夜河。贼不得东，绰奇败，瓜里遂犯济州。

珠格崖

《金史》斡罕自泰州往攻济州，元帅完颜默音等至珠格[旧作术虎，今改正。]崖，轻骑袭其辎重，斡罕还救，遇于长洙，官军驰击，大破之。斡罕率其众西走。

《金史》默音率诸军讨斡罕，会兵于济州，过泰州至珠格崖，乃舍辎重轻骑追之，及于霤淞河，急击，败之。

枭岭

《金史》大定初，契丹叛，宗室襄从默音讨贼，战于肇州之长洙。贼走雾淞河，复从布萨忠义追贼至枭岭西之陷泉，及之。[按：今翁牛特左翼西南一百十里，有枭岭。字形相近，或即是也。]

佛门山

《金史》世宗二十三年，迁山东东路八穆昆处之河间，其弃地以山东东路特赫河明安下扎哈穆昆，额勒敏鄂勒欢明安下锡布穆昆，佛们[旧作付母温，今改正。]山穆昆，九村人户徙于琉僧、安和二穆昆之旧地。[按：此以旧地，名所迁之明安穆昆。]

罗卜科达巴

《金史》布萨师恭，上京罗卜科达巴[旧作老哈达葛，今改正。]人。

多科阿林

《金史》图克坦绎，其先上京阿勒楚喀人，祖萨噶尔玛克，国初有功，授隆安府路哈济穆昆、多科[旧作夺古，今改正。]阿林明安。

海兰哈达

《金史》完颜特尔格，袭父率宾路海兰哈达明安。

萨巴山

《金史》乌库哩元忠，大定十八年授萨巴[旧作撒巴，今改正。]山世袭穆昆。

伯尔克山

《金史》富珠哩阿喽罕，隆州伯尔克[旧作邑离葛，今改正。]山人。

禅岭

《金史》乌雅沃哩布，海兰路禅岭人也。

巴尔嘉山

《金史》延扎们都，隆州巴尔嘉[旧作帕里干，今改正。]山人也。

乌克登山

《金史》乌雅富埒珲，海兰路乌克敦[旧作乌古敌昏，今改正。]山人，封豳国公。孙扎昆袭乌克敦山世袭明安。

阿穆济山

《金史》通吉义，哈斯罕人也。徙居辽阳之阿穆济[旧作阿米吉，今改正。]山。

博诺山

《金史》永元天德初，授博诺[旧作百女，今改正。]山世袭穆昆。

乌尔古山

《元一统志》乌尔古[旧作吾里哥，今改正。]山在辽阳路废博索府。

濛溪山

《明一统志》濛溪山，在三万卫东北七百四十里，松花江东岸。

牛心山

《明一统志》牛心山，在三万卫东北二百五十里，艾河北土河东。[按：今喀喇沁左翼有牛心山，土河在喀喇沁右翼东南百八十里，或即是也。]

额尔根山

《明一统志》额尔根[旧作阿儿干，今改正。]山，在三万卫东北三百五十里，古信州东。

谨按：自单单岭以下皆散见诸书，而《金史》尤夥，或今古殊称，或传闻未审，求之音译，时有相通。而考之舆图，未能确证，类附于后，以谨传疑。至明时，以山川名卫者，具详疆域门，兹不复载。

注释：

①景祖，指努尔哈赤之祖父觉昌安；显祖，指努尔哈赤之父塔克世。明万历十一年（1583），李成梁攻古埒寨，二人被明军误杀。后在讨明檄文中被列为"七大恨"之首。

②此承德县，其解见前之疆域门。沈阳城附近，太祖努尔哈赤之陵建于山阳。

③俎豆，典出《论语·卫灵公》和《史记》"孔子世家"。俎、豆，皆古代祭祀、宴飨时用于盛食物的礼器，后引申为崇奉之意。

④烝尝，烝与蒸同。典出《国语·楚语下》："国于是乎烝尝。"又《后汉书·冯衍传下》："春秋烝尝，昭穆无列。"后泛指秋、冬两次祭祀。烝尝永，即喻祭祀不断。

⑤渥洼水，本党河支流，在甘肃安西县境。汉代当地产奇马，每向汉武帝进献。

⑥椒馨，典出《诗·周颂·载芟》："有飶其香，邦家之光。有椒其馨，胡考之宁。"椒，这里指花椒。馨，能散布很远的香气。喻指英名长存，千祀垂馨。

⑦此句与《魏书》有别，太白，《魏书》作大白。不害人，《魏书》作害人。

⑧岳镇海渎祭祀，起源于上古的山川崇拜，是祭祀五岳、五镇、四海、四渎的国家祀典。现存于沂山东镇庙碑林的《大明诏旨碑》，即是明太祖朱元璋将岳镇海渎作为国家大典在天下颁行的实例。又称"诏定岳镇海渎神号碑"。

⑨此典见晋陶潜撰《搜神记·后记》：汉代辽东人丁令威，学道于灵虚山中，成了仙人。后化为一只鹤，飞往辽东，停在城门的华表上。有一少年见了，拉弓欲射。鹤便飞起，在空中盘旋，发出人言："有鸟有鸟丁令威，去家千年今始归，城郭如故人民非，何不学仙冢累累。"后便以丁令威化鹤喻人世的变迁。宋李新《忆故园》诗："终当问遗老，何如丁令威。"

⑩此《实录》应为《满洲实录》。

钦定满洲源流考卷十五

山川二

混同江 [即松阿里江，亦称松花江。]

御制《松花江诗》

滚滚遥源出不咸，[松花江即混同江，源出长白山，《山海经》作不咸山。]大东王气起龙潜。劈空解使山原折，接上那辞雾雨添。两岸参差青嶂印，一川荣缪碧波恬。地中呈象原檐鼓，[松花江，以松阿哩乌拉得名。松阿哩者，即国语天河也。]石辨支机孰是严。

御制《松花江放船》恭依皇祖诗韵

隆崇长白佑维清，松花江源山顶生。飞流银河练影明，萦回千里竹箭轻。望祭申悃和鸾鸣，临江遂命青雀横。水天上下秋光晶，冯夷静恬涛不惊。击汰直达吉林城，沧浪之水义最精。俯看直欲濯我缨，讵必昆明习战兵。隆崇长白佑维清，继绳祖烈希景行。从流宁为欣淳泓。

御制《松花江捕鱼》

松江网鱼亦可观，潭清潦尽澄秋烟。虞人技痒欲效悃，我亦因之一放船。施罟濊濊旋近岸，清波可数鲦鲈鳙。就中鲟鳇称最大，度以寻丈长鬐轩。波里颜如玉山倒，掷义百中诚何难。钩牵绳曳乃就陆，椎牛十五一当焉。举网邪许集众力，银刀雪戟飞缤翻。计功受赐即命罢，方虑当秋江水寒。

《魏书》勿吉国，有大水，阔三里余，名速末水。[按：速末，即混同江，亦作粟末。]

《新唐书》粟末靺鞨，依粟末水以居，水源于太白山。

《辽史·本纪》圣宗太平四年，诏改鸭子河曰混同江。

《辽史》上京临潢府，有鸭子河。

《金史·本纪》辽都统萧嘉哩、副都统托卜嘉，[满洲语，滕也。旧作挞不野，今改。]将步骑十万会于鸭子河北，太祖自将击之。

《金史·本纪》收国元年八月，上亲征黄龙府。次混同江无舟，上使一人导前，乘赭白马径涉，曰："视吾鞭所指而行。"诸军随之，水及马腹。后使舟人测其渡处，深不得其底。

《金史·本纪》混同江，亦号黑龙江。[按：混同江自长白山北流折而东，与黑龙江会。黑龙江出喀尔喀北界东南流，与混同江会。实系二水合流，非一水而二名也。史文殊误。]

《金史》上京路，水有混同江、松阿哩江、鸭子河。[按：混同江即松阿哩江，《辽史》又称即鸭子河，《金志》误分为三水。]

《金史》世宗大定二十五年，册混同江之神为兴国应圣公，立庙致祭。

《契丹国志》长白山，黑水发源于此。[按：黑龙江并不发源长白，此盖误以混同为黑水也。]旧云粟末河，太宗破晋，改为混同江。[按：《辽史》圣宗时，始改名混同江。叶隆礼《契丹国志》作太宗，误也。]

《许亢宗奉使行程录》古乌舍寨枕混同江湄，其源来自广漠之北，远不可究。自此南流五百里，接高丽鸭绿江注海。[按：此条舛误尤甚，混同江出长白北流会黑龙江东入海，乃云来自广漠之北，南会鸭绿。盖据图臆揣之，误也。]

《元一统志》混同江俗呼松阿哩江，源出长白北流经旧建州[详前部族门及渤海疆域条。]西五十里会诸水，东北流经故上京下达五国头城北，又东北注于海。

《明一统志》混同江在开原城北一千五百里，源出长白山，旧名粟末河，俗呼松阿哩江。北流经金故会宁府，下绕五国头城，东注于海。松花江在开原城东北一千里，源出长白山，北流经故南京城合辉发江、混同江，东流注海。[按：混同江发源于长白山北，自吉林东南北流出边受嫩江，折而东北受黑龙江，南受乌苏哩江，东注于海。辽太平四年，诏改鸭子河为混同江，混同之名始见于此，土人呼为松阿哩江，《金志》作宋瓦江，则松阿哩音之误也。《明一统志》作松花江，则宋瓦之转音也。《金史·本纪》有云，混同江一名黑龙江，指下流交会之处言之，或以此江名松花而以萨哈连乌拉为混同，误也。《金史·地理志》既载混同江，又载宋瓦江、鸭子河，是不知一江之有三名，而误以为三水。《明一统志》既载混同江，又载松花江，是又误以一江为二水云。]

鸭绿江

《汉书·地理志》元菟郡西盖马县，马訾水西北入盐难水，西南至西安平入海，过郡二，行二千一百里。

《通典》马訾水，一名鸭绿江。源出靺鞨白山，水色似鸭头，故名。

《通鉴》大业八年，伐高丽。分道并进，皆会于鸭绿水西。

《通鉴》贞观十九年，程名振等拔卑沙城，遣将耀兵于鸭绿水。又，龙朔元年，契苾何力讨高丽，高丽守鸭绿，不得济。何力乘坚冰渡水，大破之。乾封二年，李勣伐高丽，管记元万顷檄文曰："不知守鸭绿之险。"高丽报曰："谨闻命矣！"即移兵拒守，唐兵不得渡。

《辽史》圣宗统和二十八年，自将伐高丽。大军渡鸭绿江，康肇拒战，败之。

《通考》女真，世居长白山，鸭绿水之源。

《元一统志》鸭绿江，在辽阳路东五百六十里。按《唐书》，马訾水出靺鞨白山，西与盐难水合，又西南至安平入于海。唐太宗征高丽，遣邱孝忠耀兵于鸭绿水，即此。今考其源出于长白山西南，流经故博索府东南入海。

《高丽图经》鸭绿之水源出靺鞨，其色如鸭头，故以名之。去辽东五百里，又西与一水合，即盐难水也。二水合流，西南至安平城入海。高丽之中，此水最大，波澜清彻，其国恃此以为天堑。水阔三百步，在平壤城西北四百五十里，辽水东南四百八十里①。自辽水以东即属契丹，大金以其地不毛，不复城守，徒为往来之道而已。［按：鸭绿水其色如鸭头，乃史家傅会之论。详见完颜部条。］

《明一统志》鸭绿江，在辽东都司城东五百六十里。［按：鸭绿江在吉林乌拉南九百七十里，源出长白山，西南流与朝鲜分界，至凤凰城东南入海。即古马訾水，亦名益州江，盖渤海益州所治也。见前疆域门。］

爱呼河

《金史》乌库哩［旧讹乌古论，今从《八旗姓氏谱》改。］萨哈，［满洲语，小围也。旧说三合，今改。］海兰路爱呼河人。

《金史》乌雅［旧讹乌延，今从《八旗姓氏谱》改。］和啰噶，［蒙古语，墙圈也。旧讹胡里改，今改。］海兰人，后徙爱呼穆昆家焉。［爱呼，旧讹爱也窟。今改正。］

《元一统志》长白山，顶有潭，周八十里，南流为鸭绿江，北流为混同江，东流为爱呼河。

《明一统志》爱呼江，源出长白山，东流入海。［按：元、明一统志又俱讹为阿也苦，今并改。考《盛京通志》吉林诸河多发源于长白山诸窝集中，而自入海者惟混同、鸭绿、图们三江。爱呼河自纳穆窝集会拉发河入混同江。今《明一统志》云入海，误。］

图们江

《金史》景祖兵势稍振，图们［旧讹统门，今改正。］水温特赫［旧作温迪痕，今据《八旗姓氏谱》改正。］部来附。

《金史》天会九年，以图们水以西，和屯、锡馨、珊沁三水以北闲田，给海兰路诸穆昆。[按：图们江，在宁古塔城南六百里，源出长白山，东北流绕朝鲜北界，复东南折入海。]

佟佳江

《汉书·地理志》马訾水西北入盐难水。[按：与鸭绿江会流入海者，惟佟佳江为大，《汉书》所称盐难水，当即是也。]

《新唐书》鸭绿水，西与盐难水合。

《元一统志》大虫江，在辽阳路，发源[原缺县名。]县东南，龙凤山分水岭下，东南流经废博索府，南流合于鸭绿江。

《明一统志》大虫江，在辽东都司城东南四百里，源出龙凤山，南流入鸭绿江。[按：《一统志》云，佟佳江在吉林乌拉城南八百二里，亦名通佳江，南流会鸭绿江，即古盐难水。《明一统志》有大虫江，疑即佟佳江也。今考佟佳江，源出分水岭，西南流受喀尔敏诸水。鸭绿江自东来会，南入于海。龙凤山之名无可考，惟凤凰城西北有龙凤山。]

辽河

御制《渡句丽河》

句骊旧辽水，千载带辽阳。古客曾何在，今人引兴长。蒹葭余败质，汀屿何苍茫。饮练双长虹，横卧水中央。几个无心鸥，冲波任翱翔。战勋寻堞垒，世态惊沧桑。惟此东流水，今古无闲忙。积素漫两岸，流渐声琅琅。谁能呼舴艋，捕彼鲤与鲂。近树银为饰，远山玉作装。冯舆愁峭寒，披裘且彷徨。常时禁体诗，苦吟读书堂。奚如眺揽余，万景个中藏。

御制《渡辽水》

镜影照龙旐，桥山展谒旋。宁同贞观后，撇捣为开边。

《汉书·地理志》大辽水出塞外，南至安市入海，行一千二百五十里。

《三国·魏志》司马懿伐公孙渊，围襄平，会大霖雨。辽水暴涨，运船自辽口竟至城下，平地水数尺。

《水经》大辽水，出塞外卫白平山，东南入塞，过辽东襄平县西，又东南过房县西，又东过安市县西，南入于海。

《水经注》辽水，亦言出砥石山，自塞外东流，直辽东之望平县西，屈而西南，流迳襄平县故城西，又东迳辽队县故城西，又南，小辽水注之[②]。又右，会白狼水，至安市县入海。

《隋书》开皇八年，命汉王谅讨高丽，军次辽水，高丽遣使谢罪，乃罢兵。

《通鉴》大业七年，诸军会辽水，高丽阻水拒守，隋兵不得济。命宇文恺造浮桥三道于辽水西岸，既成，引桥趣东岸，桥短丈余，士卒赴水接战，高丽乘高击之，为所败。乃引桥复就西岸，命何稠接桥，二日而成，诸军进战于东岸。

《通鉴》贞观十八年，遣营州都督张俭讨高丽，值辽水涨，俭等久不得济。次年，车驾至辽泽，泥淖二百余里，人马不可通。诏阎立德布土作桥，既济，撤之以坚士心。及师还，遣长孙无忌将万人翦草填道，深处以车为梁，上自系薪于马鞘，以助役。

《通典》贞观二十一年，李勣破高丽于南苏，班师至颇利城，渡白狼、黄岩二水，皆由膝以下。勣怪二水狭浅，问契丹辽源所在，云此二水合而南流，即称辽水，更无辽源可得也。[按：辽河二源，一为吉林之赫尔苏河，一为潢河。又有喀喇沁之土河，东流合于潢河。《水经注》称，辽水过房县西右会白狼水，又称白狼水经古黄龙柳城之北与今土河相合。故或疑白狼水即土河，然按之《水经注》，亦难一一吻合。且李勣自南苏班师，南苏为今复州宁海地，去潢河、土河甚远。《唐书》所言，未足为据。又《明志》以艾河、土河合流为辽河上源，尤不足信耳。]

《通典》大辽水，源出靺鞨国西南山，南流至安市入海。

《辽史》东京辽阳府，辽河出东北山口会范河，[原本会，误作为。范河，源出嘉穆呼山入辽河，别系一河也。今改正。]西南流为大口，入于海。

《金史》辽阳府，沈州章义县有辽河。

《元一统志》辽河，在辽阳路西一百五十里。按《前汉·地理志》，辽东郡望平县下注云："大辽水出塞外。"《后汉书》注引《山海经》曰："辽水出白平东。"郭璞曰："出塞外御白平山。"[此作御白平，与今本《水经》异。]今按图册，上从咸平府界流经沈阳府城西北一百二十里，下流入广宁路境。

《明一统志》辽河，源出塞外，自三万卫西北入境。南流经铁岭、沈阳都司之西境，广宁之东境，又南至海州卫入海。[按：辽河东源出吉林城西南之库勒讷窝集，为赫尔苏河。北流出边，西北绕邓子河，又西南折与潢河会，其西源即潢河也。二河合流，自开原县入边，经铁岭入双峡口，分为二，曰内辽河、外边河，绕县之西南复合为一，至开城为巨流河，亦名句丽河，又作枸柳河。又分流，复南汇，经海城县西与太子河会，遂为三汊河入海。《水经》所称卫白平山及砥石山，皆传闻未审之辞耳。]

浑河　沈水

《汉书·地理志》高句丽，辽山辽水所出，西南至辽队，入大辽水。

《水经》元菟，高句丽县有辽山，小辽水所出，西南至辽队，入于大辽水。

《水经注》小辽水，出辽山，西南经辽阳县与大梁水会，又东南迳襄平县为淡渊。晋永嘉三年涸。又迳襄平县入大梁水。[按：浑河与太子河会，西流合辽河为三汊河，故《汉志》云入大辽水。此云入大梁水，疑大辽水之误。与大梁水会，已见上文。大梁水，即太子河也。]

《辽史》东京辽阳府，浑河在东梁、范河之间。

《金史》东京路沈州乐郊县有浑河，贵德州奉集县亦有浑河。

《元一统志》浑河，在辽阳路。本路图册引《辽志》云，源自越喜国，出熊水西北合众流，会淄水屈曲数千里，入于海。按《地志集略》云，源出女真国，西流过贵德州，由州西流入梁水，西南七十里合辽河，入于海。

《元一统志》浑河在沈阳路，源出废贵德州东北，西南经沈州南一十五里，辽阳西四十里，会太子河，合辽水南注于海。旧称沈水，水势湍激，沙土混流，故名浑河。今水澄澈，遇涨则浑。[按：《元一统志》所称，盖即一水，以图册分载而两存之也。《盛京通志》又载有小沈水，俗名五里河，在承德县城南，自东关观音阁东发源，一名万泉河，流至骡子圈南入浑河。水北曰阳，沈阳之名，以此。《明志》称一名活水，高永昌拒金兵于活水者，非是。]

《明一统志》浑河，源出塞外，西南流至沈阳卫合沙河，又西南流至辽东城，西北入太子河。[按：浑河发源自长白山纳鲁窝集中，西北流入英额边门，经兴京界内，绕盛京之西南至王大人屯与太子河会，西流会辽为三汊河，入海。]

太子河

《汉书·地理志》辽阳县，大梁水西南至辽阳入辽。

《辽史·地理志》东梁河自东山西流，与浑河合为小口，会辽河，入于海。又名太子河，亦曰大梁水。

《金史·地理志》东京路辽阳府辽阳县，有东梁河，国名乌勒呼[满洲语，芦苇也。旧作兀鲁忽，今改正。]必喇，俗名太子河。宜丰县辽旧衍州，亦有东梁河。[按：太子河亦名衍水，以燕太子丹匿于衍水，故名太子河。辽衍州之名，当取于此也。]

《通考》大梁水出塞外，西南流注小辽水。

《明一统志》太子河，源出果啰[旧作斡罗，今改正。]山，西流五百里至辽东城，东北五里许折而西南，流至浑河合为小口，会辽河入海。[按：太子河在辽阳州北十五里，即古大梁水。一名东梁河，源出吉林萨木禅山，自苇子峪入边，西南流至州西北合浑河，又西至海城县西北入辽河。《明志》以为出果啰山，盖传闻之误。]

沙河

《辽史·地理志》东京辽阳府沙河，出东南山西北流经盖州，入于海。

《金史·地理志》东京路澄州析木县，有沙河。[按：奉天及锦州，水名沙河者凡十有八，其源委皆别。在承德、辽阳、海城、开原、复州、宁远者各一，在盖平者二，在宁海者四，在广宁、义州者各三。其在辽阳者，源出王千户岭，至船城入太子河。在盖平者，源出鸡冠山，至小松岛入海。盖平即盖州，《辽史》所云当即是此。在海城者，源出南分水岭，西北流入三汊河。海城即金澄州，疑此为《金史》所称之沙河也。]

大清河

《辽史·地理志》东京辽阳府有清河。

《金史·地理志》咸平路咸平府铜山县北有清河。

《明一统志》大清河，源出三万卫东北分水岭，南流经城东南入辽河。[按：大清河在开原县东三十里，其上源为哈达河，出吉林达阳阿岭，会觉罗、阿鲁诸河，经拐磨子山即为清河。扣河自东来会，西入辽河。]

柴河

《金史·地理志》咸平路咸平府铜山县，南有柴河。新兴县，北有柴河。

《明一统志》柴河，源出沈阳卫东诸山，西流经城北入辽河。[按：柴河在铁岭县城北二里，源出分水岭，至席家庄入辽河。]

范河

《辽史·地理志》东京辽阳府，北至挹娄县范河二百七十里。

《金史·地理志》咸平路咸平府新兴县，有范河。按：范河在铁岭县城南三十里，亦名汛河。源出嘉穆呼山，至蚂蜂沟入辽河。

辉发河

《通考》契丹时，自咸州东北至粟末江中间，所居之女真谓之辉发。旧作回霸，今改正。按：辉发之名始见于此。国初，辉发国居辉发河边，因为国号。辽时部名亦当取此。③

《金史》赫舍哩[旧作纥石烈，今从《八旗姓谱》改。]呼喇，[蒙古语，雨也。旧讹胡剌，今改。]辉发州人。

《明一统志》辉发[旧讹灰扒，今并改。]江至海西合混同江。[按：辉发河，在吉林城南三百二十里，源出纳鲁窝集，即辽吉善河、图们河、三屯河合流处。东北入混同江。图们河，与发源长白之图们江非一水也。]

伊屯河

《金史》额尔珲[满洲语，强壮也。旧讹阿徒罕，今改正。]从攻黄龙府，援照苏[蒙古语，钱也。旧讹照散，今改正。]城，夜过伊屯[旧讹益褪，今改正。]水，诘朝，大败契丹兵。

《明一统志》伊屯河，在三万卫西北。[按：《明志》讹一秃河，又讹一统，称龙安一统河。龙安者，隆安之误。辽之黄龙府，金为隆州。贞祐初，升为隆安府。伊屯河正在其地，故有是称。《盛京通志》伊屯河，在吉林城西二百九十余里，源出额赫峰，北流出边，东入混同江，伊屯门即在河西。]

伊尔们河

《金史》温都[旧作温敦，今从《八旗姓谱》改。]布拉[满洲语，荆刺也。旧作蒲刺，今改正。]始居长白山，后徙隆州伊尔们河。[旧作移里闵，今改正。]

《金史》瑸都授上京伊尔们世袭明安。

《明一统志》伊尔们河，在开原城北，北流合伊屯河入松花江。[按：《明志》讹伊迷，又讹引门，皆伊尔们之转音。金隆州，即在吉林乌拉西，其为伊尔们无疑。考伊尔们河，在吉林西百四十里，源出库勒讷窝集，东北流，会伊屯河入混同江。]

小凌河

御制《小凌河》

颓垣败垒动经过，防御当年事若何。上将生降中左所，监军坐拥小凌河。[明末，各路用兵皆有内监监军，若辈拥强兵以自卫，驱残疾使当战，偾事率由此。]一时成败沧桑易，千古兴亡感慨多。几许英雄淘洗尽，涛声依旧送回波。

《辽史》兴中府有小凌河。

《元一统志》凌河，在大宁路兴中州南十里，源出龙山县杨柳部落，流经本州。

《明一统志》小凌河，源出大宁，自广宁左屯卫西入境，合女儿河及哈喇河入海。[按：小凌河在锦县东，源出土默特右翼明安喀喇山。蒙古名明安河，由松岭门西入边，南流至唐家台西入海。]

大凌河

御制《大凌河》

金根迤逦过，初度大凌河。战迹当年烈，忧怀此日多。守成知不易，开创事如何？ 骊牧今销燧，名驹蒸寝讹。[大凌河，乃当年用武之地，今为牧场矣。]

《元一统志》大凌河，在兴中州，下流入义州境。

《明一统志》大凌河，源出大宁，自义州西六十里入境，南流经广宁左右屯卫入海。[按：大凌河，源出喀喇沁左翼威苏图山，东北折入土默特石翼界，蒙古名鄂木伦。东流经古兴中州城南，折东南流入义州九官台边，至鲇鱼塘东入海。]

羊肠河

《辽史》辽州有羊肠河。

《元一统志》羊肠河，在辽阳路，源出州西之废徽州[辽时州名。]境，经州北四十里下流，合入辽河。

《明一统志》路河，在广宁卫东四十里，其上流为羊肠河，源出白云山，经镇武堡入镰刀湖，又东合潮河入辽河，自海运废，河道阻塞。[按：《盛京通志》羊肠河，源出边外白土厂门，东入广宁县境，至蛇山散漫，与《元志》所称入辽河不同，盖明时废塞也。]

珠子河

《辽史》辽州，有锥子河。[按：辽之辽州在广宁县界，锥子河即珠子河。音相近而误也。]

《明一统志》珠子河，源出广宁东北一百里白云山，南流入辽河。[按：珠子河，在今广宁县东北四十里。《盛京通志》称，山水盛时有河，旱则水干。或呼为锥子河。]

率宾水　扎兰水

《金史》昭祖耀武，入于率宾、扎兰之地，所至克捷。

《金史》乌库哩垎克，[满洲语，砺石也。旧作留可，今改正。]与率宾水达萨塔[满洲语，整也。旧作敌厍德，今改。]起兵。

《金史》穆宗时，率宾水民不听命，使威泰[旧作斡带，今改。解见前。]召诸官，告谕之。

《金史》穆宗使讷格纳往治伊喇等，行至率宾水，辄抄掠。其人遂入穆噜密斯罕城。及乌色、伊克来问状，至率宾水西诺木欢村，讷格纳止率宾水东乌满村。

钦定满洲源流考校注

《金史》康宗初，率宾水鸿观部及威准、哲尔德二部，有异志，威泰治之。

《金史》威泰将兵伐沃赫，募军于率宾水。

《金史》讷格纳募率宾水人为兵，不听辄攻略之。乌色抚定其民。康宗二年，威泰治率宾水诸部，乌色佐之。

《金史》康宗二年，率宾水诸部不听命，使威泰往治其事，行次呼尔哈川萨哈村，召诸部皆至。

《金史》都古噜纳为扎兰路达贝勒，太祖以扎兰地薄斥卤，迁其部于率宾水。

《金史》天会二年，徙扎兰路达贝勒完颜忠于率宾水。

《金史》海陵置率宾路节度使。世宗时，近臣请改率宾为扎兰节度使，不忘旧功。上曰："率宾、扎兰二水相距千里，节度使治率宾，不必改。实图美亲管明安子孙袭封者，可改为扎兰明安，以示不忘其初。"

《金史》思敬，本名萨哈，扎兰河人，实图美之子。

《明一统志》率宾河，在建州东南下流入于海。金时率宾路之名以此。[按：率宾本渤海府名，金为率宾路，误作苏滨，亦作恤品，皆因水得名，其实一也。《明志》称在建州东南，考《盛京通志》无此河名。惟开原东南一百九十余里，有硕宾河，与率宾河音实相近，疑明人不知硕宾之即为恤品，而误传在远地耳。率宾府、率宾路，详见疆域门。]

海兰水

《金史》景祖时，海兰水有率众降者，录其岁月姓名，即遣去。

《金史》海兰水乌凌噶部，拒阻不服，景祖攻之。

《金史》欢塔与硕硕欢合兵于图们水，阿里首败敌兵。高丽入寇，以我兵守要害，不得进，乃还。阿里追及于海兰水，高丽人争走水上，阿里乘之，杀略几尽。

《元史》海兰府，有海兰河流入于海。

《元一统志》海兰河，在沈阳路，经旧建州东南一千里入于海。

《明一统志》海兰河，在建州东，东南流千余里入海。元海兰府以此名。[按：《盛京通志》海兰河，凡数处，入混同江者二，入呼尔哈河者一，入布尔哈图河者一，无入海之文。《元史》称海兰府地近高丽，又称经旧建州东南，则自以近高丽者为是。考《皇舆全图》，宁古塔南四百余里有按巴海兰河、阿济格海兰河，二源合流会布尔哈图河以达于噶哈哩河。金、元史所称，当即是也。海兰府、海兰路，详见前疆域门。]

拉林河

《金史》拉林[旧作来流，今改。]水乌苏展部，杀完颜部人，昭祖以国俗治之，大有所获。

《金史》景祖败舍音，[旧作谢野，今改。解见前。]往见辽边将，行次拉林水而复。

《金史》拉必略拉林河牧马，世祖击之。

《金史》乌春以其众涉和伦、拉林二水，世祖亲往拒之。

《金史》乌春使人来让曰："拉林水以南，布克坦水以北，皆吾土也。"

《金史》辽遣节度使伊里[满洲语，立也。旧作乙烈，今改。]来，穆宗至拉林水兴和村，见之。

《金史》太祖进军宁江州，诸部兵皆会于拉林水。

《金史》太祖与萨哈分治诸部，必塔水以北太祖统之，拉林水人民萨哈统之。

《金史》太祖昼寐于拉林水傍，梦威泰之场圃火，禾尽焚。觉而深念之，以为忧。

《金史》熙宗天眷元年，诏罢拉林河、混同江护逻地，与民耕牧。

《金史》熙宗天眷二年，上猎于拉林河。

《松漠纪闻》自上京一百五十里，至拉林河。

《北盟会编》第三十八程至拉林河，三十九程至上京。

《许亢宗奉使行程录》三十六程，自呼勒希寨八十里至拉林河。

《明一统志》拉林水，在会宁北，出三万卫境马盂山东，流至黄龙府东，又东南流入女真境，又东北流入混同江。[按：拉林河在吉林城东北二百二十五里，源出吉林东北之拉林山，北流入混同江。《明志》所云未得其实，盖传闻之误。]

阿勒楚喀河　海古勒水

《金史》上京海古勒之地，阿勒楚喀水源于此。[阿勒楚喀，旧作按出虎，今改正。按：《金史》误解按出虎为金，以附会"金源"二字之义。考金源，为辽时县名，地属中京，金因之，属北京，以地有金甸而名。在今喀喇沁右翼界，与金初起之上京无涉。详见疆域门金上京条。阿勒楚喀河源在吉林东北，据《松漠纪闻》《北盟会编》《大金国志》等所载，金上京行程，过拉林河一程即至上京驿馆。拉林河东至阿勒楚喀不过百余里，阿勒楚喀河源在吉林城东北三百里，拉林河源在吉林城东北二百二十五里。核之诸书所载，上京宫阙在混同江东二百六十里，去拉林河一百七十里者，俱属相合。此按出虎，即阿勒楚喀之明证也。]

《金史》上京，水有阿勒楚喀。

《金史》献祖徙居海古勒水，始筑室，有栋宇之制，遂定居于阿勒楚喀水之侧。

《金史》博啰与献祖俱徙海古勒水，置屋宇焉。

《金史》世祖将出兵，闻伯赫死，乃沿阿勒楚喀水行，且欲并取海古勒珠尔苏之众，而后战。

《金史》世宗大定二十四年，幸阿勒楚喀水，临漪亭。壬戌阅马于绿野淀，丙午猎于巴延淀。

《金史》熙宗天眷元年，阿勒楚喀河溢。

《金史》杲，本名萨里罕，居阿勒楚喀水。

《金史》实嘉努，富察部人，世居阿勒楚喀水。

《金史》富察和珍，阿勒楚喀水人也。

《金史》博勒和，旧居阿勒楚喀水，徙泰州。

呼尔哈河

《新唐书·列传》渤海王城，临忽汗海。[按：忽汗，即呼尔哈河。音有缓急，故不同耳。详见渤海条。]

《金史·地理志》呼尔哈[旧作胡里改，今改正。]路，置节度使。会宁府东至呼尔哈六百三十里。[按：呼尔哈路，因河为名。详前金上京条。]

《元史·地理志》呼尔哈路，有呼尔哈江。

《明一统志》呼尔哈[旧作忽儿海，今并改。]河，在开原城东北一千里，源出潭州在[辽中京，《明志》误也。]城东诸山，北流入松花江。

《明一统志》呼尔哈[此又讹呼里改，今并改。]江，出建州东南山下，东北汇为镜泊，又北入混同江。[按：《明志》误以呼里改、忽儿海为二河，一称入松花江，一称入混同。混同亦即松花江也。今考呼尔哈河，源出吉林界内色齐窝集，诸河汇为一大河，东注入镜泊。镜泊即毕尔腾湖也。又从镜泊之发库东注，绕宁古塔城南复东北折入混同江。《金史》称，呼尔哈路在会宁府东北六百余里，盖在其下流将入大江之处也。《明志》称汇为镜泊，盖合上流言之也。]

珲春河

《金史·世纪》图们，珲春[旧作浑蠢，今改正。]水之交。乌库哩部埒克、卓多，起兵于穆噜密斯罕城。

《金史·世纪》太祖致穆宗，教图们、珲春诸路，自今勿复称都部长。[按：珲春河在宁古塔城东南六百里，源出通垦山，会诸小水西南流，入图们江。]

221

嫩江

《北史》太和初，勿吉国乙力支贡马，称初发其国，乘船溯难河西上。[按：难河即嫩江。详见勿吉行程条。]

《新唐书·列传》那河，或曰他漏河，东北流入黑水。[按：那河即难河，他漏河即今洮尔河。洮尔河入嫩江以达混同江，混同江入黑龙江。《新唐书》皆误。详见前勿吉条。]

《明一统志》嫩河，[原讹脑温，今改正。]在开原北千里，源出长白山，[《明志》舛误，今仍原文，驳正于后。]南流入松花江。[按：嫩江在齐齐哈尔城西五里，古名难水，亦曰那河。源出内兴安岭，由默尔根城西北流至齐齐哈尔东北，绕西往南经杜尔伯特郭尔罗斯界，入混同江。明时称脑温，又称诺尼，音有缓急不同耳。至《明一统志》既云出长白山，即无南流入松花江之理。既系南流入松花江，即断非长白山所出，其谬不待辨也。]

洮尔河

《魏书》乙力支溯难河西上，至太㳛河，沈舟于水，南出陆行，度洛孤水，从契丹西界达和龙。

《北史》自和龙北行，至洛瓌水，又北行十五日，至太岳鲁水。[《魏书》作太鲁，即太㳛洮尔也。洛瓌洛孤，即今老哈河。并详前勿吉行程条。]

《新唐书》粟末水，西北注它漏河。[按：它漏即洮尔，洮尔入嫩江以达松花江。此反谓松花江注洮尔，舛误甚矣。]

《辽史》上京临潢府，有洮尔河。

《辽史》圣宗太平四年，诏改洮尔河为长春。[《辽史》原文他鲁，亦作挞鲁，今改正。]

《金史》泰州长春县，有洮尔河。[原文讹挞鲁古，考洮尔河，源出科尔沁西北兴安山，东南流汇为纳兰萨兰池，入嫩江。]

黑龙江

《北史》乌洛信国，西北有完水，东北流合于难水。

《旧唐书》室韦，大山之北有大室韦部落，其部落傍室建河居④。其河源出突厥东北界俱伦泊，屈曲东流，经西室韦界，又东经大室韦界，又东经蒙兀室韦之北，落俎室韦之南，又东流与那河、忽汗河合，又东经南黑水靺鞨之北，北黑水靺鞨之南，东流注于海。

《大金国志》黑水，其水掬之则色微黑，契丹目为混同江。[按：混同乃松阿哩江，虽下流与黑龙江会，实系二水，此合为一，误。]深可二十丈余，狭处可六七十步，阔者至百步。[按：《大金国志》为宇文懋昭所撰，懋昭本淮西人，未尝亲至黑水，所云掬之色微黑，未免传闻之误，实无是事也。]

《通考》黑水部，其水掬之则色微黑，目为混同江。[按：此亦误以二江为一水。]

《金史》肇州始兴县，有黑龙江。[按：肇州在洮儿河东北，距齐齐哈尔城约五六站。]

《金史》勿吉有黑水部，唐置黑水府，有黑龙江，所谓白山、黑水是也。

《元史·太祖纪》元年，帝即皇帝位于鄂嫩[旧作斡难，今改正。]河之源。

《明一统志》黑龙江，在开原城北二千五百里。[按：黑龙江，在黑龙江城东，古名黑水，亦曰完水，又名室建河，亦名鄂嫩河。源出喀尔喀北界肯特山，土人谓之鄂嫩河，折而东北流，至尼布楚城南一千余里，又三百余里入黑龙江将军界，又东南至吉林乌拉界，会松花江入海。黑水之名始于南北朝，黑龙江之名见于《金史》，其上源则《北史》所载之完水。《旧唐书》言源出俱伦泊，即今库伦湖。今黑龙江之源自有鄂嫩河，库伦湖上流为克鲁伦河，其源与鄂嫩河相近，而克鲁伦又东北入黑龙江。此《唐书》之所以致误也。]

屯河

《金史》屯水，赫舍哩部阻五国鹰路，穆宗讨之。

《金史》穆宗声言平鹰路，畋于屯水而归。

《金史》太祖伐温都部，与乌库哩部兵沿屯水过摩琳乡。

《金史》太祖自国相袭位，屯水民来附。

《金史》乌春等为难，拉必兄弟乘此结屯水之民。

《金史·忠义传》酬斡从太祖伐辽，率屯水路兵招抚萨木丹、锡里肯、巴噶三水拜格城邑，皆降之。

《金史》宗尹，授世袭夫馀路屯河明安。

《元史》海兰府硕达勒达等路，设万户府五，一曰屯，距上京四千里。旧讹四十里，今改。[按：屯河在宁古塔城东北七百里，出屯窝集入混同江。《金史》讹陶温，亦作土温。涛温，《元史》讹桃温，今并改。]

哈勒珲河

《金史》昭祖威顺皇后图克坦氏，哈勒珲[旧作活剌浑，今改正。]水达鲁乡人。

《金史》昂，本名瑸都，授上京路额勒敏哈尔珲河世袭明安。

《金史》拉必、玛察兄弟者，哈勒珲水赫林乡赫舍哩部人。

《金史》拉必、玛察与世祖遇于野鹊水，罕都入敌阵鏖击之，乌春、乌木罕据哈勒珲水，世祖既许之降，遂还军。

《金史》哈勒珲水赫舍哩部拉必、玛察叛[5]，颇克绰欢从之。

《金史》舍音为会宁牧，海陵猎于哈勒珲水，舍音编立围场凡平日不相能者辄杖之。

《明一统志》哈勒珲[旧作忽剌温，今并改。]江，在开原城北九百里，南流入松花江。[按：哈勒珲穆昆河，在吉林城西南九百里，源出纳鲁窝集，东流合赛音纳音河入松花江，即温水河也。《明志》所称未得其实。]

奥娄河

《新唐书》万岁通天中，渤海大祚荣保太白山之东北，阻奥娄河，树壁自固。

[按：太白即长白，奥娄河当为阿噜河，源出吉林安班和托峰，一西南流入哈达河，一流至开原入清河。]

蒴芋泊

《元一统志》蒴芋泊，在定辽卫。《契丹地志》云，浿水即古泥河也。自东逆流数百里至辽阳，潴畜不流，有蒴芋草生于泊中，故名。

《明一统志》泥河，一名浿水，又曰蒴芋泺。水多蒴芋之草。[按：泥河在海城西南六十五里，源出圣水山，流至米真山散漫，为辽时蒴芋泺，非朝鲜界内之浿江也。]

谨按：马訾载于《汉书》，速末详于《魏史》。自唐以后，志辽东诸水者，亦繁博矣。而称引纷淆，图经舛错，或一水而误以为二，或异派而误以为同，臆揣讹传，颇多失实。今皆溯其源流，审其分合，谨于各条下加按厘正之，俾考者得以征信云。

附载

弱水
《后汉书》夫余国北有弱水。

《晋书》肃慎国，北极弱水。[按：弱水未详所在，惟《金史》载有陷泉，属临潢府。]

掩淲水
《后汉书》东明南至掩淲水。[注云，今高丽中有盖斯水，疑此水是也。《梁书》作掩滞水。]

《魏略》东明南至施掩水，以弓击水，鱼鳖浮为桥。东明得渡，因王夫余之地。

《隋书》东明逃至淹水，夫餘人共奉之。

于己尼大水

《北史》于己尼大水，即北海。

《唐会要》黑水靺鞨，北至小海。[按：《皇舆全图》黑龙江极北有小海，当即《北史》所云于巳尼大水也。]

勃错水

《通鉴》唐贞观十九年，亲征高丽。攻安市城，不克，引还。渡辽水，辽泽泥淖，车马不通，命长孙无忌蕸草填道，至蒲沟驻马，督填道诸军渡勃错水，暴风雪，士卒沾湿。[按：勃错水，当与辽河相近。《明志》云，在海州卫西北。]

布呼江

《元史》海兰路万户府五，一曰布呼江。[布呼，满洲语，鹿也。旧作孛苦，今改。]

锡馨水

《金史》锡馨[旧作星显，今改。]水，赫舍哩部阿苏，阻兵为难，穆宗自将伐之。

《金史》洪果达呼布，世居锡馨水。

《金史》阿苏，锡馨水赫舍哩部人。世祖破乌春还，阿苏父阿哈迎谒于桑阿塔泺。

《金史乌雅和啰噶》，海兰路锡馨水人。后授爱呼水穆昆，因家焉。

鄂敏水 特克新特布水 舍音水

《金史》景祖时，鄂敏[旧作乾泯，今改。]水富察部、特克新特布[旧作泰神忒保，今改。]水完颜部、图们水温特赫部、舍音[旧作神隐，今改。]水完颜部皆相继来附。

《金史》伊克，居舍音水完颜部，为其部贝勒。与鄂敏水富察部、特克新特布水完颜部、图们水温特赫部俱来归。金之为国，自此益大。

《金史》完颜伊尔必斯，海兰路特克新必喇明安人。

《金史》通恩阿尔，本特克新水赫舍哩部人。

穆稜水

《金史》拉必玛察，败于穆稜[旧作暮稜，今改。]水，玛察遁去。颇克绰欢与拉必就擒。

《金史》拉必，据穆稜水，保固险阻，世祖率兵围之。

《金史》拉必、玛察据穆稜水，世祖擒拉必，穆稜水人尚反侧，不自安，使阿里罕往抚察之。

野鹊水 巴拉密特水

《金史》拉必、玛察掠拉林水牧马。世祖至混同江，与穆宗分军。世祖自图古勒津倍道兼行，遇拉必于野鹊水。穆宗自额图珲津渡江，遇敌于巴喇密特[旧作蒲卢买，今改。]水。

《金史》收国二年，南路都统斡鲁来见于巴喇密特水。

《金史》五国穆延部苏页叛辽，景祖伐之，苏页败走巴喇密特泺。时方十月，冰忽解，苏页不能军，众溃去。

哲克依水

《金史》玛察尚据哲克依[旧作直屋铠，今改。]水。肃宗使太祖先取玛察家属，康宗至哲克依水，围之。太祖会军，亲获玛察。

《金史》玛察，据哲克依水，招之不听，太祖获玛察，杀之。

刷水

《金史》玛察，据哲克依水，缮完营堡，杜绝往来者。恃屯水民为助，使康宗伐之。是岁，白山混同江大溢，水与岸齐，康宗自阿林冈乘舟至于刷[旧作帅，今改。]水，舍舟沿刷水而进。

《金史》太祖以偏师伐尼玛哈部，沿刷水夜行，袭之。

《金史》太祖伐尼玛哈部刷水摩啰欢村，平之。

《金史》景祖昭肃皇后，刷水鄂约村唐古部人。

《金史·唐古德温传》唐古德温，本名阿里，上京刷河人也。

布克坦水 摩多图水 舍珲水 特克水

《金史》和诺克、萨克达，与布呼萨克苏及混同江左右布克坦[旧作匹古敦，今改。]水北诸部兵皆会，和诺克恃其众，有必胜之心，摩多图旧作波多吐，今改。水费摩部鄂博贝勒附世祖，和诺克等纵火焚之。

《金史》世祖以偏师涉舍珲[旧作舍狠，今改。]水，经特克[旧作贴割，今改。]水，覆和诺克、萨克达之家。大雾晦冥，迷失道，至摩多图水，乃觉。

《金史》世祖破和诺克、萨克达军，乘胜逐之，自安巴湾至于北隘甸，死者如仆麻，摩多图水为之赤。

矩威水 图塔水 拜格河

《金史》穆宗令矩威、图塔[旧作主隈秃答，今改。]两水之民，阳为阻绝鹰路，畋于屯水而归。

《金史》穆宗使蒲嘉努以辽，赐给矩威图塔之民，且修鹰路而归。

《金史》穆宗使矩威、图塔水人伪阻鹰路者，且使言于辽，平鹰路非己不可。畋于屯水，谓辽人曰："吾平鹰路也。"辽史来赏之。穆宗尽以其物与矩威、图塔之人。

《金史》天辅四年九月，矩威水部锡勒哈达等叛，命斡鲁讨之。

《金史》矩威水部锡勒哈达杀绰哈、布古德，斡鲁讨之。绰哈宗室子招降矩威水部，以功为穆昆，布古德领行军千户。至是同被害。

《金史·忠义传》布固德与绰哈俱招降矩威水部族。天辅五年，绰哈、布固德往拜格河籍军马，矩威水部杀绰哈、布固德。

纳琳河 梅赫河　音达珲河

《金史》珠勒根穆都哩，上京纳琳河人也。后徙咸平路梅赫河，授世袭音达珲［旧作宁打浑，今改。考《金史》属昌州。］河穆昆。

《金史》乌凌噶晖传第三子天锡，世袭纳琳河明安亲管穆昆。

阿卜萨水

《金史》诺延温都思忠，阿卜萨［旧作阿补斯，今改。］水人。

《金史》乌春，阿卜萨水温都部人。

沃棱泺 舒吉泺

《金史》收国元年，辽驸马萧特默等将骑五万，步四十万至沃稜［旧作斡邻，今改。］泺。上自将御之还，至舒吉［旧作熟结，今改。］泺，有光见于矛端。

《金史》太祖未至鸭子河，既夜方就枕。若有扶其首者三，寤而起曰："神明警我也。"即鸣鼓举燧而行。黎明及河，辽兵方坏陵道，选壮士十辈击走之。大军继进，遂登岸。辽兵溃，逐至沃稜泺。

布尔噶水

《金史》始祖居完颜部，布尔噶［旧作仆幹，今改。］水之涯。

和硕河

《金史》章宗钦怀皇后，富察氏。上京路和硕［旧作曷速，今改。］河人也。

《金史》富察鼎寿，上京和硕河人。

博勒和河

《金史》布萨忠义，上京博勒和［旧作拔卢古，今改。河人。］

《金史》德济、呼逊，居博勒和水，乌春兵出其间，终拒而不从。

伊苏河

《金史》富察鄂伦，上京伊苏［旧作益速，今改。］河人。

苏素海水

《金史》图克坦喀齐喀，上京苏素海水人也。

纳尔珲河　乌楞古河

《金史》完颜萨哈，上京纳尔珲[旧作纳鲁浑，今改。]河人也。其先居于乌楞古[旧作兀冷窟，今改。]河。

密齐显河

《金史》芬彻自上京密齐显[旧作梅坚，今改。]河徙屯。天德初，为元帅府章京。

沃赫河

《金史》天辅四年，辽上京留守托卜嘉，以城降。壬戌次沃赫河。

乌济赫水

《金史》英悼太子葬兴陵之侧，上送至乌济赫[旧作乌只黑，今改。]水而还。

实霞库河

《金史》瓜尔佳扎拉，隆州实霞库[旧作失撒古，今改。]河人也。

纳尔珲河

《金史》瓜尔佳实讷，隆州纳尔珲[旧作纳鲁悔，今改。]河人也。[按：此与上京之纳尔浑，当为两河。]

哈沙河

《金史》世宗大定二十五年，上次哈沙河，赐百岁老妪帛。

《金史》布萨揆授临潢府路哈沙河世袭明安。

乌尔呼河

《金史》伊喇富森，东北路乌尔呼[旧作乌连苦，今改。]河明安人。

乌鲁斯哈珠水

《金史》肃宗与和诺克、萨克达战于乌鲁斯哈珠[旧作斡鲁绀出，今改。]水已，再失利，世祖使希卜苏先阵于托果，原而身出搏战，败其步军。

海伦河

《金史》世宗昭德皇后乌凌噶氏，其先居海伦[旧作海罗伊，今改。]河。

德里必喇

《金史》显宗孝懿皇后图克坦氏，其先德里必喇人也。

实埒水

《金史》赫舍哩部阿勒呼丹，阻兵普嘉努，以偏师夜行，抵实埒[旧作石勒，今改。]水，袭击，破之。

图噜库水

《金史》图噜库水，赫舍哩部。阻五国鹰路，辽诏穆宗讨之。

伯奇图河

《金史》图克坦克宁，授世袭伯奇图[旧作不扎土，今改。]河明安，兼亲管穆昆。

和琳河

《金史》阿里布，袭和啰噶图明安、和琳河穆昆。

成默水

《金史》绰哈抚定成默[旧作谗谋，今改。]水，拜格部长和索哩以城降。

博啰水

《金史》天辅二年，诏曰："博啰[旧作匹里，今改。]水路完颜珠勒呼等六穆昆贫乏之民，昔尝给以官粮，置之渔猎之地，今历日已久，不知登耗，可具其数以闻。"

色辰水

《金史》色垆默至色辰[旧作斜寸，今改。]水，取先在乌春军者二十二人。

博多和河

《金史》乌雅和啰噶，子五十六，诏授武功将军，世袭本路博多和[旧作婆朵火，今改。]河穆昆。

必勒哈水

《金史》和卓哈斯罕，必勒哈[旧作苾里海，今改。]水人也。授必勒哈水世袭明安。

珠卜奇水

《金史》赫木颇，珠卜奇[旧作术吉，今改。]水锡默部人也。

和伦水

《金史》德克德，父阿古岱，世为和伦[旧作胡论，今改。]水部长。

南图珲河

《金史》瓜尔佳沃哩布，南图珲[旧作暗土浑，今改。]河人。

宁嘉河

《金史》富珠哩定方，宁嘉[旧作内吉，今改。]河人也。

音德尔水

《金史·忠义传》特库，音德尔[旧作雅挞澜，今改。]水人。

叶赫水

《金史》叶赫水，纳哈塔部安扎，与人争部族官，不得，遂归穆宗。

珊沁水

《金史》珊沁［旧作蝉春，今改。］水，乌雅部富哲固纳，畏乌春强，请世祖出兵其间，以为重。

阿里玛河 索欢河　特通额水

《金史》萨里罕、察必达尔兄弟，尝寇扎兰路，穆宗遣博勒和讨之。至阿里玛［旧作阿里门，今改。］河，萨里罕伪降，掠马畜三百而去。博勒和渡索欢［旧作苏衮，今改。］河，招降旁近诸部，至特通额［旧作特胜吴，今改。］水，察必达尔伪降，复叛，执而杀之。

伊勒呼水

《金史》太宗天会二年，海兰路伊勒呼［旧作移鹿古，今改。］水霖雨。

《金史》海兰路有伊勒呼水。

库特呼河

《金史》额哩页，咸平路库特呼［旧作窟吐忽，今改。］河人。

雅哈河

《金史·忠义传》纳喇绰奇，咸平路雅哈［旧作伊改，今改。］河明安人。

鄂尔和水

《金史》高永昌率众来拒，遇于鄂尔和［旧作沃里活，今改。］水，我军既济，永昌之军不战而却，逐北至东京城下。［按：《明志》删去原文"沃里"二字，称高永昌拒金兵于活水，谓即浑河，殊误。］

威泰必喇

《金史》富察郑留，东京路威泰［旧作斡底，今改。］必喇明安人。

谔都河

《金史》富察世杰，哈斯罕谔都［旧作斡笃，今改。］河人。

德里川［按：此与德里必喇是否一水？实不可考。今两存之。］

《金史》天辅六年，斋贝勒昱袭皮室部于德里［旧作铁吕，今改。］川，追至潢水北，大破之。

必尔罕水

《金史》辽人来攻贝勒和索哩城，阿里赴之，破其众于必尔罕［旧作辟离罕，今改。］水上，水为之不流。富垧赫、哈尔吉水马韩岛凡十余战，破数十万众，契丹、奚人聚舟千艘，将入于海，阿里以二十七舟邀之。于是，苏、复州、博索路皆平。

伊玛河　约罗河

《金史》世宗二十一年诏遣大兴尹完颜托果斯，迁河北东路两明安。上曰："朕始令移此，欲令女真户相错安置，久则自相姻亲，不生异意，此长久之利也。今者伊玛[旧作移马，今改。]河明安相错以居，甚符朕意，而约罗[旧作遥落，今改。]河明安不如此，可按视其地以杂居之。[按：此户虽已迁，仍以旧地为明安之名。]

斜江

《元一统志》斜江，在辽阳县东，按"图册"源自长白山南，流经废博索府东十里，流入于海。

稳图河

《明一统志》稳图河，在开原城东五百里。源出坊州北山，北流入松花江。[按：今无此河名，惟宁古塔城东北九百余里，有温屯河，南流入混同。又，兴京西有温都河、浑河，俱不相合。坊州，见疆域门河州条。]

哈喇河

《明一统志》哈喇河，在开原城东四百里，源出长白山北松山，东流合辉发江入松花江。[按：吉林境内入辉发江之水颇多，惟无哈喇河。⑥]

缫乌河

《明一统志》缫乌河，在开原城东北五百七十里，出建州东南山东北流，合图鲁玛河入松花江。[按：河名无考，系传闻之误。]

谨按：自弱水以下，散见诸书，而地难指实。盖译对既易传讹，而今古亦多殊号，即有称名偶同者，仍未敢据以为是。并类附于后，以备参稽。其在前卷已因山附见者，亦不复叙云。

注释：

①《高丽图经》原注之郑刻本为"辽水东西四百八十里"，此处为"东南"似误。

②考《四部丛刊》本《水经注》之原文已将"东"改作"南"。注曰："近刻南讹作东。"

③辉发河，又称辉发江。于今辉南县城东南汇三通河绕扈尔奇山，东流经桦甸地域入松花江。

④建室河，考《旧唐书》称作"望建河"。

⑤考《金史》,拉必、玛察本为起兵,是本书编撰者有意改为"叛"。

⑥据此文所述之位置,疑似今蛤蟆河,于辉南县城东北蛟河口境会辉发江,东流入松花江。

钦定满洲源流考卷十六

国俗一

谨按：自肃慎氏楛矢石砮，著于周初，征于孔子，厥后夫餘、挹娄、靺鞨、女真诸部，国名虽殊，而弧矢之利以威天下者，莫能或先焉。良由禀质厚而习俗醇，骑射之外他无所慕，故阅数千百年异史同辞。信乎，扶舆刚粹之气钟聚于兹。所以启王师无敌之先声，而绵国家亿万年克诘方行之盛，有由然也。至于崇礼让、重祭祀，以及官制、语言之属，史文所载均有可稽。所谓东方多君子之国，而尊君亲上，先公后私，尤习尚之固然，无庸勉强者也。臣等谨立国俗一门首，首列骑射、冠服，次政教、文字，次祭祀、典礼，次官制、语言，而以物产杂缀终焉。自肃慎以下，比类相从，仍冠满洲于简端，以著旧俗之相符合云。

满洲

我国家肇造大东，敦庞之俗，弧矢之威，自古已然。恭考《实录》，我太祖高皇帝，以十三甲始申天讨，义问宏昭。乙酉年，哲陈之役，太祖率近侍三人，败诸部八百人。丙午年，裴优之役，我兵二百败乌拉兵万人。至天命四年，萨尔浒之战，以我众数千，歼明兵四十万。明之宿将锐师，一举而尽。我太宗文皇帝，服朝鲜、降蒙古、松山、杏山之捷，破明兵十三万，咸用少击众，一以当千。固由神武之姿，出于天授，贤臣猛将，协力同心，亦我驱虎熊罴之士，有勇知方，骑射之精，自其夙习。而争先敌忾，气倍奋焉，故也。若夫禀性笃敬，立念肫诚，祀天祀神，典礼綦重，较古人执豕酌匏之风，尤为谨凛。至于冠服、语言，一遵旧制，讦谟谆戒，永切绍闻。且自叶赫、辉发、乌拉、哈达，同一语音之国，既先入版图。我太祖创制国书，因心作则，备极轨范。太宗命巴克什达海等翻译书籍，库尔禅等记注政事。天聪六年，谕达海增加圈点，七年命记载诸臣详加订正，同文之盛，实肇于兹。我皇上继志述事，茸循旧章。谆谕八旗臣仆，敦本率初，罔弗躬先而申训之。凡夫崇勋伟绩，祭祀、冠服、语言、文字之详，具载于《钦定开国方略》《满洲祭神祭天典礼》《皇朝礼器图式》《大清通礼》《清

《文鉴》诸书。所以严万世之法守，而巩无疆丕基者，灿然大备矣。

骑射

御制《恭瞻太祖高皇帝所贻甲胄》

武库三曾器，龙楼十袭缇。千年过合甲，七属鄙函犀。仰烈诚天授，思难敢志携。雄关为近户，安恃一丸泥。

御制《恭瞻太宗文皇帝所御弧矢》

青茎如古直，解角到今坚。不禁秋霜感，遐思宝月悬。比和经手御，似训作心传。挞伐前猷在，居歆总赖天。

御制《再题实胜寺》

故老今何在，祇园此尚存。借寻禽敌烈，总为戴天恩。临汝心毋贰，蠡兹气已吞。戎衣寰海定，武器再三扪。[是寺藏太祖高皇帝所御甲胄，数人举之而弗能胜。太祖文皇帝所贻弓，壮士弗能开，矢长四尺余。皇祖圣祖仁皇帝亦曾留宝剑云。]继序思皇祖，贻麻逮耳孙。绵绵爪有毖，亿载永蟠根。

御制《全韵诗》

尼堪外兰者，奸诡趁块龙。介于诸部间，谗言恣纷哤。嗾明害我祖，罪魁李成梁。[按：先是尼堪外兰阴构明宁远伯李成梁，引兵攻古呼城主阿太章京，及沙济城主阿亥章京。成梁授尼堪外兰兵符，率辽阳、广宁兵二路进。成梁与辽阳副将分攻两城，寻克沙济城，杀阿亥，复合兵攻古呼城。阿太章京妻，景祖女孙也。景祖闻古呼兵警，恐女孙被陷，偕显祖往救。既至，见成梁兵方接战，令显祖俟于城外，独入城，欲携女孙归，阿太不从，显祖俟良久，亦入城探之。古呼守御甚坚，成梁攻之不能克，因责尼堪外兰起衅败军之罪。尼堪外兰惧，至城大呼，绐城中士卒杀阿太降。成梁尽诱城中人，出而屠之。尼堪外兰复构明兵害景祖、显祖焉。]因报不共天，兴师征其邦。特标七大恨，告天天眷蒙。[按：二祖为明所害，太祖闻之大恸，勃然震怒，往诘明边吏曰："我祖、父何故被害？汝等乃不共戴天之仇也。"明遣使谢曰："非有意也，误耳。"乃归。二祖丧，太祖谓使臣曰："害我祖、父者，尼堪外兰所构也。必执以与我，乃已。"明使不从，且欲助之。太祖益恨，乃于天命三年，以"七大恨"告天，其略曰：我祖、父未尝损明边一草寸土，明无端起衅，害我祖、父。恨一也；明虽起衅，我尚欲修好，设碑勒誓，彼此毋越疆圉，越者见即诛之。明复渝誓言，逞兵越界，卫助叶赫。恨二也；明人每岁逾疆攘夺，我遵誓行诛，明负前盟，责我擅杀，拘我广宁使臣，挟取十人杀之边境。恨三也；明越境以兵助叶赫，俾我已聘之女改适蒙古①。恨四也；柴河、三岔、抚安三路，我累世分守疆土之众，耕田艺谷，明不容刈获，遣兵驱逐。恨五也；边外叶赫获罪于天，明偏信其言，遣使遗书诟詈，肆行凌侮。恨六也；昔哈达助叶赫，二次来侵，我自报之天，既授我哈达之人矣。明又党之，

钦定满洲源流考校注

胁我还其国,已而哈达数被叶赫侵掠。初,呼伦诸国合兵侵我,故天厌呼伦启衅,惟我是眷。今明助天谴之叶赫,抗天意倒置是非,妄为剖断。恨七也。遂亲统师征明抚顺,招降守城游击李永芳,徙城中人口以归,将驻营谢哩甸。明兵一万来追,还击,败之。斩总兵张承荫、副将颇廷相、参将蒲世芳、游击梁汝贵等。寻复攻克清河城,守城副将邹储贤及兵万人尽歼焉。]② 制书代结绳,文教诲愚憨。

[满洲初,无字。太祖命巴克什额尔德尼、噶盖以蒙古字改制国书。二臣以难辞,太祖曰:"无难也。以古字合我国语音,联缀成句,即可因文见义。"遂裁定国书,颁行传布。]定旗以八色,武功赫骏庞。[先是我国出兵校猎,各随族党、屯寨而行。每人各出一矢,十矢领以一长,称为牛录。辛丑年,以徕服人众编三百人为一牛录,其长称牛录额真。乙卯年,设甲喇额真,辖五牛录。又设固山额真,辖五甲喇。左右设两梅勒额真。初设黄、白、红、蓝四旗,后参用其色镶之,共为八旗。]以次平诸部,遂逮松花江。[松阿哩乌拉,国语谓天汉江,即汉文所谓松花江。是乌拉贝勒布占泰所据地也。于癸巳年被擒,至癸丑年灭其部。]肘腋患既除,疆场渐拓张。[按:己亥年灭哈达,丙午年灭辉发,己未灭叶赫。于是,境壤日益恢廓矣。]辽阳驻明军,望之心已降。③

右《太祖兴师征明》

二十万众明兴师,号称卅万威临之。兵分四路各出奇,并趋兴京力不遗。

[己未二月,明帝命经略杨镐等统兵二十万,号四十万来攻。左翼中路以杜松、王宣、赵梦麟、张铨督兵六万,由浑河出抚顺关;右翼中路以李如柏、贺世贤、闫鸣泰督兵六万,由清河出鸦鹘关;左翼北路以马林、麻岩、潘宗贤督兵四万,由开源合叶赫兵出三岔口;右翼南路以刘綎、康应乾督兵四万,合朝鲜兵出宽甸口,期并趋我兴京。]太祖闻报初弗疑,应之以暇安其危。堂堂阵复正正旗,荩臣志同太宗辞。[三月朔,我西、南两路侦卒以明兵逼境告,太祖曰:"明使我先见南路有兵者,诱我兵而南也。其由抚顺西来者必大兵,急宜拒战。"乃率大贝勒代善及众贝勒大臣,统城中兵出。大贝勒前行,侦卒又以明兵出清河路来告,大贝勒曰:"清河路仄,兵未能骤至,宜先往抚顺,以逆敌兵。"遂与达尔汉侍卫扈尔汉集兵以待太祖。时,太宗文皇帝称四贝勒,以祀事后至,谓大贝勒曰:"我筑城夫役在界藩山,倘明兵奋力攻之,奈何?宜急进以安其心。"于是,令军士摞甲趋至太兰冈,大贝勒与扈尔汉欲驻兵僻地以伺,太宗曰:"正宜耀兵示敌,壮我士卒夫役之胆,何以僻为?"巴图鲁额亦都曰:"四贝勒之言是也,我兵当堂堂正正以向敌。"遂督兵赴界藩,对明兵营列阵而待。]父子兄弟同努力,子弟之兵左右随。人自为战如熊罴,快马斫阵歼厥魁。僵尸流若雁鹜靡,[按:先是我防卫筑城之兵,见杜松等兵过将半,尾追之,与夫役合据界藩之吉林崖。杜松引兵来攻,我兵下击,一战而斩百人。我众贝勒甫至,见明兵攻吉林崖者约二万人,又一军列萨尔浒山巅遥为声势。大贝勒与诸将议,遣兵千人往助防卫,兵驰下压击,而以右翼四旗夹攻之,别以左翼四旗当萨尔浒山之兵。太祖至,复令右二旗兵遥望界藩明兵,俟我兵驰下时并力以战,乃合六旗兵进攻萨尔浒山。明兵列阵发枪炮,我兵仰射之,奋力冲击,不移时,破其营垒,死者相枕籍。而夹攻界藩之兵纵横驰突,无不一当百,遂大破其众。明总兵杜松、王宣、赵梦麟皆殁于阵,横尸亘山野,血流成渠,

士卒死者蔽浑河而下如流澌。时，马林兵四万夜营于尚间崖。翼旦，大贝勒以三百骑驰往，马林浚壕三匝，外列火器，继列骑兵。又，开原道潘宗颜一军约万人，营斐芬山。游击龚念遂、李希泌亦率兵万余，营于干珲鄂谟，环车楯列火器。太祖与太宗所率兵不满千，分其半下马步战，明兵发火器以拒。太宗引骑士冲入，我步兵斫其车楯，明兵又大败。龚念遂、李希泌皆阵殁。太祖急引侍从四五人至尚间崖，明兵方布阵，太祖趣我军先据山巅下击，众方欲登山，而马林营内及壕外兵合，太祖令我军下马步战，大贝勒怒马迎敌，直入其阵。二贝勒阿敏，三贝勒莽古尔泰与众台吉各鼓勇奋进，遂败明兵，斩捕无算。我六旗兵亦人自为战，飞矢利刃，所向无前，明兵不能支，大败而遁，我兵乘胜追击。明副将麻岩及大小将士皆阵殁，总兵马林仅以身免。太祖复集军士驰攻斐芬山，潘宗颜全军尽殁。叶赫贝勒锦台什、布杨古闻明兵败，大惊遁去。时，刘綎、李如柏两路之兵已近逼兴京，太祖至，命大贝勒、三贝勒及我太宗统军御刘綎，而留兵四千于都城，待李如柏等。太宗同两贝勒甫出瓦冈喀什窝集，刘綎所率精锐二万，已分其半前掠，将登阿布达哩冈。太宗告大贝勒曰："兄统大兵留此，相机为援，吾前督兵登冈，自上下击之。"大贝勒亦与太宗约，左右夹击。太宗遂引精骑三十，超出众前，自山驰下击之，战甚酣，后军遂冲突而入。大贝勒又率兵夹攻，明兵大溃。太宗乘胜追击，与刘綎遇，歼其两营兵万人，刘綎战死。是时，明海盖道康应乾与朝鲜兵营于富察之野，甲仗坚锐。太宗同众贝勒至，督兵进攻，明兵、朝鲜兵竞发火器。忽大风骤作，扬沙走石，烟尘反扑敌营，我军乘之，飞矢如雨，又大破其众。歼二万人，康应乾遁去。游击乔一琦奔朝鲜，我兵逐之。朝鲜元帅姜功烈诣营降，一琦自缢死。杨镐闻三路兵败，急檄总兵李如柏、副将贺世贤等还军，如柏等自呼兰路遁归，我哨兵二十人见而鸣螺，呼噪下击，杀四十人，明兵夺路而走，相蹂践死者复千余。]破廿万兵弗逾时，其详则见书事词。[是役也，明兵二十万四路来侵，我兵以少击众，所向克捷。五日之间，悉为我军诛灭。其宿将猛士，暴骸骨于外，士卒死者不啻十余万，而我士卒仅损二百人，此诚上天佑助，神武昭宣，我国家亿万载丕基，实肇乎此。详见向所作《萨尔浒之战书事》篇。]恨不行间供驱驰。萨尔浒战王业基，用示百世绵本支。

右《太祖破明四路兵》

射猎习军旅，国俗旧弗违。以此善攻战，诸部詟武威。我祖常冬狩，雪霁余泞泥。

徒步过冈原，因之行撷衣。侍卫相窃语，何用爱此为？闻而笑谕曰，宁之悭斯微。要当崇节俭，物力惜应思。设解赐尔辈，完洁岂弗宜。众乃服盛德，躬行化在兹。[太祖尝出猎，雪初霁恐草上浮雪霑濡，撷衣而行。侍卫等私语曰："上何所不有，而惜一衣耶？"太祖闻之笑曰："吾岂为无衣而惜之，吾常以衣赐汝等，与其被雪霑濡，何如鲜洁为愈。躬行节俭，微物必惜，汝等正当效法耳。"]敝袴待有功，韩侯诚小哉。允合示家法，奕叶恒遵依。

右《太祖撷衣行猎》

春蒐复秋狝，岂不戒虞箴。惟切觐扬志，宁辞岁月侵。[皇祖以我朝素娴骑射，故能战必胜、攻必克，且深念祖宗创业艰难，而开国诸臣亦皆勇果无敌，由于所习之精勤也。恐承平日久，人或贪安逸而忘本务，是以常举行围之典。自康熙壬戌以迄壬寅，或猎于边墙，或田于塞外，几无虚岁。而南苑近在城南尺五，岁或三四莅焉。凡以讲武习劳，景前徽而敦旧俗，为国家久安长治计者，至深远也。]多能固天纵，[皇祖神勇天锡，力能挽强，并用十二把长箭，臣下罕有及者。曾见圣谕，且矢无虚发，围中射鹿，率多贯胁洞胸，即猛如虎、健如熊、捷如兔，亦往往一发殪之。]久道仰君临。避暑山庄辟，受恩予最深。[戊子始构避暑山庄于热河，自是岁以四五月驻跸，秋则蒐狩木兰。孙臣十二岁时，蒙恩眷，养育宫中，扈从山庄，日侍左右，亲见皇祖披阅奏章，引见官吏，宫门习射，诸事敬识之不敢忘。及至木兰时，承恩慈爱护而期许者，尤出诸孙之右。至今每一念及，辄为泪下。曾于赐居之万壑松风榜曰《纪恩堂》，作记以志其事。所以凛遵无逸，不敢晏宁，驻山庄而勤政教，几幸木兰而先劳肄武，以至优抚藩部，柔怀远人，无一非追忆见闻，率循成宪，承祖志即期以报祖恩耳。]

右《圣祖行围讲武》

谨按：我朝骑射精娴，所向无敌，列祖列宗，神勇天锡，尤亘古所未闻。犹恐臣民日久稍忘故风，复时时谆谕及之。我皇上绍闻绳武，是阐是行，备见于御制诗中。盖大训所存，非仅陈土风已也。臣等谨录，冠肃慎诸条之前，以著万世家法所自云。

周

《国语》有隼集于陈侯之庭，楛矢贯之，石砮其长尺有咫。仲尼曰："隼之来也远矣，此肃慎民之矢也。"

汉

《后汉书》夫餘国，善射，其人强勇而谨厚，以弓矢刀矛为兵。

《后汉书》挹娄国，众虽少，而多勇力，又善射，发能入人目。弓长四尺，力如弩，矢用楛，长一尺八寸，青石为镞。[按：《国语》所称长尺有咫者，指石镞而言。而《后汉书》以下乃皆云，矢长尺八寸，夫以四尺之弓而矢仅尺余，恐无是理。]

《后汉书》马韩，其人壮勇。

《后汉书》东沃沮人，性质直强勇，便持矛步战。

《后汉书》濊，能步战，作矛长三丈，或数人共持之。

三国

《三国志》夫餘，其人强勇谨厚，以刀矛弓矢为兵，家家自有铠仗。

《三国志》挹娄,人多勇力,其弓长四尺,力如弩。矢用楛,长尺八寸,青石为镞。善射,射人皆入目,其人众虽少,邻国畏其弓矢,卒不能服。

《三国志》马韩,其人性强勇,弁韩便步战,兵仗与马韩同。

晋

《晋书》肃慎氏,一名挹娄,有石弩皮骨之甲,檀弓三尺五寸,楛矢长尺有咫。

《晋书》夫馀国,其人强勇。

《晋书》马韩,性勇,善用弓楯矛橹。虽有攻战,而贵相屈服。弁韩其风俗类马韩,兵器亦与之同。

《通考》挹娄,处山险,善射,中人即死,邻国畏其弓矢。

南北朝

《魏书》勿吉,其人劲悍,善射,弓长三尺,箭长尺二寸,以石为镞。〔按:此云箭长尺二寸,盖沿《后汉书》之误。〕

《周书》百济,兵有弓箭刀稍,俗重骑射。

《北史》夫馀,王子朱蒙,善射。王狩于田,以朱蒙善射,给一矢,殪兽甚多。

《北史》新罗,甲兵,同于中国。选人壮健者悉入军,烽、戍、逻俱有屯管部伍。风俗、刑政与百济同,每八月十五日设乐,令官人射,赏以马、布。

《北史》勿吉,胜兵数千,多骁武。黑水部尤劲,矢皆石镞,人皆善射,以射猎为业。

《通考》新罗,八月望日,大宴官吏,射其庭,畜牧海中山,须食乃射。

隋

《隋书》百济,俗尚骑射。

《隋书》新罗,风俗与百济同。

《括地志》靺鞨人,多勇力,善射,弓长四尺如弩,矢用楛,青石为镞。

《通考》勿吉国,其人劲悍,常轻豆莫娄诸国。其粟末部胜兵数千,多骁武。伯咄部胜兵七千,安车骨、拂涅、号室、黑水、白山五部,胜兵并不过三千,而黑水部尤为劲健。自拂涅以东,矢皆石镞,最为强国。人皆善射,常以七、八月造药传矢以射,禽兽中者立死。隋开皇初,文帝诏其使曰:"朕闻彼土人勇,今来实副朕怀。"厚劳之,令宴饮于前,使者与其徒起舞,曲折多战斗容。

唐

《旧唐书》黑水靺鞨,处北方,最称劲健,兵器有角弓及楛矢。渤海靺鞨,胜兵数万人，渤海王大祚荣，骁勇善用兵。

《新唐书》黑水靺鞨，人劲健，善步战、射猎。其矢石镞长二尺，盖楛砮遗法。

《册府元龟》唐龙朔三年，百济西部人黑齿常之来归。常之长七尺余，骁勇有谋略。

五代

《五代史》黑水靺鞨，其兵角弓楛矢。

《五代会要》黑水靺鞨，处北方，尤称劲健，兵器有角弓楛矢。

辽

《通考》契丹主尝攻女真，女真众裁万人，而弓矢精劲。契丹引去，大为山林之兵，掩袭杀戮。

《契丹国志》女真，其人朴勇，每出战皆被重札，精于骑射。从古以来无盗贼词讼之事。

《契丹国志》渤海国，男子多智勇，有"三人渤海当一虎"之语。

《松漠纪闻》渤海，男子多智谋骁勇，出他国右。契丹太祖徙其名帐千余户于燕，有战则用为前驱。

金

《金史》女真，旧无铁，邻国有以甲胄来鬻者，景祖倾赀厚价以与贸易，亦令昆弟族人皆售之。得铁既多，因之以修弓矢、备器械，兵势稍振。

《金史》辽主命穆宗讨萧哈里，[满洲语，有水宽甸处也。旧作海里，今改正。]募军得甲千余。女真甲兵之数，始见于此，盖未尝满千也。至是，太祖勇气自倍，曰："有此甲兵，何事不可图？"渤海留守以甲赠太祖，太祖不受，曰："被彼甲而胜，则是因彼成功也。"是时，辽追哈里，兵数千人，攻之不能克。穆宗谓辽将曰："退尔军，我当独取哈里。"太祖策马突，流矢中哈里首，堕马，执而杀之，大破其军。金人自此知辽兵之易与也。

《金史》太祖十岁，好弓矢。甫成童，即善射。尝南望高阜，一发过之，度所至谕三百二十步。天德三年，立射碑以识焉。

《金史》太祖始伐辽，征诸路兵，得二千五百人。辽将耶律色实[满洲语，面条饽饽也。旧作谢十，今改正。]堕马，辽人前救。太祖射救者毙，并射色实，饮矢之半。有突骑前，又射之，彻札洞胸。太祖免胄而战，或自傍射之，矢拂于颡。太祖顾见射者，一矢而毙。谓将士曰："尽敌而止。"众从之，勇气自倍。敌大奔，蹂践死者十七人。辽萧嘉哩等将步骑十万会鸭子河，太祖自将击之。甲士三千七百，至者才三之一。俄与敌遇，会大风起，乘风击之，辽兵溃。辽人尝言，女真兵若满万则不可敌，至是始满万云。

《金史》辽帝自将七十万，自图们西还。太祖兵止二万，追及之，使右翼先战。兵数交，左翼合而攻之，辽兵大溃。我师驰之，横出其中，辽师败绩。

《金史》世宗善骑射，国人推为第一，每出猎，耆老随而观之。

《金史》世宗谓宰臣曰："会宁乃国家兴王之地，自海陵迁都，女真人浸忘旧风，非长久之计。甚欲一至会宁，使子孙见旧俗，庶几效习之。"二十二年，敕西北路招讨司勒明安穆昆官，督部人习武备。又，谓右丞相原王曰："尔尝读《太祖实录》乎？太祖征玛展〔满洲语，大披箭也。旧作麻产，今改正。〕袭之，至泥淖，马不能进，太祖舍马而步，罕都〔满洲语，稻也。旧作欢都，今改正。〕射中玛展，遂擒之。创业之难如此，可不思乎？"又谓宰臣曰："西南、西北两路招讨司地隘，明安人户无处围猎，不能娴习骑射，委各明安穆昆官依时教练。"

《金史·兵志》金兴，用兵如神，战胜攻取，无敌当世。俗本鸷劲，人多沈雄，兄弟子侄，才皆良将，部落保伍，技皆锐兵。无事耕可给衣食，有事战可致俘获，劳其筋骨以能寒暑，征发调遣事同一家。是故，将勇而志一，兵精而力齐。

《通考》女真，俗勇善射，能为鹿鸣，以呼群鹿而射之。〔按：今哨鹿之制，以木为哨具，又象鹿之首，戴之使鹿不疑，惟精于猎者能之。详见《御制哨鹿赋》。〕

《大金国志》女真人，善骑射，耐饥渴苦辛，骑上下崖壁如飞。济江河不用舟楫，浮马而渡。

《大金国志》金都会宁，四时皆猎。燕都城外皆民田，三时无地可猎，候冬月则出，出必逾月，每猎则以随驾军密布四围，名曰围场。

《大金国志》金国，凡用师征伐，上自大元帅，中自万户，下至百户，饮酒会食，略不间别，与父子兄弟等。所以上下情通无闭塞之患，国有大事，适野环坐，画灰而议。自卑者始，议毕即漫灭之，不闻人声。军将行，大会而饮，使人献策，主帅听而择焉。其合者即为特将任其事，暨师还战胜，又大会问有功者，随功高下支赏，举以示众，众以为薄则增之。

《北盟录》女真用兵，以戈为前行，号曰硬军。人马皆全，甲刀棓自副④。弓矢在后，设而不发，非五十步不射。弓力七斗，箭镞至六七寸，形如凿，入辄不可出。队伍之法，五长击柝，十长执旗，百长挟鼓，千人长则旗帜、金鼓悉备。将自执旗，人视所向而趋。自主帅至步卒，皆自控马。每五十人为一队，前二十人全装重甲持棍枪，后三十人轻甲操弓矢。遇敌，必有一二人跃马而出，先观敌阵之虚实，或向其左右前后结队而驰击之。百步之内，弓矢齐发，中者常多，其分合出入，应变若神。

《北盟录》女真善骑，上下崖壁如飞。精射猎，每见巧兽之踪，能蹑而推之，得其潜伏之所，以桦皮为角，吹作呦呦之声，呼鹿射之。

《马扩茆斋自叙》扩随金主打围，自拉林河东行。每旦，金主于积雪中以一虎皮背风而坐，诸将各取所佩箭一枝掷占远近，各随所占左右上马。军马皆单行，每骑相去五七步，接续不绝。两头相望，常及一二十里。候放围尽，金主上马，去后队一二里立。认旗以行，两翼骑兵视旗进趋。凡野兽自内赴外者，四围得迎射。外赴内者，须主将先射。凡围如箕掌徐进，约三四十里，近可宿之处，即两梢合围渐促，须臾，作二三十匝。野兽迸走，或射或击，尽毙之。取火炙啖，骑散之宿处。金主言："我国中最乐无如打围。"其行军布阵，大概出此。

冠服

御制《长宁寺恭瞻太宗所贻冠服二首》

羹墙有志难为睹，冠服重瞻仰圣灵。应现吉祥云作盖，千秋万载护长宁。戎衣汗马躬劳苦，继述常怀烈祖灵。俭朴心钦发箧始，微言那借李邦宁。[按:《元史》大安阁中有故箧，李邦宁对云，此世祖所遗裘带，有圣训曰：藏此使见吾朴俭云云。]

御制《全韵诗》

观史知治乱，匪诩文藻彬。常称金世宗，不愧贤君真。熙宗废旧制，海陵荒乐频。大定奋法祖，勤求治理臻。衣服及语言，一惟旧制遵。虽垂训如此，后世忘其谆。乃知耽酒色，无不致亡沦。又如达海辈，屡劝易衣冠。不从谓拒谏，比喻晓诸臣。宽衣大袖坐，劳萨忽挺身。其孰能御之，何异尚左人。在朕岂变更，所以示子孙。煌煌祖训昭，世守应无悛。卧碑勒箭亭，乾隆壬申春。[崇德元年十一月，太宗御翔凤楼，集诸王贝勒八旗大臣等，命内弘文院大臣读《大金世宗本纪》，谕众曰："尔等审听之：世宗者，蒙古、汉人诸国声名显著之贤君也。故当时后世咸称为小尧舜。朕披览此书，悉其梗概，殊觉心往神驰，耳目倍加明快，不胜叹赏。朕思金太祖、太宗法度详明，可垂久远，至熙宗合喇及完颜亮之世，尽废之。耽于酒色，盘乐无度，效汉人之陋习。世宗即位，奋图法祖，勤求治理，惟恐子孙仍效汉俗，预为禁约，屡以无忘祖宗为训，衣服、语言悉遵旧制，时时练习骑射，以备武功。虽垂训如此，后世之君渐至懈废，忘其骑射。至于哀宗，社稷倾危，国遂灭亡。乃知凡为君者，耽于酒色，未有不亡者也。先时儒臣巴克什达海、库尔禅，屡劝朕改满洲衣冠，效汉人服饰制度，朕不从，辄以为朕不纳谏。朕试设为比喻，如我等于此聚集，宽衣大袖，左佩矢、右挟弓，忽遇硕翁科罗巴图鲁劳萨挺身突入，我等能御之乎？若废骑射宽衣大袖，待他人割肉而后食，与尚左手之人何以异耶？朕发此言，实为子孙万世之计也。在朕身岂有变更之理，恐日后子孙忘旧制，废骑射，以效汉俗，故常切此虑耳。我国士卒，初有几何？因娴于骑射，所以野战则克，攻城则取，天下人称我兵曰：'立则不动摇，进则不回顾。威名震慑，莫与争锋。'此番往征燕京出边，我之军威竟为尔八大臣所累矣，故谕尔等，其谨识朕言。"乾隆十七年春，因恭读《太宗实录》敬述此谕，立卧碑于箭亭，镌示子孙臣庶，使皆遵听毋忘，以绵我国家亿载丕绪。]

右太宗训守冠服骑射旧制

谨按：我朝冠服制度，法守攸关，尤与骑射旧俗为便。太宗文皇帝睿虑深远，反复申谕，迥非当时达海诸臣，所能仰窥万一。皇上述训垂谟，昭示亿载。洵乎先后圣之揆一也。臣等恭录圣制，用志遵循，仍以各史所载，条系于后，以备考核焉。

汉

《后汉书》马韩，布袍革履。弁辰，衣服洁清。

三国

《三国志》夫馀，在国衣尚白，白布大袂，袍、袴、履革鞜。出国则尚缯绣绵罽，大人加狐哩、狖白、黑貂之裘，以金银饰帽。

《三国志》马韩，其俗好衣帻，下户朝谒，皆假衣帻，自服印绶衣帻千有余人。以璎珠为财宝，或以缀衣为饰，衣布袍，足履革跷蹻。弁辰衣服洁清。

晋

《晋书》夫馀国，出使乃衣锦罽。

《晋书》马韩，贵璎珠，用以缀衣，衣布袍，履革跷。

南北朝

《魏书》勿吉，男子皮裘，妇人布裙。

《周书》百济，六品以上，冠饰银华。七品紫带，八品皂带，九品赤带，十品青带，十一品、十二品皆黄带，十三品至十六品皆白带。若朝拜祭天，其冠两厢加翅，戎事则否。妇人衣似袍，而袖微大。

《南史》百济，衣服洁净。

《北史》新罗，服色尚画素。

唐

《旧唐书》百济国，其王服大袖紫袍，青锦袴，乌罗冠，金花为饰，素皮带，乌革履。官人尽绯为衣，银花饰冠。庶人不得衣绯紫。

《新唐书》新罗，男子褐袴，冒以黑巾，妇人长襦。

《新唐书》渤海，以品为秩，三秩以上服紫，牙笏，金鱼；五秩以上服绯，牙笏，银鱼；六秩、七秩浅绯衣；八秩绿衣，皆木笏。

五代

《五代会要》新罗，朝服尚白。

《契丹国志》新罗国，服色尚素。

金

《金史》世宗谓大臣曰："国初风俗淳俭，居家帷布衣，非大会宾客，未尝辄烹羊豕。"二十七年，禁女真人不得改称汉姓及学南人衣装，犯者抵罪。

《金史·舆服志》金人之常服四：带、巾、盘领衣、乌皮靴。其束带曰陶罕。〔满洲语，带，饰也。旧作吐鹘，今改正。〕巾之制，以皂罗若纱为之。其衣色多白，三品以皂，窄袖，盘领，缝腋下为襞积，而不缺袴。其胸臆肩袖，或饰以金绣，其从春水之服则多鹘捕鹅，杂花卉之饰。其从秋山之服，则以熊、鹿、山林为文，其长中骭，取便于骑也。陶罕，玉为上，金次之，犀象骨角又次之。铐周鞓，小者间置于前，大者施于后，左右有双铊尾，纳方束中，其刻琢多如春水秋山之饰。左佩牌，右佩刀，刀贵镔铁，尚鸡舌木，黄黑相半，有黑双距者为上，或三事五事。宝饰以酱瓣桦，镖口饰以鲛，或屑金镏和漆，涂鲛隙而砑平之。酱瓣桦皮斑文色殷紫，如酱中豆瓣也。产其国，故尚之。女真人不得学南人装束。

《北盟录》女真，地极寒，衣黑裘、细布、貂鼠、青鼠、狐貉之衣。

《大金国志》金俗好衣白，自灭辽臣宋⑤，渐有文饰。至于衣服，尚如旧俗，贵贱以布之粗细为别。富人春夏多以纻丝绵绸为衫裳，亦间用细布。冬以貂鼠、青鼠、狐貉皮或羔皮为裘，或作纻丝绸绢。秋、冬亦衣羊皮或獐鹿皮为衫，袴袜皆以皮。

谨按：白山、黑水，风气质纯，骑射之精娴，士卒之勇果，自肃慎以下，史传所载皆同。至于用兵若神，人自为战，如《金史》所称，兄弟子侄才皆良将，部落保伍技皆锐兵，征发调遣事同一家者，尤与我朝俗尚相近。故能风驰电扫，所向无前。所谓子弟之卫父兄，手足之捍头目，犹未足尽其形容矣。至冠服与骑射相需为用，肃慎、夫馀制度简质，新罗、渤海渐事文饰，金兴而返质还淳，务从其朔。金世宗申禁国人不得学南人装束，诚以故俗不可忘，而于习武诚为利便。我朝冠服之制，不必尽与金同，而便于骑射，视《金史》所载尤为过之。洵亿万世所当遵守也。

注释:

①此女即指叶赫部主布寨之女、史称"叶赫老女"者,明万历二十一年(1593),此女不满13岁,便被许与乌拉部主满泰之弟布占泰。不久"九姓之师"伐建州,布占泰被努尔哈赤擒获。屈于建州之威,叶赫无奈又将此女转嫁努尔哈赤。后又悔婚,直到30多岁后嫁与蒙古喀尔喀贝勒达尔汉之子莽古尔岱。因此努尔哈赤与叶赫结下仇怨,不共戴天。

②所谓"七大恨"者,多数内容涉及叶赫。

③叶赫部、哈达部、辉发部、乌拉部,乃明中叶雄踞海西的女真扈伦四部,原皆强于努尔哈赤之建州部。但因四部之间争雄称长,内耗频仍,实力渐次消尽,终被努尔哈赤一一击破之。

④原文甲刀之下无"梧"字。

⑤查《大金国志》原文作"灭辽侵宋"。此文如此改,是有意为金祖掩饰。

钦定满洲源流考卷十七

国俗二

政教 [附字书。]

汉

《后汉书》夫餘国，食饮用俎豆，会同拜爵洗爵，揖让升降。

《后汉书》马韩人，知田蚕，不贵金宝锦罽。辰韩，知蚕桑，嫁娶以礼，行者让路。弁辰人，皆长大，而刑法严峻。

《后汉书》濊人，不相盗，无门户之闭。妇人贞信，饮食以笾豆，少嗜欲。俗重山川，各有部界。知种麻、养蚕，作绵布。侯星宿，豫知年岁丰约。

三国

《三国志》马韩，其民土著，种植知蚕桑，作绵布。弁辰，晓蚕桑，作缣布。嫁娶以礼，男女有别，行者相逢皆让路。法特严峻。有瑟，其形似筑，弹之有音曲。弁辰，与辰韩法俗相似。

《三国志》东沃沮，饮食、居处、衣服有礼节。濊人性愿悫，少嗜欲，有廉耻。

晋

《晋书》夫餘国，会同揖让之仪，有似中国。

《晋书》肃慎，以言语为约，野处而不相犯。

南北朝

《南史》百济国，元嘉二十七年，国王余毗上书求《易林》《占式》与之。大同七年，遣使取《毛诗》博士并工匠画师，并给之。

《南史》新罗，多桑麻，作缣布，刻木为信。

《周书》百济，兼爱坟史[①]，秀异者，颇解属文。又解阴阳五行，以建寅月为岁首。亦解医药、卜筮、占相之术。

《北史》百济之秀异者，解属文，能吏事，又知医药，蓍龟与相术，阴阳五行法。有鼓角、箜篌、筝竽、篪笛之乐。

《北史》新罗，文字同于中国。

隋

《隋书》百济，其俗读书史，能吏事。亦知医药、著龟之术，有鼓角、箜篌、筝竽、篪笛之乐。

《隋书》新罗，风俗、刑政与百济同。

唐

《旧唐书》百济国，其书籍有《五经》、子、史。又，表疏依中华之法。

《旧唐书》贞观二十二年，新罗王真德遣子弟来朝，太宗赐以所制《温汤》及《晋词碑》并新撰《晋书》。

《旧唐书》开元十六年，新罗王金兴光请令人就中国学问经教，许之。

《旧唐书》渤海靺鞨，有文字及书记。太和七年，遣学生三人，请赴上都学问。先遣学生三人，事业稍成，请归本国，许之。

《新唐书》渤海王数遣诸生诣京师太学，习识古今制度。

《新唐书》贞观二十二年，新罗王真德遣子弟诣太学，观释奠讲论，帝赐所制《晋书》。永徽元年，真德织锦为颂，以献，其词曰："巨唐开洪业，巍巍皇猷昌。止戈成大定，兴文总百王。统天崇雨施，理物体含章。深仁偕日月，抚运迈时康。幡旗既赫赫，钲鼓何煌煌。外夷违命者，翦覆被天殃。淳风凝幽显，遐迩竞呈祥。四时和玉烛，七曜巡万方。维岳降宰辅，维帝任忠良。三五成一德，昭我唐家光。"

开耀元年，国王政明遣使者丐唐礼及他文辞，武后赐《吉凶要礼》并文词五十篇。开元中，又遣子弟入太学，学经术。太和五年，学生岁满者一百五十人，皆还国。

《新唐书》百济有文籍，纪时月。百济王义慈事亲孝，与兄弟友，时号"海东曾子"。

《新唐书·白居易传》居易最工诗，当时士人争传。鸡林行贾售其国相，率篇易一金，其伪者相，辄能辨之。〔按：鸡林，即今吉林。详前疆域门。〕

《册府元龟》唐则天垂拱二年，新罗王金政明遣使请《礼记》一部并新文章。令所司写《吉凶要礼》并于文馆，《词林》采其词涉规戒者，勒成五十卷，赐之。宝历元年，新罗国王金彦升奏，先在太学崔利贞等四人请权还，其新赴朝贡金允夫等十一人请留，配国子监习业，从之。

《通考》唐开元二十五年，遣邢璹使新罗，帝诏璹曰："新罗号君子国，知诗书，以卿醇儒，故持节往。"

《册府元龟》唐开元二十六年，渤海遣使写《唐礼》及《三国志》《三十六国春秋》。

《通考》渤海，知书契，习识古今制度，为海东盛国。

《诸番志》新罗，治法峻，故少犯，道不拾遗，人知书，喜学。里有庠，扁曰："局堂处"，子弟之未昏者，习书、射其中。三岁一试举人，有进士，算学诸科，号"君子国"。乐有二品：曰库乐，曰乡乐。每受诏，为谢表，有文采。

《金史》粟末靺鞨，后为渤海，传十余世。有文字、礼乐、官府制度。

金

《金史·世纪》黑水旧俗，随水草以居，迁徙不常。献祖乃耕垦树艺，始筑室，有栋宇之制。旧无书契，无约束。昭祖稍以条教为治，部落浸强。初，诸部各有信牌，穆宗用太祖议，擅置牌号者置于法。自是号令乃一，民听不疑矣。自景祖以来，一切治以本部法令，金盖盛于此。

《金史》太祖收国二年，诏曰："国书诏令，宜选善属文者为之。其令所在访求博学雄才之士，敦遣赴阙。五年，诏曰："若克中京，所得礼乐仪仗、图书文籍，并先次津发赴阙。"②

《金史》天辅三年，颁女真字。

《金史》太宗天会三年，召页鲁[满洲语，严穴也。旧作叶鲁，今改正。]赴京师，教授女真字。

《金史》熙宗天眷元年，颁女真小字。皇统五年，初用御制小字。

《金史》完颜希尹，本名古绅。[满洲语，三十，数也。旧作谷神，今改正。]太祖命撰本国字，备制度，希尹乃依仿汉人楷字，因契丹字制度合本国语，制女真字。天辅三年八月，书成。太祖大悦，命颁行之。其后熙宗亦制女真字，与希尹所制字俱行用。希尹所撰谓之女真大字，熙宗所撰谓之小字。

《金史》世宗大定十三年三月乙卯，上谓宰臣曰："朕少时见女真风俗，迄今不忘。今之燕饮音乐，皆习汉风，盖以备礼也，非朕心所好。东宫不知女真风俗，第以朕故，犹尚存之。恐异时一变此风，欲一至会宁，使子孙得见旧俗。"四月乙亥，上御睿思殿，命歌者歌女真词。顾谓皇太子及诸王曰："朕思先朝所行之事，未尝暂忘，故时听此词，亦欲令汝辈知之。汝辈自幼惟习汉人风俗，不知女真纯实之风。至于文字语言，或不通晓，是忘本也。汝辈当体朕意，至于子孙，亦当遵朕教也。"五月戊戌，禁女真人毋得译为汉姓。十六年正月，上与宰执论古今兴废事，曰："女真旧风最为纯直，虽不知书，然其祭天地、敬亲戚、尊耆老、接宾客、信朋友、礼意款曲，皆出自然，其善与古书所载无异。汝辈当习学之，旧风不可忘也。"二十三年八月，以女真字《孝经》千部分赐护卫亲军。九月，译经所进所译《易》、《书》、《论语》、《孟子》、《老子》、《扬子》、《文中子》及《新唐书》。上谓宰臣曰："朕所以令译《五经》者，正欲女真人知仁义道德所在耳。"令颁行之。二十五年四月，上谓群臣曰："上京风物朕自乐之，每奏还都，辄用感怆。祖宗旧邦，不忍舍去。"又谓宗室、戚属曰："太平岁久，汝等皆奢纵，往往贫乏，朕甚怜之。当务俭约，无忘先祖艰难。"二十六年三月，以亲军完颜齐诺[蒙古语，狼也。旧作乞奴，今改正。]言，制明安穆昆，皆先读女真字经史然后承袭。因曰："但令稍通古今，则不肯为非。尔一亲军粗人，乃能言此，审其有益，何惮而不从。"二十八年万春节，上以本国音自度曲，言临御久，思国家基绪之重，万世无穷之托。四月，命建女真大学。

《金史·乐志》世宗大定二十五年四月，幸上京，宴宗室于皇武殿，饮酒乐，上谕之曰："今日甚欲成醉，此乐不易得也。昔汉高祖过故乡，与父老欢饮，击筑而歌，令诸儿和之。彼起布衣，尚且如此，况我祖宗世有此土，今天下一统，朕巡幸至此，何不乐饮。"于是，宗室妇女起舞，进酒毕，群臣故老起舞。上曰："吾来故乡数月矣，今回期已近，未尝有一人歌本曲者，汝曹来前，吾为汝歌。"上歌，曲道祖宗创业艰难，及所以继述之意。至慨想祖宗音容如睹之语，悲感不复能成声。群臣宗戚捧觞上寿，于是，诸老人更歌本曲，如私家相会，畅然欢洽。上复续调歌曲，留坐一更，极欢而罢。其辞曰："猗欤我祖，圣矣武元。诞膺明命，功光于天。拯溺救焚，深根固蒂。克开我后，传福万世。无何海陵，淫昏多罪。反易天道，荼毒海内。自昔肇基，至于继体。积累之业，沦胥且坠。望戴所归，不谋同意。宗庙至重，人心难拒。勉副乐推，肆予嗣绪。二十四年，兢业万几。亿兆庶姓，怀保安绥。国家闲服，廓然无事。乃眷上都，兴帝之第。属兹来游，恻然予思。风物减耗，殆非昔时。于乡于里，皆非初始。虽非初始，朕自乐此。虽非昔时，朕无异视。瞻恋慨想，祖宗旧宇。属属音容，宛然如睹。童嬉孺慕，历历其处。壮岁经行，恍然如故。旧年从游，依稀如昨。欢诚契阔，日暮之若。吁嗟阔别兮，云胡不乐。

《金史》章宗明昌二年四月，谕有司：自今女真字直译为汉字，国史院专写契丹字者，罢之。五年正月，以页噜、古绅始制女真字，诏加封赠，依仓颉立庙鳌屃例，祠于上京，岁时致祭。

《金史·选举志》大定十一年，创设女真进士科。初但试策，后增试论，用女真文字以为程文，就其所长以收其用，又行国字，使通习而不废。

《金史·选举志》女真学，自大定四年，以女真大小字译《尚书》颁行之。后择明安穆昆内良家子弟为学生，诸路至三千人，取其尤俊秀者百人，至京师，以编修官温特赫[旧作温迪罕，今从《八旗姓氏谱》改正。]吉达，满洲语，枪也。旧作缔达，今改正。教之。十三年，以策论取士，始设女真国子学，诸路设女真府学，以新进士为教授。

《金史·选举志》策论进士，女真人之科也。始大定四年，世宗命颁行女真大小字所译经书，每穆昆选二人习之。寻欲兴女真字学校，明安穆昆内多择良家子为生，诸路至三千人。九年，选异等者得百人，荐于京师，廪给之，命教以古书，作诗、策，后复试，得图克坦镒以下三十余人。十一年，始议行策选之制，至十三年始定每场策一道，以五百字以上，咸免乡试、府试，止赴会试、御试。且诏京师设女真国子学，诸路设女真府学，拟以新进士充教授，以教士民子弟之愿学者。

《耶律履墓志铭》履素善契丹大小字，尝谓四方之人，语虽不同，意则无异。至于有辽，爰及圣代，皆有本国文字，互相传译，纵横贯通。盖以辞达理，得为尽善。其要在译者之工拙耳。世宗即位之四年，置《唐书》所，先以汉文译契丹小字，既又译为女真字。选能者主之，履在选中。书成，大蒙奖赏。后改置经书所，遂以女真字径译汉文。选士之秀者就学。

《神麓记》女真始祖，劈木为克，如文契约，法令严峻，果不私，由是远近皆服，号为"神明"。至献祖，教人烧炭炼铁，刳木为器，制造舟车，种植五谷，建造屋宇，有上古之风。由是邻近每有不平，皆诣诉请，遂号贝勒。

《北盟录》女真，刻木为契，谓之刻字。赋敛调度，皆刻箭为号，事急者三刻之。旗帜之外，各有字记，大小牌子，系马上为号。乐有腰鼓、管笛、琵琶、方响、奏笙、筝、箜篌、大鼓、拍板。

《书史会要》自太祖起兵，常在行阵间。初无文字，国势日强，与邻国交好，始用契丹字，太祖命完颜希尹撰本国字。希尹乃因契丹字，合本国语，制女真字。太祖大悦，命颁行之。其后熙宗亦制女真字，与希尹所制字俱行。希尹所撰谓之女真大字，熙宗所撰谓之女真小字。

《石墨镌华·金都统经略郎君行记》郎君称皇弟，无姓名。天会十三年记，当为太宗之弟。按《金史》，世祖子十一人，自康宗、太宗而外，尚八人，未知谁是。碑一字不能辨，盖女真字如是。王元美所录"明王慎德，四夷咸宾"八字，正与此同法。字刻唐乾陵无字碑上，凡一百五字，后有译书汉字，具录左方：

大金皇弟都统经略郎君，向以疆场无事，猎于梁山之阳，至唐乾陵，殿庑颓然，一无所睹。爰命有司，鸠工修饰。今复谒陵下，绘像一新，回廊四起，不胜欣怿。与醴阳太守，酣饮而归。时天会十二年，岁次甲寅仲冬十有四日。尚书职方郎中黄应期、宥州刺史王圭从行奉命题。〔按：金世祖之子，自康宗、太祖、太宗而外，《金史》有传者六人，无传者二人，皆未尝经略陕西。惟天会五年，既定陕西五路，使萨里干列屯冲要，遂班师。九年，以陕西地赐刘豫，而萨里干仍留镇。考《本传》，萨里干为安帝六代孙，又为世祖养子，其在陕西最久。金时，宗室皆称郎君，此或为萨里干也。碑在陕西，而字体无从辨识，恐不免传刻之讹，《石墨镌华》所刻传写尤恐失真，今止载译文，以谨阙疑。〕

谨按：肃慎之世，仿佛结绳。夫馀礼教，渐兴同俎豆之仪，同于三代。百济、新罗，文彩蔚焉。与隋、唐使命往来，兼擅词章之美。洎渤海兴，而文物声名臻于至盛。经契丹兵燹，名都大族转徙他州，而淳朴之风，遂钟于完颜部。人无外慕，道不拾遗，依然肃慎之旧矣。至字书则百济、新罗、渤海沿用汉字。金初尚用契丹字，至金太祖始，制女真字颁行天下。熙宗又制女真小字，用以译经史，试科举。至古字行，而女真字遂中辍。明秘阁书目尚载有《女真字母》一书，今已失传。赵崡《石墨镌华》所录其石刻，虽在陕西，第果否当时所刻，或后人依仿摹勒，皆未可定。我太祖高皇帝创制国书，精详简括，虽语言与旧俗不殊，而文字实不相沿袭云。

注释：

①坟史，古代指典籍史书。见《魏书·裴延隽传》："涉猎坟史，颇有才笔。"《新唐书·文艺传中·刘宪》："时玄宗在东宫，雅意坟史。"宋·陆游《贺黄枢密启》："加之博极坟史，得兴亡治乱之由……"

②考《金史》此条，应为天辅二年至五年之事。此处作"收国二年"，似误。

③考标点本《金史》，改《尚书》为《经书》，其意与之异。供参考。

钦定满洲源流考校注

钦定满洲源流考卷十八

国俗三

祭祀

御制《清宁宫》

馆圈迹辉古，宅洛业思前。苞茂如松竹，清宁象地天。双骞排凤扇，上篸耀龙蠲。乃寝占佳梦，明禋重吉蠲。[国朝礼重，祭神必于正寝，兹旋故宫，执豕荐醑，一遵旧制，勿敢废也。]休和晴旭丽，淡荡惠风旋。惕若承堂构，丕基永万年。

谨按：钦定《满洲祭祀典礼》，我朝自发祥肇始，即恭设"堂子"，立杆以祀天。又于寝宫正殿，设位以祀神。其后定鼎中原，建立坛庙，礼文大备，而旧俗未尝或改。每岁春秋有立杆大祭之礼，有宫内报祭之礼，又有月祭之礼，有每日朝祭、夕祭之礼，有四季献神之礼。凡省牲受胙，酒醴供献，祝辞仪注之属，详见《满洲祭祀典礼》一书。今考自汉以后，史传所载祭天祀神，有与本朝旧俗相近，足资考证者，分注按语，胪次于后，而以杂礼附之，用昭我国家万年法守云。

祭天

《后汉书》夫馀国，以腊月祭天，大会连日，饮食歌舞，名曰"迎鼓"。有军事亦祭天。[按：满洲有每月祭天及春秋大祭之礼。又，出师凯旋，有列纛祭天之礼，与此相合。]

《三国志》夫馀，以殷正月祭天，国中大会，连日饮食歌舞。有军事亦祭天，杀牛观蹄，以占吉凶，蹄合者为吉。

《晋书》夫馀国，有军事杀牛祭天，以蹄占吉凶。

《通考》夫馀，以腊月祭天，名曰"迎鼓"。是时，断刑辟，解囚徒。

《后汉书》三韩诸国邑，各以一人主祭天神，号为"天君"。又立苏涂，建大木以悬铃鼓，事鬼神。[按：《满洲祭祀典礼》，家各设立司祝，与此所云，以一人主祭者相合。建大木之仪，又与满洲立杆祭祀之仪相合。满洲语，称神杆为索摩，与苏涂音亦相近。又，满洲祭祀有神铃及腰铃、手鼓等，与此所云铃、鼓亦合，但并不悬于神杆，惟夕祭仅有大小铃七枚，系于桦木杆，稍悬于架梁之西，与史所载有不同耳。]

《三国志》三韩诸国邑，各立一人主祭天神，名之"天君"。又，诸国各有别邑，名之为苏涂。立大木悬铃鼓事鬼神，其立苏涂之义，有似浮屠。[按：此解非是，盖因涂、屠二字音偶同，而强解之。满洲语，称神杆为索摩。具载前注。]

《晋书》三韩国邑，各立一人主祭天，又置别邑，名苏涂。

《后汉书》濊，常用十月祭天，昼夜歌舞饮酒，名之为舞天。[按：濊地与朝鲜相近。见疆域门。]

《后周书》百济国，以四仲之月祭天。

《北史》新罗，每月旦，拜日月神主。

《隋书》百济王，以四仲之月祭天。新罗，每当正月旦，拜日月神。

《金史》太祖收国元年五月甲戌，拜天射柳。故事，五月五日、七月十五日、九月九日，拜天射柳，岁以为常。

《金史》世宗大定三年，以重九，拜天于北郊。大定十四年，诏："明安穆昆之民，今后不许杀牲祈祭，若遇节辰及祭天日，许得饮会。"章宗明昌四年，次奉先县。辛未，拜天于县西。五年六月，出猎拜天。承安五年，敕来日重五拜天，服公裳者拜礼仍旧，诸便服者并用女真拜。泰和三年，重五拜天射柳，上三发三中。宣宗贞祐元年闰九月，拜日于仁政殿，自是每月吉为常。

《金史》金因辽旧，俗以重五、中元、重九日行拜天之礼。重五于鞠场，中元于内殿，重九于都城外。其制，刳木为盘，如舟状，赤为质，画云鹤文，为架高五六尺，置盘其上，荐食物其中，聚宗族拜之。若至尊，则于常武殿筑台为拜天所。重五日，质明陈设毕，百官班俟于球场乐亭南，皇帝靴袍乘辇，宣徽使前导，自球场南门入，至拜天台，降辇至褥位。皇太子以下百官皆诣褥位，宣徽赞拜，皇帝再拜，上香，又再拜。排食抛盏毕，又再拜。饮福酒，跪饮毕，又再拜。百官陪拜，引皇太子以下先出，皆如前引。皇帝回辇至幄次更衣，行射柳、击球之戏，亦辽俗也。金因尚之。凡重五日拜天礼毕，插柳球场为两行，当射者以尊卑序，各以帕识其枝，去地约数寸，削其皮而白之。先以一人驰马前导，后驰马以无羽横镞箭射之，既断柳，又以手接而驰去者为上，而不接去者次之。或断其青处，及中而不能断与不能中者为负。每射必伐鼓，以助其气。已而击球，各乘所常习马，持鞠杖，杖长数尺，其端如偃月，分其众为两队，共争击一球。先于球场南立双桓置板，下开一孔为门，而加网为囊，能夺得鞠击入网囊者为

钦定满洲源流考校注

胜。或曰两端对立二门，互相排击，各以出门为胜。球状小如拳，以轻韧木枵其中而朱之，皆所以习骁捷也。既毕，赐宴，岁以为常。

《大金国志》节序则元日拜日相庆，重五射柳[《北盟录》作砟柳。]祭天。

祀神

《后汉书》马韩，常以五月田竟祭鬼神，昼夜会聚歌舞，舞辄数十人相随，踏地为节。十月，农功毕，亦如之。

《三国志》三韩，常以五月祭鬼神，歌舞饮酒，昼夜无休。其舞，数十人俱起相随，踏地低昂，手足相应，节奏有似铎舞。[按：满洲祭神之礼，有朝祭、夕祭，奏三弦、琵琶、鸣相板，司俎人等附掌以和。夕祭则司祝束腰铃、执手鼓，前后盘旋错地。凡朝夕祭，皆有歌祝之辞。又，国朝旧俗，喜起舞宴乐，每用之谓之玛克绅。《魏志》所记未必尽同，其礼意则相似也。]

《晋书》三韩，俗重鬼神，常以五月耕种毕，群聚歌舞以祭神。十月农事毕，亦如之。[按：满洲旧俗，田苗长时有祭田苗神之礼，至秋收后又有场院之祭。然其礼，视朝夕祭神为简，史所称耕毕云云，盖记每岁祀神之时，非必止为田事而祭也。]

《通考》弁辰与辰韩，风俗相似，祠祭鬼神有异。施灶皆在户西。[按：满洲祭祀名姓有不同，夕祭所奉之神，亦间随土俗山川而异。至各尽敬以溯本源，则一也。灶为祭祀烹饪所用，必在祀神室之中间屋内，而开户近东，故以为在户西耳。]

《后周书》百济，以四仲月祭五帝之神，又每岁四祠其始祖仇台之庙。

《隋书》百济王，以四仲之月祭五帝之神，立始祖仇台之庙于国城，岁四祀之。

《旧唐书》百济王夫馀丰，到熊津城，与新罗王金法敏行白马而盟。先祀神祇及山谷之神，而后歃血。

《新唐书》新罗，好祠山神。

《唐会要》新罗，好祭山神。重元日，每以其日拜鬼神。

杂礼

《通考》百济，婚娶之礼同中国。拜谒之礼，以两手据地为敬。

《通考》新罗，每正月旦相贺，上设宴会，班赉群官。

《通考》新罗，见人必跪，以手据地为恭。

《通考》新罗族，第一骨、第二骨以自别。王族为第一骨，妻亦其族，不娶第二骨。[按：此承《新唐书》之误，据史新罗王，金姓，自以金姓为一骨，而凡唐时册命国妃、太妃者，皆朴姓、申姓之属，或于《册府元龟》及《唐书》历历可考，无一金姓者。则所云妻亦其族，不娶第二骨云云，盖传闻误冈之辞。今蒙古以黑、白骨分贵贱，有察罕雅苏台、哈喇雅苏台之称。新罗以骨为重，亦即具意耳。〕

《金史》承安五年①，定本国婚娉礼制。泰和五年，制定本朝婚礼。又，诏拜礼不依本朝者罚。

《金史》金之拜制，先袖手微俯身，稍复却，跪左膝，左右摇肘若舞蹈状。凡跪，摇袖，下拂膝，上则至左右肩者，凡四。如此者四跪，复以手按右膝，单跪左膝而成礼。国言摇手而拜，谓之"苏苏勒"。〔蒙古语，恭敬也。旧作彻速，今改正。〕承安五年五月，上谕有司曰："女真、汉人拜数可以相从者，酌中议之。"礼官奏曰："《周官》九拜，一曰稽首，拜中至重，臣拜君之礼也。乞自今，凡公服则用汉拜，若便服则各用本俗之拜。"主事陈松曰："本朝拜礼其来久矣，仍便服之拜也。可令公服则朝拜，便服则从本朝拜。"平章政事张万公谓拜礼各便所习，不须改也。司空完颜襄曰："今诸人祗发皆从本朝之制，宜从本朝拜礼，松言是也。"上乃命公裳则朝拜，诸色人便服皆用本朝拜。

《金史》完颜衷深悉本朝婚礼，皇族婚嫁每令衷相之。

《大金国志》金人旧俗，多指腹为婚姻。既长，虽贵贱殊隔，亦不可渝。婿纳币皆先期拜门，戚属偕行，以酒馔往，少者十余车，多至十倍。饮客佳酒，则以金银旗贮，其次以瓦旗列于前以百数。宾退，则分饷焉。先以乌金银杯酌饮，贫者以木。酒三行，进大软脂、小软脂，如寒具。次进蜜糕，人各一盘，曰茶食。宴罢，富者瀹建茗，留客啜之。妇家无大小，坐于坑上，婿党罗拜其下，谓之男下女。礼毕，牵马百匹，少者十匹，陈于前。妇翁选子姓之别马者视之，好则留，不好则退。留者不过什二、三，女家亦视其数而厚薄之。一马则报衣一袭，婿皆亲迎。既成婚，留于妇家三年然，然后以妇归。妇氏以奴婢数十户，牛马数十群，每群九牝一牡，以资遣之。

《北盟录》女真饮宴宾客，尽携亲友而来。相近之家，不召皆至。客坐，主人立而侍之，至食罢，众客方请主人就坐。酒行无算，其礼则拱手退身为喏，跪右膝，蹲左膝，着地拱手，摇肘动，止于三为拜。元日则拜日相庆，携妻归宁，谓之"拜门"，执子婿之礼。

《马扩茆斋自叙》扩随金主至混同江之北，地不生谷麦，所种止稗子。金主聚诸将共食②，则于坑上用矮台子或木盘相接，人置稗子饭一碗，加匕其上。列以荠韭长瓜，皆盐渍者，别以木楪盛猪、羊、鸡、鹿、兔、狼、麂、獐、狐狸、牛、马、鹅、雁、鱼、鸭等肉。或燔或烹，或生脔，以芥蒜汁清沃，陆续供列。各取佩刀脔切荐饭。食罢，方以薄酒传杯而饮，谓之御宴者亦如此。既还，乃令诸郎君家各具酒殽，请南使赴饭。十余日，始造国书。适经元日隔夕，令人具车仗，召南使赴宴。凌晨，出馆赴帐前，金主于坑上设金装交椅而坐，群臣以名马、弓矢、剑槊为献。且曰："臣下有邪诡奸佞，不忠不孝者，愿皇帝代上天以此剑、此弓诛之。"各跪上寿杯，国主酬酢之。次令南使上寿杯于国主，饮毕，国主酌二杯酬南使，且云："我家自上世相传，止有如此风俗，不会奢饰，更不别修宫殿，劳费百姓也。"当时已破辽上京，取到乐工，列于屋外，奏曲荐觞。金主不以为意，殊如不闻。

《北盟录》近咸州一里有幕室数间，供帐略备，州守出迎就坐。有腰鼓、篦管、琵琶、方响、筝、奏笙、箜篌、大鼓、拍板，舞者六七十人，但如常服，出手袖外，周旋曲折。酒五行归馆。次日，中使赐宴，赴州宅就坐，乐作酒九，行猪、鹿、兔、雁、馒头、炊饼、白熟之类，铺满几案。最重油煮面食，以密涂拌，名曰"茶食"，非厚意不设。以极肥猪肉或脂阔切大片一小盘子，虚装架起，间插青葱三四茎，名曰"肉盘子"，非大宴不设，人各携以归舍。

《北盟录》南使朝见仪，至日馆伴使副同行，就龙台下马，行入宿围，西设毡帐，各归帐歇定。客省使副使相见，就坐。酒三行，少顷闻鞭鼓声，乐作，阁门使引入，即捧国书自山棚东入。陈礼物于庭下，传进如仪，赞通拜舞抃蹈，讫使副上殿，女真官员数百人班于西厢，以次拜讫。近贵者各百余人上殿，以次就座，余并退。两厢结架小苇屋，幕以青幕，以坐三节人。殿内以女真兵数十人分两旁立，各执长柄小骨朵为仪卫。国主所坐若今之讲座③，施重茵，前施朱漆银装，镀金几案，果楪以玉，酒器以金，食器以玳瑁，匙箸以象牙。遇食时，数人抬舁十数鼎镬以前，杂手旋切，割饾饤以进，名曰"御厨宴"。所食物精细而味和甘，食余，以颁三节人，乐奏如前。人数多至二百人，每乐作，必以数十人高歌，以齐管色。声出众乐之表。酒五行，各赐袭袍带。次日，赴花宴。酒三行，乐作，鸣钲击鼓，百戏以出。有大旗、狮、豹、刀牌、砑鼓、蹈跷、蹈索、上竿、斗跳、丸弄、挝篦、旗、筑球、角抵、斗鸡、杂剧等，服色鲜明。又有五六妇人，立于百戏后，各持两镜，高下其手，镜光闪铄如祠庙所画电母，此为异耳。酒五行，各起就帐戴色绢花，各二十余枚。次日复有贵臣赐宴，兼伴射于馆内。庭下设垛，酒三行，伴射贵臣、馆伴使副，离席各射三矢，弓弩从便。是日，国中各王、贵臣④，或微服隐稠人中以观射。次日，朝辞后归馆，挂彩灯百十余，惟芙蓉鹅雁之形，杂以弦管，管伴使副为惜别之会，名曰"换衣灯会"。酒三行，各出衣服三数件，或币帛交遗。将出界，送伴使副具酒食，亦为惜别会，亦各出衣服三数件或币帛，交通情意。至两界中间，彼此使副回马对立，马上一杯，换所执鞭以为异日之记，背马同头少顷，进数步，踯躅为不忍别之状，如是者三，乃行。

　　谨按：我朝典礼莫重于祭祀，其诚敬之心，忠质之尚，与《雅颂》所陈执豕酌匏，执爨为俎之意，无以异也。核诸史传所载，其仪文尚可类推，至于燕飨之间，肉必自割，犹见古初淳质之风。《北盟录》所称"肉盘子""御厨宴"之制，当因宋使南人不能自割，故令人代之，遂以为大宴盛礼耳。伏读太宗文皇帝圣谕，宽衣大袖，待人割肉而后食，与尚左手之人无异。煌煌祖训，垂示方来，所以敦本善俗者至矣。

官制

汉

《后汉书》夫馀国，以六畜名官，有马加、牛加、狗加，其邑落皆主属诸加。[按："加"字当为"家"字之误。犹今蒙古谓典牛之官曰和尼齐，典马者曰摩哩齐，典驼者曰特默齐，皆因所牧之物以名其职。正如《周礼》羊人、犬人，及汉狗监之掌。范蔚宗不解方言，好奇逞妄，殊为踳谬。详见《御制夫馀国传订讹》恭载部族门。]

《后汉书》挹娄国，邑落各有大人。

《后汉书》辰韩，诸别邑各有帅，大者名臣智，次有险[《通典》作俭。]侧，次有樊祇，次有杀奚，次有邑借，皆其官名。[按：此所载官名本属传闻之误，陈寿《三国志》因之，与此又多颠倒同异，皆辗转传讹，不足信也。]

《后汉书》东沃沮，邑落有长帅。濊其官有侯、邑君、三老。

三国

《三国志》夫馀国，有君王，皆以六畜名官，有马加、牛加、猪加、狗加、大使者[按：陈寿《魏志》承范蔚宗之误。]邑落有豪民，民下户皆为奴仆。诸加别主四出，道大者主数千家，小者数百家。有敌，诸加自战，下户担粮饮食之。

《三国志》马韩，各有长帅，大者自名为臣智，其次有邑借，臣智或加优呼臣云遣支报安邪踧支溃臣离儿不例拘邪秦支廉之号。其官有魏率善、邑君、归义侯、中郎将、都尉、柏长、侯。

《三国志》弁辰，国、邑各有长帅，大者名臣智，其次有险侧，次有樊濊，次有杀奚，次有借邑。

《三国志》东沃沮，邑落各有长帅，皆自称三老，故县国之制也。

晋

《晋书》马韩，小国五十六，大者万户，小者数千家，各有帅。辰韩十二国，各有帅。

南北朝

《魏书》勿吉国，邑落各自有长，不相总一。

《北史》勿吉国，邑落各有长帅，曰大莫弗瞒咄。

《周书》百济，官有十六品。左平[《旧唐书》作佐平。]五人，一品；达率[按：《隋书》作大率，《通考》作佐率。]三十人，二品；恩率，三品；德率，四品；扞率，五品；奈率，[按：百济官名多用汉语，惟奈率义无所取。以满洲语考之，或为纳伊二字之音，犹言地方也。]六品；将德，七品；施德，八品；固德，九品；李[《北史》作季。]德，十品；对德，十一品；文督，十二品；武督，十三品；佐军，十四品；振武，十五品；克虞，十六品。自恩率以下，官无常员，各有部司分掌众务。内官有前内部、谷部、肉部、内掠部、外掠部、[按：谷部等名皆用汉语，此内掠、外掠，字义无取，当有讹谬。]马部、刀部、功劳部、药部、木部、法部、后官[《北史》作宫。]部、外官有司军部、司徒部、司空部、司寇部、点口部、客部、外舍部、绸部、日官[《北史》作宫。]部、都市部。都下有万家，分为五部，曰上部、前部、中部、下部、后部，各统兵五百人。国城外更有五方，中方曰古沙城，东方曰得安城，南方曰久知下城，西方曰刀先城，北方曰熊津城。五方各有方领一人，以达率为之；郡将三人，以德率为之。方统兵一千二百人以下，七百人以上。城之内外民庶及余小城，咸分隶焉。

《宋书》百济，官名有左贤王、右贤王、冠军将军、征虏将军、辅国将军、龙骧将军、宁朔将军、建武将军、西河太守、台使。

《齐书》百济，官名有面中王、都汉王、阿错王、迈卢王、迈罗王、辟中王、八中侯、弗斯侯、弗中侯、面中侯，[按：百济尽有三韩之地所封王侯之号，如面中、迈卢，当即三韩属国弥冻、莫卢之属。其与满洲语相近者，如都汉，当即为多罕，桥也。辟中，当为博勒卓，约会也。弗斯，当为富森，滋生也。弗中，当为法珠，树权也。其音尚有可推率耳。]宁朔将军、冠军将军、都将军、建威将军、龙骧将军、广武将军、宣威将军、征虏将军、安国将军、武威将军、广威将军、建武将军、振武将军、扬武将军、广阳太守、朝鲜太守、带方太守、广陵太守、清河太守、乐浪太守、城阳太守，又有长史、司马、参军。

《北史》百济，官有十六品，长吏三年一交代。都下分五部，部有五巷，士庶居焉。五方各有方领一人，方佐贰之。方有十郡，郡有将三人。

《通考》百济，官有十六品，曰左率、曰恩率、曰德率、曰奈率、曰扞率、将德、施德、固德、季德、对德、文督、武督、佐军、振武、克虞。统兵以达率、德率、扞率等为之，人庶及余小城，皆分隶焉。⑤

《梁书》新罗，国有六啄评，五十二邑勒。其官名有子贲旱支、齐旱支、谒旱支、壹告支、奇贝旱支。[按：满洲语，哈济，亲近也。新罗官名不止于此，而此数官皆有"旱支"二字之称，与哈济音实相近，或皆属近臣之称耳。]

《北史》新罗，其官有十七等，一曰伊罚干，贵如相国。次伊尺干，次迎干、次破弥干、次大阿尺干、次阿尺干、次乙吉干、次沙咄干、次及伏干、次大奈摩干、次奈摩干、次奈摩、次大舍、次小舍、次吉士、次大乌、次小乌、次造位。外有郡县，有大事则聚官详议定之。[按：此所称官号凡十七等，当为阶品之名，其十一等之在前者，末皆有干字，或即哈蕃二字之音，而语皆转辗相传，致有讹误耳。]

唐

《旧唐书》百济国，所置内官曰内臣[《唐会要》又作内官。]佐平，掌宣纳事；内显佐平，掌库藏事；内法佐平，掌礼仪事；卫士佐平，掌宿卫兵事；朝廷佐平，掌刑狱事；兵官佐平，掌在外兵马事。又外置六带方，方管十郡。[按：《后周书》及《北史》皆云百济左平五人，据此当为六人。]

《新唐书》百济，官有内臣佐平者宣纳号令，内头佐平主帑聚，内法佐平主礼，卫士佐平典卫兵，朝廷佐平主狱，兵官佐平掌外兵。

《旧唐书》新罗，文武官凡十七等。

《新唐书》新罗，官有宰相、侍中、司农卿、大府令，凡十七等。州有都督，郡有太守，县有小守。

《唐会要》新罗国，官有上相、大宰相。

《通考》新罗，官以亲属为上。官有宰相、侍中、司农卿、太府令，凡十七等。第二骨得为之事必与众议，一人异，则罢。宰相家不绝禄，奴仆三千人。九州，州有都督，统郡十或二十。郡有太守，县有小守。

《新唐书》渤海，官有宣诏省，左相、左平章事、侍中、左常侍、谏议居之。中台省，右相、右平章事、内史、诏诰舍人居之。政堂省，大内相一人，居左右相上；左、右司政各二，居左右平章事之下，以比仆射；左右允比二丞。左六司、忠、仁、义部各一卿，居司政下，支司爵、仓、膳部，有郎中、员外；右六司、智、礼、信部，支司戎、计、水部，卿、郎准左；以比六官。中正台，大中正一，比御史大夫，居司政下；少正一。又有殿中寺、宗属寺，有大令。文籍院有监，令、监皆有少。太常、司宾、大农寺，寺有卿。司藏、司膳寺，寺有令、丞。胄子监有监长，巷伯局有常侍等官。其武员有左右猛贲、熊卫、罴卫、南左右卫、北左右卫，各大将军一，将军以品为秩。

《通考》渤海，官有宣诏省、中台省、政堂省，有左右相、左右平章、侍中、常侍、谏议。又左六司忠、仁、义部，右六司智、礼、信部，各有郎中、员外。有十五府，分领二十六州。又有独泰州三。[并详前疆域门。按：自宋以后，以府领州之制，实始于此。独泰州不隶于府，当如今之直隶州也。]

五代

《册府元龟》后唐时，新罗国官名有仓部侍郎、录事、参军、朝议大夫、中散大夫、兵部侍郎、郎中、判官、仓部员外郎、执事、侍郎、司宾、大卿。

《五代会要》后唐，内光、清泰时，渤海使人，其官有政堂省守和部少卿、南海省都督、政堂省工部卿。

金

《金史》收国元年，以弟乌奇迈为安班贝勒，[满洲语，安班，大也。贝勒，管理众人之称。旧作谙版勃极烈，今改正。旧解云官之尊贵者，意相合。]国相萨哈[满洲语，小国也。旧作撒假，今改正。]为古伦贝勒，[满洲语，古伦国也。旧作国伦，今改正。解云尊礼优崇，得自由者。]苏布赫[满洲语，酒醒也。旧作辞不失，今改正。]为爱满贝勒，[满洲语，爱满部落也。旧作阿买，今改正。旧解云治落邑者，意相近。]弟舍音为古伦贝勒。八月，以古伦贝勒萨哈为古伦乌赫哩贝勒。[满洲语，乌赫哩，总统也。旧作忽鲁，今改正。旧解云统领官之称，意相合。]阿里哈[满洲语，承当也。旧作阿杂合，今改正。]为古伦英实贝勒。[满洲语，英实，筵席也。旧作乙室，今改正。旧解云迎逆之官，或当时为诸国朝聘使臣而设，以主燕飨之礼者。]二年五月，德特贝勒[蒙古语，德特，副佐也。旧作迭，今改正。解云倅贰之职，义相合。]额国晖[满洲语，强壮也。旧作阿徒罕，今改正。]破辽兵于照苏[满洲语，钱也。旧作照撒，今改正。]城，古伦乌贝勒[满洲语，温化也。旧作吴，又讹戾，今改正。旧解阴阳之官，义未当。]舍音取泰州。五年六月，以温贝勒舍音为乌赫哩贝勒，富嘉努为温贝勒，宗翰为伊拉齐贝勒。[满洲语，伊拉齐，第三也。旧作伊赉，今改正。解云位第三曰伊拉齐，义相合。]天会二年，以们图珲[满洲语，愚也。旧作漫都诃，今改正。]为阿斯罕贝勒，[满洲语，阿斯罕，副也。旧作阿舍，今改正。]参议国政。天会十年，以太祖孙亶为安班贝勒，皇子宗磐为古伦乌赫哩贝勒，宗干为古伦左贝勒,伊拉齐贝勒宗翰为古伦右贝勒。天会十年,左国元帅宗翰等入朝,议曰:"安班贝勒虚位已久,今不早定,恐授非其人。哈喇,先帝嫡孙,当立。"太宗从之。

《金史》安班贝勒者,太宗尝居是位。及登大位,以命弟杲,杲薨,定议熙宗为储嗣,故以是命焉。

《金史》金自景祖始建官属,统诸部以专征伐。其官长皆称贝勒,故太祖以达贝勒[满洲语,达为首之称。旧作都,今改正。解云总治之官,犹家宰也。]嗣位,太宗以安班贝勒居守。安班,尊大之称也。其次曰古伦乌赫哩贝勒,古伦言贵,[按:满洲语,称国为古伦,凡爵号之称古伦者,在和硕之上。此解虽未的,而意则近是。]乌赫哩犹总帅也。又有古伦贝勒,或左右置,所谓国相也。其次诸贝勒之上,则有古伦、英实、乌赫哩、伊拉、齐爱满、阿斯罕、温德特之号,以为升拜宗室功臣之序焉。其部长曰贝勒,统数部者曰乌赫哩,至熙宗定官制,皆废。其后惟镇抚边民之官曰图埒,[满洲语,外也。旧作秃里,今改正。解云掌部落词讼,察非违者。]乌尔古[蒙古语,滋长也。旧作乌鲁古,今改正。解云牧圉之官,盖取牧养蕃息之义。]之下有索约勒[蒙古语,化也。旧作扫稳,今改正。]图伊达,[满洲语,蠢长也。旧作脱朵,今改正。]详衮[旧解云边城之官也。]之下有默齐格[满洲语,传事人也。旧作么忽,今改正。]实讷昆,[蒙古语,实讷,新也;昆,人也。旧作习尼昆,今改正。]此则具于官制而不废,皆踵辽官之名也。

《金史》金初,诸部之民壮者皆兵,部长曰贝勒,行兵则称曰明安、[满洲语,千也。旧作猛安,今改正。]穆昆,[满洲语,族长也。旧作谋克,今改正。]从其多寡以为号。明安者,千夫长;穆昆者,百夫长也。穆昆之副曰富埒珲,[满洲语,惠也。旧作蒲里衍,今改正。]士卒之副从曰伊勒希。[满洲语,副也。旧作阿里喜,今改正。]部卒之数,初无定制,太祖即位之二年,始命以三百户为穆昆,十穆昆为明安。而诸部来降,率以明安、穆昆之名以授其首领而部伍其人。东京既平,山西继定,尝用辽人额哩页[蒙古语,花色也。旧作讹里野,今改正。]以北部百三十户为一穆昆,汉人王六儿以诸州汉人六十五户为一穆昆,王伯龙及高从祐等并领所部为一明安。天会二年,宗望恐风俗糅杂,民情弗便,乃罢是制,诸部降人但从汉官之号。皇统五年,又罢辽东汉人、渤海明安穆昆承袭之制,移兵柄于国人,乃分明安穆昆为上中下三等,宗室为上,余次之。至海陵天德二年,省并诸路节镇及明安穆昆,削上中下之名,但称"诸明安穆昆",循旧制间年一征发,以补老疾之数。贞元迁都,遂徙上京。太祖、辽王、秦王之明安,并为哈济[满洲语,亲近也。旧作合北,今改正。]明安,及右谏议沃里布[满洲语,存留也。旧作乌里补,今改正。]等明安,处之中都。

沃陵[满洲语，小波也。旧作斡论，今改正。]等八明安处之山东，阿噜[蒙古语，山阴也。旧作阿鲁，今改正。]之族处之北京。谙达[满洲语，友也。旧作安达，今改正。]族属处之河间。世宗大定初，契丹斡罕[满洲语，袖口也。旧作窝斡，今改正。]既平，乃散契丹隶诸明安穆昆。三年，诏河北、山东所签军，许以驱丁充伊勒希。十五年，再定明安穆昆户，每穆昆户不过三百，七穆昆至十穆昆置一明安。二十年，以祖宗以来所建立明安、穆昆，其间有户口繁简，地里远近不同，遂更令以诏天下。二十一年，诏迁河北东两明安，上曰："朕始令移此，欲令与女真户相错，安置久则自相姻亲，不生异意，此长久之利也。今者伊玛[蒙古语，山羊也。旧作移马，今改正。]河明安相错以居，甚符朕意，而约罗[蒙古语，皂雕也。旧作遥落，今改正。]河明安不如此，可再遣使，按其地以杂居之。"二十二年，迁山东东路八穆昆处之河间，其弃地以山东东路特赫[满洲语，存水也。旧作忒里，今改正。]河明安下扎哈[蒙古语，疆界也。旧作巴合，今改正。]穆昆，伊尔们[今吉林河名，旧作移里闵，今改正。]鄂尔欢[满洲语干湿之干也。旧作斡鲁浑，今改正。]明安下锡布[满洲语，填塞也。旧作翁浦，今改正。]穆昆、佛门[满洲语，唇也。旧作付母温，今改正。]山穆昆，九村人户徙于旧地。上尝以率兵、呼尔哈人骁勇可用，海陵尝欲徙之而未能。二十四年，以上京刷和伦[满洲语，刷，丛林也；和伦，威也。旧作率胡剌温，今改正。]之地广而腴，遂出府库钱以济行资，迁率宾一明安，呼尔哈二明安，二十四穆昆以实之。盖欲上京兵多，可为缓急之备也。当是时，多易置河北、山东所屯之旧，括地而为之业，颁牛而使之耕，畜甲兵而为之备。乃大重其权，授诸王以明安之号，新置者特赐之名，制其奢靡，禁其饮酒，习其骑射，储其粮糒，其备至严也。是时，宗室户百七十，明安二百二，穆昆千八百七十八。

《金史》天辅五年，置奚鲁都统司，以约尼[满洲语，全也。旧作遥辇，今改正。]九营为九明安隶焉。又以渤海军为八明安，凡明安之上置军帅，军帅之上置万户，万户之上置都统。然亦时称军帅为明安，而明安则称亲管明安。禁军之制本于哈济穆昆，哈济者，言亲军也。以近亲所领，故以名焉。贞元迁都，更以太祖及辽王宗干、秦王宗翰军为哈济明安。

《金史》金制，都元帅必以安班贝勒为之，恒居守而不出。天德三年，罢万户之官，诏曰："太祖开创，因时制宜，材堪统众，授之万户，其次千户及穆昆。当时许以世袭，乃权宜之制，可罢是官，若旧无千户之职者，续思增置。"

《金史》元光间，招义军，以三十人为穆昆，五穆昆为千户，四千户为万户，四万户为一副统，两副统为一都统，此复国初之名也。

《金史》河南、陕西、山东马军，明安月给钱八贯、米五石二斗、绢八匹、六马刍粟；穆昆钱六贯、米二石八斗、绢六匹、五马刍粟；佛宁［满洲语，群也。旧作蒲辇，今改正。］钱四贯、米石七斗、绢五匹、四马刍粟；正军钱二贯、米斗五升、绢四匹、棉十五两、二马刍粟；伊勒希钱一贯、米五石七斗、绢三匹、棉十两；步军明安马二匹；穆昆马一匹。每明安当差马七十二匹。［按：《金史》所载，奚军穆昆、伊宁等及北边临潢等处永屯驻军明安穆昆、上番汉军穆昆、上京永屯驻军明安穆昆至伊勒希等，每月给各不同，大概亦相仿云。］

《金史》凡河南、陕西、山东放老千户、穆昆、佛宁、正军、伊勒希赏给之制，千户十年以上赏银五十两、绢三十匹；穆昆十年以上银四十两、绢二十五匹；佛宁十年以上银三十两、绢二十匹；马步正军、伊勒希等勾当不拘年分，放老正军银十五两、绢十匹；伊勒希等银八两、绢五匹。北边万户、千户、穆昆等，历过军功及年老放罢赏给之例，正千户管押万户，勾当过一十五年，迁两官与从五品。不及十五年，迁一官与正六品。十年以下，迁一官赏银绢六十两匹。正穆昆管押万户，勾当十五年，迁两官与正六品；不及十五年，年老放罢，迁一官与正七品。若十年以下迁一官，赏银绢五十两匹。正千户管押千户，勾当过二十年，迁一官与正六品；不及二十年，年老放罢，迁一官与正七品；若十年以下迁一官，赏银绢四十两匹。正穆昆管押千户以下，依河南、陕西体例。

《金史》诸明安，从四品，穆昆隶焉。掌修理军务，训练武艺，劝课农桑。司吏四人，译人一人，差役人数并同旧例。诸穆昆，从五品，掌抚缉军户，训练武艺。惟不管掌平仓，余同县令。女真司吏一人，译人一人。

《金史》东北路，部族乣军曰达喇［满洲语，收也。旧作迭喇，今改正。］部，承安三年，改为特哩衮扎萨克［蒙古语，特哩衮，为首也；扎萨克，政治也。旧作土鲁浑尼石合，今改正。］节度使。曰唐古部，承安三年改为博勒和扎萨克［博勒和，满洲语，洁净也。旧作部鲁火扎萨克，解见上。旧作扎石合，今改正。］节度使。二部五乣，户五千五百八十五。其他若珠鲁［满洲语，双也。旧作助鲁，今改正。］部族、乌尔古部族、实垒［蒙古语，土也。旧作石垒，今改正。］部族、蒙古部族、奇噜［满洲语，小旗也。旧作计鲁，今改正。］部族、布古贝［蒙古语，布古，鹿也；贝，有也。旧作索特本，今改正。］部族，数皆称是。西北、西南二路之乣军十，曰苏穆坦［蒙古语，有箭之谓，旧作苏谟典，今改正。］乣、曰伊埒图［满洲语，明显也。旧作耶剌都，今改正。］乣、曰古勒敦［满洲语，城门洞也。旧作骨典，今改正。］乣、曰唐古乣、曰哈玛尔［蒙古语，行围前引人也。旧作霞马，今改正。］乣、曰穆腾［满洲语，才也。旧作本典，今改正。］乣、曰蒙古乣、曰茂［满洲语，树木也。旧作咩，今改正。］乣、曰呼敦［满洲语，速也。

旧作胡部，今改正。]纠，凡九。其诸路曰海兰、曰夫馀、曰博索、曰率宾、曰呼尔哈、曰伊喇，皆在上京边鄙，或置总管，或置节度使。

《金史》诸纠详衮一员，从五品，掌守戍边堡，余同穆昆。皇统八年，设木班左右详衮，定为从五品。默济格一员，从八品，掌贰详衮。司吏三人，实讷昆，掌本纠差役等事。茂纠、唐古纠、伊喇纠、穆腾纠、古勒敦纠、舒噜[满洲语，珊瑚也。旧作失鲁，今改正。]纠，并依此制。

《金史》诸额尔奇木[蒙古语，尊贵之谓，旧作移哩堇，今改正。解云部落村寨之首领。]司，额尔奇木一员，从八品，分掌部族村寨事。司吏，女真一人，汉人一人。实讷昆，掌本纠差役等事。

《金史》诸图塄，图塄一员，从七品，掌部落词讼、访察违背等事。女真司吏一人，通事一人。

《金史》金初，因辽诸茂而置群牧，茂之为言无蚊蚋，美水草之地也。[按：此解未当，盖臆度之辞。]天德间，置五群牧所，皆仍辽旧名，各设官治之。又选品官家子，明安、穆昆、佛宁军余丁，使之司牧，谓之群子。大定二十年，更定群牧官、详衮图伊达、扎布[满洲语，令其答应也。考《金志》群牧及书画局皆有一项名目，盖只应役使之人也。原文作知把，今改正。]群牧人赏罚格。

《金史》诸群牧所，国言曰"乌尔古"。[解见前。旧作乌鲁古，今改正。]提控诸乌尔古一员，正四品，明昌四年置；使一员，从四品；[国言作乌尔古使。]副使一员，从六品，掌检校群牧畜养蕃息之事；判官一员，知法一员，女真司吏四人，译人一人，达哈十六人。又设索约勒图伊达，分掌诸畜，所谓牛马群子也。

《金史》收国二年，始制金牌，又有银牌、木牌之制。金牌以授万户，银牌以授明安，木牌则穆昆、佛宁所佩者也。大定二十年，明安穆昆俸给，令运司折支银绢。省臣议：依旧支请牛头税粟，其俸则于钱多路府支放。诸默济格，诸额尔奇木，钱粟一十三贯石、麦二石、衣绢各五匹、绵十五两、职田三顷。

《金史》宗亨以材起复，为乌克逊达。[满洲语，乌克逊，宗室也；达，长也。旧作温时，今改正。]

《金史》和卓[满洲语，美好也。旧作合住，今改正。]子布呼，[满洲语，庶也。旧作布极，今改正。]年十八，选为章京。[满洲语，文武参佐也。旧作扎也，今改正。]

《金史》扎布书画十人，迁转格与奉职同。内藏四库，巴哩巴[蒙古语，执掌也。旧作木把，今改正。]二十八人，格同奉职。左、右藏库，巴哩巴八人。仪鸾局，巴哩巴十五人，格同内藏。尚食局，巴哩巴四人。尚辇局，巴哩巴六人，格同仪鸾。

尚药局，巴哩巴四人。头面库，巴哩巴十人。段匹库，巴哩巴十二人。金银局，巴哩巴八人。杂物库，巴哩巴八人。万宁宫提举司，巴哩巴五人。

《金史》扎布书画、随库巴哩巴等俸给，俱八贯石、绢三匹、绵三十两。

《金史》尚书省架阁库，苏拉 [满洲语，闲散也。旧作移剌，今改正。] 二十人；枢密院，苏拉十五人；招讨司，苏拉三十人。凡驰驿，日给无草地处，枢密院苏拉给米三升，招讨司苏拉二升，明安八升，穆昆四升，佛宁三升，正军、伊勒希各一升。

《金史》女真，官之尊者，以九曜、二十八宿为名，职皆曰贝勒。自五户推而上之至万户，皆自统兵。宗室谓之郎君，事无大小皆总之，虽卿相亦拜马前而不为礼。[按：《北盟录》云，金有娄宿贝勒。又，靖康元年，尼堪攻取怀州，擒范仲熊，授以宣政殿学士，角宿弥离贝勒官告一道，因有以二十八宿为官名之语，不知娄宿当作罗索。满洲语，极湿难耕地也。角宿当作济苏，蒙古语，颜色也。弥离当作摩哩，马也。当时误以娄宿、角宿对音耳。]

《北盟录》女真官名，以九曜、二十八宿为号。曰安班贝勒、[大官。] 贝勒，[官人。] 其职曰图们、[万户。满洲语，万也，旧作忒母，今改。] 明安、[千户] 穆昆。[百夫长。] 富埒珲版子头贝勒者，纠官也，犹中国言总管云。自五户贝勒至万户贝勒，皆自统兵。其宗室皆谓之郎君，无大小，必以郎君总之。卿相拜于马前，郎君不为礼。又有号阿喇勒 [蒙古语，岛也。旧作阿胡卢里，今改正。] 伊勒齐贝勒、尼堪 [满洲语，汉人也。旧作粘罕，今改正。] 为元帅，后虽贵，亦袭父官，而不改其号。

《松漠纪闻》尼堪者，金太宗三从兄，弟名宗幹，本名曰尼堪，言其貌类汉人也。其父即阿喇勒，为伊拉齐贝勒。尼堪为大元帅后虽贵，亦袭其父官，称曰伊拉齐贝勒都元帅。

语言

汉

《后汉书》挹娄国，人似夫馀，而言语各异。

《后汉书》辰韩，名国为邦，弓为弧，戟为寇，行酒为行觞，相别为徙。[按：《魏志》《梁书》《通考》俱作"相呼皆为徙"，与此异。又，方言"徙"，行也。朝鲜洌水之间或曰徙，与相别之意稍近，或徙字为徙字之误。] 有似秦语。弁辰与辰韩，言语有异。

魏晋

《魏志》挹娄，言语不与夫馀同。

《魏志》辰韩，其言语不与马韩同，名国为邦，弓为弧，行酒为行觞，相呼皆为徙，有似秦人。名乐浪人为阿残，东方人名我为阿，[按：满洲语并无是解，盖陈寿强为之辞。]谓乐浪人本其残余人。弁辰言语与辰韩相似。[按:《后汉书》云,弁辰与辰韩言语有异,而此云相似,盖未知音译,其同异无由知也。]

《晋书》辰韩,言语有类秦人。

南北朝

《魏书》勿吉国,言语独异。

《周书》百济王,号于罗瑕,民呼为鞬吉支,夏言并王也。妻号于陆,夏言妃也。[按:百济、新罗语与满洲语多不合,皆作史者辗转传讹之辞,不足信也。]

《梁书》百济国,号所治城曰固麻,谓邑曰檐鲁,如中国之言郡县也。呼帽曰复衫,袴曰裈。

《南史》百济,呼帽曰冠,襦曰复衫,袴曰裈。[按:此较《梁书》为近似,当是《梁书》脱误也。]其言参诸夏,亦秦韩之遗俗云。

《梁书》新罗,俗呼城曰建牟罗。其邑在内曰啄评,在外曰邑勒,亦中国之言郡县也。其冠曰遗子礼,襦曰蔚解,袴曰柯半,靴曰洗。

《册府元龟》新罗,言语名物,有似中国人,名国为邦,弓为弧,戟为寇,行酒为行觞,相呼皆为徒。[按:此与《汉书》所载略同。]

《通考》新罗,语言待百济而后通,事与众议,号和白。[按:满洲语,赭伯,商议也。与此音义俱相合。]

唐

《新唐书》新罗,谓城为健牟罗,邑在内曰啄评,在外曰邑勒。

《新唐书》渤海,俗谓王曰"可毒夫"。[按:蒙古语,谓福曰呼图克。唐古特语,谓再来人曰胡土克图。元时曾用为帝号,此可毒夫之语意亦当如此,第辗转传讹不可解耳。]曰"圣主",曰"基下"。其命为"教",王之父为"老王",母"太妃",妻"贵妃",长子曰"副王",诸子曰"王子"。

五代

《旧五代史》渤海,称王曰"可毒夫",面对曰"圣",笺奏称"基下"。

金

《金史》世宗大定十四年,命:"卫士有不娴女真语者,并勒习学,仍自后不得汉语。"十六年,诏谕宰执曰:"诸王小字未尝以女真语命之,今皆当更易,卿等择名以上。"二十五年,谓宰臣曰:"闻原王尹大与有女真人诉事,以女真语问之,汉人诉事,汉语问之。大抵习本朝语为善,不习则淳风将弃。"二十八年,上以本国音自度曲,言国家基绪之重,万世无穷之托。上自歌之,皇太孙及克宁和之。又谓宰臣曰："朕尝命诸王习本朝语，惟原王语甚习，朕甚嘉之。"

《金史》额纳格尔，[蒙古语，犹言此室也。旧作纳葛里，今改正。]汉言居室也。佛叶，[满洲语，伤也。旧作仆燕，今改正。]汉言恶疮也。和伦，[满洲语，慈鸦也。旧作活罗，今改正。]汉言慈乌也。

《金史》得胜陀，国言曰额特赫格们⑥。[满洲语，额特赫，已胜也；格们，都也。旧作忽土皑葛蛮，今改正。]日月山，国言曰纳喇萨喇。[蒙古语，日月也。旧作涅里塞一，今改正。]陷泉，国言曰埒绷吉。[满洲语，陷，泥地也。旧作落孛鲁，今改正。]龙驹河，国言曰达罕必喇。[满洲语，达罕，马驹也；必喇，河也。旧作喝必剌，盖误合为一音，今改正。]白泺，国言曰舍音齐喇。[满洲语，白色也。旧作勺赤勒，今改正。]鸳鸯泺，国言曰昂吉尔。[满洲语，野鸭之大而色黄者。旧作昂吉，今改正。]燕子城，国言曰古勒达尔千。[满洲语，沙燕也。旧作吉甫鲁湾，今改正。]羊城，国言曰和宁。[满洲语，羊也。旧作火庵，今改正。]狗泺，国言曰音达珲尼约。[满洲语，音达珲，狗也；尼约，水甸也。旧作押恩尼要，今改正。]古北口，国言曰纽斡哩。[满洲语，色苍，绿也。盖指山色之苍翠而言。旧作留斡岭，今改正。]居庸关，国言曰齐喇哈藩。[满洲语，齐喇，严也；哈藩，官也。旧作查剌合攀，今改正。]松亭关，国言曰萨勒扎⑦。[满洲语，岐路也。旧作斜烈只，今改正。]化成关，国言曰哈斯哈雅。[蒙古语，哈斯，玉石也；哈雅，墙也。旧作曷撒罕酉，今改。]

《北盟录》女真言语，谓好为赛堪，[满洲语，善美也。旧作感，今改正。]又为赛音。[满洲语，好也。旧作塞痕，今改正。]谓不好为朗色，[满洲语，遽遇也。旧作辣撒，今改正。]谓酒为博啰达喇苏，[蒙古语，好酒也。旧作勃苏，盖音急而讹，今改正。]谓棍子敲杀曰穆克珊[满洲语，挺也。旧作霜，今改正。]坦塔哈，[满洲语，已打之谓。旧作特库，今改正。]又曰穆克珊[解见上。旧作蒙山，今并改。]布彻赫斡布噜，[满洲语，布彻赫，已死之谓；斡布噜，该杀之谓。旧作不屈花不辣，今改正。]又曰斡布哈。[满洲语，令其杀之也。旧作洼勃辣骇，今改正。]夫谓妻为萨尔罕，[满洲语，妻也。旧作萨那罕，今改正。]谓夫为额伊根。[满洲语，夫也。旧作爱根，今改正。]

《北盟录》萨满[满洲语，师巫也。旧作珊蛮，今改正。]者，女巫妪也。

《辽东行部志》呼图克，[蒙古语，福也。旧作胡土虎，今改正。]汉言浑河也。[按：此盖称名之异，非浑河之解。下文清河、范河并同。]哈达，[满洲语，山峰也。旧作胡底，今改正。]汉言山也。[按：此解近似。]达巴罕，[满洲语，岭也。旧作南谋懒，今改正。]汉言岭也。桑阿[满洲语，孔也。旧作松瓦，今改正。]者，城也。[按：此解误。]布拉克，[蒙古语泉也。旧作辟罗，今改正。]汉言煖泉也。[按：此解近似而未当。]奎，[满洲语，村庄也。旧作叩畏，今改正。]汉言清河也。雅塔喇库，[满洲语，火镰也。旧作耶塔剌虎，今改。]汉言火镰也。和勒端，[满洲

钦定满洲源流考校注

语，桠松也。旧作和鲁夺徒，今改正。]汉言松也。茂摩啰，[满洲语，茂，木也；摩啰，碗也。旧作古鲁，今改正。]汉言木盂子也。博啰和屯，[蒙古语，博啰，青色也；和屯，城也。旧作鼻里合土，今改正。]汉言范河也。

附：《金史》旧国语解考

[按：《金史》旧国语解，分官称、人事、物象、物类、姓氏五类。官称已详前官制条，姓氏附入部族门，其人事等三类，仍按原次附考于此。]

勃端察尔，胚胎之名。[按：蒙古语称始祖为勃端察尔，此云胚胎之名，义未当，第以汉语称鼻祖例之，意尚可通。《尔雅》亦以胎字、祖字，皆训为始也，原文作孛伦出，今从《蒙古源流》改正。]

阿鸿阿，长子。[满洲语，阿鸿阿，长也。旧作阿胡迭，今改正。]

固纳，季也。[按：满洲语，固纳，三岁牛也。此解为季，误。原文作骨报，今改正。]

费扬古，曰幼子。[满洲语，费扬古，幼子也。义与此合。原文作蒲阳温，今改正。]

伊都，次第之通称。[满洲语，伊都，班次也。此解近似。旧作益都，今改正。]

第九曰"乌云"。[按：此与满洲语义相合。原文作乌也，今改正。]

十六曰"纽勒珲"。[满洲语，纽勒珲，正月十六日也。原文作女鲁欢，今改正。]

按塔哈，客之通称。[满洲语义相合。旧作按答海，今改正。]

沙津昆，舍人也。[按：蒙古语，沙津，教也；昆，人也。旧作山只昆，今改正。]

赛音伯奇，男子。[满洲语，赛音，好也；伯奇，坚固也。旧作散亦孛奇，今改正。]

萨克达，老人之称也。[满洲语，萨克达，老人也。旧作撒答，今改正。]

实古纳。[蒙古语，审问也。旧作什古乃，解云瘤人，并误。今改正。]

萨哈连，黳黑之名。[满洲语，萨哈连，黑色也。旧作撒合辇，今改正。]

博果尼，侏儒。[蒙古语，博果尼，矮人也。旧作保活里，今改正。]

额尔逊，貌不扬也。[满洲语，额尔逊，怪丑状也。旧作阿里孙，今改正。]

阿实罕，采薪之子。[满洲语，阿实罕，年少也。旧作阿徒罕，今改正。解云采薪之子，误。]

塔哩雅，耘田者。[蒙古语，塔里雅，粮也。旧作答不也，今改正。解云耘田者，误。]

阿多古，善采捕者。[蒙古语，阿多古，牧场也。旧作阿土古，今改正。解亦误。]

巴尔斯，角抵戏者。[蒙古语，巴尔斯，虎也。旧作里速，今改正。旧解并误。]

阿里哈尼雅勒玛，臂鹰鹞者。[满洲语，架鹰人也。旧作阿离合懑，盖音急而讹，今改正。旧解相合。]

图噜拉，户长。[满洲语，率领也。旧作胡鲁剌，今改正。旧解近似。]

阿哈，人奴也。［满洲语，奴也。旧作阿合，今改正。］

乌珠，曰头。［满洲语义相合。旧作兀术，今改正。］

尼雅满，心也。［满洲语义相合。旧作粘罕，今改正。又，别解云汉人，则当为尼堪之讹。又解迥殊，音亦有别，而皆误以"粘罕"二字对音，实由不知译语之故耳。］

威赫，牙。［满洲语义相合。旧作吾亦可，又讹界可，今改正。］

佛尔赫。［满洲语，大拇指也。旧作盘里合。解云将指，并误。今改正。］

萨木哈，人之靥也。［满洲语，靥也，义相合。旧作三合，今改正。］

约赫德，痒疮。［满洲语，疮疤也。旧解未当。原文作牙吾塔，今改正。］

富拉塔，目赤而盲也。［满洲语，烂眼也。旧解近似。原文作蒲剌都，今改。］

实格讷，溲疾。［蒙古语，溺也。旧解近是而未当。原文作石哥里，今改正。］

们图珲，痴骏之谓。［满洲语，愚也。旧解相近。原文作谩都歌，今改正。］

穆哩库，无赖之名。［满洲语，穆哩库，执谬人也。旧解未当。原文作谋良虎，今改正。］

与人同受福，曰"呼图克"。［蒙古语，福也。旧解近是。原文作忽都，今改正。］

以力助人，曰"爱实拉布"。［满洲语，令扶助也。原文作阿息保，今改正。］

苏布赫，酒醒也。［满洲语义相合。原文作辞不失，今改正。］

讷苏肯，和睦之义。［满洲语，温和也。旧解误。原文作奴申，今改。］

温绰宽，宽容之名也。［满洲语义相合。旧作讹出虎，今改正。］

色拉哈，安乐。［满洲语，色拉哈，畅快也。旧解近是。原文作赛里，今改正。］

阿库纳。［满洲语，令周到也。原文作迪吉乃，解云未也，并误，今改正。］

萨巴。［蒙古语，器皿也。原文作撒八，解云迅速之义，并误，今改正。］

乌肯彻。［蒙古语，柔弱也。旧作乌古出，解云方言曰再休，犹言再不复也，意近似而未当，今改正。］

以物与人已然，曰"阿里布"。［满洲语，令其呈献也。旧解未当。原文作阿里白，今改正。］

沃哩布，蓄积之名。［满洲语，存留也。旧解近似。原文作吾里补，今改正。］

兴色，犹云常川也。［满洲语，孜孜不倦也。旧解相近。原文作习矢，今改正。］

凡市物已得，曰"乌达哈"。［满洲语，已买之谓。旧解相合。原文作兀带，今改正。］

乌勒登，明星。［满洲语，乌勒登晨光也。旧解未当。原文作兀典，今改正。］

阿林，山。［满洲语义相合。原文作阿邻，今改正。］

登，高也。［满洲语义相合。原文作太神，今改正。］

山之上锐者，曰"哈达"。［满洲语，峰也。原文作哈丹，今改正。］

坡陀，曰"阿拉"。［满洲语，山冈也。原文作阿懒，今改正。］

钦定满洲源流考校注

山大而峻，曰"实纳"。［蒙古语，山梁也。原文作斜鲁，今改正。］

达赉，海也。［蒙古语义相合。旧作忒邻，今改正。］

扎呼岱，舟也。［满洲语义相合。旧作沙忽带，今改正。］

沃楞。［满洲语，水纹也。原文作干论，解云生铁，并误，今改正。］

釜，曰"实木图"。［满洲语，大铁锅也。原作阇母，今改正。］

刃，曰"色埒默"。［满洲语，顺刀也。原文作斜烈，今改正。］

佛勒和者，锤也。［满洲语义相合。原文作婆卢，今改正。］

金，曰"爱绅"。［满洲语义相合。原文作按春，则满洲语耳坠之称，虽耳以金为之，致误亦有由，而义名各殊，并为订正。］

尼楚赫，珠也。［满洲语义相合。原文作银术可，今改正。］

布囊，曰"富埒呼"。［满洲语，口袋也。旧解近是。原文作蒲卢珲，今改正。］

盆，曰"阿里库"。［满洲语，盘也。旧解未当。原文作阿里虎，今改正。］

罐，曰"呼纽"。［满洲语，水桶也。旧解未当。原文作活女，今改正。］

乌哩，草廪也。［满洲语，草囤也。旧解近似。原文作乌烈，今改正。］

沙拉，衣襟也。［满洲语，衣襟角也。旧解相近。原文作沙剌，今改正。］

富拉珲，色之赤者也。［满洲语，水红色也。旧解相近。原文作活腊胡，今改正。］

呼兰，灶突。［满洲语，烟洞也。旧解近似。原文作胡剌，今改正。］

和勒端，松。［满洲语，括松也。旧文作拉端，今改正。］

瑚哩，松子。［满洲语义相合。原文作阿虎里，今改正。］

舒伊勒哈，莲也。［满洲语，莲花也。义相合。原文作孰辇，盖语急而讹，今改正。］

呼尔罕，羔。［按：此与蒙古语义相合。原文作活离罕，今改正。］

喀齐喀，犬子。［满洲语，小犬也。原作合喜，今改正。］

额聂亨库哩，犬之有文者。［满洲语，额聂亨，母狗也；库哩，花色也。原文作讹古乃，今改正。］

乌勒呼玛，山鸡。［满洲语义相合。原文作蒲阿，今改正。］

色克，貂鼠。［满洲语义相合。原文作斜哥，今改正。］

乌木罕，鸟卵也。［满洲语义相合。原文作窝谋罕，今改正。］

谨按：《后汉书》《魏志》所载，夫馀诸国官名，好奇逞妄，多属传讹。其后百济、新罗、渤海或用汉语名官。金朝语言本与满洲相同，故其官名尤可考据。且多有与我朝制度合者，如孛极烈之即贝勒，乌克逊之为宗室，古伦乃邦国之称，参佐有章京之目，约略相仿矣。又如明安穆昆，仿佛我朝八旗佐领之制。其或由世袭，或以材选，则犹世职及公中之例也。其以契丹、渤海、汉人别为编列，又犹八旗之有蒙古、汉军也。分戍河南、陕西、山东等路，又犹各省之设驻防也。他若赏恤之典，及历过军功，年老放罢之条，制有损益，而义可类推。至于语言，则无弗相同，虽各书之译对多讹，而音义具可寻究。

钦定辽、金、元三史，语解详加厘正，旷若发蒙，第篇页帙既繁，未能尽载。今就史传中原有旧解者，正其音译，考其当否，以次系之。而《金史》所有旧国语解音义近似者尚多，并为考正，以附诸后，庶可得其大略云。

注释：

①光绪甲辰中西书局石印本为"承定五年"。考金代有大定、兴定，但无"承定"年号，实为光绪本之误写。

②原文为"诸酋"，此处改为"诸将"，是将史书上对东北民族不够尊重的称谓做了修饰。

③原文为"虏主"，此处改为"国主"，其意同上。

④原文为"虏人名王贵层"此处改"虏人"为"国中"，其意同上。原文"名王贵层"，此处写作"各王、贵臣"，或为纠正原文抄写之误。

⑤说"官有十六品"，而只列十五，应少"达率"一品。

⑥得胜陀，全称"大金得胜陀颂碑"，位于今吉林省松原市徐家店乡石碑崴子村东1.5公里处。金世宗完颜雍于公元1185年7月为纪念其祖父完颜阿骨打在此誓师反辽并得胜而立。

⑦松亭关，古关名。位于今河北宽城县西南小喜峰口，关门险塞，辽时为遏制中原北伐塞外所设重要关隘。公元916年，辽太祖耶律阿保机称帝后，为御南方政权的进攻，在边境建关卡，松亭关即当时所建关城之一。

钦定满洲源流考卷十九

国俗四

物产

御制《盛京土产杂咏十二首》[有序。]

盛京山川浑厚，土壤沃衍，盖扶舆旁薄，郁积之气所钟，洵乎天府之国，而佑启我国家亿万年灵长之王业也。是以地不爱宝，百产之精咸粹于斯，农殖蕃滋，井里熙阜，而且环珍可以耀采，嘉珉可以兴文，丰氄可以章身，灵苗可以寿世。矧采于山，猎于原，渔于江，不可胜食，不可胜用。稽古图经志乘，罕得而详焉。余昔再莅陪都，颂扬光烈，惟物产阙而未咏。兹展谒珠邱，三至此地。念夫豳风之陈衣食，生民之溯艺植，抚百昌而昭大美，亦述祖德者所不能忘也。爰举十二事，各纪以诗，且系之引具梗概云。

五谷

地脉厚则谷宝滋，黍稷稻粱菽麦之类，植无不宜，亩获数石，而斗直三钱。故百室盈而四釜充，岁以为常。

神皋五谷种皆宜，后稷穑同有相之。略异豳风躬耒耜，兼精立政诘戎师。高原下隰秋常获，万廪千仓岁可期。内地流民成土著，胥吾赤子率听[平声。]其。[盛京可耕之土甚多，畿辅、山左无业穷氓挈侣至者，咸垦蓺安居，久之悉成土著。日积日多，虽于本地淳朴古风有碍，然太平日久，户口蕃孳，借此以养无万穷黎，故向有禁之之例，而未尝严饬也。]

东珠

东珠出混同江及乌拉宁古塔诸河中，匀圆莹白，大可半寸，小者亦如菽颗。王公等冠顶饰之，以多少分等秩，昭宝贵焉。

出蚌阴精称自古，大东毓瑞未前闻。混同鸭绿[二江名。]圆流伙，合浦交州独产分。取自珠轩供赋役，[采珠者乃打牲乌拉包衣下食粮人户，合数人为一起，谓之珠轩。以四月乘舟往，至八月回，各以所得之珠纳之于官，如供赋然。]殊他蜑户效殷勤。纬萧亦识留名喻，沽誉难更旧制云。

人参

深山邃谷中参株滋苗，岁产既饶，世人往往珍为上药。盖神皋钟毓，厥草效灵，亦王气悠长之一征耳。

奥壤灵区产草神，三桠五叶迈常伦。即今上党成凡品，自昔天公葆异珍。[昔陶弘景称，人参上党者佳。今惟辽阳、吉林、宁古塔诸山中所产者神效，上党之参直同凡卉矣。]气补那分邪与正，[人参固能扶赢济弱，然余谓其助正气即助邪火，而人多思藉以滋补，每受其害而不悟，亦足嗤矣。]口含可别伪和真。文殊曰能活能杀，冷笑迷而不悟人。①

松花玉

混同江产松花玉，色净绿，细腻温润，可中砚材，发墨与端溪同，品在歙阮之右。

长白分源天汉江，[混同江发源长白山，国语曰松阿哩江。松阿里，汉语天河也。俗呼为松花江。而《金史》乃有宋瓦江之称，皆音转之讹耳。]方流瑞气孕灵庬。琢为砚佐文之焕，较以品知歙可降。起墨益毫功有独，匪奢用朴德无双。昨来偶制龙宾谱，宝重三朝示万邦。[近集内府所藏砚，绘图系说，辑为《西清砚谱》，而松花玉砚则择其曾经皇祖、皇考题识，及余所铭咏者入之。]

貂

乌拉诸山林中多有之。索伦人以捕貂为恒业，岁有贡额，第其等以行赏。冬时，供御用裘冠，王公大臣亦服之，以昭章采。

东瀛物产富难详，美毳犹称貂鼠良。食喜松皮和栗实，色惟重黑乃轻黄。[貂丰厚纯黑者为上，紫次之，黄又次之。毛润泽而香，则以喜食松、栗之实，故也。]虱谈敝困苏季子，狗盗献嗤齐孟尝。狐白那堪相比拟，名裘黼黻佐朝章。[貂裘可作常服，三品以上大臣及京堂翰詹官皆得用之。若为端罩，惟以供御，余则皇子诸王亦得用为朝祭之服。]

鹿

地多崇山茂林，鹿蕃息而肥腯，麋鹿尤他所罕觏，扶餘之鹿所以称美《唐书》也。

长白神山夏育伏，[鹿以四五月遇雨生麛，交以八九月。]携麑就暖出林窠。[长白山崇地冷，鹿以夏月山中避炎，至秋冬乃成群就暖，向盛京围场而来。]取之无尽用不竭，赐以有常受者罗。[将军等冬日行围，所获狍鹿山积，择其肥者以进，岁率千余，年节颁赐群臣，受者如拜割鲜之惠焉。]抱朴称来经目少，赵高指处戒心多。分明角解非同麈，月令传文早定讹。[月令，谓仲夏鹿角解；仲冬，麋角解。今试之鹿与吉林之麋，无不解角于五月，已知月令之讹。后见南苑所育之麈，实于冬至始解角，盖古人不便麋与麈耳。经文不可易，因改正。灵台时宪，并为鹿角解说，以订其误。]

熊罴

盛京多窝集，茂密翁翳，连林数十里，熊罴每跧伏其中。熊跷捷而罴憨猛，皆兽之绝有力者。甲戌行围，并曾殪之。罴重千余斤，熊亦及半。

小者为熊大者罴，罴惟东土始逢之。[熊各处皆有，罴惟吉林、盛京始有，他处所无。]蛰时居穴或居木，[熊罴冬令皆入蛰不食，熊小或居木孔，罴大则居穴也。]梦里得祥必得儿。力士刺须十始胜，[刺虎者不过五人一排，向于盛京围中，使力士刺熊罴非十人不能胜。盖其力倍于虎也。]封驼负觉一难支。兽哉何自解人语，异苑徒传子路奇。

堪达汉

堪达汉②，出黑龙江，似鹿而大，其角可作射鞢，色如象牙而坚白胜之，鞢间环以黑章一线，即角中之通理，以细密而匀正者为最。

音义率同《尔雅》麋，[《尔雅·释兽》麋绝有力。麋音义，俱相近，而麖字《佩文韵》未收，今据《广韵》用。]鹿中绝有力顾然。垂胡固以樊缨比，[堪达汉，国语马樊缨也。是兽项下悬肉相似因以得名。]戴角犹胜象决镞。履泇迅行如蹴雨，逢冈迟进似腾烟。[是兽生山中而喜水，行水则速，行山则迟，亦异闻也。]和阗玉鞢伙新咏，[尝命玉工仿角鞢琢玉创为之，及和阗岁贡美玉，每择其精好者制为鞢，屡有题咏。]数典于斯未可捐。

海东青

羽族之最鸷者，有黑龙江之海东青焉，身小而健，其飞极高，能擒天鹅，搏兔亦俊于鹰鹘。

鸷鸟从来有窟窠，海东青窟鲜逢他。[鹰鹘皆有窠巢，多缘峭壁为之。人不能上，惟海东青从未见其窠也。]徒传飞至沧瀛左，亦自投于丛樾罗。鹘骨雕周早输健，蝇营狗苟底须多。禽中虎也却愁燕，演雅名言可会么。[《辍耕录》载演雅言，海东青羽中虎也，燕能制之，群集缘扑即坠云云。以小制大，物性往往如此，亦犹黄腰啖虎之类也。]

鲟鳇鱼

盛京之鱼肥美甲天下，而鲟鳇尤奇，巨口细睛，鼻端有角，大者丈计，重可三百斤。冬日辇以充庖备赐，亦有售于市肆者，都人分鲙之，目为珍品。

物巨其中目小者，可知赋性必良驯。即如雪象殊常兽，自合江鳇异别鳞。蹲岸钓难投美饵，凿冰射要系长缗。[鱼出黑龙等江，非钓所能得，捕之者以网围至岸边，伺鱼首向岸，挽强射之，鱼负痛，一跃而上，至陆地，即易于掩取。冬日或凿冰以捕，则必系长绳于箭，以挚取之。]颓然陈处欣兼惜，倍胜椎牛飨众人。

松子

松子，诸山皆产，而窝集中所产更胜，盖林多千年之松，高率数百尺，枝干既茂，故结实大而芳美，亦足征地气滋培之厚也。

窝集林多各种松，中生果者亦希逢。大云遥望铺一色，宝塔近瞻涌几重。[松子生松塔中，其形下丰上锐，层瓣鳞砌，望之如窣堵。每各瓣藏一粒，既熟则瓣开而子落。]鳞砌蚌含形磊落，三棱五粒味甘浓。偓佺曾遗[去声]尧弗受，小矣子房学步踪。

温普

温普③，国语译汉音书之，山中果也。形似楂，味甘而酢，或借榅桲字书之。考《花木记》以榅桲为梨别种，则徒取音近，固不相类耳。

山果还将山密浸，[去声]大于北地小于南。[关内山楂大如弹丸，制之可供觳觫，关外如热河一带之山楂，小不及半，亦不中食。盛京所产温普大小介乎二者之间，蜜渍之可以致远。]实成露结而霜降，味合梅酸与蔗甘。可口已教述庄子，状形却觉漏秕含。地灵气厚诚天府，动植飞潜物普覃。

《周礼·职方氏》东北曰幽州，其利鱼盐，其畜宜四扰，其谷宜三种。[注：四扰，马、牛、羊、豕；三种，黍、稷、稻。按：幽州山镇为医巫闾，正属辽东之地，而鱼盐之利，谷畜之饶，与诸史所载并同。谨首录此条，以征物产蕃滋之自。]

《后汉书》夫餘国，土宜五谷，出名马、赤玉、貂豽，[注：豽似豹，无前足。]大珠如酸枣。

《后汉书》挹娄，有五谷、麻布，出赤玉、好貂，好养豕。

《后汉书》马韩人，知田蚕，作绵布。出大栗如梨，有长尾鸡，尾长五尺。辰韩，土地肥美，宜五谷，知蚕桑，作缣布。国出铁，凡诸贸易皆以铁为货。

《后汉书》东沃沮，土肥美，背山向海，宜五谷，善田种。有貂、布、鱼、盐，海中食物。

《后汉书》濊，知种麻，养蚕，作绵布。乐浪檀弓，出其地。又，多文豹，有果下马，高三尺，乘之可于果下行。海出从鱼。[按：《三国志》作斑鱼。]

《三国志》夫餘，土地宜五谷，不生五果。其国善养牲，出名马、赤玉、貂狖、美珠，珠大者如酸枣。

《三国志》挹娄，俗好养猪，出赤玉，好貂。今所谓挹娄貂，是也。

《三国志》马韩，其民土著，种植，知蚕桑，作绵布。禽兽草木略与中国同。出大栗，大如梨。又出细尾鸡，其尾皆长五尺余。弁韩，土地肥美，宜种五谷及稻，晓蚕桑，作缣布。国出铁，诸市买皆用铁，如中国用钱。

《三国志》濊，有麻布，蚕桑作绵。其海出斑鱼，土地饶文豹，又出果下马，汉桓时献之。

《晋书》肃慎氏，有马不乘，但以为财产而已。[按：辽金军制，非近敌不乘战马，所以惜马力也。肃慎氏之制，当亦如此。]无牛羊，多畜猪，绩毛以为布。有树名雒常，若中国有圣帝代立，则其木生皮可衣。其国东北有山出石，其利入铁。[按：《山海经》云，肃慎之国有树名曰雄常，中国有圣帝代立，则此木生皮可衣也。《晋书》作雒常，字形相近传写致异，又或作颁常。考《字书》，雒、颁二字相通，与额同。]

《晋书》夫餘国，地宜五谷，出善马及貂豽、美珠，珠大如酸枣。

《晋书》辰韩，地宜五谷，俗饶蚕桑，善作缣布。

《册府元龟》魏景元三年，肃慎献其国弓三十张，长五尺五寸，楛矢长一尺八寸，石砮三百枚，皮骨铁杂铠二十领，貂皮四百枚。[按：元咸辅之《辽东志略》云肃慎东北山出石，其利如铁，取以为镞，即石砮。而杨宾《柳边纪略》以为楛木，今宁古塔居人或得之呼尔哈河，长三四寸，色黑，或黄或微白，有文理，非铁非石。相传为肃慎故矢云云。盖杨宾误以石砮为楛木也。]

《通考》挹娄，有五谷、牛马、麻布，出赤玉、好貂。国东北有山出石，其利入铁，将取之，必先祈神。

《魏书》百济国，有五谷。

《魏书》勿吉国，无牛有车马，有粟及麦、穄，菜则亦有葵。水汽咸，凝盐生树上，亦有盐池。多猪，无羊。嚼米酝酒，饮能至醉。有虎、豹、黑、狼。

《梁书》新罗，土地肥美，宜植五谷，多桑麻，作缣布。

《周书》百济，土田下湿，气候温暖，五谷、杂果、蔬菜及酒醴、肴馔、药品之属，多同于内地。唯无驼、驴、骡、羊、鹅、鸭等物。

《北史》百济，赋税以布、绢、丝、麻及米等，量岁丰俭输之。土田下湿，气候温暖，人皆山居。有巨栗，其五谷、杂果、菜蔬及酒醴、肴馔之属，多同于内地。唯无驼、骡、驴、羊、鹅、鸭等。

《北史》新罗，田甚良沃，水陆兼种，其五谷、果菜、鸟兽、物产，略与内地同。

《北史》勿吉国，土多粟、麦、穄，菜则有葵。水汽咸，生盐于木皮之上，亦有盐池。其畜多猪，无羊。嚼米为酒，饮之亦醉。

《隋书》百济国，有五谷、牛、猪、鸡，厥田下湿，有巨栗。

《隋书》靺鞨，土多粟、麦、穄，水汽咸，生盐于木皮之上。其畜多猪。嚼米为酒，饮之亦醉。

《隋书》新罗，田甚良沃，水陆兼种，物产与华同。

《旧唐书》百济国，武德四年，其王遣使来献果下马。贞观十一年，遣使来献铁甲、雕斧。

《旧唐书》新罗国，大历八年，遣使来献金、银、牛黄、鱼牙绸、朝霞绸等。

《旧唐书》靺鞨，其畜宜猪，富人至数百口。

《新唐书》百济国，武德间，献明光铠。

《新唐书》新罗国，畜无羊，少驴骡，多马。开元中，其王兴光献果下马、朝霞绸、鱼牙绸、海豹皮，又上异狗、马，黄金、美髢诸物。

《新唐书》黑水靺鞨，其畜多豕，无牛羊，有粟麦，土多貂鼠、白兔、白鹰。有盐泉，气蒸薄盐凝树颠。开元、天宝间，来献鲸睛、貂鼠、白兔皮。

《新唐书》渤海，俗所贵者：太白山之兔，南海之昆布，栅城之豉，夫餘之鹿，鄚颉之豕，率宾之马，显州之布，沃州之绵，龙州之绸，位城之铁，卢城之稻，湄沱之鲫。果有九都之李，乐游之梨。［按：九都，当是九都；乐游，当是乐浪之讹。］

《册府元龟》武德七年，百济献光明甲。贞观十三年，百济献金甲、雕斧。永徽四年，新罗献金总布。开元七年，靺鞨献鲸鲵鱼睛、貂皮、白兔、猫皮。十年，渤海献鹰。十一年，新罗王遣使献果下马及牛黄、人参、头髮、朝霞绸、鱼牙绸、镂鹰铃、海豹皮、金、银等。十七年，渤海、靺鞨献鹰、鲻鱼。十八年，渤海、靺鞨献海豹皮五张、豹皮三张、玛瑙盏一、马三十匹。二十二年，新罗王遣其侄来献小马两匹、狗三头、金百两、银二千两、布六十匹、牛黄二十两、人参二斤、头髮一百两、海豹皮一十六张。二十五年，渤海来献鹰鹘。二十六年，渤海、靺鞨献豹皮一千张、干文鱼一百口。天宝七载，黑水鞨靺献金、银及六十综布、鱼牙绸、朝霞绸、牛黄、头髮、人参。

《唐会要》靺鞨，土多貂鼠皮、骨咄角、白兔、白鹰等。

《五代史》女真，地多牛、鹿、野狗。酿麋为酒。其南海曲，有鱼盐之利。其北出大鱼，契丹仰食。又多黑、白、黄貂鼠皮。北方诸国皆仰足。

《宋会要》新罗，地宜橐驼、水牛，出人参、水银、麝香、松子、榛子、石决明、松塔子、防风、白附子、茯苓，大小布、毛施布、草席、鼠毛笔。

《通志》新罗，土地肥美，宜植五谷，多桑麻、果菜、鸟兽，物产略与华同。

《通考》百济，气候温暖，五谷、杂果、菜蔬多同内地。其海岛出黄漆树，似小棕树而大，六月中取汁，漆物器若黄金，其光夺目。

《通考》新罗，土地肥美，宜植五谷，多桑麻、果菜，畜无羊，多马，有果下马、朝霞绸、鱼牙绸、海豹皮。

《通考》濊，其海出斑鱼皮。

《诸蕃志》新罗，地宜橐驼、水牛。不用钱，以米博易。民家器皿悉以铜为之。地出人参、水银、麝香、松子、榛子、石决明、松塔子、防风、白附子、茯苓，大小布、毛施布、铜磬、瓷器、草席、毛笔等。商舶用五色缬绢及建本文字博易。

《契丹国志》女真国，地饶山林，田宜麻谷，土产人参、蜜蜡、珠玉、金银、细布、松实、白附子。禽有鹰鹘、海东青之类。兽多牛、马、麋鹿、野狗、白彘、青鼠、貂鼠。

《契丹国志》女真，东北与五国为邻。五国之东接大海，出名鹰，自海东来者谓之海东青，小而俊健，能擒天鹅，爪白者尤以为异。

《契丹国志》宁江州，榷场，以北珠、人参、生金、松实、白附子、蜜蜡、麻布之类为市。

《契丹国志》新罗国，贡进物件：金器二百两、金抱肚一条五十两、金纱罗五十两、金鞍辔马一匹五十两、紫花绵一百匹、白绵五百匹、细布一千匹、麤布五千匹、铜器一千斤、法清酒醋共一百瓶、脑先茶十斤、藤造器物五十事、成形人参不定数、细纸墨不定数。

《契丹国志》乌舍［旧作屋惹，今改正。解见前。］阿里玛［旧作阿里眉，今改正。解见前。］国，每年贡大马蛤珠、青鼠皮、貂鼠皮、胶鱼皮、蜜蜡等物。铁骊国，贡马蛤珠、鹰鹘、青鼠皮、貂鼠皮、胶鱼皮。靺鞨国，以鹰鹘、鹿、细白布、青鼠、貂鼠皮、大马胶鱼皮等，与契丹交易。

《程大昌·演繁露》契丹主滔尔河钓牛鱼，以占岁。

《松漠纪闻》每春冰始泮，辽主必至宁江州凿冰钓鱼。

《金史》会宁府，岁贡秦王鱼，又贡猪二万。大定间，俱罢之。海兰路，旧贡海葱，大定间罢之。辽阳府，土产白兔、师姑布、鼠毫、白鼠皮、人参、白附子。

［按：秦王二字，即鲟鳇之误。］

《金史》辽、金故地滨海，多产盐，上京、东北二路食肇州盐，率宾路食海盐，临潢之北有大盐泺，乌尔古实垒部有盐池，皆足以食境内之民。大定二十一年，并辽东等路诸盐场，为两盐司，各行其地。北京宗、锦之盐，行本路及临潢府、肇州、泰州之盐④，与接壤者亦预焉。二十四年，帝在上京，谓丞相乌库哩元忠等曰："旧率宾以东食海盐，夫馀、呼尔哈等路食肇州盐，初定额万贯，今增至二万七千。若罢盐引，添灶户，庶可易得。"二十五年，还自上京，谓宰臣曰："朕

277

钦定满洲源流考卷十九

闻辽东，凡人家食盐，无引目，即以私治罪。细民徐买食之，何由有引。"因为之，罢辽东盐使司。

《通考》女真国，地多良马，兽多野猪、野牛、驴之类，以牛驮物。有紫青貂鼠皮、北珠、良犬及俊鹰海东青，海东青者，小而健，能擒天鹅，爪白者尤以为异，出于五国之东。

《大金国志》女真，土产人参、蜜蜡、北珠、生金、细布、松实、白附子。禽有鹰鹘、海东青之类。兽多牛、马、麋鹿、野狗、白凫、青鼠、貂鼠。无蚕桑，惟多织布，喜耕种。

《松漠纪闻》宁江州，多草木，如桃李之类，皆成园。至八月，则倒置园中，封土数尺，覆其枝干，季春出之，厚培其根，否则冻死。

《松漠纪闻》柃木，有文缕可爱，多用为碗。

《松漠纪闻》西瓜，形如扁蒲而圆，色极青翠，经岁则变黄。其瓞类甜瓜，味甘脆，中有汁尤冷。常携以归，可留数月，但不能经岁，亦不变黄色。有久苦目疾者，曝干服之而愈。

《松漠纪闻》鹿顶合，燕以北者方可车，须是未解角之前，才解角血脉通，冬至方解。〔按：鹿角解于五月，此云冬至，盖洪皓之误。〕好者有人字，不好者成八字，有髓眼不实。北人谓角为鹿角，合顶为鹿顶合。南鹿不实，定有髓眼，不可车。北地角未老，不至秋时不中。

《松漠纪闻》麋角与鹿角不同，麋角如驼骨，通身可车，却无纹。鹿顶骨有纹，上下无之，亦可熏成纹。

《北盟录》女真，土多林木，田宜麻谷，以耕凿为业。土产名马、生金、大珠、人参及蜜蜡、细布、松实、白附子。禽有鹰鹘、海东青。兽多牛、羊、麋鹿、白凫、青鼠、貂鼠。花果有白芍药、西瓜。海多大鱼、螃蟹。

《北盟录》宋崇道、熙宁之间，竞尚北珠。北珠者，皆北中来榷场相贸易。美者大如弹子，而小者若梧桐子，皆出辽东海汊中。每八月望，月色如昼，则珠必大熟，乃以十月方采取珠蚌，而北方沍寒，九十月坚冰厚已盈尺，凿冰没水而捕之。又有天鹅，能食蚌，则珠藏其嗉焉。有俊鹘，号海东青者，能击天鹅，人既以鹘而得天鹅，则于其嗉得珠焉。海东青者，出五国，五国之东，东接大海⑤，自海东而来者谓之。海东青小而俊健，爪白者尤以为异。每岁发甲马千余人，即海东巢穴取之，与五国战斗而后得。

《马扩茆斋自叙》混同江以北，不种谷麦，所种止稗子。自过嫔、辰州、东京迤北，绝少麦面。每晨及夕，各以射到禽兽荐饭。同州地宜稷黍，东望大山，云新罗山，其间出人参、白附子。

《周麟之海陵集》有梁大使者，先朝内侍也。入馆传旨赐金兰酒二瓶，银鱼、牛鱼二盘，牛鱼出混同江，其大如牛。［按：此即鲟鳇也，宋人呼为牛鱼耳。］

《周必大·二老堂杂志》牛鱼一尾之直，与牛同。周枢密麟之使金，金主爱之，享以所钓牛鱼，非旧例也。枢密糟其首以归，献于朝，同馆王龟龄⑥目为鱼头公。

《元史》产金之所，辽阳省曰大宁、开元；产银之所，辽阳省曰大宁；产珠之所，曰硕达勒达；产铜之所，曰大宁；产朱砂、水银之所，辽阳省曰北京。至元十三年，于辽东双城采金。延祐四年，辽阳惠州银洞三十六眼，立提举司办课。又至元十一年，命于松阿哩江、爱呼江采珠。至元十五年，拨采木夫一千户，于辽阳锦、瑞州采铜。朱砂、水银在北京者，至元十一年，命以率宾人户于济喇敏之地采炼。

《元史》辽阳之盐，太宗丁酉年，始命北京路征收课税所，以大盐泊硬盐立随车随引载盐之法，每盐一石，价银七钱半，带纳匠人米五升。癸卯年，海兰路岁办课白布二千匹，率宾路布一千匹。至元四年，立开元等路运司。三年，禁东京懿州硬盐，不许过涂河界。

《元史》肇州产鱼，哈喇巴图尔为宣慰使，得鱼九尾皆千斤，来献。

《明一统志》辽东土产盐、铁、榛、［各卫皆出。］松子、［三万卫出。］茶、［海州卫出。］海丝菜、［复州卫出。］人参、荆芥、白附子、五味子、［俱辽东都司出。］暖木、桦木、银［俱海州各卫出。］箭、［出三万卫者尤佳。］滑石、［海州卫出。］水獭皮、［东宁、海州各卫出。］貂鼠皮、青鼠皮、［俱东宁卫出。］八梢鱼、［金州卫出。］黄鼠、［海州卫出。］蛎房、肋鱼。［俱金州卫出。］

注释：

①有清以来之历代帝王，对人参虽赞誉有加，然对其因使用不当而产生之副作用也颇有见地。早在康熙五十一年，时任江宁织造的曹寅病重，康熙帝在其奏折的朱批中就有"南方庸医，每每用补济，而伤人者不计其数，需要小心。曹寅原肯吃人参，今得此病，亦是人参中来的"之语。

②堪大汉，疑为罕达罕，即驼鹿之一种。因音似而误译。今之黑龙江、内蒙古

大兴安岭一带仍可见。

③温普，学名越橘，见于《盛京通志》。杜鹃花科落叶灌木植物，盛产于黑龙江大兴安岭，东北各处略有分布。常见于落叶松林或白桦林内，高山草原或水湿台地，成片生长。果实近圆形，直径0.5至2厘米，蓝黑或深红色，味酸甜，可入药。现代人称之为蓝莓者。可人工栽培。

④此处"泰州之盐"，原文作"泰州之境"。

⑤此处原文为"五国之东接大海"。

⑥此处"王龟令"，原文作"王十朋"。原文似误。

钦定满洲源流考卷二十

国俗五

杂缀

御制《吉林土风杂咏十二首》[有序。]

吉林，在盛京东北，我朝发祥所自。旧俗流传，有先民遗风焉。甲戌东巡，驻跸连日，江城山郭，庐旅语言，想见岐豳式廓之始。咨询土风，拈二字成语者为题，得近体十有二首，聊纪一二云尔。

威呼

刳巨木为舟，平舷圆底，唇锐尾修，大者容五六人，小者二三人，剡木两头为桨，一人持之，左右运棹，捷若飞行。

取诸涣卦合羲经，舴艋评量此更轻。刳木为舟剡木楫，林中携往水中行。[窝集中山溪相间，凡采参捕貂者，携威呼以往，遇水则乘之。]饱帆空待吹风力，柔橹还嫌划水声。泥马赊枯尤捷便，[泥马赊枯者，以桦皮为之，只容一人，两手持小桨划行。]恰如骑鲤遇琴生。

呼兰

因木之中空者，刳使直达，截成孤柱，树檐外引炕烟出之，上覆荆筐，而虚其旁窍，以出烟雨雪不能入，比室皆然。

中通外直求材易，暮爨晨炊利用均。曲突徙薪诚上策，焦头烂额更何人。疏烟土锉烹蒸便，夜雨荆筐盖覆频。却有千年辽海鹤，蓦疑华表话前身。

法喇

似车无轮，似榻无足，覆席如龛，引绳如御，利行冰雪中，俗呼扒犁。以其底平似犁，盖土人为汉语耳。

架木施箱质莫过，致遥引重利人多。冰天自喜行行坦，雪岭何愁岳岳峨。骏马飞腾难试滑，老牛缓步未妨蹉。华轩诚有轮辕饰，人弗庸时奈若何。

斐兰

弧矢之利，童而习之。小儿以榆柳为弓，曰斐兰。剡荆蒿为矢，翦雉翟鸡翎为羽,曰钮勘。

榆柳弯弓弦麋丝,剡荆作箭雉翎掖。壮行幼学率由旧,蓬矢桑弧匪袭为。揖让岂知争君子,闿抨惟觉惯童儿。曾闻肃慎称遥贡,可惜周人未解施。

赛斐

古人食皆以匕,羹则以勺。国俗旧用木匕,长四寸许,曲柄丰末,犹古制也。

质古惟称以木为,曲长且椭进餐宜。鼎中底用轻染指,座里应教笑朵颐。无下奢哉嗤彼箸,有救便矣借兹匙。青泥坊底芹香处,杜老居然得句时。

额林

庋横板楣栋间,以贮衾篋瓶瓷诸器具,兼几案匧棱之用。

庋楣横版当中厨,家计精粗个里俱。鼠闹欲投还忌器,爵飞同量不妨觚。灶间那识薪为蜡,几上常看皮是乌。淳朴遗规恭俭德,风声拟使遍黄图。

施函

斫木为筒,因其自然。虚中以受物,贮水酿酒皆用之。视束铁编篾,攒木片为器者,天质为胜。

谁云瓠落不中材,虚受天然器量恢。泉贮云浆消旧渴,春篘石冻酸新醅。早嗤鬶釜催人去,[间阎有无相通,客至必留饭,其有颉羹者,群以为吝而笑之。]何用修筒引水来。可供瓶罍谢梁栋,孰非造物善栽培。

拉哈

土壁堵间,缀麻草下垂,缘以施圬墁,此国初过涧,芮鞫间故俗也。

乘屋居闲事索绹,经营妇子共勤劳。御寒塞向诸凡预,施墁编麻要取牢。出气天窗柱左右,[拉哈,墙壁之上据栋中竖柱,以承梁。左右留二孔出气,谓之嘛木哈图拉。图拉者,汉语所谓柱也。]通烟土锉炕周遭。室家谧馆风犹在,惭愧宫庭雉尾高。

霞绷

蓬梗为干,搏谷糠和膏傅之,以代烛。燃之青光荧荧,烟结如云,俗呼糠灯。

蓬梗糠秕膏傅涂,茅檐夜作每相需。绩麻乍可呼灯婢,耽奕非关诮烛奴。最爱焰辉一室朗,那辞烟染满腮乌。葛灯笼是田家物,勤俭遗风与古符。

豁山

夏秋间,捣败苎楮絮,入水沤之成毳,沥芦帘匀暴为纸,坚韧如革,谓之豁山。凡纸笺,胥以是名之。

捣苎沤麻亦号笺,粘窗写牍用犹便。百番徒讶银光薄,万杵还轻越竹坚。但取供书何贵巧,便称铺玉讵能贤。高丽镜面寻常有,爱此淳廉旧制传。

罗丹

鹿蹄腕骨也。旧俗以蹄腕骨随手摊掷为戏,视具偃仰横侧为胜负。小者以獐,大者以鹿,莹泽如玉。儿童妇女围掷以相乐,以薄圆石击之,则曰帕格。

投石军中以戏称,手弹腕骨俗相仍。得全四色方愉快,[腕骨一具,四面各不同,持四枚掷之,各得一色,则为四色全,大约以此分胜负。]何必三枭始绝胜。闺秀争能守炉火,[一手摊掷承空上下各取之,以不动局上者为工,妇女多能之,非男子事也。]儿童较远骤寒冰。[又有较远之戏,趋冰上以中为胜,名曰撒军。]无端胜负纷忧喜,獐鹿那知有许能。①

周斐

桦木之用在皮,厚者盈寸,取以为室,上覆为瓦,旁为墙壁户牖,体轻而工省,逐兽而频移。山中所产,不可胜用也。

巢处遗风借桦皮,上檐侧壁总堪为。端夸不漏还胜瓦,岂虑频迁等奕棋。瓮牖绳枢犹未备,夏凉冬暖且相宜。五侯第宅皇州遍,芮鞫先型尔尚知。

御制《盛京土风杂咏十二首》[有序。]

我国家发祥之初,居鄂多理城,地近吉林乌拉,数世后弃而他徙。至肇祖居赫图阿拉,爰创始基。越我太祖,膺运造邦,乃讨平图伦,还定乌拉,抚有叶赫诸部,遂迁居兴京。继复克沈阳、辽阳,因建都于沈,即今盛京。故盛京土风与吉林同,譬之成周丰镐,风规无殊沮漆也。曩既成吉林土风十二章,兹仍举前题为盛京咏,亦数典所当递及耳。各题小引,已详前作,故不复缀。

威呼

汉语小舡也。

造舟周室昔为梁,开国规模百务详。奢匪黄龙及青雀,利资雨泛与烟航。制坚质朴提携便,[威呼,刳木为之,水行可载三人,登陆则可挟之而趋。或行窝集中,遇小河港随时可渡,其制最为轻便。]圆底平舷坐起康。何必楼船称伐越,威呼久矣武惟扬。

呼兰

汉语,灶突也。

幽岐家室屡为迁,时处恒依旧俗然。水火每资叩昏户,爨炊常看引朝烟。疏风避雨安而稳,直外通中朴且坚。[截中空之木,刳使直,达树之檐外,引出炕烟,覆荆筐其上,以护雨雪,而旁窍仍通。满洲旧制如此。]玉食寄言惟辟者,莫忘陶复九章绵。

法喇

汉语为扒犁,即拖床也。

服牛乘马取诸随,制器殊方未可移。似榻似车行以便,曰冰曰雪用皆宜。[似榻无足，似车无轮，以牛马挽行冰雪中，可以致远。]孤篷虽逊风帆疾，峻坂无愁衔橜危。太液拕床龙凤饰，[液池冬日则御拕床，其制有施毡幄及饰以龙凤者。]椎轮大辂此堪思。

斐兰
汉语，榆柳小弓也。

桑弧蓬矢举惟男，示有事胥自幼谙。榆柳为弓驿角末，荆蒿作箭雉翎堪。[其名曰钮勘。]二三卿士节权略，日夕儿童戏以耽。[我满洲以射为重，虽小儿嬉戏，亦习惯成自然云。]即此箕裘应共勖，进之观德更名谈。

赛斐
汉语，匙也。

有救早是咏周雅，异地同风古制存。不改木为非玉作，常资朝食与晡飧。[匙以木，为长四寸许，每食用之，取其质也。]失时巧计传昭烈，投处仙方讶葛元。何似两忘供日月，大东四矙足村村。

额林
汉语，搁板也。

横施木板置楣栴，家计精粗具毕陈。[楣栋间度横板，以置瓶盖盒筐诸器，家具精粗咸备。满洲旧俗，比室皆然，举之以示淳朴。]菽粟为文莫忘古，雕几作器漫求新。寒衣饥食劳中妇，耕九余三厘主人。咨尔后生勤数典，更希寰宇普还淳。

施函
汉语，木筒也。

枯木荒山那计年，虚中贮水借天然。[筒断枯木为之，因其自然。虚中以受，贮水酿酒皆宜。无用为有用，亦见尚质之意。]弗愁瓶罄为罍耻，可佐樽盛用缶旋。厨下风无虑落叶，林边雨尚忆鸣泉。不材材际全其质，善注南华二十篇。

拉哈
汉语，圬墙所缀麻也。

层层坏土砌为墙，缀以沤麻色带黄。[筑土鲞坏为墙壁，缘之以施圬墁，亦国初朴素故俗也。]妇织男耕斯室处，幼挈壮作旧风蘪。底称凿遁颜家阃，漫喻操嘻圬者王。故俗公刘传芮鞠，九重此况慎毋忘。

霞绷
汉语，糠灯也。

抟糠涂梗傅之膏，继日相资夜作劳。[以蓬梗为干，抟谷糠和膏涂之，燃以代烛，用资作劳。开国勤俭之风，即此可见。]土障葛灯应忆朴，驼头凤脑漫夸豪。未知勤读邻凿

钦定满洲源流考校注

壁，且佐服田宵索绹。此日旧宫试燃者，称先何异土风操。

豁山

汉语，纸也。

沤苎弗殊用敝麻，以为纸乃朴无华。[捣败苎故絮沤以为纸，制朴而性坚，犹存古初遗意。]不知有汉蔡伦合，漫数惟莱左伯嘉。纪事传言胥贵实，销金铺玉那求奢。卷筒金粟常临帖，[藏经纸无折痕者，谓之卷筒，较经背纸尤难得。]敢忘斯哉惕自嗟。

罗丹

汉语，鹿蹄踠骨也。

鹿踠骨非无用物，以为戏亦有时需。中原漫喻人人逐，一具还看面面殊。[踠骨一具四面各异，戏者持其四枚掷之，各行一面则为四色全，即以此分胜负。]偶语何须较土木，采名乍欲拟枭卢。帕格[读作哥，汉语谓以薄圆石击之也。]真足方投石，可用从来如此乎。

周斐

汉语，桦皮房也。

野处穴居传[平声。]易传，[去声。]桦皮为室鲜前闻。[桦皮厚盈寸，取以为室，覆可代瓦，旁作墙壁户牖，即以山中所产之木用之，费不劳而工省，乃我满洲旧风，无殊周室之陶复陶穴也。]风何而入雨何漏，梅异其梁兰异梦。占吉檐头鹊常报，防寒墙角鼠还熏。称名则古惟淳朴，却匪斐然周尚文。[周斐，本满洲语，对音书之，非取文义，若如方观承之书，鄂博作峨较，引䩉祭行路神之义，曲为解，乃失之凿矣。盖满文、汉文音义各不同，满文、汉文互译则可，取汉字以强合满文则不可。]③

《后汉书》挹娄人便乘船，北沃沮畏之，每夏藏于岩穴，至冬船道不通乃下，居邑落。

《后汉书》挹娄，土气极寒，常为穴居，以深为贵，大家至接九梯。冬以豕膏涂身，厚数分，以御风寒。[按：陶复陶穴，古固有之，至豕膏得热气则融，安能涂厚数分？此亦范蔚宗好奇逞妄之辞也。]

《后汉书》马韩，作土室，开户在上。辰韩，有城栅屋室。

《三国志》夫馀，有宫室、仓库、牢狱。作城栅皆员。

《三国志》夫馀，库有玉璧、圭、瓒数代之物，传世以为宝，耆老言，先代之所赐也。

《三国志》挹娄，常穴居，大家深九梯，以多为好。冬以猪膏涂身，厚数分，以御风寒。其国便乘船。

《三国志》马韩，居处作草屋土室，其户在上，举家具在中。

《魏略》弁辰，其国作屋，横累木为之。

《晋书》肃慎氏，夏则巢居，冬则穴处，无井灶，作瓦鬲，受四五升以食。无盐、铁，烧木作灰，灌取汁而食之。〔按：南北朝史称盐凝于木皮之上，又有盐池。而金时率宾以东食海盐，会宁、呼尔哈等路食肇州盐，则肃慎地未尝无盐，或所云凝于树上之盐，亦须煎炼乃成耳。〕

《魏书》勿吉，筑城穴居，开口于上，以梯出入。佃则耦耕，车则步推。

《北史》勿吉，筑土如堤，凿穴以居，开口向上，以梯出入。无牛，有马。车则步推，相与耦耕。

《隋书》百济，多不火食，人皆山居，有投壶、围棋、樗蒲、握槊、弄珠之戏。

《旧唐书》靺鞨，无屋宇，并依山水，掘地架木于上，以土覆之，夏则出，随水草。

《旧唐书》新罗，器用柳棬，亦以铜及瓦。

《新唐书》黑水靺鞨，有车马，田耦以耕，车则步推，居无室庐，负山水坎地，梁木其上覆以土。夏出随水草，冬入处。

《新唐书》新罗，冬则作灶堂中，夏以食置冰上。

《宋会要》新罗，不用钱，以米博易。民家器皿，悉以铜为之。商船用五色缬绢，及建本文字博易。

《契丹国志》渤海，富室往往为园池，植牡丹，多至二三百本，有丛生数十干者，皆燕地所无。

《契丹国志》混同江之地，其俗刳木为舟，长可八尺，形如梭，曰梭船。船上施一桨，止以捕鱼。至渡车则方舟或三舟。〔按：此即威呼之制，梭船乃汉人语耳。〕

《王曾行程录》渤海俗，每岁时聚会作乐。先命善歌舞者数辈前行，士女相随，更相唱和，回旋宛转，号曰踏锤。所居屋，皆就山墙开门。

《神麓记》金景祖始教人烧炭炼铁，刳木为器，制造舟车，建屋宇。

《五代史》女真，其人无定居，行以牛负物，遇雨则张革为屋。

《契丹国志》女真，部族皆处山林，有屋居舍，门皆于山墙下辟之。耕凿与渤海人同，无出租税。

《契丹国志》女真人，无定居，行以牛负物，遇雨则张革为屋。

《通考》女真，俗以桦皮为屋。

《金史·世纪》黑水，旧俗无室庐，负山水坎地，梁木其上，覆以土。迁徙靡常。献祖始筑室,有栋宇之制。

《大金国志》女真部,其居多依山谷,联木为栅,或覆以板与桦皮如墙壁,亦以木为之,冬极寒,屋才高数尺,独开东南一扉。扉既掩,复以草绸缪之。穿土为床,煴火其下,而寝食起居其上。道路无行店,行者息于民家,主人具饮食而纳之。其市无钱,以物博易。无工匠,屋舍车帐往往自能为之。

《大金国志》金太祖十四年,生红芍药花,北方以为瑞。女真多白芍药花,皆野生,绝无红者。好事之家采其芽为菜,以面煎之。凡待宾,斋素则用之。金人珍甚,不肯妄设,遇大宾,缕切数丝置楪中,以为异品。[按:今英额门外猎场中,有芍药两丛相对,繁柯密叶,郁然犹存。其下不生杂草,土人云,凡鸟兽避迹,不敢蹂践,花时人过之,畏不采撷,或有所犯,必致疾病。因名其地为花园。详见《御制花园诗序及注》。]

《松漠纪闻》金人旧俗,炙股烹蒱,[音蒲,脾肉也。]以余肉和菜捣臼中,糜烂而进,率以为常。凡宰羊,但食其肉,贵人享重客间,兼皮以进,曰全羊。

《北盟录》女真人,耐寒忍饥,不惮辛苦,能食生物。依山谷而居,联木为栅,屋高数尺,无瓦,覆以木板,或以桦皮,或以草绸缪之。墙垣篱壁,率皆以木门,皆东向。环屋为土床,炽火其下,寝食起居其上,谓之炕,以取其暖。以牛负物,或鞍而乘之。遇雨,多张牛革以为御。以糜酿酒,以豆为酱,苦以芜荑。食器无瓬陶,皆以木为盆。春夏之间,止用木盆注粥,随人多寡盛之,以长柄小木杓子数柄,回环共食。下粥肉味无多,止以鱼生獐生,间用烧肉。冬亦冷饮,以木楪盛饭,木碗盛羹,下饭肉味与下粥一等。饮酒无算,用一木杓子自上而下循环酌之。炙股烹脯,以余肉和菜捣臼中,糜烂而进,率以为常。道路无旅店,行者息于民家,主人与饮食而纳之。其市易惟以物博易,无钱、无蚕桑、无工匠。屋舍车帐,往往自能为之。

《北盟录》女真,俗重油煮面食,以蜜涂拌,名曰茶食,非厚意不设。渡拉林河以东,无市井,买卖不用钱,惟以物相贸易。寝榻皆土床,厚铺毡褥及锦绣貂鼠被,大头枕。

《辍耕录》高丽以北,地名巴实伯里,[回语,巴实,头也;伯里,腰也。旧作别失八里,今改正。]其地极寒,海亦冰。自八月即合,至明年四五月方解,人行其上如平地。征东行省,每岁委官至尼噜干,[满洲语,画也。旧作奴儿干,今改正。]须用站车,每车以四狗挽之,狗悉谙人性,若克减其分例,必啮其主者,至死乃已。

《元一统志》开元路,有狗车、木马,轻捷之便。木马形如弹弓,长四尺,阔五寸,一左一右,系于两足,激而行之,雪中冰上可及奔马。狗车以木为之,其制轻简,形如船,长一丈,阔二尺许,以数狗拽之。二者止可于冰上、雪中行之。

谨按:古所称陆海奥区,丰衍蕃沃者,大抵在舟车所辖,商贾所通之地。此以人力致者也。周原之美菫荼,丰邑之歌麀鹿,其物又甚微也。若乃天作地藏,瑰奇绝特,凡名都大邑之储,航海梯山之贡,有不能拟其万一者,则惟大东天府。毓粹孕珍,扶舆旁薄之所钟,山川灵异之所聚,巨珠灵药,早著于囊编,文玉丰貂,并称于往牒。以至牛鱼之归献,俊鹘之蜚声,史家诧为异闻,海内仰其瑰宝矣。至如索绹乘屋,不改淳风;土障葛灯,弥敦俭德。考之于古,则梭船之制实即威呼,木马之行又同法喇。室惟覆桦,行不赍粮,斫木为盆,环屋为炕,俭勤之俗,古犹今也。御制《土产土风杂咏》,昭德产之精华,绘古风之醇质,较《生民》《公刘》诸篇所陈,尤为过之。谨录冠各条之首,而自《后汉书》以下仍分系焉。庶乎神皋之繁殖,先民之遗规,并可考见云尔。

注释:

①此为满族儿童之游戏,其具亦可用猪、羊之后腕骨做成,俗称"嘎拉哈",又曰"争骨"游戏。此俗延续至20世纪80年代前,如今几乎已失传。

②踏锤,《王曾行程录》原注为"按踏锤",《通考》去"按"字,其义有别。

③杂缀之内容有所重复,但所述略有区别,非点校之误。

图书在版编目（CIP）数据

钦定满洲源流考校注 ／ 雷广平校注. —— 长春 ：吉林文史出版社，2020.11
（长白文库）
ISBN 978-7-5472-7378-4

Ⅰ．①钦… Ⅱ．①雷… Ⅲ．①满族－民族历史－东北地区 Ⅳ．①K282.1

中国版本图书馆CIP数据核字(2020)第216413号

钦定满洲源流考校注

QINDING MANZHOU YUANLIUKAO JIAOZHU

出　品　人: 张强
校　　　注: 雷广平
丛书主编: 郑毅
责任编辑: 程明　任明雪
装帧设计: 尤蕾
出版发行: 吉林文史出版社有限责任公司
电　　话: 0431-81629369
地　　址: 长春市福祉大路出版集团A座
邮　　编: 130117
网　　址: www.jlws.com.cn
印　　刷: 吉林省优视印务有限公司
开　　本: 170mm×240mm　1/16
印　　张: 19.5
字　　数: 300千字
版　　次: 2020年11月第1版　2020年11月第1次印刷
书　　号: ISBN 978-7-5472-7378-4
定　　价: 198.00元